中国艺术研究院
基本科研业务费项目

中国艺术研究院学术文库
主编 王文章 周庆富

舞人纪

约舞芳华

江东 著

北京时代华文书局

图书在版编目（CIP）数据

舞人纪 : 绰约舞芳华 / 江东著 . -- 北京 : 北京时代华文书局 , 2025.6
（中国艺术研究院学术文库 / 王文章，周庆富主编）
ISBN 978-7-5699-5154-7

Ⅰ . ①舞… Ⅱ . ①江… Ⅲ . ①舞蹈家－人物研究－世界 Ⅳ . ① K815.76

中国国家版本馆 CIP 数据核字 (2024) 第 063920 号

WURENJI : CHUOYUE WU FANGHUA

出 版 人：陈　涛
责任编辑：陈冬梅
装帧设计：周伟伟　赵芝英
责任印制：刘　银　訾　敬

出版发行：北京时代华文书局 http://www.bjsdsj.com.cn
北京市东城区安定门外大街 138 号皇城国际大厦 A 座 8 层
邮编：100011　电话：010-64263661　64261528
印　　刷：三河市嘉科万达彩色印刷有限公司
开　　本：710 mm×1000 mm　1/16　　成品尺寸：170 mm×240 mm
印　　张：23.125　　字　　数：340 千字
版　　次：2025 年 6 月第 1 版　　印　　次：2025 年 6 月第 1 次印刷
定　　价：98.00 元

“中国艺术研究院学术文库”再版序

周庆富

由中国艺术研究院策划、北京时代华文书局出版的大型系列丛书“中国艺术研究院学术文库”，历经十余载，陆续出版近150种，逾5000万字，自面世以来取得了很好的社会反响。这套丛书以全景集成之姿，系统呈现了中国艺术研究院新一代学者在文化强国征程中，承继前海学术传统，赓续前辈学术遗产的共同追求，也展现了学者们鲜明的研究个性和独特的学术风格，勾勒出我国当代文化艺术从理论研究到实践探索的发展脉络，对推进中国艺术学学科体系、学术体系、话语体系建设具有重要的史料价值和学术价值。

北京时代华文书局意将整套丛书再版，并对装帧、版式等进行重新设计，让这一系列规模庞大、内容广博的研究成果持续发挥它应有的作用，这无疑是一件好事！衷心祝愿“中国艺术研究院学术文库”再版成功！中国艺术研究院的学者们也将继续以饱满的学术热情，将个人专长与国家需要紧密结合，不断为新时代文化艺术繁荣发展，为文化强国建设贡献智慧和力量。

2024年12月20日

总　序

王文章

以宏阔的视野和多元的思考方式，通过学术探求，超越当代社会功利，承续传统人文精神，努力寻求新时代的文化价值和精神理想，是文化学者义不容辞的责任。多年以来，中国艺术研究院的学者们，正是以“推陈出新”学术使命的担当为己任，关注文化艺术发展实践，求真求实，尽可能地从揭示不同艺术门类的本体规律出发做深入的研究。正因此，中国艺术研究院学者们的学术成果，才具有了独特的价值。

中国艺术研究院在曲折的发展历程中，经历聚散沉浮，但秉持学术自省、求真求实和理论创新的纯粹学术精神，是其一以贯之的主体性追求。一代又一代的学者扎根中国艺术研究院这片学术沃土，以学术为立身之本，奉献出了《中国戏曲通史》《中国戏曲通论》《中国古代音乐史稿》《中国美术史》《中国舞蹈发展史》《中国话剧通史》《中国电影发展史》《中国建筑艺术史》《美学概论》等新中国奠基性的艺术史论著作。及至近年来的《中国民间美术全集》《中国当代电影发展史》《中国近代戏曲史》《中国少数民族戏曲剧种发展史》《中国音乐文物大系》《中华艺术通史》《中国先进文化论》《非物质文化遗产概论》《西部人文资源研究丛书》等一大批学术专著，都在学界产生了重要影响。近十多年来，中国艺术研究院的学者出版学术专著在千种以上，并发表了大量的学术论文。处于大变革时代的中国艺术研究院的学者们以自己的创造智慧，在时代的发展中，为我国当代的文化建设和学术发展做出了当之无愧的贡献。

为检阅、展示中国艺术研究院学者们研究成果的概貌，我院特编选出版“中国艺术研究院学术文库”丛书。入选作者均为我院在职的副研究员、研究员。虽然他们只是我院包括离退休学者和青年学者在内众多的研究人员中的一部分，也只是每人一本专著或自选集入编，但从整体上看，丛书基本可以从学术精神上体现中国艺术研究院作为一个学术群体的自觉人文追求和学术探索的锐气，也体现了不同学者的独立研究个性和理论品格。他们的研究内容包括戏曲、音乐、美术、舞蹈、话剧、影视、摄影、建筑艺术、红学、艺术设计、非物质文化遗产和文学等，几乎涵盖了文化艺术的所有门类，学者们或以新的观念与方法，对各门类艺术史论做了新的揭示与概括，或着眼现实，从不同的角度表达了对当前文化艺术发展趋向的敏锐观察与深刻洞见。丛书通过对我院近年来学术成果的检阅性、集中性展示，可以强烈感受到我院新时期以来的学术创新和学术探索，并看到我国艺术学理论前沿的许多重要成果，同时也可以代表性地勾勒出新世纪以来我国文化艺术发展及其理论研究的时代轨迹。

中国艺术研究院作为我国唯一的一所集艺术研究、艺术创作、艺术教育为一体的国家级综合性艺术学术机构，始终以学术精进为己任，以推动我国文化艺术和学术繁荣为职责。进入新世纪以来，中国艺术研究院改变了单一的艺术研究体制，逐步形成了艺术研究、艺术创作、艺术教育三足鼎立的发展格局，全院同志共同努力，力求把中国艺术研究院办成国内一流、世界知名的艺术研究中心、艺术教育中心和国际艺术交流中心。在这样的发展格局中，我院的学术研究始终保持着生机勃勃的活力，基础性的艺术史论研究和对策性、实用性研究并行不悖。我们看到，在一大批个人的优秀研究成果不断涌现的同时，我院正陆续出版的“中国艺术学大系”“中国艺术学博导文库·中国艺术研究院卷”，正在编撰中的“中华文化观念通诠”“昆曲艺术大典”“中国京剧大典”等一系列集体研究成果，不仅展现出我院作为国家级艺术研究机构的学术自觉，也充分体现出我院领军国内艺术学地位的应有学术贡献。这套“中国艺术研究院学术文库”和拟编选的本套文库离退休著名学者著述部分，正是我院多年艺术学科建设和学术积累的一个集中性展示。

多年来，中国艺术研究院的几代学者积淀起一种自身的学术传统，那就是勇于理论创新，秉持学术自省和理论联系实际的一以贯之的纯粹学术精神。对此，我们既可以从我院老一辈著名学者如张庚、王朝闻、郭汉城、杨荫浏、冯其庸等先生的学术生涯中深切感受，也可以从我院更多的中青年学者中看到这一点。令人十分欣喜的一个现象是我院的学者们从不故步自封，不断着眼于当代文化艺术发展的新问题，不断及时把握相关艺术领域发现的新史料、新文献，不断吸收借鉴学术演进的新观念、新方法，从而不断推出既带有学术群体共性，又体现学者在不同学术领域和不同研究方向上深度理论开掘的独特性。

在构建艺术研究、艺术创作和艺术教育三足鼎立的发展格局基础上，中国艺术研究院的艺术家们，在中国画、油画、书法、篆刻、雕塑、陶艺、版画及当代艺术的创作和文学创作各个方面，都以体现深厚传统和时代特征的创造性，在广阔的题材领域取得了丰硕的成果，这些成果在反映社会生活的深度和广度及艺术探索的独创性等方面，都站在时代前沿的位置而起到对当代文学艺术创作的引领作用。无疑，我院在文学艺术创作领域的活跃，以及近十多年来在非物质文化遗产保护实践方面的开创性，都为我院的学术研究提供了更鲜活的对象和更开阔的视域。而在我院的艺术教育方面，作为被国务院学位委员会批准的全国首家艺术学一级学科单位，十多年来艺术教育长足发展，各专业在校学生已达近千人。教学不仅注重传授知识，注重培养学生认识问题和解决问题的能力，同时更注重治学境界的养成及人文和思想道德的涵养。研究生院教学相长的良好气氛，也进一步促进了我院学术研究思想的活跃。艺术创作、艺术教育与学术研究并行，三者在交融中互为促进，不断向新的高度登攀。

在新的发展时期，中国艺术研究院将不断完善发展的思路和目标，继续培养和汇聚中国一流的学者、艺术家队伍，不断深化改革，实施无漏洞管理和效益管理，努力做到全面协调可持续发展，坚持以人为本，坚持知识创新、学术创新和理论创新，尊重学者、艺术家的学术创新、艺术创新精神，充分调动、发挥他们的聪明才智，在艺术研究领域拿出更多科学的、具有独创性的、充满鲜活生命力和深刻概括力的研究成果；在艺术创作领域推出更多具有思想震撼力和艺术感染力、具有时代标志性和代表性的精品力作；同时，培养更多德才兼备的优秀青年人才，真正把中国艺术研究院办成全国一流、世界知名的艺术研究中心、艺术教育中心和国际艺术交流中心，为中华民族伟大复兴的中国梦的实现和促进我国艺术与学术的发展做出新的贡献。

2014年8月26日

目　录

序 / 1

韶光无限

吴晓邦：中国舞蹈学科的设计者 / 3
戴爱莲：一个世纪的舞蹈情缘 / 18
欧阳予倩：奠基与贡献 / 40
王克芬："芬"芳又一枝 / 49
郭明达：别了，舞坛那棵常青树
——纪念郭明达 / 59
吕艺生：老骥伏枥 / 62
周冰：依依的送别 / 64
资华筠：绽放的人生 / 66
毛相：那只孔雀，仍在微笑
——追忆毛相 / 80
门文元：用一生谱写舞剧华章
——门文元舞剧创作析 / 84
李瑞林和战肃容：秧歌让他们的人生如此美丽 / 91

肖苏华：走在时代前列／94
应萼定：交融东西舞华章／107
周培武：云南舞蹈之冠上一颗夺目的珍珠
——兼议周培武的部分作品／114

砥柱中流

苏时进：一位礼赞英雄主义的舞蹈诗人／121
舒均均：中国芭坛不老松／126
张继钢：让深刻在激情中起舞／130
杨丽萍：舞蹈的精灵／137
邓林：一位善于用肢体语言塑造艺术形象的舞蹈家／148
赵明：从其创作看中国当代舞蹈的主流风貌／155
杨威：征服的力量／163
何燕敏：谁家新燕啄春泥／173
金星：做自己喜欢的事／176
高历霆：一个50岁男人的独白／181

风华正茂

田露：一个有“点子”的舞蹈创作者／187
佟睿睿：中国古典舞情怀／191
王亚彬：《青衣》又见王亚彬／197
赵梁：正在崛起的青年编导／200

刘岩：执着与收获

——刘岩新著《手之舞之》读后／206

唐诗逸：“唐诗”意自“逸舞”来／208

荀婵婵：如此“花儿”别样红

——荀婵婵舞蹈晚会观后／213

刘小荷们：登上国际领奖台／216

蒋玫：情感、情怀、情致

——蒋玫舞蹈作品观后／220

史晶歆：舞坛有个小姑娘／223

傅小青：这条路，通向远方／226

黎星：一杯温醇而老辣的酒／229

潘永超：看小字辈如何挑大梁

——赞舞剧《徽班》主演潘永超／233

冯琦：舞剧《红》之评／236

异域闪耀

崔承喜：舞蹈建设的眼光与理念／241

刘凤学：舞蹈是我的生命／252

林怀民：关乎文化的表达／270

王晓蓝：隔空的牵挂

——我眼中的晓蓝师／276

黄嘉敏：用舞蹈“相遇”／279

殷梅：起舞“作画”／282

沈伟：闯荡世界的中国舞者／286

李存信：新书出版在西方／292

阎仲珩与大凤真阳：扶桑苦乐有人知

——一对中国舞蹈伉俪在日本／295

蔡曙鹏：谈中国舞蹈

——对话新加坡蔡曙鹏博士／299

尼克莱：时代高音／302

外国舞人小札／310

代跋：回望四品／339

跋／348

序

2019年，我们迎来新中国成立七十周年的日子。中国的舞蹈事业伴随着共和国的发展步伐，也走过了七十年。为了庆祝和纪念这个盛大的日子，我所供职的中国艺术研究院舞蹈研究所在这一年中举办了一个系列学术活动——“中国舞蹈七十年——名家五人谈”，邀请部分与共和国舞蹈事业共同成长的著名中国舞人，以口述的方式共同回顾伴随共和国脚步一路走来的人生及艺术历程。

这个活动在中国舞坛产生了不小的影响。当一位位前辈于这个平台上纷纷亮相时，人们看到了一批为中国舞蹈事业付出毕生心血的当代舞人，他们用各自一生不辍的追索，为新中国创造了一个不老的舞蹈事业。

的确，新中国的舞蹈事业是当代中国艺术视域中一个无法替代的艺术品种，而将这个品种高高擎起的，是一代代当代的中国舞人。正是他们共同的努力，才让这个事业始终焕发着青春的气息和光彩。中国舞蹈事业在新中国起步以来，在表演、编创、理论和教育领域均代有才人出，他们的合力让新中国舞蹈事业的百花园始终姹紫嫣红。

的确，在新中国七十年舞蹈事业的发展中，舞人是最有光彩的。他们凭借着各自的技艺和智慧，让一部部舞蹈佳作精彩纷呈。每一个时期，都活跃着中国舞人的身影，他们一代传一代地倾心付出，构筑起共和国从无到有、从小到大的舞蹈基业。

在1995年，有感于当代中国舞人的巨大成就，中国舞协曾组织过一台名为“金秋风韵”的舞蹈晚会。该晚会凝聚起一批“上了岁数”的舞蹈家同台亮相。按说舞蹈艺术是一个属于青年人的专利，然而，一群五六十岁的舞者跃然于舞台之上，却意外地给人带来视觉上和心灵上的震撼：原来，不再年轻的舞人们依然可以青春常在，依然可以打动人心！有感于他们的精彩表现，我禁不住撰文，将这一令人难忘的历史瞬间诉诸笔端，记录下那一生动而又令人回味、温暖而又令人无法忘却的时刻。这篇题为《再造辉煌——贺“金秋风韵”晚会》（发表于1995年9月1日的《舞蹈信息报》）的文章是这么写的：

中国舞蹈界会永远地记住这样一个富有纪念意义的日子:一群“戎马一生”的舞坛宿将，带着他们曾经有过的辉煌和荣耀，带着他们今天拥有的自豪和满足，在这个日子里重又聚到了一起。但见他们再度披挂上阵，再次策马扬鞭，用他们金色的果实为华夏舞坛的春天再添新绿。

这是一次亘古难求的舞坛盛事，这是一次百年不遇的世纪回顾。整整一个世纪的历程，整整一代人的辉煌，令今天的世界再也无法漠视中国舞蹈从未有过的壮大与强盛。

仅仅列数一下名字，你就自会掂出分量：戴爱莲、贾作光、崔美善、莫德格玛、阿依吐拉、刀美兰、白淑湘、陈爱连……这是一串闪烁着金色光焰的名字。他们伴着新世纪的中国舞蹈，坚定而踏实地一步步走了过来。他们是新世纪中国舞蹈的见证人，他们是新时代的舞蹈功臣。回首过去，那是他们用信念和艺术筑就的一道蜿蜒的舞蹈长城，那是他们用智慧和力量画出的一幅斑斓的舞蹈风景。新的时代造就了他们，他们又以自己的执着为这个崭新的时代贡献了自己无悔的一生。他们不愧为时代的骄儿，他们注定是世纪的绝唱，他们用心灵和肢体为共和国的当代舞蹈史册重重地书写了流芳百世的一页。

本世纪以来的中国舞蹈艺术，伴随着新时代隆隆作响的疾进脚步，由弱而强，历尽沧桑。在今天取得如此辉煌成就的背后，多少人呕心沥血，多少人励精图治，多少人前仆后继，多少人继往开来。正是有了这样一个结晶了的集体智慧，正是有了这样一个凝聚的群体力量，才让今天的我们终于可以笑对20世纪，笑对21世纪，笑对华夏大地，笑对五洲四海。不久前，日本著名舞蹈家花柳千代女士来华访问时曾说，中国舞蹈演员退休的年龄太早了。在她看来，五六十岁正是舞蹈家的成熟期。的确，这位年届花甲的花柳千代，在去年东京公演的由她创作的大型舞剧《大敦煌》中，以精湛的舞艺扮演了女主角。从她带来的录像带中，可以看到她在一个演员成熟期时对舞蹈艺术的思索、感悟及其演绎，可以体味出舞蹈作为一门艺术所无法替代的博大精深。

原来，五六十岁的舞蹈家是如此深刻，五六十岁的舞蹈家是如此动人。

不能否认，花柳千代女士的遗憾是坦诚而犀利的，这的确是中国舞蹈界的一个不争而又无奈的事实，中国舞蹈的时空，对中国舞人的赐予的确过于吝啬，中国舞台聚光灯和鲜花的名字姓“年轻”。

不过，只可惜花柳女士没看到我们这台“金秋风韵”，否则，她就会少生一些遗憾。君不见，舞台上的这些五六十岁的老舞蹈家们，今天依然风头不减，姿容不输当年。你看，62岁的蒙古族舞蹈家斯琴塔日哈，跳起《筷子舞》依然是活泼悠扬，其韵味不是年轻人可以轻易比肩的；58岁的朝鲜族舞蹈家崔善玉，敲起《长鼓舞》也是沉着老练，内涵之深沉远远在为她伴舞的年轻人之上；67岁的藏族舞蹈家欧米加参依旧那么热情、那么奔放；60岁的印度舞表演专家张均也让人感觉恍若当年，竟与6岁小童一起起舞；最年轻的要数49岁的维吾尔族舞蹈家海力倩姆了，她的技艺之炉火纯青，试问哪个后生敢比？更不要说72岁的贾作光、79岁的戴爱莲二位老先生了，他们那大海一样的胸怀、火焰一般的激情，把一生对艺术的追求和体验，都融入了那岩浆翻滚般的舞动之中，潮潮掀起撼人的波澜。他们的舞蹈，他们的艺术，他们的人生，在金色的晚秋中得到气贯长虹的升华，达到感人至深的境界。一个不老的事业，还给他们一个永远不老的人生。这群不服老的舞蹈家，曾经身经百“战”，而且“战”绩辉煌。今天，他们在让我们回顾了一个世纪的辉煌之后，又用亲身的经历给了我们一个极好的启示：岁暮舞不老，陈酿香更醇。舞蹈艺术的最佳境界是一层文化的积淀，是一种磨砺的结晶，是用心灵栽培出来的秋实，是用全部人生悟出的真谛。

舞蹈艺术自然要用肢体，而肢体自然会老化。老化的肢体难道不能在艺术上升华？这群可爱可敬的舞蹈老人，做出了最好的回答！

中国的舞蹈史会记住这样一代人的不懈努力。相信这缕起自20世纪的东风，在新的世纪里，定会为中国舞蹈催开更加馥郁的姹紫嫣红！

今天重读这篇当年的文字，让我的思绪在飞回当年那个特定情境的同时，也意识到自己看到了“舞人”在中国舞蹈事业发展中的重要性，特地将全文引述于上，借此表达我一直以来对于中国舞蹈家们的钦佩和崇敬之情。“年年岁岁花相似，岁岁年年人不同”，当年的这篇文字，正是此刻我书写此书序言所要表达的内心真实想法。而本书，正是以“舞人”作为描写对象，摹写他们的“人”、他们的“舞”，以及他们奋斗不息的光荣与梦想。他们不愧是新中国舞蹈事业的佼佼者，也是中国舞坛的代表性人物。

用我的笔为他们立此存照，是为序。

江　东

2019年8月20日

韶光无限

吴晓邦：中国舞蹈学科的设计者

一 中国舞蹈学科的设计者

1999年，在苏州的太仓，一个首次以舞蹈家名字命名的纪念馆出现了，同时出现的还有一尊雕像，这就是为纪念吴晓邦而专门建立起来的“吴晓邦舞蹈艺术馆”。人们纪念这位前辈，正是由于他为中国舞蹈所付出的毕生心血、所开创的社会主义舞蹈事业，特别是他为建立中国舞蹈学科的构想所做的奠基性设计和努力，无疑是空前的，同时也是具有非凡意义的。

一直以来，中国舞蹈学面临着如何突破的挑战。这种挑战是双重的：一是在众多艺术门类中，舞蹈艺术属于较为年轻的领域，其在当代的成型及其发展，尚无法与其他艺术形式相提并论；二是在舞蹈艺术这个门类内，从业者对于实践角度的重视，远胜于在理性层面上的开掘程度，行业内对于理论的漠然和漠视可谓由来已久。或许，正是这样的行业短板让中国舞蹈学的进步一直姗姗于人后。

在这里，还是应该首先对“舞蹈学”这个概念有一个大致的认识和界定。“舞蹈学”这个概念的出现是比较近期的事情，如今虽然已经被广为认知和使用，但它至少存有广义和狭义两种解释。从广义的角度来看，“舞蹈学”对应的是“音乐学”“戏曲学”“美术学”这类概念，也就是类别的区分，比如在中国教育部的学科门类目录上，就赫然出现了“舞蹈学”这样的表述，在它之下还进一步设有“舞蹈编导”“舞蹈表演”“舞蹈理论”等分类。于此，我们便可以这样理解，这里的“舞蹈学”涵指“舞蹈行业”，也就是指“舞蹈”领域的所有内容。有些本科生自诩为毕业于“舞蹈学”专业，但所学内容却只是涵盖了舞蹈实践领域的主要内容，显然就是在这个意义下对于“舞蹈学”的认知和解读。然而“舞蹈学”显然还有一个我们日常意义下的狭义概念，即特指“舞蹈理论”，比如，中国艺术研究院研究生院和北京舞蹈学院都设有“舞蹈学系”，这里的“舞蹈学”显然不是泛指舞蹈专业的所有内容，而是特指“舞蹈理论”。本文所称“舞蹈学”即为后者。

在眼下的中国，虽然对于“舞蹈学”的这个界定已经基本上没有歧义了，但这项工作的开展还是相当捉襟见肘的，无论在水平和规模上还是在视野和深度上，都还很不尽如人意。也就是说，舞蹈学的建设工作尚在持续开掘和努力之中，仍算是个进行时，它急切地呼唤着业界学人们的继续共同努力。当然，对于“舞蹈学”在建设上的着眼和思考，应该说也已经有一些时日了。中国舞蹈界的一代宗师吴晓邦先生早在1983年便提出了“舞蹈学科”的发展构想[①]，这对中国舞蹈学的起步和建设，显然是一个充满热忱、睿智且富有创造力和建设性的推动，让业界开始对这样一门学问的成型和终极目标，获得了一个明确的、初步的理性启迪。

生前曾任中国艺术研究院舞蹈研究所所长的吴晓邦，是一位纵横于实践和理论双重界域的中国舞蹈界领军人物。他早年投入舞蹈活动，“一生就做了舞蹈这一件事”[②]。但“这件事”他做得很有起色，也很出色。他用毕生的智慧和坚持，促进和推动了中国舞蹈艺术的正向发展，也让中国舞蹈艺术从实践到理论均获得了相生相伴的进步。

---

① 见《吴晓邦舞蹈文集》（第二卷），中国文联出版社2007年版，第310页。

② 连辑语。2017年，中国艺术研究院舞蹈研究所举办“吴晓邦诞辰110周年研讨会”，时任院长连辑先生在即席发言中如是评价，他同时盛赞吴晓邦先生“是中国舞蹈的一座高峰”，“一生都坚持了一种严肃的艺术态度、高尚的艺术理想”。

（一）走上舞蹈艺术之路

1906年，吴晓邦出生于苏州太仓，这是一个风起云涌的新时代，受新文化运动的启迪，他东赴日本求学。在早稻田大学，他最初的专业设定为音乐，从他因为仰慕波兰音乐家肖邦而把自己的名字“吴祖培”改成“吴晓邦”，便可看出他对音乐专业的一往情深。然而一次偶然的舞蹈观摩，竟让他从此转变心意，转而投入了舞蹈艺术的行列之中，而且一做就是一生。从那一刻起，为了学习舞蹈，吴晓邦三赴东瀛学取真经，源自德国表现主义舞蹈的“新舞蹈艺术”让他痴迷，他惊叹于肢体的表现能力，以自我的努力，承接了“新舞蹈艺术”的舞蹈风气并开始在中国推广。这时，日寇的铁蹄开始在中华大地上肆意践踏，吴晓邦毫不犹豫地将他从日本学回的新舞蹈艺术投入全民的抗日浪潮之中，让他创作的舞蹈作品应和着进步的时代走向，发出了鼓舞民众誓死抗战到底的决心，也让这种“新舞蹈艺术”开始在中国社会中放射出积极而耀眼的“现实主义”光芒。这种崭新的舞蹈艺术形式，显然对当时的社会观念、舞蹈艺术都是一次难得的启蒙。

吴晓邦把自己早期的舞蹈艺术实践定位于“为人民而舞”“为人生而舞”，让他的“新舞蹈艺术”在思想层面上有了新的高度，他始终追随着进步力量的走向，直到最终将自己的艺术理想融入延安的革命大家庭之中，确立了自己的艺术发展方向。期间，他创作的《傀儡》（1935）、《送葬》（1935）、《小丑》（1935）、《和平的憧憬》（1935）、《义勇军进行曲》（1937）、《游击队员之歌》（1938）、《罂粟花》（1938）、《虎爷》（1938）、《宝塔牌坊》（1938）、《丑表功》（1939）、《饥火》（1942）、《进军舞》（1948）等，无不彰显着他在现实主义创作方法上的自觉与灵性，从而让他的艺术和人生都散发出影响到全社会的无尽力量。这种力量来自何方？吴晓邦在自己的回忆录中曾这样作答：“一腔热血和一颗丹心交织在一起，才能产生出那样神奇的力量”[①]。

① 见http：//www.uname.cn/celeb/celeb_93398.html

吴晓邦的舞蹈艺术观，应该说是当今中国当代舞蹈艺术的思想和形式基础。当初，在这种新型的舞动方式进入中华大地时，其充满感召力和正义色彩的形态令人耳目一新，它像一块磁石般紧紧吸引着人们的目光，让中国人民从此获得了对于“舞蹈”这种艺术形式的切身体认和现代启蒙。

从现今的舞蹈史学著作中，我们不难捕捉到：在久远的中国古代社会舞蹈的形影在社会间是不绝于目的，各个朝代的舞蹈遗迹均可以在现存的文献和文物中获取到最为直观的信息和印象。只是这个传统并没有很有效地流传下来，导致我们对于中国古代舞蹈的认识完全停留在静态的文字和姿态上。特别是当戏曲作为一门不断壮大的艺术形式蓬勃兴起之后，古代的舞蹈方式便始终以配角的身份成为日臻完善的戏曲艺术中的一个美丽的附庸。因此，当吴晓邦从日本带回了被叫作“新舞蹈艺术”这种新兴的舞动方法时，其新颖的含意及其姿容自然便在社会上产生了相应的影响。

因此，吴晓邦的新型舞蹈艺术实践，是在中国古代舞蹈传统断裂的情况下进入中国社会的。也就是说，当时那个时间段，中国社会对于“舞蹈艺术”的认知是十分有限的。目前有些人简单地认为，吴晓邦既然学习的是日本的“新舞蹈艺术”(现代舞)，就可将他的舞蹈实践归入外国“现代舞”的传播和提倡的行列之中，这种认识至少是忽略了吴晓邦从日本回国后在艺术上的真正作为的，同时也贬低了吴晓邦及其舞蹈实践在当代中国舞蹈社会中的历史性价值。因为对于吴晓邦而言，“舞蹈”本身的艺术魅力才是他所追索的艺术价值之根本。

在艺术的作为上，吴晓邦对于中国民族舞蹈的探寻和追求是非常自觉且不遗余力的。在新中国成立之后，他曾相继主持过儒家和道家舞蹈文化的挖掘工作，他组织了在苏州拍摄道教舞蹈影像材料的工作，这也是我们今天尚能看到的难得的中国道教舞蹈形象遗存。他又于1957年成立了“天马舞蹈工作室”，这个工作室在一般人的眼中大抵是个“现代舞”的实验室，但是仅从他所倡导使用的为其舞蹈作品做配乐的中国古曲（如《梅花三弄》《平沙落雁》《十面埋伏》等）曲目来看，便不难发现吴晓邦倡导的是在民族舞蹈艺术上的审美取向及其文化内蕴。后来，他还主编了规模浩大的《中国民族民间舞蹈集成》，这个前无古人、规模和意义非凡的工程为共和国留下了珍贵的民族舞蹈记忆。仅从以上这些事件来看，我们便不难看到吴晓邦对于发展中国民族舞蹈艺术的真挚情怀。因此，仅仅从表面上呈现出来的历史沿革状态便把吴晓邦定位于“现代舞”或者“表现主义”舞者，这显然是对吴晓邦历史功绩的曲解，这种判断和论说是缺乏历史眼光和思想深度的。对于吴晓邦艺术修为的历史评价，我们可以十分笃定地概言：他是在学习音乐时为舞蹈艺术所折服而转向，进而采用这种艺术方法来彰显自我的进步艺术追求。

因此，当我们研判吴晓邦在艺术上的定位时，重要的不是舞种，而是他以舞蹈的方式为人生、为人民而舞的艺术胸怀及其实践内容，以及他用自己的舞蹈作品为中国的解放事业鼓舞呐喊所拥有的勇气和劲力，而他所实践的这种现实主义的艺术创作追求也成为新中国成立之后中国舞蹈艺术发展的主流方式。从日本归来后的吴晓邦，并没有沉浸在自我的小圈子里，也没有像大部分西方现代舞者那样玩味着自己的“小”情感情调，而是敞开胸怀拥抱生活，为大众而舞，为中国人民的解放事业而舞。这是他与外国现代舞者们的一个本质差异。因此可以说，吴晓邦是中国当代舞蹈艺术发展的有力奠基者和践行者，他在艺术审美上倡导的现实主义创造主张，直接地作用于日后新中国的舞蹈走向。

吴晓邦从日本归来后即在上海开办了舞蹈教学活动，以期传播新舞蹈思想和形式、提升大众在舞蹈艺术上的审美认知，当时颇有名声的电影明星舒绣文还成了他的弟子。日后，类似的教学工作一直都是他事业上的一个重要内容，因此他的教学也启悟了许多跟随者，受他影响而端正了舞蹈态度乃至人生态度的舞者大有人在，从梁伦、游惠海、贾作光、王克芬等很多人的回忆文献中，都可以读到这一点。1951年，吴晓邦在由欧阳予倩任院长的中央戏剧学院开办了为期一年多的“舞蹈运动干部训练班”，以自身的实践经验和舞蹈理想为新中国培养了首批舞蹈业务骨干，进一步播撒他在艺术思想及形式上的种子，为即将展开的新中国舞蹈艺术建设极大地积攒了人力。从上述这些工作中不难看出吴晓邦对于中国当代舞蹈艺术的巨大隐形影响，其“一代宗师”的美名正是靠他在不懈的言传身教中慢慢建立起来的。

在艺术实践上，吴晓邦是当代中国舞蹈艺术的旗手，他为业界留下了丰厚的实践果实，也指引着业界从此开始了新中国舞蹈事业的发展步伐，呵护着中国舞蹈事业健康成长。

（二）理性意识的光亮

中国舞蹈理论事业的兴起，是伴随着新中国各项事业举步同行的状态开始起步的。虽然最初其步伐并不算大，但却是一步一个脚印地开始了自己的跋涉。

在这个过程中，吴晓邦便是一位从舞蹈艺术的实践领域慢慢领悟到理性之于这个行业之重要性的有识之士。《吴晓邦舞蹈文集》（第二卷）中有一篇名为《研究舞蹈学科的补充》的文章，他在文中是这样表达自己对于舞蹈理论工作的认识的：“从编导法与创作法这个问题在中国的反映及其实践的历史情况，不难看到过去我们文艺思想的偏狭，感到了我国舞蹈宏观建设的需要。1983年我决心提出了舞蹈学科的建立问题，目的是引导舞蹈走向宏观，走向科学的行列，不再仅仅就形式论形式，就手法论手法，而是用相互联系的观点，站在舞蹈是综合艺术的高度，从历史的进程、审美意识的嬗变去评论、去审视舞蹈，使舞蹈早些脱离幼稚的状态。”[①]在这里，吴晓邦期冀舞蹈艺术能“早些脱离幼稚的状态”，而他依赖的方法便是希望站在“历史的进程”中，以“审美意识的嬗变”引导舞蹈走向宏观、走向科学，而这正是“我国舞蹈宏观建设的需要”。

没有理论的发展支撑，舞蹈艺术便很难摆脱其幼稚的状态，这个问题是舞蹈界至今都很难治愈的一个顽疾。许多舞蹈从业者的“幼稚”状态，特别表现在其思想层面，这种现象早就被吴晓邦一语言中。由此我们可知，吴晓

① 见《吴晓邦舞蹈文集》（第二卷），中国文联出版社2007年版，第310页。

邦对于用舞蹈理论的发展来摆脱舞蹈艺术“幼稚病”的期待，用心是何其良苦。无独有偶，笔者也曾听到过另一位舞蹈家应萼定先生在这个问题上持相同观点，这位从上海而新加坡而中国香港、澳门一路发展而来的舞蹈编导，深感中国舞蹈界的幼稚通病，一针见血地指出：“舞蹈艺术本身并不幼稚，是我们把它做幼稚了。”也就是说，由于“我们”这些从事舞蹈的人很幼稚，因此是“我们”把舞蹈艺术做幼稚了。而吴晓邦针对“舞蹈幼稚病”的方法，便是期待舞蹈理论能为其把脉和诊疗。

早在1950年吴晓邦就撰写了《新舞蹈艺术概论》一书，至1995年，这本书总共重版了五次，可见其影响之大。虽然吴晓邦很早便已经有了理性认知的自觉，然而他在舞蹈理论上全面展开思索和开掘，却是在他于1980年开始兼任中国艺术研究院舞蹈研究所所长之后才系统开始的。这时的吴晓邦，已经是一位七旬开外的老翁，但他却有些“老夫聊发少年狂”，对舞蹈理论的琢磨和研究焕发出了巨大的热忱，他开始用全身心的热情拥抱理性思维。只是毕竟岁月不饶人了，于是，他只好一天当作三天用，以每一天踏踏实实的产出开始了自己在理论新征程上的耕耘。在成果的产出上，吴晓邦从不认为自己是那种富有灵性的“鬼才”，所有研究成果的问世靠的全是他日以继夜的辛劳和不舍昼夜的努力。中国艺术研究院舞蹈研究所兼任所长这样一个新工作安排，无疑给了吴晓邦一个开始全面考虑和布局舞蹈理论整体发展的重要契机。于是，在1982年，当中国有史以来的第一批舞蹈学硕士生（冯双白、欧建平等人）开始跟随他学习舞蹈理论之时，吴晓邦在总结自己多年实践经验的同时，慢慢将所涉猎的舞蹈理论予以系统化的爬梳，以整体框架的形貌进行理论归纳和教学，进而使他对舞蹈学科的理论架构有了基本的头绪和眉目，其难得的宏观把控和具体的细部落脚点，都已经具有了鲜明的问题意识和具体的切入角度。所有这些，都可以从他相继出版的学术著作中窥见端倪。

我们不妨系统地看一下吴晓邦的主要学术成果：《新舞蹈艺术初步教程》（1949）、《新舞蹈艺术概论》（1950、1951、1952、1982、1995）、《舞蹈基础知识》（1957）、《我的艺术生活——舞蹈生涯五十年》（1981）、《我的舞蹈艺术生涯》（1982）、《舞蹈新论》（1985）、《舞论集》（1985）、《吴晓邦谈艺录》（1988）、《舞蹈学研究》（1988）、《舞论续集》（1989）、《吴晓邦舞蹈文集（五卷本）》（1995）等。

在这些著作中，吴晓邦以鲜明的理性思维对一系列原则性问题提出了他高屋建瓴的观点，这些观点在认识上富有高度，也能够切中肯綮，为中国舞蹈实践的健康发展提供了非常扎实的理性帮助和支撑。比如，他十分关注舞蹈创作问题，因此特别强调对于现实主义创作方法的坚持，并以自身的创作实践为经验，为社会主义的舞蹈事业建设保驾护航。他先后撰写的《现实主义与新舞蹈道路》《舞蹈的创作与编导法》等文，便很好地将自己的观点表达出来，具有很强的指导意义。新中国的舞蹈主流，显然是坚持现实主义大旗而取得的丰硕成果，而这样的创作走向，当然是顺应了国家相关文艺发展政策的结果。同时，从吴晓邦的文章中也能看到业内有识之士在拥护这些政策中起到的中流砥柱作用。此外，像“古典舞与古典精神”“要传统不要传统主义”等一些具有鲜明哲理内涵的观点，也让我们看到了吴晓邦思想的犀利和深邃。

随着理性思考上的日渐丰富，他对于建立中国“舞蹈学科”的初步构想已经渐趋成熟。在日常的研究和教学中，吴晓邦只争朝夕，不但悉心地向中国首批舞蹈学硕士研究生传授自己的心得，同时又相继在北京、江西、四川、辽宁、浙江、福建、内蒙古和香港等地举办舞蹈理论讲习会，还在中央民族学院（今中央民族大学）、北京舞蹈学院等高校检验着他的这套关于“舞蹈学科”的崭新而富有高度的理论主张。经过大量的理论准备和宣讲，吴晓邦的理性思考及其最终成果终于浮出水面。于是，“舞蹈学科”这个在中国前无古人的构想，终于瓜熟蒂落，水到渠成。

今天看来，吴晓邦于1983年提出的“舞蹈学科”这个想法，已经具有了系统论的前瞻自觉，他是将中国的“舞蹈理论”作为一个整体构建对象而予以理性观察和考量的。他使用的概念虽然是“舞蹈学科”而非我们今天在通常意义下使用的确定概念“舞蹈学”，但其所着眼的范围和视角却与我们今天所言的“舞蹈学”如出一辙。今天当我们来重新审视吴晓邦所提出的“舞蹈学科”构想时，仍然可以看到他的胸有成竹和远见卓识，其兼顾基础理论和应用理论相互关联和观照的学术视野，既有广度又注重深度，既有纯理论的走向，也有为实践服务的苦心。因而可以这么说：吴晓邦提出的“舞蹈学科”构想，对于后来“中国舞蹈学”的生成和建立，是有着直接的指导意义并具有很强的可操作性的。

我们不妨来看一下这个在相互关系上彼此衔接、涵盖面非常全面且丰富的“舞蹈学科”框架的具体情况。如果把这个“舞蹈学科”视为一个大厦，那么托起其四个角的柱石就是它的四大构成主干，它们分别是舞蹈基本理论、舞蹈基础资料理论、中国舞蹈史研究、舞蹈应用理论。对于中国舞蹈学而言，这样的理论建设是极有前瞻意义的。唐代以降，中国独立的舞蹈艺术已经逐渐隐匿于后来蓬勃兴起的戏曲艺术之中，以另外的面貌展示其活力，其自身却鲜见有独立的艺术发展空间和线索。当舶来的舞蹈艺术终于在中国大地孕育出今天的当代舞蹈形态，其实践的高度活跃自然呼唤着理论继之而来的支撑与完善。因此，吴晓邦舞蹈理论体系的出现，正是对这一呼唤做出的最及时、最恰切的历史性回应。

（三）“舞蹈学科”的设计蓝图

吴晓邦提出的“舞蹈学科”由四大支柱分论组成，可以说涵盖了舞蹈理论所涉及的方方面面，这自然也为后来的中国舞蹈理论框架的成型奠定了十分重要而坚实的基础。吴晓邦的理性意识及其思维成果，来自他对中国舞蹈发展的切身体认和分析，他所冀望建立的舞蹈理论体系，自然是与蓬勃发展着的中国社会主义舞蹈实践相适应、相契合的。他设计的这个理论建构，可以让人鲜明地感受到他充分地考虑到了学科的完整性和实践的适应性与针对性，这让他的这个“舞蹈学科”框架具备了鲜明的独特性和难得的系统性。

细析之，在这个框架中的第一个主干“舞蹈基本理论”部分中，吴晓邦又设置了十个目标彼此不同但却相互关联的分题，可供进一步展开和深入。

它们分别是：1.中国古代舞蹈的美学观；2.舞蹈学的对象及其范畴；3.舞蹈和其他艺术的关系；4.舞蹈的特征和属性（三大要素：表情、节奏、构图）；5.舞蹈艺术的功能；6.中国舞蹈艺术的种类；7.舞蹈美育；8.舞蹈和生活；9.舞蹈的艺术观；10.舞蹈的方法。从以上十个分题的向度上，我们不难看到这些具体题目对应的差不多都是后来由隆荫培和徐尔充撰写的《舞蹈艺术概论》（上海音乐出版社1997年第1版，2009年出版修订版）一书的主要内容，也就是说，吴晓邦提出的“舞蹈基本理论”这一主干，其内容多是讨论“论”方面的问题。

其中，在第四个分题内容“舞蹈的特征和属性”这一论述点上，吴晓邦特别提出了舞蹈的“三大要素”——表情、节奏和构图，后被舞蹈学界统称为“舞情、舞律、舞图”。从吴晓邦的这个归纳中不难看到他所受到的德国舞蹈科学家拉班在舞蹈理论上的影响。拉班于20世纪早期在德国（后移师英国）的舞蹈理论研究，对世界舞蹈的发展贡献巨大，除了他设计的“拉班舞谱”至今都是世界范围内的主要舞蹈理论研究工具之外，他的两大理论创新Eukinetics（舞情）和Choreutics（舞律）也为后世舞蹈发展做出了突破性的理论贡献，并引领了一场对于舞蹈认识、对于动作解读的革命性进展。从吴晓邦的“三大要素”理论中，可以直接地感受到这种理性贯穿。

这个理论框架的第二个部分是“舞蹈基础资料理论”，吴晓邦又在其下设立了六个具体的分论细部：1.东西方各国舞蹈的研究；2.我国各地区民族舞蹈的研究；3.世界各国代表性舞蹈的研究；4.各国舞蹈教学的研究；5.原始时期舞蹈的研究；6.巫和舞蹈关系的研究。这个部分注重的是资料及其在资料基础之上的研究。中国艺术研究院舞蹈研究所自建所以后，一直设有资料室的建制，多年来有专门的资料和信息收集及整理人员，积累了一大批文字和图像资料。这部分资料后来在该院搬入新址时被合并到了中国艺术研究院图书馆，舞蹈研究所自行的资料收集和储藏工作也告一段落。吴晓邦提出的这个资料性工作，眼界很宽，布局也很缜密，无疑为舞蹈研究工作提供了十分必要的资料保障。

第三个部分是“中国舞蹈史研究”。在这一主干之中，吴晓邦又将“中国舞蹈史”分成两大板块：一块是“中国舞蹈史”，另一块是“中国各少数民族的舞蹈历史”。在“中国舞蹈史”这一板块下，又分出五个专题，分别是：1.史前到春秋战国时的舞蹈；2.封建社会舞蹈的全盛和衰落；3.中国工商资本发展后的舞蹈；4.五四革命运动后的舞蹈；5.社会主义的舞蹈。

对于舞蹈史的研究，早在1956年吴晓邦就主持了中国舞蹈史研究小组的工作，带出第一代中国舞蹈史学家孙景琛、彭松、董锡玖和王克芬，并在欧阳予倩的指导下，产生了类似《唐代舞蹈》这样的学术成果。这四位前辈日后也成为中国舞蹈史学研究的“四大家”，他们相继出版的研究成果，填补了中国舞蹈史学领域的空白，也奠定了中国舞蹈史学的基础。吴晓邦对于中国舞蹈史学的研究很有独特性，其独具的断代意识，体现出他独立而深入的思考。他的这个断代方法，显然与我们今天通行的断代方法是有差异的，这给我们提供了一个十分特别的角度来审视中国古代舞蹈的发展脉络，显然是有其独特价值的。

今天，中国舞学中的舞蹈史研究领域成果斐然，代有才人出，其深度和广度都在不断扩大，舞蹈史学研究正在呈现出其自身独有的学术活力和魅力。特别是在吴晓邦提到的另一大板块“中国各少数民族的舞蹈历史”中，难得的学术成果也开始呈放射状发散开来，为中国舞蹈史学的进一步丰富提供了有力的补充。

在这一个主干分支中，吴晓邦还特别提到了“跨学科舞蹈研究”，其十分前沿的思考状态显示出他对于舞蹈学术走向的准确判断和把控能力，他相继提到三个角度：1.人类学史（包含图腾舞蹈、劳动、狩猎、耕种、纺织、战争、驱鬼、求雨）；2.民俗学史（包含风俗礼仪、庆祝、祭祀）；3.社会学史（社交活动、祖先的舞蹈、择偶恋爱）。跨学科研究在今天的舞蹈学研究中已经取得了非常大的进展，不同学科的不同视角，也给舞蹈研究的学术侧重带来了传统舞蹈学研究所无法企及的解决方案。吴晓邦能在他的舞蹈学科构想中特别提到“跨学科”研究模式，可见他在思维方式和思想高度上的全面与超前。

最后一个主干分支是“舞蹈应用理论”。所谓“应用理论”，吴晓邦指的是直接作用于“舞蹈实践”的理论，在他眼中，“舞蹈实践”是由“舞蹈创作”和“舞蹈教育”这两部分组成的。因此，他把这一部分按这两大内容分成两大板块：一块是“创作、理论、评论”，另一块是“教学理论”。

在“创作、理论、评论”板块中，吴晓邦具体列出了十大问题，分别是：1.历史和当代人物的创造；2.托物言志；3.移情说；4.神话、传奇、童话、寓言；5.舞蹈的创作法；6.舞蹈的想象；7.舞蹈的继承和借鉴；8.舞蹈的评论和风格；9.舞蹈的意境；10.舞蹈的内容和形式。从以上十项内容中，我们不难捕捉到这些问题与“舞蹈创作”所形成的直接而相关的理论内容，它们直接作用于现实的舞蹈创作，对舞蹈创作的基础指导意图十分明显，由此也不难看到一位实践出身的理论工作者对于创作问题的关切。

在“教学理论”这一部分中，吴晓邦进一步列出了八项内容，分别是：1.舞蹈教学的民族精神和特点；2.舞蹈教育改革和支持各种风格；3.五四革命传统；4.节奏课；5.创作实习课；6.舞蹈的气、意、形；7.舞蹈编导课和表演课；8.论全面培育舞蹈人才。从吴晓邦列出的与舞蹈教育相关的问题上，我们可以非常清晰地看到他对教育问题的深入思考。中国的高等舞蹈教育事业自20世纪80年代开始便蓬蓬勃勃地发展了起来，至今取得了令人瞩目的进步，其增长速度和规模十分惊人，自然也出现了一些问题。从今天中国高等舞蹈教育所面临的挑战来看，碰到的许多问题都可以从吴晓邦设计的初衷看到他的针对性，这让今天的我们对于吴晓邦认识问题的高度怀有极大的敬意。

吴晓邦的理论情结和自觉意识实际上是由来已久的，他于20世纪50年代中叶在中国舞蹈艺术研究会（今中国舞蹈家协会）做领导工作时，便有意识地开始了这方面的不断深入研究。他一直都在担任由中国舞协主办的《舞蹈》杂志的主编，后来到了舞蹈研究所又成为《舞蹈艺术》这本纯学术刊物的主编，在这些编辑工作的实施和推进中，他从经验上升到理性，应该说，理性意图从未中断过。吴晓邦经过长时间在实践领域的自我体认和咀嚼，自觉地开启了理性思维的闸门，用他多年在实践经验中获得的感悟和升华，为中国的舞蹈艺术注入学术之活水，这在中国舞坛完全是一个既典型又精彩的知行合一的例子。

总结吴晓邦在实践领域的经验，他在创作、教学、表演领域都积累了丰厚的经验，开创了“自由法则”的训练方式，为中国舞蹈人才的培养提供了他独创的营养。回顾他在理论层面的成就，吴晓邦勇于开拓，著书立说，创立“舞蹈学科”构想，为中国社会主义的舞蹈发展提供了富有现实主义色彩的理论根基。吴晓邦的历史功绩是不可忽略的，贺敬之同志曾表示：“从我参加革命时，一讲‘舞蹈’这两个字，就跟‘吴晓邦’三个字分不开。我知道他是革命的舞蹈家。”[①]为纪念他在舞蹈实践和理论上的历史性贡献，中国舞蹈界相继出现了一些研究吴晓邦理论思想的学术成果，比如，中国舞蹈家协会与各地舞协分会举办的“吴晓邦舞蹈艺术思想研讨会”(1985、1995)、“吴晓邦‘舞蹈学研究’讨论会”(1990)的论文集，裘樟清的吴晓邦美学思想论稿(1991)，内蒙古舞蹈界的论文集《吴晓邦与内蒙古新舞蹈艺术》(2001)，吴晓邦舞蹈艺术馆编辑的《一代舞魂吴晓邦：吴晓邦史略编年》(2006)等，还有近来一批以吴晓邦及其理论思想为主要研究对象的博士、硕士论文等，都强化了舞蹈学界对于吴晓邦理论功绩的认知和肯定，也让吴晓邦的舞蹈理论思想在新的形势下焕发出新意。

1995年，走完了89年舞蹈之路的中国舞蹈一代宗师吴晓邦在北京仙逝，他用挚爱舞蹈艺术的热诚和勤勉，为他勇于拼搏而富有成效的人生画上了一个圆满的句号。

如今，中国舞蹈学的建设仍是摆在中国舞学研究领域的一个十分艰巨且迫切的课题，吴晓邦为中国舞蹈学科的提出和发展奠定了一个坚实的基础，

---

① 1990年2月在北京召开吴晓邦“舞蹈学研究”讨论会，来自17个省、市、自治区的专家近60人与会，时任中宣部副部长、文化部代部长贺敬之同志做了讲话，并做此表述。

他的这个构想为中国舞蹈学界的思考带来积极的推动意义，也必将鼓舞着中国舞学研究事业向着自己的目标不断推进。

二 鸡年，给吴晓邦拜年！①

癸酉大吉，闻鸡起舞。

新的三百六十五个希望，正在向我们招手。

大年初二，舞蹈界老前辈吴晓邦的家里热闹非凡，从一大早，盛婕老师便开始忙活着接待来自中国艺术研究院舞蹈研究所的专家学者，吴老曾任该所首任所长，是真正为中国舞蹈理论事业立下了汗马功劳的。同时，他本人也在这块领域中默默开荒、耕耘、育种、栽秧。今天在这收获的季节里，吴老不仅本人硕果累累，同时也使得姹紫嫣红的舞蹈理论百花园百花齐放，正是风景这边正好。

王克芬、董锡玖、薛天来了，这几位舞蹈理论战线的老前辈，是吴老一手支持培养起来的，如今已成为国际知名、著述颇丰的大专家了，他们面对吴老，百感交集，不闻万千言语，但见泪眼盈眶……

资华筠、刘峻骧、冯双白来了，这几位该所现任的领导，握着吴老的手，感谢他为舞蹈理论事业做出的贡献，并向他汇报该所近年来取得的成就，只听吴老喃喃地自语："这是一件大事情，这是一件大事情……"

隆荫培、徐尔充、张世龄来了，这几位从"文革"前就在中国舞协随吴老工作、创办过《舞蹈》杂志、后又转到舞蹈研究所再成吴老部下的老编辑，回忆着往事，谈论着现在，展望着未来，和吴老一起分享着新中国舞蹈道路发展之见证人的快乐。

宋铁铮来了，感谢吴老对他的帮助。舞协的王同礼提着题有"新春快

① 本文发表于《舞蹈信息报》1993年2月15日，原文为作者笔名：海儿。

乐”字样的大蛋糕来了，与吴老紧紧相拥，叙谈着“老天马”的旧事，并代表天马舞蹈工作室的同学们给吴老拜年。新的一代青年学者也来了，欧建平、宋今为、于平、张华、张婉麟、江东等青年理论工作者，均毕业于由吴老亲手创建的中国艺术研究院研究生部舞蹈史论系（今研究生院舞蹈学系），是由吴老亲手培育出的舞蹈硕士研究生，当他们共举一块两米见方的大挂毯时，现场气氛达到高潮，只见挂毯上几匹骏马奋蹄昂首，气势不凡。硕士们衷心期望老“马”带领小“马”，冲进新的世纪。

老、中、青、少几代舞蹈理论工作者欢聚一堂，显示出中国舞蹈理论事业的雄厚实力和后继有人。大家与吴老共同留影，并谈论着舞蹈理论事业所取得的巨大成就。吴老深有感触地说：舞蹈再也不是一件简单的事情，很有意义，很有希望。

年近九旬的吴老，这天精神十分高涨，但见他双目炯炯，容光焕发，紫红色的砂洗上装和鲜艳的领带更令他精神矍铄，充满自信。眼前芬芳着的桃李令他心花怒放，使他又一次返老还童。的确，中国的舞蹈理论事业取得了令世人瞩目的成就，并将继续发扬光大下去，这与吴晓邦的毕生努力分不开，只要执着努力，中国的舞蹈理论事业必将傲立于世界学术之林。

吴老，我们给您拜年了。祝您鸡年大吉，健康长寿！

戴爱莲：一个世纪的舞蹈情缘

一 亭亭清荷飞天舞[①]

2006年2月9日，享年90岁的中国当代舞蹈艺术先驱者和奠基人之一，著名舞蹈家、舞蹈教育家、中国舞蹈家协会名誉主席戴爱莲女士，因病医治无效，在北京逝世。

这个消息在媒体上迅速传播，一时间让中国舞蹈界的人士颇感震惊。大家都还清晰地记得，就在不久前，这位受人爱戴的中国舞坛老前辈还在人们热心的拥戴和衷心的祝福中，精神矍铄、兴致盎然地度过了她第89个生日。那天的戴爱莲，虽然容颜不再年轻，虽然步履不再轻盈，但笑容依旧。那笑容，依然是那么阳光，依然是那么令人感动，天真得像个孩子，纯净得像一缕云丝。当时，没有人会怀疑这位世纪舞蹈老人会健康地迎来她的第90、91、92乃至更多个生日。然而，令众人猝不及防的事情就这样发生了，这位受人尊敬的舞蹈老人忽然间离大家而去，离她心爱的舞蹈艺术而去，让人的心绪久不能平。

2月17日上午，戴爱莲遗体告别仪式在北京八宝山革命公墓举行。低回哀

① 本文发表于《人物》2006年第4期。

婉的钢琴曲回响在人们的耳畔，戴爱莲的遗像在鲜花丛中矗立着。她那招牌式的微笑，依然光鲜闪亮，依然沁人心脾。此时此刻，看着画像中的她，没有人会相信她已然离去，因为正是她那特有的微笑，在向前来告别的人们展现，她还是那么真诚，还是那么慈祥。然而，她却真真切切地离开我们了，看到她安详地躺在菊花丛中，身上穿着一件素朴的唐服，上面覆盖着鲜红的中国共产党党旗，大家意识到，她的确是离开了我们。不过，让大家同时感到欣慰的是，2005年12月底，这位为中国舞蹈事业奉献了一生的老人，如愿地加入了中国共产党！她的一生是值得她骄傲的，更是值得世人缅怀的。默哀的人们诉不尽绵绵的怀念，胸前的白色小花载不动深沉的哀思。来自中央民族歌舞团等单位的戴爱莲的生前好友们缓缓起舞，跳起了戴爱莲曾全力推广的“人人跳”舞蹈。每个舞者都眼含着热泪，他们的舞步是那么凝重，同时又是那么富有生气，一种难以名状的鲜活的生命力，在舞蹈者的动态中四散飘溢。这样的舞步是对戴爱莲最好的祭奠，因为任何语言上的赞美，都无法与这段送别的舞蹈相媲美。而为舞蹈而生的戴爱莲，在舞蹈的礼赞中完成了她那一生为舞的辉煌谢幕。

2月20日下午，“著名舞蹈家戴爱莲先生艺术人生纪念会”在北京人民大会堂举行。几十位戴爱莲生前的同事、好友、学生深情地追忆着戴老对祖国的挚爱和对舞蹈事业的不懈追求。会堂正面画像上的戴爱莲，依然笑得那么灿烂、那么安详。大屏幕电视上滚动播放着有关她的电视录像片。一位又一位情绪激动的发言者，在叙述中让戴爱莲这个不平凡的名字和她的一生，幻化成一部无声的黑白影片。这部没有胶片的影片，一个镜头接一个镜头地在人们的脑际中不停地播放着。当这些镜头掠过我们的脑海时，戴爱莲那不凡的一生，顿时变得格外清晰起来。

镜头一：童年

童年的戴爱莲是在西印度群岛的特立尼达度过的。

1916年，特立尼达岛的一个三代华侨之家，迎来了一条小生命，家人给她起名为爱琳·阿萨克。小爱琳的祖先是在太平天国起义后随家族一起来到这个拉丁美洲岛国的，她的祖上实际上并不姓戴，她父亲是家中老大，别人称其为“阿大”，广东人“大”与“戴”发音区别不大，后来“戴”就成了她家的姓，而英文的爱琳译成汉文后就成了“爱莲”。这个名叫戴爱莲的小女仔，后来成为20世纪中国舞坛上的一位巨擘。

戴家姐妹有仨，爱莲是最小的一个。由于是老小，爱莲从小就得到父母极大的宠爱，让她养成了我行我素、富有主见的性格。小爱莲从小就是个非常喜欢动的孩子，非常淘气，爬树、踢足球、游泳、打乒乓球，男孩子做的事情她样样都喜欢，倒是女孩子喜欢的洋娃娃之类的玩具，她却从没上过心。整天疯玩的小爱莲，就是这样无忧无虑地天天生活在一个“男孩子般的”童年世界里。

戴爱莲最初的艺术启蒙是音乐。她的家里有一台自动钢琴，这让小爱莲找到了一个释放自我艺术思维和表现的表达工具。她从7岁开始学琴，凭着天生的聪慧和勤奋的努力，在7年之后，爱莲的钢琴水平已达到中级。

幼小的爱莲同时非常喜爱舞蹈活动，或许是来自音乐的帮助，她的节奏感非常强，常常在小伙伴的游戏和舞蹈中充任主角。她曾得到一位曾在英国学习过芭蕾舞的亲戚对她进行的芭蕾舞启蒙教育，后来在母亲的帮助下，她成为岛上第一个与白人同校学习芭蕾舞的华人学生。由于酷爱舞蹈这门艺术，在开始正式学习芭蕾舞之后不长的一段时间，戴爱莲在舞蹈技艺上的神速进步，立刻引起了人们的注意，她很快就成了班上的明星级人物。她一边学钢琴，一边学芭蕾舞，音乐和舞蹈的艺术养料，就这样缓缓滋润着她幼小的心灵。

7岁上小学时，班上既有白人也有黑人，人种的不同开始让幼小的爱莲意识到自己“华人”的身份。然而，特立尼达是英属殖民地，教育体系全部是西方式的，没有地方可以学到华语。当时的爱莲并不知道，没有华语这样的语言基础，让她在日后的生活中碰到不少麻烦。

戴爱莲天真无邪的童年，就这样在音乐和舞蹈、海浪和飞鸟中流淌着。虽然这时的爱莲还不是艺术家，然而这个时期打下的基础，让她终身受益。

镜头二：少年

1930年，14岁的爱莲跟随母亲和姐姐一起远赴英国，从此踏上了艰辛的专业学舞之路。

到英国之后，戴爱莲最幸运的事情莫过于她很快便开始在英国舞蹈名家安东·道林的教室上舞蹈课。安东·道林是世界级舞蹈大师，能有机会跟他学舞，对戴爱莲来说简直就像是一个美丽的梦。她甚至做梦也不曾想到过，巨大的幸福这么快就降临到她的身上。获得这样的机遇是一件非常难得的事情，于是，戴爱莲如饥似渴地开始了芭蕾舞的专业学习。也是戴爱莲幸运，道林老师人很好，他不仅指导她的舞蹈技艺，同时也对她认识舞蹈、认识世界起到良师益友般的作用。即使是多年以后戴爱莲在中国功成名就之后，她与老师的友谊依然非常牢固地持续着。这段学舞生涯，让戴爱莲念念不忘，即使在她晚年生涯中回忆起这段经历，都会让她激动得难以抑制。当时，有色人种学习芭蕾舞这种纯西方的艺术形式其实并不多见，加上戴爱莲人长得矮小，很难有发挥的机会。然而，道林老师却给了她极大的信心和勇气，让她坚定了自己从事舞蹈艺术的信念。

英国的芭蕾舞发展在世界范围内都是有一定分量的，著名的切凯第学派最终就是在英国这块土地上生根，并在全世界范围内广为传播的。在这样一个芭蕾舞的大本营中，戴爱莲如鱼入水，她无比珍惜这样的机会，并天天游弋在芭蕾舞的快乐海洋之中。戴爱莲后来成为中国芭蕾舞的第一人，组建了中国中央芭蕾舞团，这段在英国学舞的经历，是她日后成功的根本保证。在这个大海中，戴爱莲除了跟随恩师道林学舞外，同时也求学于其他芭蕾舞大师，这使她博采众长，建立起成熟的判断能力。

当时的欧洲，现代舞的发展运动同样是如火如荼，现代舞那自由的舞动和深入介入生活的能力，让戴爱莲极为震动。她在学习芭蕾舞之余，又扑进了现代舞的怀抱，先后学习了魏格曼体系、拉班理论和尤斯的现代舞蹈，成了一个“不安分”的艺术家。广为学习之后，戴爱莲开始用舞蹈做语言，揣测着、找寻着最适合自己和自己最想表达的思想。据她回忆，在这段时间中，除了芭蕾舞和现代舞，最让她觉得非常值得的是，她还特别学习了拉班舞谱。拉班舞谱是目前在世界范围内运用最广泛的一种舞蹈记谱方式，戴爱莲把它带回中国，并努力推广拉班舞谱在中国的应用。

已渐入青春年华的戴爱莲一边学习，一边开始寻找工作的机会。在艺术观逐渐成熟的同时，她却饱尝了人世的磕绊。在经受了战争磨难、饱尝西方社会的冷暖之后，她回归祖国的念头与日俱增。羽翼丰满的戴爱莲，时刻找寻着回国的机会，一个人生最重要的梦想，正越来越清晰、越来越具体。

1939年，23岁的戴爱莲终于踏上了她梦寐以求的归国之路。

镜头三：青年

戴爱莲在回国之前，已经开始投身到抗日的工作之中。当卢沟桥的枪声响起，这位以舞蹈为武器的充满革命精神的华侨姑娘，便开始了她的抗议宣言。中国的河山在日本侵略者的铁蹄下颤抖，祖国的同胞在日本法西斯的奴役下备受蹂躏，年轻的戴爱莲的心也在流血。当时，在英国、在美国、在南非、在印度，各国的正义人士掀起了声势浩大的反对日本侵略者、支持中国人民的各种活动。伦敦的一个名叫“援华运动委员会”的组织，号召人民为处于战事之中的中国人民募捐，戴爱莲毅然参加了由该组织举办的募捐义演。当她得知捐款最终都被汇集到由宋庆龄领导的“中国抗战同盟”组织时，她笑了，她第一次为自己能为祖国的抵抗运动贡献绵薄力量而感到由衷的欣慰。

战争加快了戴爱莲回国的步伐。1939年9月3日，是让戴爱莲永远无法忘记的日子，英国对德国宣战，伦敦成为抗击法西斯的前沿。战争把戴爱莲继续跟随著名现代舞蹈家尤斯（现代舞剧《绿桌》的编导）学习的梦想彻底粉碎。与其在英国等死，不如早日回归自己的祖国。于是，戴爱莲开始了回国的各种努力，并最终踏上了让她多少年来魂牵梦萦的回国之路。

戴爱莲后来说，她一生碰到的幸运事情太多，其中之一就是她在到达香港后遇到了她仰慕已久的伟大中国女性宋庆龄。更让戴爱莲感到自豪的是，她刚抵达香港，便参加了由宋庆龄组织的抗日募捐义演。抗击日本侵略者的怒吼，从她瘦小的身躯中迸发出来，为民族前途疾呼，成为年轻的戴爱莲的心声。于是，在香港、在重庆、在桂林，在戴爱莲到过的每一个地方，她都不忘用自己的肢体语言表达自己正义的心声。

戴爱莲的心声是通过一系列脍炙人口、充满鼓动情绪与感动情怀的舞蹈作品呈现出来的。《警醒》《进行曲》《哭泣的垂柳》《卖》《游击队的故事》《思乡曲》《空袭》《东江》……一个个动作语言，像一篇篇控诉的檄文，激起人们对日寇的愤怒；一个个舞蹈作品，像一支支尖锐的利箭，射向敌人的心脏。戴爱莲的舞蹈不仅感动了后方人们的心，同时也唤起了人们勇于抗战的昂扬精神。

于抗战期间上演的这些作品，有的是在这个时期创作的，也有的早在英国期间就已经成型了，比如《警醒》《进行曲》《哭泣的垂柳》等作品。从这里可以看出，作为一个舞蹈革命者的象征，戴爱莲早就开始了她在舞蹈领域中的革命性创造。特别值得一提的是，这些具有革命精神的舞蹈作品，竟然在她返回祖国后暗合了国内斗争形势的需要。因而，这些作品在社会上一亮相，立刻在中国广大民众的心中产生了极大的共鸣。

《警醒》表现的是一位第一次站岗放哨的游击队员的心理活动。第一次站岗，年轻的游击队员难免紧张，周围的每一点情况都让他警觉不已。在这个作品中，戴爱莲没有使用伴奏音乐，而是敲击腰鼓奏出警惕的氛围和节奏。这个作品是她在英国的最后一年跟尤斯学舞时创作的。

《进行曲》表现的仍是中国的游击队员的生活，是戴爱莲1935年开始学习现代舞时创作的一个实验性作业。当时，有人不相信戴爱莲能编出这类现代舞的作品，为了证明自己的能力，戴爱莲请她的一位弹钢琴的朋友贝蒂帮她找到了普罗科菲耶夫创作的进行曲做伴奏。伴着刚强有力的音符，戴爱莲不仅证明了自己，也为自己的舞蹈事业增添了漂亮的一笔。她在香港演出该节目时，宋庆龄建议她把服装改用当时的国旗形象，从而更加突出了她鼓动中华民族不断向前行进的初衷。

《哭泣的垂柳》则是戴爱莲运用了一个欧美人最熟悉的隐喻，把湖边长长的垂柳比作眼泪，从而表达自己对中国人民所遭受的空前劫难和欺凌的深切同情和极大愤慨。流不尽的眼泪，像垂柳一般涓涓不止，生动感人的形象产生了巨大的艺术感染力。

这些作品虽然诞生在英国，但特定而深刻的主题，让它们在戴爱莲刚刚返回祖国之时便拥有了实际的意义。

回到祖国的戴爱莲，面对日军妄图吞并中国的凶残和祖国大地的凋敝凄惨，感同身受的同时更加激发了她高昂的创作激情。她在与吴晓邦、盛婕合作举行的“舞蹈发表会”上，把《进行曲》改为双人舞，同时又参加了吴晓邦创作的《合力》，用他们共同的“合力”号召各阶层团结一致，共同抗日。

她本人更是一发不可收拾地先后创作出一系列更加符合中国社会现实的舞蹈作品：《卖》《游击队的故事》《思乡曲》《空袭》《东江》……这些作品不仅鼓舞了战时的人民，同时也是中国舞蹈在近现代史上发出的最强劲的声音。

由戴爱莲创作并表演的独舞《东江》，是于1941年在香港问世的。当时，戴爱莲读到了一篇报道。报道中说，广东东江的渔民们在日本飞机的轰炸下船翻人亡，景象凄惨。戴爱莲为了表现出当地渔民以及中国人民对日本侵略者的强烈愤恨，用现代舞的技巧表现了这一富有启迪意义的主题。

于1942年在重庆上演的《空袭》，是一部只有四个人物的小舞剧。舞剧通过一位母亲与女儿和两个儿子在日寇对重庆的轰炸下的悲惨遭遇，控诉着侵略者的暴行。特别是由戴爱莲扮演的女儿一角，深深地打动了观众的心，在社会上引起了极大的反响。

《思乡曲》表现的是一位妇女在颠沛流离之中思念故乡的真切情感。为了表现战乱的背景，戴爱莲特地设置了一驾常见于东北地区的马车。后来她在美国表演这个作品时，改用一只木箱子，同样营造出流离失所的场景，唤起了美国观众的极大同情心。当年马思聪在重庆时的现场伴奏，让戴爱莲很长一段时间内无法忘怀。在2005年由中央电视台三套制作的一档“艺术人生”节目中，戴爱莲噙着满眼的热泪在现场的小提琴声中又即兴地回忆了这个作品。

无论从哪个角度考察，这个时期戴爱莲的创作和表演都达到了一个空前的高度。而在这个时期之后不久的另一次事业上的辉煌，是戴爱莲轰动一时的“边疆舞”。

戴爱莲返回祖国之后，辗转奔赴于各地表演采风。她克服种种困难，进瑶山、入西康、赴新疆，向能歌善舞的少数民族同胞采风学习，悉心研究他们的舞蹈，并在此基础上相继创作过《马车夫之歌》《瑶人之鼓》等脍炙人口的作品。她在重庆新华社组织的晚会上看了延安文工团的演出后，极为震动，很快便创作出大秧歌剧《朱大嫂送鸡蛋》等舞蹈。她还从地方戏曲中吸收营养，从桂剧移植改编了《哑子背疯》。从这样的经历和努力中可以感悟到，戴爱莲对祖国的民族艺术是多么喜爱。

功夫不负有心人。1946年戴爱莲在重庆推出了一台由她创作并主演的多彩多姿的“边疆舞蹈大会”，作品有充满活力的维吾尔族舞《青年舞曲》、优美的苗族舞《苗家月》、欢快的藏族舞《春游》、抒情的彝族舞《倮倮情歌》等。这些作品让观众目不暇接，很多人惊叹：天下竟有这么多美妙的舞蹈！人们纷纷表示：作为中国人，过去只欣赏西洋舞蹈；看到戴爱莲的演出，才知道中华民族的舞蹈竟是这样丰富多彩。戴爱莲的“边疆舞”，一时成为当时山城的热门话题，媒体盛赞她为“人民艺术家”。不久，她的“边疆舞”风又刮到了上海，并如火燎原般迅速在上海大中学校的学生中传播。这个健康而进步的舞蹈运动，实际上为学生解放运动的开展起到了团结同学的积极作用。“反饥饿、反内战，要民主、要和平”的学生运动遍及全国，有口号处就有边疆舞的歌声舞影。戴爱莲的“边疆舞”，成就了中国舞蹈现代史上的一段佳话。

戴爱莲的艺术生命，在进步的舞蹈事业中闪闪发光。戴爱莲的爱情生活，也伴随着她在这个时期一路走过。

甫一回国，戴爱莲对中国新环境下的人和事都非常陌生。刚到香港不久，她便结识了为她作画的叶浅予。叶浅予潇洒倜傥的风度和意气风发的才气深深地吸引了戴爱莲。他们一见钟情，而且情投意合，两周后便结为连理。

与叶浅予的结合，为戴爱莲的生活打开了一扇崭新的窗子。他们在艰苦的岁月中一起赴桂林、下重庆，在颠沛流离的辗转中，体味着长相厮守的幸福。彼此在艺术上的特长，给相互的事业注入了新鲜内容，叶浅予以戴爱莲舞蹈形象为内容的画作，呈现出一派盎然的生机。后来，由于查出身体有恙，医生告诉戴爱莲，她终生不能生育了。听到这样的话，戴爱莲忍不住流下了眼泪，因为她真心想与叶浅予有一个孩子。后来，戴爱莲把叶浅予与前妻罗彩云所生的女儿叶明明视同己出，对她呵护有加，这种亲密的母女关系一直保持到戴爱莲生命的终点。

然而，戴爱莲与叶浅予的结合，从一开始就缺乏必要而有效的沟通，二人虽在艺术上有共同语言，但文化背景上的巨大差异和彼此在性格上的独立，导致二人于1950年离婚。不过晚年时，在经历了人生的各种况味之后，戴爱莲和叶浅予仍保持着很好的关系，二人始终是无话不谈的好朋友。

镜头四：中年

中国人民在中国共产党的领导下，推翻了三座大山，终于用革命先辈的热血和头颅换来了新中国的建立。人们在欢欣鼓舞的热情中，开始了百废待兴的建设社会主义新家园的壮美事业。新中国成立初期的舞蹈事业，像一张白纸，它正在等待着、呼唤着人们用自己的双手描画出美丽的图景。

面对新中国成立后中国舞坛的贫瘠景象，戴爱莲毅然地扛起了发展中国舞蹈事业的重担，她像一位辛勤的园丁，开始为祖国的舞蹈百花园育苗、施肥、浇灌。

新中国成立之初，中国没有一家专业的舞蹈团体。培养人才、组织建设、创作新作，成为发展中国舞蹈事业的当务之急。戴爱莲在华北大学文艺学院舞蹈队工作时，为新中国培养了第一批舞蹈演员。在中央戏剧学院舞蹈团，她主持组建了新中国第一个舞蹈团，该团后来成为中国中央歌舞团。当时国家的重要演出任务，都是由该团完成的，作品在国际上屡次获奖。戴爱莲为庆祝世界和平大会的召开，参加编导并主演了中国第一部芭蕾舞剧《和平鸽》。作为第一任校长，戴爱莲于1954年主持了新中国的第一个舞蹈学校——北京舞蹈学校的教学工作。在她的领导下，一批又一批又红又专的舞蹈人才，源源不断地成为中国舞坛上的生力军。新中国第一个芭蕾舞团——中央芭蕾舞团，也是在她的领导之下成立的。新中国的舞蹈事业，与戴爱莲息息相关，正是她的辛勤栽培，才让中国舞蹈事业从荒原变成一片绿洲。

最值得让后人永远记住的是，戴爱莲为新中国的舞蹈创作做出很大贡献。她不仅身体力行，创作出流芳百世的《荷花舞》，更为重要的是，她的创作从思想和艺术两个角度，深深地影响了中国舞蹈艺术的发展。

这个时期创作的女子群舞《荷花舞》，是戴爱莲一生最重要的代表作。《荷花舞》（作曲：刘炽，首演者：徐杰领衔）取材于流传在陇东、陕北的民间舞“荷花灯”，曾有刘炽等艺术家对其进行过加工。1953年，戴爱莲以高超的编舞技法对其进行了再创造，以比兴的手法，表现了荷花出淤泥而不染的秉性，以“盛开的荷花”象征欣欣向荣的祖国。舞蹈形象鲜明、动作流畅、结构凝练，于简洁中颇显大师功力。在许多外国人的眼中，《荷花舞》几乎成为中国舞蹈的代名词。台湾著名舞蹈家林怀民来大陆访问时就曾表示，他被戴爱莲的《荷花舞》感动得无以复加，舞蹈所表现出来的那种中国人所独有的大气和健康的美，让他感喟不已。

另一部传世之作是女子双人舞《飞天》（创作于1954年）。它是中国当代第一部取材于敦煌壁画的舞蹈，戴爱莲成功地运用了戏曲中“长绸舞”的形式，并把它加工为独立的纯舞蹈艺术。舞蹈追求的不是对敦煌壁画的描摹再现，而是以绸带飞扬瞬间的舞姿造型和流畅、滑翔、腾跃的步伐等，表现翱翔天宇的一种意境——寄予人类的希冀与向往。

《荷花舞》与《飞天》先后于1953年和1955年参加在柏林与华沙举行的世界青年与学生和平友谊联欢节国际舞蹈比赛并获奖，1994年被确认为“二十世纪中国舞蹈经典作品”。

戴爱莲妙手绘春，为新中国成立后的中国舞坛绘出了一幅幅生动而美丽的动人画卷。她的工作领域从创作到教学、从组织到交流，为推进中国舞蹈事业的发展做出了不懈的努力。而今天中国舞蹈大厦以几何速度发展起来，无不浸透了戴爱莲的心血。

特别值得一书的是，在创作和领导工作之余，戴爱莲为拉班舞谱在中国的推广立下了汗马功劳。她不辞劳苦，不舍昼夜，亲自开班教学，亲自记谱出书，为中国舞坛培养了第一批拉班舞谱的专家，成果斐然。由于成绩卓著，“国际拉班舞谱会议”特于2004年夏天在中国北京举行了第22届年会，以表彰戴爱莲为推动此项工作而做出的卓越贡献。

戴爱莲的另一个功劳是她倡导的“人人跳”。为了让舞蹈回归大众，她以毕生的经验，总结出了“人人都可以快乐舞蹈”的理念，创建出适合于普通大众的舞蹈方式。这种独特的中国舞蹈形式，深受海内外普通人士的热烈欢迎。

生活在新中国的戴爱莲，找到了“回家”的感觉，她把自己毕生的精力，都兢兢业业、勤勤恳恳地奉献给了祖国的舞蹈事业。而中国的舞蹈事业，从一棵破土的小嫩苗，在几十年的风雨中，终于长成今天这棵参天大树。这其中，戴爱莲的心血有目共睹。

戴爱莲的舞蹈思想，可以从她自己的话中看到端倪，她曾说：“芭蕾是我的工作，民族舞蹈是我的挚爱……”可以说，正是这种爱促使她在创作中不懈地追求中国舞蹈的神韵，与此同时，她又以其精当的鉴赏力，将西方舞蹈的精华介绍到中国。戴爱莲正是以其自身的优长和毕生的实践，成为一位名副其实的沟通中西舞蹈文化的使者和功臣。

镜头五：老年

戴爱莲的家位于北京花园村附近的国际公寓中。

走进戴家的客厅，一股高雅的艺术气息迎面扑来。黄永玉栩栩如生的彩墨荷花、李铎刚劲的“德艺双臻”题词映入眼帘，四周挂放着叶浅予作的描绘她优美舞姿的国画，它们与来自海内外各种民间舞蹈工艺品交相辉映。尤其夺人眼目的是一座主人的纤维雕头像，这是著名雕塑家、戴爱莲的好朋友维利·索科普的精心之作的复制品，另一座被安放在英国皇家舞蹈学院大厅，这是英国舞蹈界给戴爱莲的殊荣。在一张寄自英国切凯蒂芭蕾舞学会的证书上，端端正正的美术体英文这样写着：“为了表彰戴爱莲女士常年不懈对芭蕾艺术的卓越工作，特颁发此荣誉证书。”

经过了波折，历尽了磨难，戴爱莲在这里度过了她的晚年生活。淡泊和宁静，是戴爱莲晚年生活的主旋律。在这里，她完成了她的自传体著作《戴爱莲·我的艺术与生活》；在这里，她继续着中国拉班舞谱学会的教学与工作；在这里，她继续着中外文化的交流工作，让中国舞蹈走向世界，让更多的国家友人认识中国、认识中国舞蹈；在这里，她不断地总结着自己的人生感悟，一些闪着智慧之光的真知灼见，不时从这里诞生……

2005年7月，位于加拿大多伦多市港前文化艺术中心的Studio Theatre剧院，举行了一场别开生面的舞蹈仪式和晚会，一场向戴爱莲致敬的名为“荷香妙舞敬爱莲”的中国舞蹈专场晚会，在这里隆重地拉开帷幕。晚会由当地华人文化社团组织，9位当地的专业舞蹈家专门为戴爱莲和现场观众做了舞蹈表演。类似的活动在戴爱莲的晚年生活中经常发生，戴爱莲获得的荣誉和褒奖实在是多得不胜枚举。不过，荣誉再多，也难以与戴爱莲为中国舞蹈付出的努力和所获得的果实成正比。看着今天中国舞坛的枝繁叶茂，戴爱莲满足地笑了，她的笑是那么迷人，充满了历经沧桑之后的不尽幸福。

2005年年底，年届90岁高龄的戴爱莲因病住院。12月26日，一场特殊而别具意义的入党仪式在北京协和医院高干病房区会议室里庄严举行。根据戴爱莲本人的申请，中国共产党接受了她入党的请求，戴爱莲的夙愿终于实现了，她的入党介绍人是中国文化部部长孙家正。虽然由于病重而卧床不起，但此时的戴爱莲面对党旗庄严而神圣地举起了右拳。在宣誓中，她虽然已经很难有足够的气力说出完整的话语，然而她的誓言是那么豪迈，那么掷地有声。此时此刻，此情此景，这位世纪舞蹈老人的凝重神态，已经永远地凝固成一幅神圣的画卷，让人感动得无与伦比，让人永远都难以忘怀。

宣誓之后的戴爱莲这样说：“我很自豪，入党是一件无上光荣的事。当我还在国外的时候，就受到了党的影响。那个时候我就知道，中国唯一的希望就是中国共产党。我很幸运，看到了繁荣的今天！”

弥留之际，戴爱莲记得最清楚的一件事就是要交党费。她还在遗嘱中说：

“我是国家的人，我走后要把一切都留给国家。”

经过了90年人生的风风雨雨，在为中国舞蹈事业做出了辉煌而卓越的贡献之后，品性若荷的戴爱莲飞天而去。她用自己一生的践履告诉后人：一个舞者、一个艺术家、一个人，应该用什么样的行为，达到什么样的人生境界。戴爱莲虽然走了，但她却留给人们一大笔丰富而珍贵的精神财富，这些财富将继续丰富着人们的精神世界，并伴随后人走向未来。

二 一个世纪的芭蕾情缘①

近日，一份从伦敦寄出的荣誉证书，飞越千山万水被投递到了中国舞蹈大师戴爱莲的北京寓所中。证书上，端端正正的美术体英文这样写道：“为了表彰戴爱莲女士常年不懈对芭蕾艺术的卓越工作，特颁发此荣誉证书。”落款是英国切凯蒂芭蕾舞学会会长的亲笔签名。

收到这样一个证书，让年近九旬的戴爱莲心绪难平。又一个巨大荣誉的来临，让这位曾在年轻时代于英国学习切凯蒂芭蕾舞体系的舞蹈老人的眼眶湿润了。这个荣誉，把她带回到她难以忘怀的少年学舞时代。如今，七八十年的光阴倏忽而过，那个在伦敦学习芭蕾舞的中国小姑娘，已经成为硕果累累的中国一代舞蹈大师。然而，昔时的一切仍历历在目，一切仿佛就发生在昨天，所有的那些既遥远又亲切的一切那么清晰地印在戴爱莲的脑海中，而且栩栩如生、挥之不去……

自幼喜爱舞蹈艺术的戴爱莲，是于1930年在她14岁那年离开她的出生地特立尼达随母亲和姐姐赴英国的。华侨出身的戴爱莲从小就梦想着将来成为一位舞蹈家。至今令她最为骄傲的是，在她初抵伦敦时，就得到了当时已经大名鼎鼎的世界著名芭蕾舞蹈家安东 · 道林先生的帮助。

① 本文刊载于《戴爱莲纪念文集》，岭南美术出版社2011年版，第297页。

说到与安东·道林的往来，戴爱莲早在来伦敦前就曾给他写过信，表示了她要到伦敦学习芭蕾的愿望。令她难以置信的是，她竟然收到了这位蜚声世界舞坛的大明星的回信。在回信中，安东·道林让戴爱莲到伦敦后一定先来见他。带着兴奋和憧憬，年幼的戴爱莲在母亲的陪伴下，局促不安地出现在这位光彩照人的大明星面前。然而，面对着安东·道林的真诚与友好，戴爱莲一下子就释然了。她那典型的东方人的面孔，也博得了安东·道林的好感。安东·道林立刻把戴爱莲安排在他的舞蹈教室中学习。

回忆起这段经历，今天的戴爱莲仍记忆犹新。在最初那个班里，共有三个成年舞者和三个少年学员。三个成年舞者中，有英国一代芭蕾舞女舞蹈家、举世闻名的阿丽西娅·玛科娃等人；而少年的舞伴中，则有后来赴美国发展并成为巴兰钦第二任妻子的布里奇特·哈特威格（后改名为薇拉·左林娜）。在这样一个环境中，每周三次，她们六个人在安东·道林的指导下，相互学习，相互支持，充分地享受着芭蕾舞艺术带给人的快乐。

“切凯蒂”这个名字也是从这个时候开始渐渐跃入了戴爱莲的视野和认识之中的。

切凯蒂，意大利人，近代芭蕾史上最重要的人物之一，被誉为“20世纪最伟大的芭蕾舞教育家”。在他活跃于世界芭蕾舞坛的19世纪末期至20世纪早期，任何芭蕾舞蹈家似乎不经过他的点化，便无法成为大牌舞蹈家。切凯蒂幼年学舞，后赴俄罗斯、波兰跳舞、教舞，最后定居英国，并在伦敦把世界的芭蕾舞艺术提升到一个崭新的高度。切凯蒂的芭蕾理念，直接来自曾以一本《芭蕾法典》而奠定其在芭坛地位的意大利芭蕾大师布拉西斯。而切凯蒂在他天才般舞蹈才华的运筹下，让芭蕾舞的训练和教学成为一个具有科学内核的动作学科。他健全了芭蕾舞的体系，规范了芭蕾舞的技术，并通过他的亲手传播让芭蕾舞在世界各地得到发展。那些与他同时代的芭蕾明星，都直接受到了他的指教从而在世界芭坛大红大紫起来，如巴甫洛娃、尼津斯基、卡尔萨文娜、德·瓦卢娃、兰伯特、玛科娃、克拉斯科（戴爱莲的芭蕾老师）、李法尔、莫德金、巴兰钦等。1922年，“英国切凯蒂芭蕾舞学会”在伦敦成立，那些曾亲聆切凯蒂教诲的第一代弟子们，从芭蕾舞的教学规范入手，让芭蕾舞这门艺术健康地发展起来。从那以后，切凯蒂芭蕾体系的各种组织如雨后春笋般在世界各地涌现出来。今天，“切凯蒂芭蕾体系”成为全球公认的最权威的芭蕾舞系统。

戴爱莲认识并学习到切凯蒂芭蕾舞体系的精髓，是通过她的芭蕾舞老师玛格丽特·克拉斯科。克拉斯科曾任切凯蒂的助手，深得切凯蒂的真传。在切凯蒂退休回到意大利后，克拉斯科在位于伦敦市中心剑桥广场附近的练功房里成立了“克拉斯科—梅鲍芭蕾舞学校”，由她本人负责主要教学，她的另一位同学瑞安·梅鲍负责初学者的教学和考级方面的工作。

安东·道林每周三次的课时，已不能满足此时戴爱莲汲取知识、获得养料的渴求。她除了继续跟随安东·道林学习之外，也开始了在“克拉斯科—梅鲍芭蕾舞学校”的学舞生涯，并且获益匪浅。

三 荷香妙舞敬爱莲
——多伦多华人举办活动庆贺戴爱莲89岁寿辰[①]

7月的多伦多，正是莺飞草长的好时节。2005年7月，多伦多的华人文化圈又多了一分喜悦——著名中国舞蹈大师戴爱莲在助手吴静姝的陪同下，于8年之后再次来到这里，参加由当地华人特意为她89岁寿辰举办的庆祝活动。

年届近九旬的戴爱莲，把一生都献给了舞蹈事业。她清荷一般的艺品和人格，不但获得了中国人民的喜爱和敬重，同时在世界范围内也得到了圈内外广大人士的好评和赞扬。她创作的那些脍炙人口的舞蹈作品，不仅是人类追求精神世界的高度浓缩和完美体现，同时也以其空前的美感，为全世界人民所珍重。台湾著名舞蹈家林怀民来大陆访问时就曾表示，他被戴爱莲的

① 本文发表于《舞蹈信息报》2005年9月1日。

《荷花舞》感动得无以复加，舞蹈所表现出来的那种中国人所独有的大气，让他感喟不已。

为了向戴爱莲在舞蹈艺术上所做的历史贡献致敬，更为了在当地进一步壮大中国文化的声势、进一步推广中国文化，加拿大多伦多市的华裔文化工作者们，借该市在每年夏天举办文化艺术周之际，邀请戴爱莲专程前往加拿大，接受大洋彼岸的人们对她的崇高敬意。

此次邀请戴爱莲赴加的是多伦多小梨园剧社的主人刘伟亮和多伦多市港前文化艺术中心。刘伟亮出生于中国香港，10多岁时随家庭移居加拿大。他非常喜爱中国歌舞文化，早年曾在蒙特利尔组建过“中国舞蹈研究社”，后转赴多伦多，并在这个以多元文化而著称的城市建立了以传播和推广中国京剧和舞蹈文化为宗旨的“小梨园剧社”，成为加拿大华裔文化的一面旗帜，并迅速得到加拿大政府的支持和加拿大主流文化的关注。

刘伟亮曾于1997年邀请戴爱莲赴加拿大讲学。当时，戴爱莲受到了加拿大从东到西各界的热烈欢迎，多家媒体报道了这位“中国芭蕾舞之母”“舞蹈大师”（均为当时加拿大媒体用语）的加拿大之行。而戴爱莲由于语言上的优势和文化背景上的亲和力，立刻在加拿大社会引起很大反响。她不仅讲她的舞蹈、中国的舞蹈乃至世界的舞蹈，同时还用自己亲身的经历向听众们介绍了中国文化、中国新时期以来的巨变，引起当地各界人士的极大关注。她的影响已经完全超越华人的圈子，而成为整个社会关注的焦点。

时隔8年，戴爱莲带着她开朗而和蔼的微笑，带着她真诚而深邃的哲思，再次来到多伦多。邀请者此番邀请戴爱莲赴加的原因有三：一是庆贺戴先生的89岁华诞；二是为戴先生组织舞蹈专场晚会以颂扬她一生为舞所取得的丰硕成就；三是借此庆祝中加建交35周年。

2005年7月23日，专为戴爱莲举行的“荷香妙舞敬爱莲”（Lotus Dance Tribute）中国舞蹈专场晚会，在多伦多市港前文化艺术中心的Studio Theatre剧院拉开帷幕。

多伦多市港前文化艺术中心，是一个有政府背景的非营利性文化机构，成立于1991年。中心内设有各种文化设施，自建立以来，面向大众常年组织各种文化活动，为公众营造了非常好的文化氛围，为加拿大的多元文化做出了很大贡献。

"荷香妙舞敬爱莲"舞蹈晚会，由小梨园剧社和港前文化艺术中心共同主办，9位当地的专业舞蹈演员专程赶来为戴爱莲做专场表演。表演的节目大都为具有鲜明中国风格的舞蹈作品。正是由于这个原因，演出开始后，浓郁的中国情、芬芳的中国味，随着一段段舞蹈的展开而在空气中氤氲开来。

演出结束后，精神矍铄的戴爱莲面带微笑向演员和观众致意。她对加拿大华人舞蹈家能够不懈地坚持中华传统、坚持自己的根的做法，给予了很高的评价。戴爱莲深有感触地发表了她的感言，在讲话中，她一再鼓励当地华人要在多元的文化中继续立足自我，进一步弘扬博大精深的中国文化。

立足自我，进一步弘扬博大精深的中国文化！戴爱莲用她一生的执着，始终在不懈地实践着这一人生主张。杜甫有诗云："自知白发非春事，且尽芳樽恋物华"。今天的戴爱莲虽年近九旬，但她精神更矍铄、思智更敏锐、认识更坚定。她的经历曾给我们带来极大的感动，她的贡献曾给我们带来不尽的审美愉悦，而她的追求则必将会鼓舞后人在保护和珍爱自己文化传统的道路上矢志不移地走下去。

四 戴爱莲与邓肯：殊途同归的世纪舞者[①]

20世纪初期，世界舞坛上出现了两位大师级的女性，一位是出生在加利福尼亚的美国人邓肯，另一位是出生在加勒比海畔的中国人戴爱莲。虽然国籍、肤色不同，但她们为世界舞蹈的贡献都彪炳于史册，她们的开创性和审美高度都是后人高山仰止的楷模。

伊莎多拉·邓肯是美国现代舞的先驱，虽然她所跳的自由舞蹈样式后来

① 本文发表于《粤海风》2016年第2期。

并没有成为美国现代舞的主流方式，但她追求自由、追求表现、追求个性张扬、追求精神解放的艺术人生，无疑成为美国现代舞赖以起步、赖以存在的基础和写照。因此，她被誉为“美国现代舞之母”就是一件极其容易理解的事情了。而在太平洋的这一岸，同时期的一位中华女性舞者，同样焕发出时代的光芒，她在极端艰苦的环境中筚路蓝缕，在荒漠般的大地上开垦耕种，哺育新时代中国舞蹈艺术的种子，最终获得了“中国当代舞蹈之母”的美誉。她，就是出生在特立尼达岛、祖籍广东的戴爱莲女士。

在中国舞蹈圈内，大家都亲切地称戴爱莲女士为“戴先生”，这一是仰慕她的学品深厚，二是钦佩她的真诚为人。她人生九十年的舞蹈生涯，不仅为她奠定了“中国当代舞蹈之母”的称号，也让中国的当代舞蹈艺术从无到有，从小到大，从幼苗成长成为今天让人无法漠视的参天大树。

由于有了这两位的倾情奉献，20世纪的世界舞蹈才光彩熠熠，不竭地放射着滋养观者心灵的舞蹈艺术之光。

（一）新时代的弄潮儿

1927年，度过了不凡一生、年届五十的美国舞蹈家伊莎多拉·邓肯，在法国尼斯遇车祸不幸去世。这位秉持“最自由的身体蕴藏着最高的智慧”的自由舞者，用她独特的身体舞动方式撼动了全世界，她始终是在用自己的舞蹈宣言，向新世纪致敬。她用自己不屈的舞蹈意志和精神，引领着世界舞蹈文化的航向，让新时代的舞蹈艺术开始走向现代化、走向多元化。三年之后的1930年，14岁的戴爱莲带着怯生生的眼光，随着母亲和姐姐从西印度群岛的特立尼达来到了英国伦敦，开始用她稚嫩但却坚定的信念，开启了她的舞蹈生涯。她的母亲当初或许并没有意识到，她的这个女儿注定会以自己瘦小的身躯在中华大地上掀起一波新舞蹈的浪潮，为中国这块既丰厚又贫瘠的舞蹈土壤催开舞蹈艺术的新蕊。

是的，这两位均出生在美洲的杰出女性舞者，面对着新时代的呼唤，用她们细致而敏锐的时代触觉，为世界舞蹈史翻开了新的一页；也用她们缜密的思维和勇于开拓的心智，给新时代的舞蹈艺术插上了自由翱翔的翅膀。

作为时代的弄潮儿，无论是无师自通的邓肯还是经名师调教的戴爱莲，都无愧于时代赋予的历史机缘，她们以超人的舞蹈才华和博大的胸怀，勇于拥抱新时代，让新世纪的曙光在舞蹈艺术中绽露出一抹难得的亮色，她们的舞蹈艺术注定成为时代的绝响。

邓肯的舞蹈是具有革命性的。她反对已有几百年发展史的芭蕾舞艺术的模式化，认为僵化的肢体并不能最好地呈现出舞者和舞蹈所应该具有的力量和魅力。于是，个性张扬的她去掉了芭蕾舞裙和舞鞋，继承古希腊艺术的人文精神，伴着古典音乐，遨游在自由和叛逆的舞动之中，从而让业已高度程式化的舞蹈艺术发生了质的巨大嬗变，也引起了巨大的社会震动和哗然。

与邓肯反对芭蕾舞的艺术态度不同的是，戴爱莲是以学习芭蕾而进入舞蹈艺术的世界的。对于一个从边远地区进入欧洲大都市的乡野小姑娘而言，芭蕾舞的基础和规范显然拥有着吸引她入行的艺术光环，同样也为她点燃了舞蹈艺术之梦的火焰。而规范的肢体训练和严格的动作要求，又让她的身体获得了肢体上的教育和感悟，让她得以凭借这样的基础走向更高的审美境界。

殊途同归的她们凭借着对艺术的不同理解和机遇，开启了各自的艺术之途，让她们的艺术才华在各自的疆域中肆意挥洒，并成就了各自的艺术奇功。对于舞蹈世界而言，由于有了这样两位女性的相继出现，舞蹈的道路和发展都获得了意想不到的视野和色彩。

这一对弄潮儿，用她们各自的力量在各自的范围内，撼动了一个世纪的舞蹈生态，她们的进步意义和对因她们而起的舞蹈文化的影响不可小觑。

（二）鲜明的价值取向

爱国主义情怀，是戴爱莲一生的主题。

一个出生在美洲的华裔，对祖国的爱恋却是如此真切、如此执着。戴爱莲从懂事的那一天起，便时刻强化着自己华裔的血统，便不时地寻找着各种返回祖国的机缘。1941年，她终于回到了梦中的祖国。然而看着铁蹄下备受日本军国主义蹂躏的同胞，她开始用她的舞蹈艺术来为中国人民的革命事业呐喊助威。她热爱这个国家，热爱这里的山山水水、这里的风土人情、这里的民族舞蹈艺术，她全身心地匍匐在这块土地上，吸吮着民族舞蹈艺术的营养，相继创作出了《荷花舞》《飞天》这些无与伦比的中国民族舞蹈精品。她四处奔波，用心捕捉着民间舞蹈文化的每一个细小瞬间，咀嚼出“人人跳”这种易于推广的舞蹈形态，用民间的舞步来弘扬中国的舞蹈文化。她的爱国爱党情怀是如此炽烈，以至于在弥留之际终于实现了自己加入中国共产党的夙愿。那一刻，让人无法忘怀：她安详而又宁静的遗体上覆盖着党旗，她的敬仰者们像昔日那般围在她的周边，拉起胡琴，跳起了她最钟爱的“人人跳”——人们以一种独特的方式为她送行，她的那份对于民族和国家的情感永远地印在了人们的心田。

她对入侵者的仇恨同样鲜明可辨。抗日战争爆发后，远在伦敦的戴爱莲积极参与了中国运动委员会为宋庆龄组织的“保卫中国同盟”筹集抗日资金所举办的义演，自编自演了《警醒》《前进》等舞蹈作品，用她所擅长的肢体艺术，表达出对于侵略者的愤慨，歌颂着中国人民的抗战精神。归国时，正值抗日战争期间，她又积极地用舞蹈艺术来鼓舞民众抗日，先后创作出《思乡》《空袭》《朱大嫂送鸡蛋》等舞蹈作品，旗帜鲜明地表达着她的抗日意志。戴爱莲鲜明的价值取向，由此可见一斑。

而《马赛曲》则是体现邓肯鲜明价值取向的一个象征性舞蹈作品，邓肯曾在数个场合表演这个由她创作的女子独舞。《马赛曲》中的她，身着火红的迤地战袍，双臂高举，如同一位神圣而奋勇的女神，召唤着同胞们拿起武器与敌人决斗。她用自己庄严的身躯和自由的舞动，象征出革命的意志无坚不摧。“一战”中，邓肯从流血的欧洲返回美国，美国民众对于战争的漠视让她心中滴血，她毅然跳起了《马赛曲》，让终日寻欢作乐的美国人为之愕然。后来，她决定带着她舞校的学生们离开美国，就在轮船起锚之时，她让所有学生从袖口中取出事先准备好的法国国旗，伴着《马赛曲》的旋律向着欧洲大陆致敬。最重要的表演《马赛曲》的那次演出，是在俄国爆发十月革命之际，获悉这个消息后，邓肯激动得无法遏制自己心中的巨大波澜和喜悦之情，立刻登台再次跳起了《马赛曲》，以她鲜明的价值取向，向世人展示了她那具有超强革命性的舞蹈形象。

两位女性对于心中至高无上的价值如此珍视，义无反顾，从没犹豫彷徨，恒定的价值观不仅让她们的意志更加坚定、信念更加自觉，更让她们的意志和信念变成了唤醒民众的力量之源，在极端恶劣的环境中，散发出决绝而富有感染力的馨香。

（三）富有开创意义的艺术理想

在艺术上，戴爱莲和邓肯无疑都是时代先锋和理想楷模。二人都有着极高的舞蹈艺术天分，对艺术的判断和追求都非常自觉、执着而彻底。对于邓肯而言，她是打破了一个旧世界；对于戴爱莲来说，她是建立了一个新世界。

邓肯的崛起，是应和了20世纪初美国社会所具有的对于自由个性的解放，对以往社会中的标准化、统一化、机械化和物质化的社会总体倾向都堪称是极大的挑战。邓肯的一生原本就是一个向往自由的象征，她的艺术本身就是一篇用舞蹈的肢体实现身体解放的宣言。她的自由灵性和不受约束的舞动，不仅是她个人的艺术理想，同时也具有鲜明的时代气息。她用她肢体的力量，纠正着人们对于既定秩序和固有价值的判断，她超人的能力不仅动摇了旧的认知体系，同时她更是以身体力行的方式对20世纪初的社会实施了艺术的批判。

而戴爱莲面对的则是在当代舞蹈艺术上完全一片干涸的贫瘠大地。20世纪初的中国社会处在刚刚迈入现代文明的门槛上，古代的舞蹈形态早已变异，新型的舞蹈艺术正在等待萌发。在这样的情况下，于英国完成了专业舞蹈学习的戴爱莲归国后便开始了她辛勤的哺育和开垦，将当代舞蹈艺术的种子撒入中华大地，在救亡的进步事业中为中国当代舞蹈艺术进行了最基本的扫盲和启蒙，同时也把一种健康积极的舞蹈艺术美带入了中国人民的眼帘。由她编排的女子群舞《荷花舞》，便充分体现出这种健康积极之美的至真、至善、至美、至纯的艺术化境。

《荷花舞》是新中国成立之后诞生的。当时，戴爱莲沐浴着社会主义的阳光雨露，讴歌中国人民热爱和平的发展理念，以一个出淤泥而不染的荷花形象出现在世人的面前。世人惊异地发现中国舞蹈艺术的高级与完美，被作品所表现出来的超强美感、所具有的巨大感召力深深折服。《荷花舞》这个作品可以说是完美地利用了中国民间舞蹈艺术所具有的特殊形态，不仅展示出中国人民在舞蹈艺术上的聪明智慧，同时也通过采用这种独有的方式为舞蹈赋予了极为完美的表现形式，《荷花舞》让中国舞蹈艺术这个刚刚奠定了自己存在基础的艺术形式，获得了广为人知的美誉。今天我们再看这支舞作，应该说，《荷花舞》不仅是中国人民时代精神的写照，更是戴爱莲个人思想修为品性的象征。她那极富艺术气质的想象力和才气，都通过这一作品的不断上演而广为人知并备受称颂。

当艺术上获得了活力和解放的时候，20世纪初的两位女性——邓肯和戴爱莲，殊途而同归，她们用自己的思想和艺术，让世人感受到了绽放在她们身上的时代光芒和散发着美之气息的舞蹈理想。

欧阳予倩：奠基与贡献

一 中国当代舞蹈的引路人①

对于我们这一代舞蹈人而言，欧阳予倩这个名字已经像是一抹飘逝的云彩，在业界已经不是一个广为人知的名字了。这是很有点可悲的。还记得我的博士导师王克芬先生在世时，这个名字可是时常挂在她老人家嘴边的，对于王克芬和董锡玖这一辈中国第一代舞蹈人而言，欧阳予倩这个名字，之于他们、之于中国当代舞蹈事业，都是至关重要的，因为，他不啻是中国当代舞蹈事业的一位睿智而明辨的引路人！

今日中国舞蹈之发展高度令人高山仰止。中国当代舞蹈艺术走过了70年的发展之路，一路上，峰峦叠翠，风景旖旎，让她今天的面貌盛景不辍。看到这样的景象，估计不会有多少人想到，70年前，就在新中国成立的时节，中国舞蹈可能会是怎样的一个境况。

（一）时代背景

当代中国舞蹈与中国古代舞蹈在文化渊源和衔接上的割裂是一个不争的事实。当历史跨入20世纪的门槛时，是外来的舞蹈形式让我们这块土地再次

① 本文宣读于中央戏剧学院“欧阳予倩研讨会”，2019年6月20日。

认知到舞蹈可以成为一个独立的艺术形态这个道理的。虽然我们的先驱舞蹈家们从外国带回这种艺术形态时，一开始就在努力为这种新兴的舞蹈形式赋予其中华民族的内涵，但其固有的观念和形式因素还是相当稳固的，因此，当吴晓邦、戴爱莲开始用他们的舞蹈艺术作用到当代中国社会时，除了在审美意识上带来了进步的启蒙意义，同时也完成了对于当代舞蹈艺术认知上的一次革命。

吴晓邦在日本早稻田大学留学期间改变心意，把学习重点从音乐转到舞蹈，他接触并追随的是日本新兴的舞蹈形式——有着德国表现主义意味的“新舞踊运动”，也就是后来被我们称之为“新舞蹈运动”的崭新舞蹈形式。日本自明治维新之后，一直是亚洲各国吸收西式文化的急先锋，在许多领域都是这样一个发展趋势的弄潮儿，在舞蹈艺术上亦然。石井漠、江口隆哉等人对于欧洲新兴舞蹈的敏感，启迪了日本国内对于西方现代舞的注意力，同时也引发了中国学子吴晓邦强烈的学习兴趣。于是三往日本学舞的吴晓邦，终于将这种新形式带回到正处在五四之后开始对中国传统文化产生怀疑的中国社会。吴晓邦的归来不仅让这种影响力遍布日本和朝鲜半岛的新型舞蹈形态开始在中国找到了落脚点，同时也宣告了中国当代舞蹈艺术的历史性萌芽。然而，与其他“新舞蹈运动”支系流播不同的是，吴晓邦的“新舞蹈运动”从一开始便高举现实主义大旗，让他的舞蹈艺术从一开始便伴随着中国人民反殖民、反封建的民族解放运动，让“新舞蹈”艺术走上正途，为中国当代舞蹈艺术事业奠基。

几乎是同一时期，戴爱莲带着她的芭蕾舞和现代舞从英国来到中国，之后便一直在大后方发展，她进步的民族舞蹈观得以在艰苦的条件中慢慢成型，这直接影响了她日后的创作，无论是早期的“边疆音乐舞蹈大会”，还是后来的《荷花舞》《飞天》，抑或是晚期的“人人跳”，都让这位由“西”而“中”的舞蹈家获得了一次富有生之意义的绽放。

新中国成立之初，正是欧阳予倩的凝聚，才让这两位为中国当代舞蹈艺术奠基的舞蹈人焕发出时代的意义和风采。

（二）历史功绩

欧阳予倩是有着“南欧北梅”之美誉的戏剧界大家，这是众所周知的。然而这位在新中国成立之初在戏剧领域叱咤风云的艺坛领军人物对于中国当代舞蹈艺术的引领，却完全不能让我们淡忘和漠视。他之所以能够引领中国当代舞蹈的发展，自然与他在行与知这两方面上的丰厚积累直接相关，正是他本人深厚的舞蹈艺术造诣，让他获得了对于舞蹈艺术发展的真谛和主张。

欧阳予倩先生是一位戏剧大家，同时又是一位擅长舞蹈技艺表演的戏剧大家。通过许多已知的文献，我们可以深切地知晓他在舞蹈艺术上的才情是如何了得。他的戏剧表演，除了在戏剧上的天分和特点之外，一大特色就是他在表演上的舞蹈性。他在舞蹈艺术上花费的心血通过他刻画和塑造的戏剧人物而栩栩如生，很有审美价值。正是这样的舞蹈技艺基础，让他获得了对于中国舞蹈事业发展的高瞻远瞩。此外，良好的文化底蕴又让他在理性上获得了对于中国舞蹈文化提升的充分认知，他对于中国舞蹈理论研究的指导让这个起步之中的事业获得了良好的发展态势。正是这种不可多得的道与器上的全面驾控，让欧阳予倩在新中国成立之初对于新兴的中国舞蹈事业给予了全情的指导。

新中国成立之初，中国并没有专门的舞蹈机构，于是华北大学三部进入北京后就落户在了当时的中央戏剧学院（以下简称“中戏”），而欧阳予倩正是当时的中戏院长。这一看似颇有行政意味的安排却是一个冥冥之中的命定，于是在欧阳院长的指挥下，由戴爱莲任团长的中戏舞蹈团开始运作，而他们创作的第一部新中国舞剧——芭蕾舞剧《和平鸽》，就是欧阳院长担任的编剧。这个团于1952年12月独立出来成为专门表演中国民族民间舞蹈的国家级歌舞团——中央歌舞团，很快由该团创作的一系列舞蹈经典作品便纷纷亮相，《荷花舞》《孔雀舞》《花鼓灯》《红绸舞》等成为新中国早期舞蹈事业的佼佼者，装扮着新中国舞蹈艺术的舞台。

在中戏设立舞蹈团的同时，另一个为新中国打基础的训练班也在中戏鸣锣，另一位大家吴晓邦于1951年在中戏开设了“舞蹈运动干部训练班”，与同时展开的由崔承喜来华举办的“舞研班”比翼双飞。这些专业培训活动为新中国的舞蹈事业培养出了基础性的优质人才。

从以上这些情况可以看出，欧阳予倩当时为新中国舞蹈艺术的发展是何等的操心！

除此之外，欧阳予倩还是第一个提出“中国古典舞”概念的人，这个舞种从那个时期起，便一路贯穿于共和国的发展与成长历程，成为当今十分醒目而重要的当代中国舞种。欧阳予倩还开启了中国舞蹈史学的研究之路，他亲自带队伍、给思路，并主编了《唐代舞蹈》这本学术著作。由于欧阳予倩对于中国舞蹈艺术的丰厚赐予，1960年，他被推举为中国舞蹈工作者协会（今中国舞蹈家协会）主席。

因此，欧阳予倩当仁不让地应该被视为中国舞蹈界中人，而不仅仅是一位旁观者。正是有了他的引领，中国当代舞蹈艺术才有了今天的这般景致；也正是有了他的亲力亲为，他在中国舞蹈界才获得如此高的威信。

今天，我们缅怀欧阳予倩先生，在感慨他为中国当代舞蹈做出巨大付出的同时，也使我们获得了持续推进这个事业不断发展的巨大能量，感念着他的成就，感受着他的温度，感悟着他的人品，感慨着他的魅力，感动于他为中国舞蹈艺术付出的点点滴滴。这点点滴滴，此刻都融汇于我们心头，铭记于我们心间。

二 奠基与贡献——欧阳予倩与中国舞蹈事业①

深受中国舞蹈理论界敬重的欧阳予倩先生，是一位能够融实践与理论于一身、集许多艺术门类于一体、知识渊博、眼界高远的杰出艺术家和文艺理论家。他不仅在戏剧、电影等艺术门类中颇有建树，同时为中国舞蹈事业、中国舞蹈史学研究，做出了奠基性的贡献。

① 本文发表于《文艺报》2005年12月1日第3版。

中国舞蹈艺术自古至今绵延不绝，几千年的历史演变，让这门艺术随着中国历史的进程而跌宕起伏。在这一历史长河中，中国舞蹈艺术在有的历史阶段中，辉煌如日中天，完全以一个具有独立审美品格的艺术品种而面世；而在有的阶段中，它又作为一个辅助性的艺术表现手段，与其他艺术结为一体，共同发挥着独特的美学作用。这个历史长河中荡漾起的每一朵浪花，都为今天如参天大树般的中国舞蹈事业做出了特定的积淀和贡献。要让“建立富有中国特色和气派的舞蹈文化”这一远大目标得以实现，让中国的舞蹈艺术在世界艺术之林中拥有一席之地，不研究其在历史上的流变和沿革是难以做到的。然而，在新中国成立之前，对于中国舞蹈史的研究，一直都是个空白。1949年后，随着国家社会主义建设各项事业蓬勃而健康的展开，舞蹈史学研究也终于迈出了它艰难而具有历史意义的第一步。

中国舞蹈史学这艰难而具有历史意义的第一步，就是在欧阳予倩先生的亲自引导下开始的。

（一）欧阳予倩与中国舞蹈艺术的不解之缘

虽然终生从事戏剧研究，但欧阳予倩与舞蹈艺术始终有着不解之缘。年轻时，作为戏曲表演艺术家，欧阳予倩熟知传统舞蹈的各种表达方式，舞蹈技艺很高。他善于运用身段和表情来刻画剧中人物，并有着极好的舞蹈感悟力和艺术感染力。欧阳予倩在他表演的戏曲中，举止动静总是以流畅的线条和精湛的身段把其中的舞蹈部分表现得如行云流水。“南欧北梅”的赞誉，除了是对欧阳予倩在戏曲艺术上唱功考究、中气充沛、嗓音清越的肯定，同时也有称赞他在舞蹈上充分显露出富有魅力的才气和天分的意思。比如，欧阳予倩所表演的长绸舞就尤见功力，双手舞动两丈长的长绸而不用绸棍，如果没有很高的技巧是不可能高质量完成的。然而这种高质量的舞蹈技艺，是与他坚持不懈的训练分不开的，比如，仅舞绸一项，欧阳予倩就曾练得手臂都肿了。没有这样的苦寒，怎会出现梅香呢！由此可见，欧阳予倩的高超舞功，得益于他长期的苦练。同时，欧阳予倩在戏曲艺术中对舞蹈的开发和利用，也做出了不可磨灭的历史功绩。

新中国成立后，身为中央戏剧学院院长的欧阳予倩，对中国舞蹈事业的发展给予了直接的指导。新中国成立伊始，为了祝贺世界和平大会的召开，他担任编剧并组织排演了由戴爱莲编导并主演的芭蕾舞剧《和平鸽》，这是新中国成立后的第一次芭蕾舞表演。不久，在他的主持下，新中国第一个舞蹈团——由戴爱莲任团长的中央戏剧学院舞蹈团（中国国家歌舞团前身）宣告成立。这一国家级歌舞团体的成立，给中国的音乐舞蹈艺术插上了腾飞的翅膀。后来，他又在中央戏剧学院先后主持开办了由吴晓邦任教的“舞蹈运动干部训练班”（舞运班）和由朝鲜舞蹈家崔承喜任教的“舞蹈研究班”（舞研班）。这两个班为中国的舞蹈事业奠定了坚实的基础，为全国舞蹈艺术团体培养出新中国的第一批舞蹈人才。这两个班的许多成员沐浴着阳光和雨露，后来都成为中国舞蹈事业的栋梁之材。1956年，欧阳予倩担任了中国古代舞蹈史研究小组的艺术指导一职，他带领着中国第一批从事舞蹈史学研究的研究者们，筚路蓝缕，披荆斩棘，在一片干涸的荒原上播下了希望的种子。在他悉心的浇灌和培育下，新中国第一批舞蹈史学研究成果破土而出，第一代舞史研究专家健康地成长起来，像今天屹立在中国舞蹈史论界的学者王克芬、彭松、董锡玖、孙景琛等，都得到过欧阳予倩的指教。1960年，欧阳予倩不负众望，当选为中国舞蹈家协会主席。

欧阳予倩与中国舞蹈艺术的确有着不解之缘。正是由于他对舞蹈艺术的热爱，让他为中国的舞蹈事业做出了具有历史性的贡献。

（二）欧阳予倩渊博的舞蹈知识

欧阳予倩对舞蹈艺术的了解十分深入，而这种了解完全是建立在他所掌握的十分丰富的舞蹈知识的基础之上的。这种修养在中国文人中并不多见。

已故的中国舞蹈一代大师吴晓邦，一生与欧阳予倩交往密切，吴晓邦一直视欧阳予倩为良师益友，并认为在与欧阳予倩的交往中，自己获益良多。他们之间的友谊始自20世纪30年代中叶，当时，吴晓邦与已经声名显赫的戏曲表演艺术家欧阳予倩同住在上海颖村，而吴晓邦于1935年开办的“晓邦舞蹈研究所”就在颖村。那时，由吴晓邦倡导的新舞蹈艺术在中国社会尚不为人知，他正忍受着一个启蒙者的艰难与孤独。然而，就在这个时候，吴晓邦的新舞蹈艺术启蒙与传播工作，引起了当时已经大名鼎鼎的欧阳予倩的关注。

两位艺术家一见如故，共同的志趣和话题让他们经常促膝长谈，而且往往一谈就是一整夜。令吴晓邦十分诧异的是，欧阳予倩掌握的舞蹈知识竟是如此丰厚，对舞蹈的认识竟是如此精深，他不但对东方的舞蹈形式（如中国的舞蹈、日本的歌舞伎等）了如指掌，甚至对西方刚兴起不久的现代舞蹈及其各种流派以及“现代舞之母”邓肯的情况也了然于心。这让吴晓邦倍感钦佩，他当时就认为欧阳予倩与一般的戏曲表演艺术家不同，他不但在戏曲艺术上做出很大成就，同时视野开阔、兴趣广泛，对文学、诗歌、音乐、舞蹈以及“五四”之后兴起的新戏剧、电影等艺术门类，均有水准很高的鉴赏能力。

另一位当代舞蹈大师戴爱莲在回忆欧阳予倩时，由衷地认为他是一位品行优秀的君子，是一位有品位的伟大艺术家。早在抗战期间，戴爱莲曾两次去广西桂林，都与欧阳予倩有过令人难忘的交往。最令她念念不忘的是，由她编导并表演的《哑子背疯》，正是在她第一次赴桂林时，通过欧阳予倩的介绍才了解到了戏曲中“哑子背疯”的表演形式。欧阳予倩为戴爱莲打开了一扇探研中华文化的大门，让戴爱莲受益匪浅。

从这些舞蹈大师们对一些往事的回忆中，我们了解到，欧阳予倩的确是一位学贯中西、阅历广泛、知识丰富、修养独到的表演艺术家和艺术理论家。能做到这样，虽然与他的天分有关，但更与其开放的心胸、努力的汲取有直接关系。他从不认为自己是个聪明人，相反，他认为自己很笨：“我不仅笨，而且很笨，我自知不聪明，便万万聪明不得，于是主张说笨话，干笨事，做笨功夫。”正是在如此自知的思忖中，欧阳予倩反而通过努力获得了通向“聪明”的一把钥匙和机缘。

（三）欧阳予倩为中国舞蹈史学研究所做的开创性工作

1956年，在欧阳予倩的指导下，中国舞蹈史学研究的第一个机构、中国舞蹈艺术研究会下设的“中国古代舞蹈史研究小组”成立了，成员有王克芬、彭松、董锡玖、孙景琛等人。欧阳予倩对这个小组的工作，倾注了很大的心血，一丝不苟地指导着这些在当时尚为舞蹈史学研究新人的每一项工作。他手把手地向年轻人传授如何做学问，亲自带领他们去拜访各方研究大家。功夫不负有心人，两年之后，他们的心血初见成效。在欧阳予倩的辅导下，研究组成员齐心协力，从浩瀚的唐代诗歌中编选了显露出一定学术功力的《全唐诗中的乐舞资料》一书。该书的问世意义深远，它不仅结束了中国舞蹈史学领域的空白状态，更是开启了舞史研究的一代新风。

欧阳予倩奠基性地开拓了中国舞蹈史学的研究领域。可以说，他是在利用自己常年积累的渊博知识和丰富经验的基础上，为中国舞蹈史学的研究工作开了一个好头。“一个好的开头，等于事情成功了一半”，欧阳予倩为中国舞蹈史学研究所奠定的基础扎实有力，让中国舞蹈史学研究工作者受用终生。今天已经硕果累累的王克芬研究员在回忆欧阳予倩的帮助时认为，他深深地影响了自己的一生，他严谨的学术精神与谦和的为人品格，无一不是他们当年这些年轻人的典范。特别是欧阳予倩所提倡的舞蹈史治学方法论，即结合历史文献、出土文物和现存的舞蹈形式相对应的研究方法，至今都是中国舞蹈史学研究的法宝。

在欧阳予倩的主持下完成的《中国古代舞蹈史长编》和《唐代舞蹈》这两个项目，对中国舞蹈史学研究以及中国舞蹈理论的建设，都具有不可估量的开创性和典范性意义，它们标志着中国舞蹈史学研究的一个新的开端。回顾欧阳予倩对中国舞蹈史学研究领域所做的工作，可以毫不夸张地说，他是中国舞蹈史学的主要开创者和奠基人。

田汉先生誉欧阳予倩为“中国传统戏曲和现代话剧之间的一座典型的金桥”。让我们庆幸的是，这座金桥又在舞蹈界继续铺设。光未然先生称欧阳予倩为“第一个把外国芭蕾介绍到新中国的人”。这位被中国戏剧界尊为“一代戏尊”的文化大师，虽功绩卓著、盛名远播，但却虚怀若谷，从不炫耀自己，他早在1929年写作的《自我演戏以来》的结束语中有：“我不过是一个伶人，一个很平淡的伶人，就是现在我虽不登台演剧，也不过是一个伶人罢了，我对于演剧自问颇忠实，做一个伶人大约可以无愧。有人说我有相当的学识，与普通的伶工有别，这是过去的笑话，难道一个伶工，像我这样一点点浅薄的知识都不要吗？”在我们庆祝由他开创的中国舞蹈史学研究50周年的今天，读到这样的文字，除了倍增对欧阳老的敬重外，还能再说什么呢！

王克芬："芬"芳又一枝

一 痛悼恩师王克芬[①]

好像是已经形成了一个固定的规矩了，每到4月1日这一天，我都会带着我的学生们来给您过生日。一年又一年，学生的数量在不断增加，为了不过度打扰您，我又制定了每次只带研一学生来为您庆生的新规矩。因此，每次那些来不成的高年级同学对那些能来的同学都是充满了羡慕之心，其实大家心底里就一个念想，只要能见到您，我们就会高兴，并感到荣幸。一岁又一岁，我们年年见证着您老人家的纯真笑容和舒朗胸怀。只是没想到，2018年的这一次，竟是我们给您过的最后一个生日。连续多年的生日合影，永远地定格在了您91岁生日的这一天……照片上的您，依然是那种灿若仙桃般的笑容，那般纯真，那般剔透，那般明亮、动人。

初次见到您的这般笑容，是30年前的事了。1988年，刚刚考入中国艺术研究院的我，开始了为期三年的硕士学习历程。如果按硕士入学的班次来看，我们这班同学是"老三届"中的第三届学生，同学中有朴永光、刘青弋、王宁宁和数位来进修同等学力的学生，其中还有一名来自香港的女同学

① 本文见《舞蹈》杂志微信公众号2018年7月10日。

李丽明。一天，我们同学一起外出归校，快到位于前海西街恭王府的校门口时，迎面遇到一位看上去十分朴实的中年妇女。她衣着简单，我开始并没有过于关注她。只见她神态认真地跟我们同行的李丽明交谈了几句。待她离开后，李丽明跟我说，这位中年妇女就是她的导师王克芬。

啊？这位就是大名鼎鼎的王克芬老师！这确是我未曾料到的。读着王克芬老师的著作准备了考研全过程的我，对“王克芬”这三个字可真是完全不陌生，她遒劲的笔力和渊博的知识，一度让我误以为是一位男性。如今，这位作者就在眼前走过，让我一时觉得心里有些异样，有些难以自持。

恭王府门口的这一面，就是我平生第一次遇见王克芬老师。

我们这一班同学的导师中原本并没有王克芬老师，这是因为我们“老三届”硕士的导师们都是轮流担任硕导的。第一届（冯双白、欧建平那一届）五位硕士是由吴晓邦先生担任导师的，第二届（茅慧、于平、袁禾、金秋那一届）六位硕士是由吴晓邦、孙景琛、董锡玖、王克芬、隆荫培等老师担任导师的。而我们这一届的导师则由郭明达、徐尔充和孙景琛担任，本来计划中还有刘恩伯老师，但由于一些原因，最终他没能招上学生。因此，王克芬和其他老师就被分配带我们班的进修生，她当时带的是李丽明、李措毛、陆婷芳等几个人。所以，我们班的正式生起初跟王克芬老师的接触并不是很多。

不久，我们正式开课了。要说我们这班同学也真是幸运，给我们上舞蹈史课程的是中国舞史“四大家”：孙景琛、彭松、王克芬和董锡玖。其实当初我倒也没有感到有多幸运，因为这些老师无论是心力还是学识在那个时候都处于正当时的年纪，给我们上课本来就是顺理成章的。但今天想来，我们实在是太幸运了。能由这些大家把我们领进门，对于我们每个人的学术起点和学术生涯而言，都是可遇而不可求的。

王克芬老师为我们讲授“唐代舞史”和“明清舞史”两部分，刚好就是他们“五小本”中她所撰写的部分。当然，对于王老师撰写的舞蹈通史，本来就是我从考研到读书全过程都离不开的范本。那个时候，跟克芬老师虽不是很熟稔，但我最佩服的就是她严谨的学术态度、扎实的学术积累和规范的学术方法，所有这些都是我走入学术之门的榜样。

我在硕士阶段的学习，主要的学术方向是外向型的，关注的内容比较国际化。我毕业后留在舞蹈研究所工作，所处的部门也是外国舞蹈研究室，因此，始终与王老师的关系不是很近。

然而，心系在一起的人迟早会走到一起。我是在我的印度之行结束回国后，慢慢开始与王老师走近的。

1994年，我获得了国家教育部的公派高级访问学者机会，赴印度访学一年。可以说，这一年彻底改变了我的学术态度和轨迹。印度社会对于传统文化的珍爱，以及印度传统艺术在今天的社会中所具有的巨大感召力，都让我开始在学术的思想和认识层面慢慢转向，从之前一味地西化转为对于自我传统的偏好，从外向型转为向内看。也就是在这样一种心理状态的驱使下，作用于各种机缘，我从此开启了对王克芬先生的追随与学习。

我跟克芬先生的关系从一开始就是亦师亦友的。王老师并不嫌弃我的才疏学浅，反而对于我的一些特质非常看重，比如我在外语方面的长处，从一开始就很被老师器重。最初，我帮老师翻译一些简单的名人录等工作，我一丁点儿的付出时常会得到老师万分的珍重。不久，她就提出：让我来为她马上就要进入写作的、将由台湾出版的"图史"做翻译工作！说实话，对于这样一份信任，我当时是十分惶恐的，因为我深知这项工作的难度，我怕辜负老师的劳动成果。然而，王老师对我从没有半点怀疑，从来都是万分信任地鼓励我。于是，我勇敢地答应了下来，并在接下来的三年里，在反反复复出国和各种烦琐的杂务中，终于与王老师一道跋涉完这座大山。当那一大卷标有《中华舞蹈图史》名字的精美图集在台湾出版后并出现在我的眼前时，我的感念是可想而知的——是克芬老师的信任和培养让我走到这一步。这部大书的获奖和王老师的赞誉并没有让我敢有半点飘飘然之感，因为我自己深深懂得，没有老师如此的信任和关怀，我是无论如何也做不成这项工作的。

与王老师这种亦师亦友的关系，让我们共同完成了许多个项目，从《辞海》的修订到《中国近现代当代舞蹈发展史》的写作并获奖，又到共同主编《戴爱莲纪念文集》，再到再次让我担任她的著作《日本史籍中的唐乐舞考辨》的英文翻译。我与王克芬老师结缘的时间几乎都是在学术工作的快乐中度过的。其间，我一次又一次耳濡目染地感受到了王老师对于学术工作的认真与严谨，她在舞蹈史料上所投入的巨大心力，让她成为中国舞蹈史料的活字典，任何一件舞蹈文物她都能滔滔不绝地讲授出一大堆背景知识，任何一件舞事的记载她都能立刻说出材料的出处。她那几乎是无人能及的渊博知识和在舞蹈史长期研究下所积累的心得与经验，让她当仁不让地成为中国舞坛上的一代大家和楷模。

原本我是有可能成为克芬老师的第一位博士生的，但由于当时我个人的经济情况较为不堪，我最终还是选择了去中国驻外使馆做外交官的工作，此举虽然得到了老师的认可，但想想真是辜负了老师最初的期望。几年的外交官工作，王老师并没有放弃我，2005年在我结束外交工作回国的第一年，承着老师慈爱与期待的目光，我终于成了王克芬老师的正式弟子，考入中国艺术研究院做克芬老师的博士生。

博士阶段的学习于我而言实在是一种如鱼入水的体味，因为此举不仅让我名正言顺地获得了跟随导师学习的机缘，更让我进一步体味到王老师的人品与学品。跟王老师的交往已经可以是无缝衔接的关系了，没有任何隔阂与距离，王老师的谦逊与善良常常让我深感震动，她会经常对我说，在很多方面她是我的小学生，比如她已80岁高龄，竟然跟我学如何使用电脑，为了让她能在电脑学习上有所进展，我居然还教过她学习汉语拼音和英文字母。从王老师如此渴望不断学习的愿望中，我也时常感受到她一生从未停歇的学习劲头和势头。

王克芬老师对待我就像对待自己的亲儿子一样，不但在学业上不断鼓励我，同时在生活上也对我关怀有加。每次去老师家，都会得到她热情的款待。她自己喜欢吃鱼，看到我也爱吃鱼，因此每次知道我要去，她便会早早地去早市买一条鱼回来，待我到时让保姆烧给我吃，因为她认为用鱼来招待喜欢吃鱼的我，对我来说就是最大的礼遇了。我跟老师相处得极其融洽，她经常会被我逗得哈哈大笑，看着她开心的模样，我也会觉得十分开心。我们一起去日本进行学术交流，一路上在各种欢声笑语中度过了难忘时光，经常会惹得陪同我们的日本友人诧异不已：他们怎么有说不完的话，有未曾停止的笑声！与老师的相处，感受最多的就是开怀与无间的亲近。

王老师九十大寿时，我和舞蹈研究所时任所长欧建平一起带着多位同学前去拜寿，她快乐得像个孩子。我们还特别与《舞蹈》杂志共同策划，做了一个王克芬老师九十大寿的专题，被鲜花簇拥着的王老师那充满喜气的笑容，出现在了《舞蹈》杂志的封面上，老师看到这期杂志时，没有一丝一毫的狂傲，一生的荣耀在那一刻幻化成一缕舒心的宁静与淡泊。封面上的她，笑得是那么简单、那么至纯、那么生动，一如她的人生。

那次之后，我发现老师有些变了，她经常记不起一些事情，记忆上也有些颠三倒四，记忆力在快速衰退，老年遗忘的症状开始显现。然而我每次去拜访她，她都会不断重复地跟我提及她在工作、在写作、在研究，话语之间也仍然是学术、学术、学术。最让人惊奇的是，对许多事情已然记不住的她，却仍然牢牢记得某一条舞蹈史料的出处，真是令人惊叹！最让我感动的是，每次看到我的新著问世，她都会由衷地快乐得笑出声来，总是把我的新书摆在她茶几上最显眼的地方，她说这样会方便她不断翻阅，而且还会向她的各种访客推荐。她就是这样，一生中对自己的师长、自己的同事、自己的学生都充满了一颗感恩与慈悲之心。

后来，王老师连我也记不起来了！记得上一次去看她，看着她明明记不得我是谁却始终表示出礼貌相待的样子，我暗自神伤。为了调动老师的记忆力，我拼命跟她讲她的过去，讲她的老师戴爱莲，还为她唱起她的先生、作曲家张文纲老师创作的歌曲《我们的田野》，老师的记忆好像时常会被唤醒，竟像个未谙世事的孩子一般与我们共同高歌。然而，一次一次的努力最终都是徒劳的，面对老师完全丧失的记忆力，我默默地为老师祈福，巴望着老天爷开恩，还能多给我几次为老师过生日的机会。然而，2018年这一次生日，竟成了最后一次。

其实我们不应该悲伤，克芬老师91年的人生，不但让她的人生闪耀，也让我们国家的舞蹈史学事业始终闪耀，她以有限的人生为中国筑起了舞蹈史学研究的大厦，她以谦恭的人生修为为我们树立了仿效的榜样，她的光辉与日月同在，她的影响自会流芳百世。面对她的离去，我们真的不应该悲伤，因为她从此会永远地活在我们心里，每每想起她，便会时时激励起我们的心志和气力，去继续走完她冀望于我们的学术事业之路。王老师也的确没有离去，因为我深知她是舍不得离开她的舞蹈、舍不得离开她的研究、舍不得离开她的学生的。我固执地认为，王老师只是选择这种方法永远驻进了我的心里……

老师，我敬爱的恩师，您知道吗，虽然嘴上这么说着不会悲伤，心里如此念着不再悲伤，可我的眼泪还是这么不争气，还是成串成串地流落下来，泣不成声，无法自已……

安息吧，我的恩师！愿您在天上继续微笑、继续舞蹈！

二 "芬"芳又一枝——再次荣膺文化部艺术科研大奖①

日前，第二届文化部优秀科技成果奖颁奖大会在北京隆重举行，来自全国各地的获奖者从孙家正部长等领导的手中，接过了沉甸甸的红色获奖证书。在各位神情激动的获奖者中，一位头发花白、慈眉善目的老太太格外惹眼，她端庄的外表下，一双温和的眸子坚定而诚恳，学者的儒雅气质与为人的谦恭品格，在她的身上那么完美地体现着。她就是中国艺术研究院舞蹈研究所资深研究员、海内外著名的中国舞蹈史学家王克芬先生。在年近八旬时，她再次获得殊荣，又一次成为人们瞩目的焦点人物。

① 本文发表于《舞蹈研究》2006年第4期。

“文化部优秀科技成果奖”是一个很有分量的大奖，每五年评选一次。五年前，舞蹈界史论类著作唯一的获奖者也是王克芬先生。当时，由她撰写的《中国舞蹈发展史》荣获二等奖，这是舞蹈方面颁发的最高奖项。王克芬先生的那本舞蹈历史著作，是她一生治史的结晶，资料丰富，论说精辟，今天已经成为中国舞蹈历史著作中最重要的一本书，出版此书的出版社也是一而再、再而三地重印，每次重印都是很快脱销。这是迄今发行量最大的一本舞史著作，也成为中国舞蹈历史界最具权威性的著作之一。王克芬先生凭借此书获得文化部的最高学术奖励，不愧是众望所归。她也为中国舞蹈界争了光。

五年来，舞蹈学术领域中又出现了许多可喜的成果，参加第二届文化部优秀科技成果奖的入围舞蹈书籍，就多达几十种。王克芬的最新著作——大型双语豪华本《中华舞蹈图史》，在众多的参选著作中脱颖而出，以其学识扎实的内容和装帧精美的形式，一举夺得一等奖，是本次评奖中五个一等奖里唯一的舞蹈类著作。她辛勤的汗水再次获得了回报。面对殊荣，王克芬先生依然是心如止水。虽然她也很高兴，但她高兴的不是得奖，而是她的研究成果可以让更多的读者来分享。

两次独占鳌头，并在年近八旬的时候获得这样的成就，这在中国舞蹈界可以说是绝无仅有的。熟悉王先生的人都明白，她能取得这样的成就，完全与她常年不懈的坚持和求索分不开。

1927年出生于四川的王克芬从小习舞，曾在上海跟随戴爱莲先生学习舞蹈。1956年，作为一名专业舞蹈编导的她被调离中央民族歌舞团到中国舞蹈艺术研究会工作，并在艺术界泰斗欧阳予倩、吴晓邦老师的指导下，开始了她在研究中国舞蹈史之路上的跋涉。

时光荏苒，转眼间50年过去了，走到今天的王克芬也完成了从一个舞蹈演员到一代舞史大家的转变。回首这个不简单的转变过程，那并不一帆风顺的艰辛路程记录着她坚韧而不舍的求索。在这段行程中，王克芬始终用她的勤奋、她的细心、她的钻研和她的感悟，丈量着这段路程的每一寸土地，那段行程上铺满了她的汗水和心血，也镌刻着她每一个克服困难后的脚步和每一分获得成绩时的喜悦。一路走来，回首时，那一条道路竟已成康庄大道，而她在学术上所取得的成就，宛如串串丰硕的果实坠满枝头，在风中摇曳着、展示着……

《中国舞蹈史·隋唐五代部分》、《中国舞蹈史·明清部分》、《中国古代舞蹈家的故事》、《中国古代舞蹈史话》、《中国舞蹈发展史》、《中国舞蹈词典》（主编兼撰稿）、《中国近现代当代舞蹈发展史》（主编兼撰稿）、《敦煌全集·舞蹈卷》（主编）、《中国舞蹈图史》以及大量的学术论文和舞蹈评论文章，这些文字不仅记录着王克芬先生为中国舞蹈史研究事业做出的重大贡献，同时，它们也是中国舞蹈事业难得的积累和重要的财富。

在“第二届文化部优秀科技成果奖”中荣获一等奖的著作《中华舞蹈图史》，是王克芬先生历经多年的时间而完成的一部重头学术著作，其内容来自她毕其五十年努力而不懈的丰厚积累。本书是由台湾文津出版社出版的，在书的质量和装帧上都有着非常高的品位和追求。精美的设计和豪华的包装都为本书增添了不少的亮色。而在内容上，该书则是采用大量的图片，图随文走，图文并茂，显示出生动而大气的整体特征。王克芬先生在此书的撰写中，把最新的资料和最新的学术心得加以总结，呈献给读者。特别是她在对唐代舞蹈图片的分类时所做的“唐风、汉风、胡风”的分类方式，则是她在学术上长期积累、偶尔得之的学术精华。如此带有学术含量的认识与处理，完全是她学术功力的全面展现。

该书的另一大特色在于它的中英两种文字版本同时面世。王克芬先生的博士生、中国艺术研究院副研究员江东先生，拥有非常出色的专业舞蹈英语水准，他把王先生该书的全部内容翻译成英文同时出版，此举同样也是中国舞蹈理论界的一大进步和贡献，成为中国舞蹈学术工作的重要积累，在了却了王克芬先生让中国舞蹈走向世界的一大心愿的同时，也为该书增色不少。

王克芬先生的心愿，就是希望在全球范围内让更多的世界人士了解并热爱中华舞蹈文化。这本中英文版的著作为她的这一愿望插上翱翔的翅膀。该书出版以来，世界各地的舞蹈专家学者都纷纷购买传阅，并成为许多国际图书馆的收藏用书。这在一定程度上扩大了全世界对于中国传统舞蹈的认知程度，王克芬先生的成果成为世界舞蹈界人士认识中国舞蹈的桥梁。

年近八旬的王克芬先生可谓老骥伏枥，目前她仍兢兢业业地跋涉在舞蹈治史的学术道路上，这一点真让人觉得不可思议。她不但仍在潺潺不歇地、源源不断地为中国舞蹈史学界贡献着她的学识和智慧，而且在奋力笔耕的同时还担任着培养舞蹈博士生的教学任务和许多的授课工作，同时也完成了很多的国际舞蹈交流工作。

工作着是美丽的。王克芬先生在年近八旬的时候仍是如此的美丽，带给人以如此踏实的美感，完全得益于她内心的充实与饱满。她为人的善与为学的真，让她永远年轻，同时也使她成为年轻一代的楷模。

愿王克芬先生这棵永不衰老的舞蹈学术常青之树，枝繁叶茂，香飘四方。

三 开讲了！①

但凡学术嗅觉略微灵敏一些的人都知道，国家图书馆的免费系列学术讲座是一个运作得十分有学术吸引力的活动，在学术圈内有很高的声誉。在这里，名人荟萃，方家云集，成熟的学术观点和理论体系不绝于耳。不同的学科、不同的题目、不同的讲座人，让这个系列讲座像一个磁石，始终吸引着中国学界的眼球和耳朵。还记得前几年举办的"敦煌研究"系列，就曾吸引了大量的学人，由于受到极大欢迎，该系列讲座的讲稿最终都结集出版，成为学界一大盛事。

2005年伊始，国家图书馆以"中外关系史"为题的系列讲座又拉开了新一轮讲座的序幕。著名舞蹈史专家、中国艺术研究院博士生导师王克芬女

① 本文发表于《舞蹈信息报》2005年3月1日。

士，应邀做了题为“中外舞蹈交流史”的讲座。

王克芬，中国著名舞蹈史学家。1947年始师从戴爱莲习舞，后曾任中央民族歌舞团编导、演员。1956年调入中国舞蹈艺术研究会，在欧阳予倩等人的指导下开始研究中国舞蹈史。著作有《中国古代舞蹈史话》、《中国舞蹈发展史》、《中国舞蹈史·隋唐五代部分》、《中华舞蹈图史》、《中国舞蹈词典》（主编）、《中国近现代当代舞蹈发展史》（主编）、《敦煌全集·舞蹈卷》（主编）等。近年来，年逾古稀的王克芬研究员，更是焕发了年轻的学术生命，毕一生的学术积累与经验，积极地活跃在舞蹈史学研究领域的前沿。

2005年1月29日周六，国家图书馆善本部，闻讯赶来的各界学者和青年学子，一开门便把善本部大堂挤满了。

王克芬研究员的讲座题为“中外舞蹈交流史”。她在近两个小时的时间里，采用幻灯片的方式，以图证文，以文说图，从遥远的夏代开始，叙述和论证了中国舞蹈一路从远古走来并在历史长河中与周边国家和地区发生的交融和演变。王克芬研究员的讲座一如她的为学之道，严谨有序，层次分明。她丰富的舞蹈史学知识与学术积累，在娓娓的讲述中显示出大家风范。在她的叙述和介绍中，那些原本看似互不相干的舞蹈图片，全都获得了十分有意义的联系。

中国舞蹈在各个历史阶段中都有大量的交流活动，这种交流既发生在中原与少数民族之间，又发生在中国与周边国家和地区之间，特别是发生在舞蹈史上的中原与西域之间的舞蹈交流，对中国舞蹈史的流变和中国舞蹈的审美趣味都产生了很大影响。从这样一部史中可以看出，中国从来就是一个善于汲取优秀外来文化营养的民族，中华民族的博大胸襟和面向世界的眼界都昭然若揭。

王克芬研究员的讲座取得圆满成功，受到了现场各界听众的热烈欢迎，也让国家图书馆在新一年中的系列讲座活动得到了一个开门红。

郭明达：别了，舞坛那棵常青树

——纪念郭明达[①]

按照中国人“虚岁”的习惯，家里人为1915年出生于中国四川的郭明达先生办了百岁生辰庆礼，这让这位中国舞坛的常青树拥有了人世间的百年记忆。而在我们的记忆中，这位为中国舞蹈事业奉献出毕生心力的舞界老人，以他丰满的人生荣耀和辉煌，让他的一生充满了启迪的意义和能量。

作为中国舞界首位在美国攻读博士的舞蹈学子，郭先生自20世纪中叶返回祖国后，他所经历的人生运命是十分不凡的。他在美期间学习的现代舞艺术在当时的中国尚不被接受，甚至是被视若洪水猛兽，完全不为当时的社会所理解、所容纳。这让空怀一腔热血的他难以施展出自己的才华和理想，因此在北京舞蹈学校工作过一段时日后，他便在50年代末期携家眷举家迁往贵州。“文革”后回到北京的郭先生被安排在中国舞协从事外文资料的翻译工作，这让他终于获得了为中国舞蹈事业继续工作的机缘，后被调入中国艺术研究院舞蹈研究所专事外国舞蹈的研究工作。这样的履历，可以说是郭先生那一代中国知识分子所具有的一个带有共性的生命轨迹。然而，这样的时空消耗并没有让他的热情、他的率真、他的勇气和他的追求消损半分，他始终如一的清醒和坚持，让中国舞界看到了他通过不懈努力而填补的学术空白。

---

① 本文发表于《中国文化报》2014年7月29日第6版。

《芭蕾简史》《舞蹈创作艺术》《世界舞蹈史》等译著的问世，在为中国舞人打开一个了解世界舞蹈知识的窗口的同时，也让人看到了他那一份永不放弃的执着和认真。中国舞协就在前不久授予郭先生“中国舞蹈终身成就奖”，这份荣耀成为他在弥留之际的一份人生辉煌。

我是于1988年考入中国艺术研究院研究生院后开始跟随郭先生学习西方现代舞史的。当时，已经73岁的先生是首次也是唯一一次带了刘青弋和我两位硕士生的。对我而言，可以说从一开始，我便被先生那豁达的胸怀和机敏的智慧深深吸引。他敢于并勇于直言，总是能够以正确的结论来分析和揣测出事物的本质和价值，我想，总是能获得人生的智慧恐怕与他不凡的人生经历不无关系。当时，他总是亲力亲为地为我们授课，甚至是实践课程，他那一生始终未改的乡音对初踏入这个学术领域的我们而言，具有极高的理性价值。对于当时的我们而言，郭先生的引领无疑是至关重要的。

郭先生一生对于中国舞蹈事业的贡献是非常多元的。他曾任中国儿童舞蹈学会会长，对中国的儿童舞蹈事业倾注了极大心血；他曾在中央电视台开办交谊舞的系列讲座，为改革开放之初的中国普及这项舞蹈技艺立下了功劳；他曾撰写过许多观点鲜明、犀利的文章，为中国舞坛的理性提升给予了相当的重视；他曾孜孜不倦于各类学生的培养，为中国舞蹈教育高端人才的涌现呕心沥血。然而，除了这些常人难以企及的功绩之外，郭先生最能载入舞蹈史册、最令人称道的，仍然是他在中国现代舞艺术领域中的建树。虽然他在回国之初不能实现自己的抱负，但改革开放给他带来了一个事业上的春天，让厚积薄发的他为中国大地上的现代舞艺术带来新绿，也让他早年在美国跟随现代舞大师尼克莱学舞时所埋下的种子，在新的文化环境中和新的历史条件下开花结果，同时也让当时经历过“文革”戕伐的中国舞坛，初步绽放出令人眼前一亮的难忘姿容，《希望》《再见吧，妈妈！》等在改革开放之初便呈现出鲜明现代舞特质的舞作虽非出自郭先生之手，但这些作品的问世却无一不浸透着他的汗水，他的历史功绩为后人所折服。当现代舞这种艺术样式在全国范围内逐渐变成一种人们趋之若鹜的盲目时尚时，郭先生又不失时机地说：不要搞全民现代舞，而应当搞中国舞蹈现代化。类似的不时而发的睿思妙言，在郭先生的一生中并不是偶然现象，而是一个贯穿于他人生的常态。他妙语连珠般的真知灼见，常常令我们这些后生晚辈们受益匪浅；而他的乐观豁达，又让我们看到晚年的他在与病魔的顽强抗争中那份生命奇迹的不断闪现。对我们这些后学而言，他所具有的榜样力量，绝不仅仅囿于学术领域，更成熟于生命的整个空间。

今天，我们虽然永别了这位充满人生智慧的中国舞坛常青树，但郭明达先生以他一生的正直与丰厚的建树，让他的形象在我们心中永生、常青。

吕艺生：老骥伏枥

71岁的吕艺生院长在福州推出了一部自编自导的音乐剧作品《铁窗歌手》。我应吕院长之邀前去学习观摩。观毕，“老骥伏枥，志在千里”这句话，顿时跃上我的心头。

我一直很尊重吕院长，他是中国舞蹈界不多的智者之一，文武双全，完全是全能型的。因此，他能在任期内把北京舞蹈学院（以下简称“北京舞院”）打造到那个高度，不是没有道理的。说到北京舞院，我们都不难看到，它在吕院长的时期经历过一段高速成长的辉煌发展期。那时的北京舞院不是“北京舞蹈学院”的北京舞院，而是整个中国舞蹈界的北京舞院。那时的北京舞院，是积极推动中国当代舞蹈事业迅速前行的一大原动力，一批又一批富有才华和踌躇满志的舞蹈人才，在吕院长的教导栽培下迅速走到中国舞蹈的前台。这不啻是吕院长的历史功劳！他的这个功绩，也必将载入中国当代舞蹈的发展史册之中。

我与吕院长的私交也甚笃。1991年我硕士毕业答辩，他任答辩委员会主席。2004年年底，我们同时参加中国舞蹈家访问小组出访越南、老挝、柬埔寨，他是我的室友。记得一路上，我们探讨了许多有关中国舞蹈发展的问题，他的许多鲜明而又成熟的观点于我很是受用。

因此，吕院长始终是一位我非常尊重而且由衷佩服的舞蹈前辈。

退休后，吕院长去厦门发挥余热去了。其实，他精力这么旺盛，何必让他退休呢？北京舞院不是更需要他？在北京舞院，他发挥的作用不是会更大？那样对国家、对事业不是更有利？——看来，我判断问题还是很难摆脱一厢情愿的书生气。而今天的音乐剧新作《铁窗歌手》的上演，为我们绘出一幅这位可敬前辈辛勤耕耘的图画。

我不太懂音乐剧，但好的音乐剧还是爱看，觉得它的艺术形式美更容易走入寻常人的心中。音乐剧在改革开放之后进入中国以来有一段发展时间了，但似乎结果并不理想，优秀的编演人才和社会欣赏机制好像对这个事业的发展都不是很有利。正是为了一圆自己发展中国音乐剧的梦想，吕院长熔多年思考于一炉，创作出《铁窗歌手》的音乐剧剧本。

音乐剧是一种载歌载舞演故事的艺术方式，音乐重要，舞蹈重要，故事也很重要。说到底音乐剧应该算是戏剧的范畴吧，因此，剧本本身就有了“一剧之本”的重要性。应该说，《铁窗歌手》剧本的创作是比较过硬的，能把一个人物树起来，同时又能把围绕主人公的整个人物关系链做得这么完整和自然，应该是该剧的一大特色。我记得曾协助过一位百老汇的编导在中国修改一个剧本，他的唯一和终极出发点，就是“关系”二字。从这里，我们也能看出吕院长在驾驭剧本时的眼光和功力。在任何一个剧本的结构中，“人物及其关系”不啻是最吃功夫的一环，因此我们很高兴地看到，在这个音乐剧中，人物及其关系非常完整自然，斧痕很少。这是该剧的一大亮点。

在该剧的表演上，刚学了两年的学生们自然还是略感生涩和稚嫩。但能成功把他们推上舞台，这就是一个不小的成绩。由此也不难看出作为教育家的吕院长在培养人上的心思和初衷。

既然是音乐剧，音乐自然很重要，我比较喜欢该剧的音乐风格，既有高难度的音乐剧表达技巧，也有让普通人听得懂的旋律，同时也烘托了人物和剧情。这自然是不容易做到的。作为国内一部难得的原创音乐剧作品，《铁窗歌手》一定会获得大家的喜爱。

向吕艺生致敬！

周冰：依依的送别①

周冰老师最终还是离我们而去了。

带着她对舞蹈艺术的无限眷恋，带着她对舞蹈学术事业的满怀热忱，带着她对舞蹈文化人类学的终身贡献，带着她那与人为善的谦逊品格，带着她那乐观向上的顽强与豪迈，在走完了人生67年的历程之后，周冰老师为自己的一生画上了一个圆满的句号！

虽然周冰老师走时我正在国外，未能为她送行，但是，老师的音容与笑貌以及她患病以来的一件件事情，始终萦绕于我脑际，一切都是那么真切地历历在目……

1997年深秋的一天，电话铃突然急促地响了起来，周冰老师打来电话，说她已确诊为晚期肺癌且已扩散。我一下子怔住了！这怎么可能？“可能还有几个月的时间吧！”周冰老师的语言中没有惊慌失措，没有悲观失望，而是一如既往地平静如水，好像得的不是绝症、面对的不是死神的威胁一样。她说国际舞蹈文化人类学学会委托她组建的中国分会还没有成立，她的许多学术心得还没有总结整理出来，她希望能有效地利用这最后的时间，对自己的一生有个交代。我的心被她的顽强和乐观深深地震撼了！记得她最后只说了一句话：“我要开始向死神宣战了！”“开始向死神宣战”的周冰老师在住院治

① 本文发表于《舞蹈》1999年第6期，原标题为《送别周冰老师》。

疗过程中所表现出来的顽强与乐观，深深地感动了医生、护士以及她身边的人，每每舞蹈研究所有同志去医院探望她，回来后都被她的不屈所打动。她硬是凭着这股顽强与乐观的精神，把逼近的死神又向后推了一年多。

1998年夏，国际舞蹈文化人类学学会在土耳其的伊斯坦布尔召开第20届双年会，周冰老师和我都接到了与会的邀请。年初，看着老师那渐渐好转的健康状况，我们甚至都谈论了与会的细节。记得1996年夏，周冰老师和我一起出席了该学会在捷克举行的第19届双年会。会上，周冰老师情绪饱满、神采飞扬，她的论文选题、谈吐举止，始终是该年会的一个引人注目的亮点，这个少有亚洲国家学者参加的国际舞蹈学术组织大会，终于有了中国人响亮的声音。阔别两年，国际大家庭期待着与周冰老师的再次相聚，期待着了解她的最新研究成果。可是由于她的病情急转直下，我们最终放弃了这次机会。

1998年年底在我去澳大利亚之前，周冰老师已无法下地行走，由于并发症，老师的语言功能也已基本丧失。然而，周冰老师的脸上依然写着宁静与镇定，让人分明感受到一分必胜的信念，这对我们这些健康的人来说，真是一个莫大的鼓舞。

没承想，那次见面竟是诀别。虽然心里早有准备，然而周冰老师的辞世对我依然是一件无法接受的事情。她给了我太多的关爱，给了我太多的感动，给了我太多的精神财富，周冰老师会永远活在我的心中！愿周冰老师的顽强精神和乐天品性成为我们的楷模。

资华筠：绽放的人生

一 一路绽放①

2009年12月17日，《光明日报》的“光明论坛”以两整版的篇幅刊载了一篇题为《话说中国舞蹈》的宏文。该文以一种大气而干练的笔法，思接千里，上下贯通，行云流水，纵横捭阖，就中国舞蹈艺术的产生与成长，以一种审视和入木三分的文化关怀，将中国舞蹈之古今的方方面面一气呵成地呈现在读者面前。这篇文章以举重若轻的磅礴气势，洋洋洒洒数万言，尽显作者的大家风范与气魄。

果然，文章刊发后，立即在学界引起非同寻常的反响。各网站纷纷转载，中国舞协的《舞蹈》杂志专门举办了由部分舞界高端学者参与的座谈会。一时间，该文在舞坛、学界掀起了一股不小的旋风。

该文的作者，就是刚刚举办过从艺六十周年纪念活动的资华筠——一位令人敬慕、高山仰止的舞坛学者。资华筠身为中国艺术研究院首届终身研究员、舞蹈学博导，凭着自我的聪慧和努力步履维艰却毅然决然地进入学界并有所斩获，她独特的人生之路所成就的这番独特的事业，成为中国舞坛的一个传奇。

① 本文发表于《中国艺术时空》总第001期。

资华筠，一路绽放着，从容而稳健地步入事业的巅峰。

（一）跨界绽放

说到那篇在《光明日报》刊出的文章，圈外人几乎都为中国舞蹈界居然还有能写出如此分量作品的学者而感到不可思议，而那些熟悉并了解资华筠个人成长历程的圈内人却既认为这是水到渠成，又深深体会到她在长期的跋涉中付了怎样的努力、经历了怎样的艰辛。

资华筠自幼习舞，曾是一位出色的舞者；后步入学界，成为一名影响颇深的学界翘楚。在这里，“舞者”与“学者”，并非像它们自身文字所呈现出来的两个极为普通的概念那么简单，这其中蕴积了一个人的独特人生历程和在这个历程中“不积跬步无以至千里”的独特人生积累。这积累是独特而难得的，它让我们透过这样一个独特而难得的经历窥测到一份成长的坚毅和意志的挺拔，也让我们切身体味到一份心志的高古和人生况味的乐观与豁达。

为什么会产生如此的感受？这与我们的寻常观念不无干系。在我们身处的这个现代社会中，不难观察到一个非常鲜明的标志，就是各专业领域十分严格而精细化的分工。拿艺术来说，在寻常人眼里，艺术工作充其量不过是唱唱歌、跳跳舞、演演戏而已；人们大都不会关心，在艺术这个大范畴中，其实分工是极其细致的，比如，唱歌的不跳舞，跳舞的不画画，画画的不唱歌。在这个领域中，各司其职是常规化的基本专业要求。

大的艺术范畴是这个情况，从属艺术领域的舞蹈也同样如此，尽管它是一个更小的范畴。在舞蹈这个艺术大范畴里的小范畴中，分工也同样是非常细致的，而且是越来越细。一般来说，人们很难想到舞蹈艺术领域居然还分实践和理论这两大领域。而且，即使在以跳舞为主的“舞蹈实践”领域，居然还进一步分成多个不同的领域：从职业上看，有人是演员，有人做编导，有人当教师；从舞种上看则更为出奇，有人一生在跳民间舞，有人则以古典舞为生，还有人居然是除了芭蕾舞一辈子就没跳过别的舞蹈样式。凡此种种，证明了当今社会的分工精细化以及由此而形成的彼此诸多“互不搭界”的领域。因此，长此以往，舞蹈演员不但无法跨越舞种门槛，更不消说从一个舞者到一个学者的难于上青天般的根本性转变了。现代社会的精细化分工，让我们在各自的领域内各得其所、各司其职，因而跨界现象比较罕见。

在舞蹈界，跨界之所以难，盖因为在这个领域中“理论”（意指学术研究，其实理论也是一种社会实践）和“实践”（泛指演艺活动）所需要的积累和素养迥然有别。“道”和“器”的修为自始至终都是彼此不同的两种途径：一个走的是脑力，一个使用的是肢体；一个舞文弄墨，一个手舞足蹈；一个属学术圈，一个在技艺层。于是，通过这样的分析，我们自会看到舞蹈领域内的“理论”和“实践”这两大领域，虽然其核心关注物都是舞蹈，但在述说方式上则是完全通过不同的途径来表达和发挥效能的。尤其在舞界，由于形体训练必须起于年幼，又十分严苛，舞者的实践大都消耗在练功房，文化学习受到影响，致使这两个领域难以兼顾，能够兼通两大领域的人物就更是凤毛麟角了。

而资华筠正是一位在此两大领域中都能够游刃有余的当代舞坛名家。她用自己奇异的成长经历，书写了一个传奇式的人生成功个案。这种个案，应该说是很难复制的。然而，通过对该个案的展示和剖析，我们同样可以获得清晰的认识价值，并进而总结出其可能含有的普遍意义及其规律。

（二）舞坛绽放

同所有舞者一样，舞者出身的资华筠，自幼便进入舞蹈表演领域，开始了她在艺术上的跋涉。从习舞到登上舞台，她用自己的汗水成就出一名出色的舞者。

资华筠的从舞愿望是与其家学有着极大的矛盾冲突的。出生在天津的资华筠，家境非常好。父亲是银行家，优越的家庭条件和父母的严格管教，让她在童年时期接受到良好的教育。像所有出生在良好家境的大家闺秀一样，童年的资华筠接受过全面的基础教育，父母为她和姐妹们选择了重点学校，而她在学习上的认真及其所获得的成绩，让她在天津东亚小学和南开女中的学习一直是顺风顺水，成为品学兼优的优等生就成为自然而然的事情。为了培养女儿的全面素质，父母从小就安排她接受音乐和芭蕾教育，而资华筠的艺术禀赋很快便显现出来，她能弹一手漂亮的钢琴，在业余芭蕾舞校更是个“小尖子”。但是，父母从来就没有巴望过她会从事专门的艺术专业，而是希望她能够正常升学。然而，这些童年的艺术滋养，却哺育了资华筠幼小的心灵。若不是一次略带偶然性的演出观摩，以上的学习经验或许会让资华筠像其他人一样走出一条普通的升学成才之路。

1950年，华北革命大学三部到天津演出大型歌舞《人民胜利万岁》，资华筠在见识到戴爱莲、王昆、郭兰英等艺术名流的精彩表演之余，感受到了艺术的巨大力量。她在当日的日记中写道：“我第一次感受到艺术竟有如此大的能量，它可以点燃人的心灵！”源于艺术的能量，让她流着眼泪一连观看了三场演出。艺术的力量让她坚定了走上艺术之路的决心，她毅然放弃因毕业考试第一名而保送升学的机会，在升学表格上填写的第一志愿竟然是中央戏剧学院舞蹈团。虽然阻力重重，但资华筠终于顶着来自家庭和学校的各种压力和不解，义无反顾地投入共和国的舞蹈事业之中。

1951年，中央戏剧学院舞蹈团派出四男四女共八位舞蹈演员随当时的中国青年文工团赴德国柏林参加“第三届世界青年与学生和平友好联欢节”。这是新中国成立以来第一次重大国际文化交流活动，作为有幸被挑选出来的八位舞者之一，只有资华筠来自学员班。她与年长的舞伴们一起表演了由戴爱莲创作的藏族舞蹈《春游》。他们通力合作，一举拿下了金奖。当时的资华筠只有15岁，是全团三百演职人员中年纪最小的一位表演者。1953年，她作为领舞演员参加了由贺龙率领的第三届中央赴朝慰问团，表演了《红绸舞》和《军民联欢舞》等作品，在艰苦的环境中经受了锻炼和考验。1955年，她在华沙举办的第五届“世青节”上和徐杰一起表演了由戴爱莲倾力打造的女子双人舞《飞天》，只见她们用双手飞舞十几米的长绸，以深厚的功底和技能飞舞起双绸来表现“飞天”的意境，简直就像敦煌壁画上的仙女下凡，她们用一组组精美的舞蹈语汇表达了艺术家的美学意象。这个作品再次赢得了国际舞界的欢迎和首肯，也使资华筠再次赢得了国际大奖。从此之后，一发不可收的资华筠相继在《孔雀舞》《荷花舞》《维吾尔族打鼓舞》《白孔雀》《摘葡萄》《海岛女民兵》《歌唱南滚龙沟》等著名舞作中频频亮相，开始在新中国的舞蹈表演领域中绽放光华，成为共和国年轻舞蹈事业中的一名业绩骄人的佼佼者。应该说，资华筠获得的成绩离不开她的天资，当然更离不开她的刻苦与努力。凭借着她在先天的聪慧和后天的努力这双重条件上的优势，资华筠开始了她在舞坛上的风华绽放。与此同时，她始终坚持读书自学、业余进修，以此来对抗“四肢发达、头脑简单”的社会偏见。

“文革”之后，被压抑了十年之久的“文艺战线的尖子”们，纷纷用自己的专业特长来迎接文艺的春天。资华筠同样将蕴积已久的舞蹈激情付诸舞台，重新焕发出艺术的青春，与舞者王堃、姚珠珠一同举办了《专场舞蹈晚会》。晚会中，除了展演她拿手的保留舞目《飞天》外，其他都是新创作的独舞、双人舞、三人舞节目，如《思乡曲》《长虹颂》《快乐的舞神》《醉塑》《金梭与银梭》等，这些作品让她的艺术激情再次得到了释放，也让社会看到了一个历经“文革”蹉跎和磨砺的舞者的坚强与执着。在独舞《长虹颂》中，她用飞舞的白纱表达了对周总理的怀念，又挥舞着彩虹般的长绸，用长绸的翻飞、跳跃表达了万民欢腾的气氛。她的舞风端庄优雅，动作舒展流畅，更重要的是，重返舞台的艺术表演，寄寓着她的人生体味，印证着她以最大的努力夺回了被“文革”吞噬的艺术年华。

资华筠表演过多少舞蹈作品？塑造过多少舞蹈形象？走过多少地方去传播中国舞蹈文化？这些都不再重要，重要的是，作为一个与共和国一同成长、一同经历风风雨雨的职业舞者，她一路摸爬滚打，从来都是认认真真、兢兢业业、严于律己。她始终以最饱满的激情、最精湛的水准来报效她的祖国，来回报她的事业，来圆她自己选择的无怨无悔的舞蹈之梦，从来都是全力以赴、一丝不苟。她几十年如一日地对自己设立了高标准和严要求，从而成就了她一番不凡的舞蹈表演事业。

无论是她早年进入中央歌舞团开始习舞，还是后来发展到高峰时期的“三人舞蹈晚会”，资华筠的舞蹈表演才华一直令人瞩目，这让她成为中央歌舞团的主要舞蹈演员并担任出国访问团的艺术指导等职。她不但在中华大地的各地舞台上留下了表演足迹，还在许多国家留下了充满魅力的舞姿倩影。按说这样一个成长过程，其实并不算什么离奇之举，因为在当代中国舞坛上，大部分的出色舞者都是这样走过来的。资华筠的绽放，只能算是中国舞坛百花园中无数绽放的鲜花中的一朵而已。如果不是后来出现的情况开始“离奇”，这些被她已然取得的成就即使可以被大书特书，也只不过如此而已。

然而，情况开始“离奇”了。资华筠在舞蹈表演艺术上取得了丰硕的成果之后，居然被调到中国艺术研究院舞蹈研究所担任所长一职。这可是非同小可的“离奇”举动，君可知，中国一代舞蹈宗师吴晓邦先生曾任此职！

（三）学界绽放

从实践领域一跃转到研究舞蹈的理论领域，这个转身可真算是够华丽了，况且还要担负起这个领域的领导工作。可想而知，这是一种怎样的人生挑战。

熟悉资华筠的人都知道，能接受这样的挑战，显然与她之前的日积月累不无关系。尚在实践领域中遨游于舞蹈天地的她，从很早便有意识地开始注重在文化上的学习和撷取。众所周知，资华筠是一位勤奋好学、虚心汲取一切文化养料的人。因此被调入中国艺术研究院舞蹈研究所任所长之时，她所说的那句话“我是来‘上学’的，不是来‘上任’的”令人信服，而无丝毫矫情之意。这个来“上学”的舞者所长，凭着自己的努力和天赋，经过经年的磨炼和积累，终于开始了自己在另一片园地中的绽放。

实际上，能这么有心地积累文化养分，除了资华筠自身具有的聪慧天资之外，她自小在家庭里所受到的家学教育，也让她的这份聪慧获得了早期的开发。难得的家庭教育，自身具有的聪颖天资，再加上后天的刻苦努力，所有这些成长背景让资华筠的“跳槽”得以完成得比较自然，从一个领域跨越到另一个十分艰难的领域时所特有的巨大心理落差，没有成为她的障碍，她凭借着这个通向学界的跳板一跃而过，进入一个让她的才气和抱负获得更大展示空间的崭新天地。能在这片崭新的天地中凌空翱翔，显示出她超人的抱负和过人的本领。

“经过‘炼狱’才被学界接纳”（资华筠语）的资华筠，果然没有让众人失望。在这个以学问之好坏作为价值评判标准的新领域中，她以“上学”的态度，开拓和完成了许多独特而不寻常的学术成果。特别是“舞蹈生态学”的建立，昭示出她驾驭舞蹈科学在眼光和方法上的巨大突破和进展。

由她和王宁等人合作撰写的《舞蹈生态学导论》(1991）一书，在中国舞蹈学界开一代先河。它注重学理价值，为舞蹈文化的研究设立了一个具有里程碑意义和方法论功能的基石，这既在中国舞坛上难能可贵，在国际上也不多见。从那时起，资华筠的“舞蹈生态学”理念及其方法，影响了很多新一代的舞蹈学人，他们广泛采用这个研究方法对中国的舞蹈艺术形态及其生成环境做出了具有突破性的研究，取得了有目共睹的学术硕果。在中国舞蹈学界取得巨大成就的今天，我们是无论如何都不能忘记资华筠作为该领域开拓者的功劳的。

正像这本著作确立了资华筠在舞蹈学界的地位一样，她辛勤的耕耘换来了她登上中国舞蹈理论领域制高点的资格。同时，她在舞蹈批评领域也取得了让人难以望其项背的成绩，一篇篇经过了字斟句酌的妙文，言辞真切，眼光犀利，在舞蹈界乃至艺术界均产生过不小的影响。她睿智的思索和远虑，她干练的笔锋和极大的热忱，以及她恣肆的情感和成熟的表达，均显示出一位舞坛智者的胸怀和心智，一位舞坛知识分子的忧患意识和对业界生态的关切，以及对舞蹈艺术事业炽烈的情怀。这些犀利而神采飞扬的文字，不但反映出资华筠对于舞蹈生态发展的历史责任感，同时也为她在业界赢得了不同寻常的威信和尊重。

智慧是以思考为台阶的。资华筠虽然经常自谑自己是一个没有接受过高等教育的博导，然而她机智的思维能力和缜密的思辨能力，以及精到的思考结果，常常会令人拍案叫绝。能获得这样的收成，自然跟她勤勉的耕耘有直接关系。为了能在舞蹈理论这个大海中自由畅泳，她长期坚持自学读书，登门拜师，学以致用。每当人们问起她的自学经验，她总是说：“因饥渴而学习，因困惑而探索，在战争中学习战争。”她对新鲜事物的敏锐感知还体现在对于电脑知识的学习和应用上，她在圈中是一位“换笔”甚早的学者，当“286”电脑对一般人来说还十分陌生的时候，她已经开始借助电脑键盘，熟练地敲击出她飞扬的文思。这在舞界也是超乎寻常人的。

在写作上，她的笔锋一如她的舞姿，天然释放，绝不矫揉造作、装腔作势。无论是散文、杂文，抑或是论文，她总是“刀刀见血”，“丈夫之气”跃然纸上。读她的众多篇章，总可以感悟到，关切中透着真诚，实在中闪现理性，针砭时弊，直抒胸臆，其胸怀从来都是透彻而敞亮的。资华筠历来看重一个“真”字，她在艺术上重视“三真”，即真实的生活感受、真诚的创作冲动和真切的艺术呈现；在舞蹈批评中她同样强调“三真”，即对作品的真实感受、心口如一的真诚表达和对艺术真谛的求索与揭示。不仅如此，她所讲求的“三真”精神，更要求舞蹈批评能从“讲真话”“明真相”的层面上升到“析真理”的高度。对于写作，她坚信：“文如其人，文风能很好地表现人的思想、个性。写评论文章时，评论者要观点鲜明、逻辑清晰、实事求是、客观公正，既推进舞蹈事业的良性发展，也引导观众和媒体的审美取向朝健康的方向发展。”[①]她是这么说的，也是这么做的。针对文艺批评领域存在的软肋，她撰写了《反思文艺批评之七戒》（2002）一文，明确反对时下文艺批评存在的“一腻、二套、三泛、四涩、五讳、六花、七霸”之弊端，她这种直面时弊的勇气和深刻见解令人敬佩。此外，她关于“批判舞八股”“文艺评奖机制有假”“遏制大型综艺晚会过多、过滥”等言辞，都一语中的地给文艺界带来警醒。

近年来，非物质文化遗产保护事业成为一股世界性的潮流，这股始自联合国教科文组织的世界公约而引发的潮流，契合了由资华筠奠基的“舞蹈生

① 段妃：《艺术的滋养 人生的教诲——难以忘却的记忆》，《甲子归哺：资华筠舞蹈艺术生涯60年纪念文集》，文化艺术出版社2010年版，第439—440页。

态学”之学术精神和学理方法，这让资华筠自然而然地将她的理论和感悟直接应用于非遗领域的实践和管理，从而为中国的非遗事业能够处于国际领先地位做出了重要贡献。

文章写得好，学问做得精，道理讲得明，资华筠的文字之道与她的舞蹈表演之道一样，在一个更大的空间里散发出坦诚而真挚的浓郁芳香。

（四）国际绽放

说到资华筠的“绽放”，还远不止于以上的跨界行为，她在中外文化交流领域扮演的“奇迹般”角色，更让人不得不佩服她的眼光、学养和功力。

资华筠是中国艺术界中为数不多的能在国际场合用英语进行直接文化和学术交流的重量级人物。睿智的思考、机敏的反应和流畅的外语表达，使她不但可以让国际人士方便而直接地领略到中国艺术家的风采，更让她可以代表中国艺术界在世界范围内发出中国艺术家的声音和观点。这个令人惊奇的外语才能，同样来源于她对于学习的不懈坚持和不凡悟性，很少有人知晓，她的外语学习是在不惑之年拜在陈翰笙先生门下，凭着坚毅的韧性发奋苦读而完成的又一次凤凰涅槃式的炼狱经过。正是有了如此用功的投入，才让她获得了出色的对外交流和工作能力，从而得以为国家完成一次又一次的国际文化交流重任。

1995年，世界妇女大会在北京隆重召开。这届国际参与者甚众的大会，不仅在北京工人体育场举行了开幕式、在人民大会堂举行了大会，同时还在怀柔举办了NGO（非政府组织）论坛。这是一次在新中国发展历程中十分重要的国际活动，在政治背景非常复杂、政策性超强，同时又没有多少经验可供参考的情况下，资华筠被全国妇联指定为“妇女与艺术”论坛的主持人，承担起论坛的组织工作。她接到任务后，从组织人员、确定论坛主题、策划方案，到集训、排练，甚至拉赞助、出宣传画册等项工作环节，均表现出中流砥柱的不俗组织能力和超强的适应能力。而这些能力，自然来源于她多年的国际文化交流经验和常年养成的政治素质。在这次活动中，她虽然没有安排自己在论坛上做“重点发言”，却用她流利的语言能力为论坛的顺利进行贡献了自己的智慧和心血。正是由于她出色的工作，这个论坛被美国二十一世纪战略策划集团总裁魏加力夫人高度评价，她盛邀该论坛全体讲演人员赴美宣讲。作为该交流项目访美团的团长，资华筠率该团在15天的时间里先后访问了纽约、费城、华盛顿、旧金山，每到一地，访问团成员以“一个人一个故事”的形式，现身说法，在讲述自己的成长经历中，演示了各自的精湛艺术技能。没有“宣传”痕迹，却令美国观众真切地感受到了中国女艺术家的风采。此次访问深得美国主流社会的好评，在当地引起巨大反响。

在长期的艺术生涯中，资华筠造访过50多个国家，她自身所拥有的知性魅力，让其在对外交流活动中谈笑自若、举重若轻。世界各地许多地方的舞台，都留下她一路绽放的芳华与馨香，她的表演、她的讲演、她的授课，在舞台上、在论坛上、在课堂上，让中国舞蹈艺术和中华妇女的姿容在异域飘香。

（五）心灵绽放

2009年，为庆祝新中国成立60周年，作为共和国培养的第一批代表性舞者，资华筠应邀为《光明日报》“我和我的祖国”栏目撰写了《新中国召唤我走向舞蹈生涯》的文章。该文刊出后，相关领导给予关注和好评，并批示：“情真意切，令人感动！资华筠同志既是艺术家，又是理论家，可请华筠同志在‘光明讲坛’讲讲中国舞蹈。”[①]于是，就有了本文开篇的在“光明讲坛”上占两个整版的《话说中华舞蹈》一文。

很多读者并不知道，写这篇文章时，资华筠已是一位患有白血病、白内障的病人，天性乐观豁达的她自称自己是“双白”患者。她是于2004年不幸被查出患上白血病的，但是，她从没有过丝毫的消极和悲观，和她一起就医的病友们都亲切地称她为“阳光大姐”。更为可贵难得的是，多年来她边治疗、边工作，从未停止自己的学术研究工作和对学生的指导。资华筠的这种乐观

① 单三娅：《与众不同的学者》，《甲子归哺：资华筠舞蹈艺术生涯60年纪念文集》，文化艺术出版社2010年版，第243页。

与豁达，让人为之动容。毫无疑问，她是一位坚强的女中豪杰，于古稀之年，克服了身患重病等困扰，挥洒自如地完成了各项在常人眼中简直是不可思议的任务，并在业界取得交口称赞的盛誉，同时还在如此艰难的身体状况下，为祖国的舞蹈事业培养出多位舞蹈学界的高端人才。

一个人一生能做出这么多成就吗？资华筠的人生履历似乎是山重水复，让人难以穷尽。然而要评价资华筠的成就，其实又很容易，因为她绽放着的一路风景是如此晶莹而清澈——当演员是出了名的突出，做学问是出了名的严谨，带学生是出了名的严格。这就是她，一个简单但却不凡的资华筠。

虚怀若谷，有容乃大，在事业上登上峰巅的资华筠，在完成了自我人生"完善"的历程之时，令她始终念念不忘的是"感恩"，她认同"感恩是进取的动力"的人生信条，始终感念教诲和帮助过她的恩师良友，"感恩"一词成为她话语中出现频率非常高的一个词语。她从不忘感念前辈恩师的教诲与鞭策；对同道从不吝惜赞美之辞，常常仗义执言；对后学更是给予提携与帮助，"学生比天大"，她乐此不疲，更不遗余力。

资华筠之所以能够一路绽放，从容不迫地成为中国舞坛之峰巅人物，成为一位承前启后、厚积薄发的舞界精英，从追求"美"到追求"真"，完成从舞者到学者的转变，这自然不是偶然的。她一生为舞蹈而生，其热爱舞蹈的炽热之情持续一生。她不啻是用一种科学的态度、理性的高度来对待舞蹈艺术的，她渴望用舞蹈艺术灌溉干涸的人生心灵之渠，她寄望于舞蹈的恩泽能教化更多的人、指导更多的人、提升更多人的审美趣味、为更多人搭建起富有崇高境界的理想精神家园。对待自己，她又始终是一个不服输的人，勇于接受挑战，这成为她一生的主题。正因为这份征服挑战的意愿和态度，让她不仅在舞蹈表演领域中不断挑战自我、创造出不俗成绩，同时还在舞蹈教育、舞蹈理论、非遗保护、文化立法、对外交流、参政议政等领域不断超越，不断贡献。

勤于思，敏于思，善于思，当资华筠一路绽放着，为自己的人生画出了一条美丽而圆满的弧线时，她的舞艺、舞风、舞学和舞思之路，在为社会提供了一个奇特而不凡的成功个案的同时，也完全让这个榜样的普世价值和普遍意义展现于世。

资华筠，有了你在舞蹈艺术道路上的一路绽放，这个世界又多了一分在文化上的温暖和在人格魅力上的光芒。

二 一份独特经验的普遍意义①

资华筠老师是一位令人仰慕、令人尊敬的舞坛前辈。她独特的人生之路，成就了一番独特的事业，成为中国舞坛的一个传奇。而剖析这份独特的成长经验，则有助于其在普遍意义上的延展。

资华筠老师是一位舞者，同时又是一位舞界学者。这种难得现象的组合排列并不是像它看上去那么简单，而是在其中蕴含着一定的道理。

现代社会一个很鲜明的标志就是分工精细化。在外人看来，搞艺术的不过是唱唱歌、跳跳舞、演演戏而已。然而，从职业的角度看，在“艺术”这个大范畴中，各司其职却是最基本的专业要求。即使是跳舞这个行当，在一般人眼里更不能理解：居然还分什么实践和理论这两大领域。从现代社会的分工来看，这当然是现代社会分工精细化的一个结果。让圈外人依然大跌眼镜的是，即使在跳舞这个营生的“实践”领域，进一步分工依然精细：从职业上看，有人是演员，有人做编导，有人当教师；从舞种上看则更是出奇，有人一生在跳民间舞，有人则以古典舞为生，还有人居然是除了芭蕾舞一辈子就没跳过别的舞蹈样式。凡此种种，证明了不同的分工而形成的彼此绝对不同的领域。不过，就舞蹈专业的第一层分工而言，我们是可以把舞蹈分为两大领域的：实践和理论。前者修“器”，后者通“道”，“道”“器”相生，伴

① 本文刊载于《甲子归哺：资华筠舞蹈艺术生涯60年纪念文集》，文化艺术出版社2010年版，第365页。

随这个事业走上顺利发展之途。

在圈内，“道”和“器”的修为是完全不同的两个途径：一个走的是脑子，一个用的是肢体；一个用笔墨，一个用动作；一个属学术界，一个为艺术圈。这样一分析，自会看到舞蹈领域的“实践”和“理论”这两大领域，虽然关注的都是舞蹈，但实则是需要通过完全不同的方式来发挥作用的。这也就是为什么在舞界能够横亘于两大领域的人物可谓凤毛麟角。

资华筠老师就是一位在两大领域都游刃有余的中国舞坛名家，她的成长过程成就了一个传奇式的人生个案。虽然说这种个案未必能够复制，但对其的剖析，同样可以提供清晰认识该个案的证明价值，从而总结其可能含有的普遍意义。

我们都知道，资华筠老师做舞者时就是一位响当当的舞蹈表演人才，无论是她早年进入中央歌舞团的学习，还是后来发展到高峰时期的“三人舞蹈晚会”（与姚珠珠、王堃合作），她的舞蹈表演才华一直令人瞩目，这让她成为中央歌舞团的主要舞蹈演员并在后来担任过艺术指导等职。这个过程看似并不离奇，因为在中国舞坛许多人物都是这样走过来的。如果不是后面的情况开始“离奇”，这些似乎也是微不足道的。

但是，情况开始“离奇”了。资华筠老师在艺术上取得了重要的成就之后，居然被调到中国艺术研究院舞蹈研究所担任所长一职。这可是非同小可的“离奇”情况，君可知，这个职位曾是中国一代舞蹈宗师吴晓邦先生担任的！

从实践领域转到舞蹈的理论领域，这个跳跃是非常大的，况且还要负责这个领域的领导工作。可想而知，这是一种怎样的人生挑战。

能接受这样的挑战，与资华筠老师之前的积累也是完全分不开的。尚在实践领域中遨游于舞蹈之海的她，从很早便有意识地开始注意在文化上的学习和撷取。她勤奋好学，虚心汲取着一切文化养料，从而获得了长足的进展。

其实，能这么有心地积累文化养分，除了她自身具有聪慧的天资之外，她自小所受的家庭教育，也让她的这份聪慧获得了开发。难得的家庭教育，自身具有的聪颖天资，再加上她后天的刻苦努力，所有这些成长背景让资华筠老师的“跳槽”顺利而自然，从一个领域跨越到另一个领域时所特有的巨大心理落差非但没有成为障碍，反而成为她进步的跳板，这既源于她的聪颖，更源于她的努力。

顺风顺水地成为学界一员的资华筠老师果然没有让众人失望。在这个新的领域中，她以一颗寻常的心，做出了许多不寻常的成果。特别是“舞蹈生态学”的建立，昭示出她驾驭舞蹈科学在眼光和方法上的巨大进展。

《舞蹈生态学导论》一书，在中国舞蹈界开一代先河。它注重学理价值，为舞蹈的研究设立了一种具有方法论意义和功能的基础，这在中国舞界十分难得，在国际上也不多见。她的“舞蹈生态学”影响了许多新一代的舞蹈学人和学生，他们采用这个方法对中国的舞蹈形态做出过具有突破性的研究，并取得了一大批有目共睹的学术成果。在中国舞蹈界取得如此成果的今天，我们是无论如何都不能忘记资华筠老师作为该领域开拓者的功劳的。

正像这本书确立了资华筠老师在舞蹈学界的地位一样，她辛勤的耕耘换来了她登上了中国舞蹈理论领域的制高点。她一篇篇经过了字斟句酌的文章，在舞蹈界甚或艺术界都产生了不小的影响，她睿智的深思、干练的笔墨以及成熟的表达，均显示出一位舞坛智者的胸怀和心智，一位舞坛知识分子的忧患和情操跃然纸上。

智慧是以思考为台阶的。资华筠老师虽然经常自谑自己是一个没有接受过高等教育的博导，然而她机智的思维能力、精密的思辨能力以及精到的思考结果，经常让人拍案叫绝。这些自然源于她超常的思考习惯和不懈的经年积累。

除此之外，资华筠老师还是中国艺术界中不多的几位能在国际场合进行学术交流的人物。良好的英语水准，让她可以代表中国在世界范围内阐发中国艺术家的观点。这样的才能同样来源于她的聪慧和不懈的坚持。

成功只眷顾那些有准备的人。资华筠老师之所以能够成为中国舞坛之翘楚，能够成为一位承前启后的舞界精英人物，自然不是偶然的。分析资华筠老师的成长及成功之路，我们虽然会看到一个非常特殊的个案，但同时又完全可以体悟出一份榜样所具有的普遍意义。

毛相：那只孔雀，仍在微笑

——追忆毛相①

2016年11月中旬的一天，北京正在经历着据说是十年来最为寒冷的一个初冬；而南国的云南，却依旧是满目葱翠，温暖如春。逃离北京的重雾霾，经过近四个小时的飞行，飞机便把我带到了云南德宏。天气晴好的德宏首府——芒市，让我感受到了心头涌起异样的温暖和开朗。就是在这样一个晴好的冬日午后，我站立在了毛相的墓前。

一张黑白照片赫然出现在我的眼前。照片上这位嘴角微微上扬的男子，笑得那么尽兴、开怀，看上去就像头顶上那晴朗的日头，给人以十足的温暖感。那双清澈的眸子，透亮、干净，没有一丝杂质，没有半毫忧伤。照片上黑白的色调反差是如此巨大，极好地传达出他性情上的本色：纯洁、善良。黑白照片下方，竖排着一行大字：著名傣族舞大师毛相之墓。

这就是毛相先生的墓。此时此刻，站在墓前的我，看着这张黑白照片，看着这块黑色墓碑，心中涌出了各种说不清的情愫，所泛起的涟漪，从内心深处慢慢向四周扩散，直至裹挟了全身上下每一个细胞。身边，一同前来的毛相嫡传大弟子卫明礼老师，神态凝重，神情肃穆。芒市歌舞团焦团长的傣语祝词长一声短一声的，把气氛弄得很是肃杀。完全不需要弄明白他在说什

① 本文发表于《舞蹈》2017年第2期。

么，此时此刻还能说什么呢？话语所传达出、所塑造出的那种气氛进而所映射出的庄重感和敬畏感，为周边的一切都披上了一层特别的氛围。

毛相的墓地，位于云南省瑞丽市姐相乡贺赛村距毛相老宅不远的村边，紧挨着一条公路。公路的对面，日常的生活正在热火朝天地紧张持续着。那些正在埋头忙碌手头营生的人们或许并没有觉察到，就在他们的身边，埋葬着一位中国舞坛的大师级人物。举目四处环看，墓地里大大小小的墓一个挨一个，其中，毛相这个是最大的。这些墓大都为长方体，外表由白色瓷瓦覆盖。由于语言上有隔阂，我没有再追问这些墓的体积大小是否与墓主人生前的声名直接相关。这显然是个多余的问题，因为就毛相生前所经历、所获得的一切而言，墓的大小又有何关系呢？即使再大又怎能盛得下毛相一生所经历的一切呢？

在中国当代舞坛，毛相可谓是一个舞蹈的传奇，他的人生、他的舞蹈、他的际遇、他的贡献，无论我们怎样张开想象的翅膀，都很难切中肯綮。那已经远离 我们而去的一切，由于这座坟茔的永存，让我们有了可以时刻回顾、念想、眷顾和缅怀这位大师的机缘。那些已经远去了的人和事，更由于这块墓碑而开始在眼前翻腾。

至2016年8月，毛相先生离开他心爱的傣族舞蹈事业整整30个年头了。这位傣族舞蹈事业上的奇人，用他饱蘸着炽烈激情的67年人生，不但为他自己书写了一个舞蹈的传奇，更让傣族舞蹈事业一跃进入当代舞坛的视野。充满了坎坷与荆棘的67年人生之路，让毛相遍尝了人生的喜悦与悲伤，更让他在不懈的抗争中成就了一个不凡的人生。毛相的一生让人唏嘘，人真的是很难逃脱命运的桎梏。命运这个东西真是说不清道不明，它杳如黄鹤，却又时刻在掌控着一切。当然，命运的正面意义也值得人们敬畏，因为经过它的锻造，却也能让一个人的生命获得永恒的意义。人世间那些伟大的生命，有几个能逃得脱命运的安排，但他们却也由于自己特定的命运而证明了他们生命的伟大。

芒市此行，每遇餐席，卫明礼老师饭前的第一个动作，便是将酒杯端起，缓缓倒出几滴酒水以示敬意。这让我想到了傣族的《滴水经》：倒出圣洁的水，像两行滚落的泪珠，一滴滴洒在悲伤的土地上。读到这段文字时，我首先被“洒在悲伤的土地上”这一句给震住了，但紧接着便会生出疑窦：为什么是悲伤的土地？我相信对此的解释一定是多种多样的，但毛相的一生显然给我们提供了一个更为恰切的答案，他那一生的不凡经历，让我们目视到那的确是一块“悲伤的土地”。毫无疑问，毛相的一生是充满悲剧感的一生，当然，那也同样是给我们留下各种人生启悟的一生。

我辈也晚，从没机缘亲眼看过毛相的舞蹈，但从他周边的人如马文静老师、卫明礼老师以及活跃在瑞丽的旺腊老师等人的言谈和表演中，我深深地体味到一份罕有的冲击力。作为当代傣族舞蹈的奠基者，毛相的成功完全不是偶然的，在舞蹈上他有着毋庸置疑的天分，当然更有着生逢其时的幸运，特别是在新中国成立之后，他的舞蹈事业伴随着祖国各项事业的成长而渐入佳境。1957年他在莫斯科因参加“世界青年与学生和平友谊联欢节”所表演的《双人孔雀舞》而获得银质奖章，这是他事业的光辉顶点，而他以及他所代表的这种舞蹈形式，就此成为一个民族在新时代的亮相。毛相的舞蹈天分和努力，毫无疑问是傣族人民在艺术聪资上的一个缩影和代表，而秉承着傣族人民所特有的精致与细腻，毛相又把傣族舞中那份纯真与美好呈现得淋漓尽致。于是，天分和努力成了他成功的福佑。

在国际上的获奖，让毛相直接成为中国舞蹈界令人极为关注的对象之一，同时更让他获得了在舞蹈表演艺术上如鱼入水般的自如和自信，一时间，他成了傣族舞的代名词，而傣族舞蹈的个性也随着他的演绎变得独特而鲜明起来。这一切，始终没有因为他的远去而被舞蹈界所淡忘，即使是在“文革”后期他因刑事原因锒铛入狱，也没能让中国舞蹈界低看过他。当时，不是有北舞的许淑英老师带着师生们去探监的佳话吗？可见，当他艺术的光环成为他人生的标签时，所有他的一切都会深深地烙进人们的记忆里。

从武术到民间舞，从“架子孔雀舞”到“徒手孔雀舞”，毛相的聪慧是显而易见的，这或许就是对于一个天才的注脚吧。他善于学习，善于吸收，一切精彩的东西都会进入他的舞蹈之中。舞中的他活灵活现，似天上舞神下凡，素有傣族的“金那拉”（舞神）之称，显然为傣族人民所称道。据卫明礼老师介绍，毛相对于眼神的注重是无以复加的，为了让自己拥有炯炯发光的眼神，他会追着一只飞翔的大雁一眨不眨地练习自己有效的观察，他甚至会在屋檐下让房顶淅淅沥沥落下的雨水打在自己的眼睛上而绝不闭上眼睛。正是这种对自己近乎苛刻的严格要求和训练，才让他那双眸子如此有神，如此抓人，当地的傣族人甚至描述毛相那双魔眼是“可以勾人魂魄”的。那究竟是一双怎样的眼睛啊，竟能给人留下如此生动、如此难忘的印记！

命运的多舛让毛相终日不能离开酒精的陪护，酒给他带来安慰和快乐，也会让他麻痹，最终还送他进了班房。对于酒精的依赖，当然与他人生的起伏跌宕直接相关，时局给他带来的巨大落差是他一个弱小的个体生命所难以承受的，从而让他对人生产生怀疑，对自己也很失望。于是他结识了酒精，以期让自己停止思考、停止苦痛。如果人真能沉入一个忘却一切的世界里，那将会是一件怎样的让人惬意的事情啊。然而，醒来之后呢？那样一个无边的深渊会让人更加恐惧、更加不愿意面对吧。于是，就在这样的心态和精神状态下，始终让酒精麻痹自己当然是毛相的无奈选择。不过，酒的两面性倒是在毛相身上发挥到了极致，因为它同时会将毛相送入一个舞蹈的化境之中。当北京舞蹈学院的许淑英一行人带着白酒进入他一落千丈的领地时，酒发挥了奇妙的作用，它让毛相沉入一个忘我的舞蹈状态之中，可以说是酒激活了他舞蹈的欲望和癫狂的舞步，是酒让他的舞动充满神性。

眼前，毛相的墓还是那样静静地伫立着。看着它，我的心还在不断地泛着涟漪：一个人究竟要经历多少才会让他安详地闭上眼睛？眼前这位墓中人的一生实在是太不平凡了，老天给了他一个伟大的舞蹈灵魂，却又让一个天才经历了如此的磨难。今天想来，毛相的那种大起大落的人生境遇的确会让他本人困惑而迷失，也给此刻的我们带来了无以名状的压迫感。面对着天上的他，我们竟不知该做怎样的表达，是希望他宽恕生活还是要感恩生活？照片上的他，嘴角上扬着，仍在微笑。好吧！毛相老师，无论您做出怎样的反应都不重要了，重要的是希望您在天上的日子里能过得舒心些、开心些。

门文元：用一生谱写舞剧华章

——门文元舞剧创作析[①]

能在无锡参加这样一个以门文元舞剧创作为视角的研讨会，我以为，无论对门导本人还是对无锡歌舞剧院（以下简称“无歌”），抑或是对中国舞剧事业而言，都是极有意义的事情。一直以来，中国的舞剧创作活动始终处在一个十分活跃的生态中并不断推进和发展，这首先得益于一大批有理想、有抱负、有才华的舞剧创作者们的辛勤付出。正是有了他们不懈的奉献，才让中国舞剧这朵艺术之花始终光彩熠熠。而门文元老师，显然是这支创作队伍中贡献最多的艺术家之一。

门文元的高产是他舞剧事业的一大特点。多年来，在祖国的大江南北几乎都能不断看到他领衔创作的舞剧作品的踪影。正是由于他在艺术上的坚持和不懈追求，才让他的舞剧创作生涯获得了如此旺盛的生命力。放下别的不表，只从他在“无歌”创作的四部舞剧中，我们便分明能感受到他在舞剧创作上的活力和持之以恒的探求。

门文元与“无歌”的合作，可谓珠联璧合：一个是对舞剧艺术孜孜以求的创作者；一个是在舞剧艺术上倾注了巨大心力的表演团队。在二者的合作态势中，不难看到一个双赢的结果。而最让人欣喜的是，这种合作结局能够

---

① 本文宣读于无锡“门文元舞剧创作研讨会”，2012年。

为中国舞剧事业源源不断地贡献出优质的审美内容，从而良性地、能动地推动着中国舞剧艺术的进展。可以说，从二者合作的质量而言，门文元与“无歌”的结缘无疑是中国舞剧创作在合作模式上的一个精良典型。也正因为这种合作模式的有效性，让我们相继看到了双方结缘的合璧之作：《阿炳》《红河谷》《西施》和《金陵十三钗》。统观这四部舞剧，我们或许可以透过这几部舞剧在一些创作环节上的优长，来捕捉门文元在舞剧创作上所秉持的艺术观点及其特点。

（一）选材

毫无疑问，舞剧的创作是一个十分繁复的系统工程，只有当各个环节完美相加时，才会成就一部在形式与内容上均可精彩呈现的完整舞剧作品。而在这诸多环节中，选材是第一步，同时也是相对重要的一步。因为选材的得当和精到，会让接下来一系列环节的工作得到保证。

从舞蹈艺术的专业特性和审美原则着眼，舞剧的选材，很重要的一个出发点是要考虑某个题材的可舞性。从理论上看，任何题材都有可能成为舞剧的演绎对象，所以有编导表示：不在乎舞什么，而在乎怎样舞。言下之意是：并不在意舞剧选什么样的题材，而在意如何去表现。虽然这种表述有其一定的合理因素，毕竟它表现出了一部分编导对于题材的超自信的驾驭能力；但对于“舞什么”的选择，如果“选”得对头、“选”得适当，自然会对一部舞剧的顺畅表达带来相当重要的影响。甚至可以这样说，一部舞剧的选材，对于舞剧创作者的判断能力和把控能力是第一考验，这实际上也是他艺术功力的一个最初始的体现。

当然，作为编导，首先都会去捕捉自己习惯和喜欢的题材，但从进一步的层面来看，身为一个有责任心的舞剧编导，首先会把个人的喜好与社会责任衔接在一起，让自己的题材选择得以尽可能地贴近社会与观众的需求，从而在根本上获得观者的呼应和共鸣。因此，除了可舞性、社会责任和个人喜好之外，如果再能够考虑到观者的欣赏偏爱，就会给一个编导在选材视野的定夺能力加分无数。如果能较好地做到这一点，无疑会让一部舞剧从最初就奠定其成功的基础。

在门文元为“无歌”创作的四部舞剧中，他的选材及其通过选材而达到的艺术目的，首先带给我们极其有意义的启示。

四部作品中，《阿炳》《西施》《金陵十三钗》三部都是以鲜明的地域色彩为其主要特征的。无锡地处江南，当地的人文环境和历史背景显然是凸显“无歌”这个艺术团体在地域性上特性的最重要的着眼点。采用具有当地特色的题材，可以更直接、更准确地切入富有特色的文化视域之中，更可以让“无歌”凭借类似的选材迅速确立自我的文化定位和基因，并在风起云涌的国内舞剧作品丛林中，找寻到自己的立足点和制胜点，从而突出和张扬自我文化的优势，挣得可立于舞剧之林的独有资本。

实际上，选择本地题材来进行舞剧的演绎，从而突出地方特色，已经成为中国舞剧创作者们的基本共识。我们可以看到，几十年来在各地出现的舞剧作品中，以强调地域本位话语时空特质的作品占据着中国舞剧作品的主流，无论是改革开放不久后出现的甘肃的《丝路花雨》、云南的《阿诗玛》，还是较近期亮相的天津的《泥人的事》、广东的《沙湾往事》等等，无不以鲜明的地域特色作为其舞剧选材的原始依托，从而让这种由于选材而带来的文化氛围成为塑造舞剧风格和艺术个性的有力武器。从这些舞剧的舞台呈现结果上看，舞剧选材的地域性原则也的确为这些作品的艺术空间带来了较好的开拓作用，让这些舞剧的成功获得了一个基本的便利条件。

无论是《阿炳》《西施》还是《金陵十三钗》，浓郁的地方色彩让这些作品充盈着江南独有的文化气质和鲜明的文化个性。这些经过了地方文化滋养而生成的具有极强地方文化磁力和张力的题材，为这些作品的完整呈现提供了很好的基础。可以说，这些舞剧作品的选材让我们看到了创作者鲜明的表达初衷和精妙的选取眼光。

（二）故事

只有地方色彩而缺乏故事性，也很难成就一部“好看的”舞剧作品。在选材之后对于故事的处理，直接关系到舞剧引人入胜的程度。可以说，故事是一部舞剧作品的核。

对于中国舞剧而言，这个“核”似乎更加重要。为什么这么说？我们先来看看其深层的道理。跟西方大多数传统舞剧相比，中国舞剧作品在故事性上的重要程度，恐与双方各自的特有舞剧程式和形态相关。

先看看西方的情况。西方400余年的芭蕾舞剧发展史是经历过一系列“舞”与“剧”的相互磨合和漫长的交融过程的，到了19世纪的俄罗斯，这种艺术发展到鼎盛时期。我们可以看到在这个时期由彼季帕创作的大量芭蕾舞剧的作品中，故事性并不是他舞剧创作中一个十分显要的特质。这恐怕是由于在由彼季帕创作的那些于芭蕾舞史上达到高峰的作品中，形式感的建立更多地把注意力集中在动作程式的本身，也就是说，无论是芭蕾舞剧的结构程式还是表演程式，均已形成了固有的审美呈现模式。观者在观剧时，只需要沿着那些固有的程式来欣赏，便能获得某种可以预期的审美满足。比如，在舞剧中的双人舞程式，就是拥有着固定的表演程序的——哪里是铺垫，哪里是高潮，谁该出场，谁该谢幕，哪里需要掌声，哪里需要静观……这些程式无论是编者还是观者都心知肚明。这就有些类似于我们欣赏中国传统戏曲时的那种情况：观者完全谙熟剧情的内容走向，能随着表演程式的推进而有所期待地获得审美视听觉上的愉悦和满足。又或者说，观者对于欣赏内容的期待，并不是建立在故事的剧情上，而更多的是沿着故事的走向在感受艺术程式本身带来的审美程式，从而完成心理上的愉悦感。因此，对于这些剧目而言，尽管观者已经对剧中故事烂熟于心了，却仍会反复观赏，这或许就是类似芭蕾舞剧《天鹅湖》这样的剧目无论何时何地总会有观众追捧的原因吧。

而中国当代舞剧的情况则不是这样。应该说，中国当代舞剧的形成，显然是受到了“芭蕾舞”和“中国传统戏曲”这两大源头的影响。只是在自我建构的过程中，它并没有建立起自己的审美模式和表演程式。或者可以这么说，走进表演中国舞剧剧场的观众，不见得对这种形式已然产生了那种预设的审美期待。因此，在这样的观赏心理下，观者对于故事本身的重视程度，显然要远远高于上述两大母体，而故事性则必须要成为吸引观者眼球的一个重要视点。因此，对于中国当代舞剧中的故事，显然需要有不断引人入胜之处，这样才能紧紧抓住观者的关注力，再通过跌宕起伏的情节安排和动人心扉的高潮处理，让观者获得情感上的认同及共鸣。

虽然舞剧的故事基本上是舞剧编剧需要花费心力的工作环节，但对于一名舞剧的编导而言，能够对这一环节不断提出具体要求，则能体现出一位合格的舞剧编导的驾控能力。

门文元为“无歌”打造的这四部舞剧，均依托了现成的故事原型，无论是《阿炳》《西施》，还是改编自文学抑或影视作品的《红河谷》和《金陵十三钗》，都有着较好的观赏预设和观者眼缘。不知这种从选材到故事的取舍，是否具有主观性或者偶然性，但这些故事为舞剧叙事提供的便捷是显而易见的。这种方式的优势在于：编导可以不必在故事的交代上着墨过多，因为观者对于故事的熟知程度完全可以节省编导交代剧情的周折，得以让编导更有效地进入对于人物的塑造和表现的过程之中。

这几个舞剧故事都有着很吸引人的曲折情节，大都一波三折，通过主人公的故事达到让人动容的结局。应该说，这些舞剧故事无疑都是十分适合舞剧表现的内容。更为难得的是，编导还能够在各部舞剧的故事中提炼出较深的主题立意，为这些具有“核”意义的故事穿上了富有舞剧艺术感召力的外衣，达到既能动人又可以获取精神含量的舞蹈审美享受的目的。于此也可以清晰地看到，门文元在处理这些故事时完全是有的放矢的，其结果也是颇为令人信服的。

（三）处理

舞剧的艺术处理是一个需要施展多方面才华才可以驾驭其结果的过程，一名合格的舞剧编导不仅需要在舞蹈的艺术处理上具有超常的创造和协调能力，更需要对各要素都有非凡的判断和品位。比如，不仅要在舞剧结构的安排、动作语汇的创造、人物性格的设定、舞段色彩的呈现等方面有出其不意的独到处理，更需要从一开始便牢牢把握住相关领域，如音乐、舞美、服装等所有环节的正确走向，这完全是一个全息性的系统工程。作为一个纯复合型的艺术人才，一名舞剧编导的才华决定着一部舞剧的品质和成色，而我们在门文元的身上，便能鲜明地发现他在艺术处理上的鲜活和敏锐。

篇幅所限，我在这里很难以哪一部具体作品作为例证详细说明，但统观这些作品，我们会发现这几部舞剧的结构虽然各有各的方式，但都是沿着剧中人物的心理逻辑发展而成的，通顺而严密，合理而流畅，让舞剧结构本身就构成了舞剧的叙事线索。这对于以叙事为主要目的的舞剧艺术而言显然十分有效的，让我们悟到：巧妙的结构关系和方法，从来都会为舞剧的表现带来十分积极的推进作用。

此外，语言的淬炼是考验舞剧编导的另一大试金石。舞剧人物的确立，主要是靠动作语汇而建立起来的，而符合人物特定身份和个性的肢体言说方式便成为舞剧得以成功的根本。当我们看到“阿炳”“西施”等一位位舞剧人物在门文元的手中纷纷立于舞剧舞台上的时候，当这些剧中人用他们的肢体语言诉说着他们曲折的人生历程和复杂的心路况味的时候，我们通过这些舞台上的人物看到了创作者们在人物塑造上付出的努力和所展现出来的才智，更看到了创作者通过这些人物对真善美的理想人格所寄托的企盼和所投射的主观意志。正是那些符合人物形象和个性的肢体语言，让这些人物在舞剧中获得了栩栩如生的舞台呈现，让他们不仅“活”在了舞台上，更“活”在了观者的心中，成为让人过目不忘的舞剧艺术形象。应该说，通过对于这些舞剧人物的观赏和感受，我们对门文元处理舞蹈语汇的方法和能力深表钦佩，他娴熟的方法和自信的处理，让他的舞剧人物获得了艺术上的永生。

此外，观摩“无歌”这几部由门文元领衔打造的舞剧，对于各部舞剧的舞台呈现和音乐环境也大都是让人赞不绝口的，同样可见门文元经过长久艺术历练而获致的一种浑然天成的艺术理想和境界，透出一种富有整体饱和色意味的艺术风采。当然，所有这一切，都是门文元艺术气质的直接体现，是他对于艺术求索经过长期摸索而获得的一种天然的良性回馈。他在舞剧创作上的实操能力及其经验，一定会让他的艺术理想在未来相当长的时空中绽放出经久不息的艺术光芒。

匆匆看完以上门导与“无歌”结缘而创作的这几部舞剧作品之后，我还必须要借这个场合向门文元老师这位舞剧战场上的老战士致以我由衷的钦佩之情和崇高敬礼。今天，我们面对着这位年逾八旬的耄耋老者时，心中涌起了无限的感怀和敬意。门文元老师长久坚守于这个领域，盛名之下仍孜孜以求，至今依然壮心不已、英姿犹在，这的确让我们感佩万分，我们为中国能有这样的艺术家而自豪万分！如今，由他执导的大量舞剧作品在装点了中国当代舞剧艺术舞台的同时，也让人们更为深入地看清了这样一位舞者自强不息的奋斗精神实质。在对他一生的舞剧创作做一个基本的判断时，我们可以毫不夸张地说，门文元的一系列舞剧作品，让他当仁不让地伫立在了中国当代舞剧艺术这艘航船的船头，令后人高山仰止。作为后学，我们对门文元老师的艺术修为钦佩有加，他的光辉示范会成为后人不断前行 的动力；而作为一名评论者，我们同时有责任继续认识和探求门文元舞剧创作的艺术真谛，从而让他的不懈努力化作一分分滋养，为中国的当代舞剧艺术建设工程带来不尽的养分。

李瑞林和战肃容：秧歌让他们的人生如此美丽①

电话铃“嘟—嘟—”地响了起来。我拿起听筒，电话那端立刻传来一个洪亮而熟悉的声音：“我是李瑞林哪！”

呵！我心头一热：是久违了的李瑞林老师。

“我们在北京舞院教课呢。”李老师那带有浓重东北口音的声音仍在继续。

李老师说的“我们”，是指他和夫人战肃容老师。这对舞坛伉俪，他们把一生都投入对东北秧歌的整理与发展的事业之中，为舞蹈的教育事业做出了贡献。如今，他们又被北京舞蹈学院民间舞系聘为客座教授，为该系学生教授东北秧歌课程。

李瑞林老师的电话，把我的思绪带回到了20多年前第一次认识李、战二位老师的一些往事之中。记得那好像是在1978年。当时，刚走出校门不久的我还在山东从事民舞教学工作。听说身为沈阳音乐学院舞蹈科民间舞教员的李瑞林和战肃容伉俪要在大连举办一个面对当地舞界同仁的东北秧歌学习班，单位便派我和另一名青年教师马玲前去学舞。我们到了大连之后才发现，这个原本是针对当地学员的东北秧歌学习班，竟吸引了来自全国各地的取经者，河北、湖北、上海、陕西、山东等地的民舞教员都慕名赶到了这里，和当地学员一起，开始了一段紧张而富有成效的学舞时光。

① 本文发表于《舞蹈》2005年第1期。

回想起那段生活，至今一切仍历历在目。记得当时的大连，由于供应短缺，生活异常艰苦。可是，那段学舞时光却由于安排得有声有色，使所有的参与者度过了一段难忘的日子。当然，这里面最重要的因素是李、战二位老师为大家提供了精彩而丰富的学习内容，从而让大家得以忘掉艰苦、忘掉疲劳，终日与东北秧歌为伴，并最终获得了令众人满意的学习结果。

那是一段令人难以忘却的日子，而更令人无法忘怀的则是李、战二位老师的艺品和人品。能在自己的事业之初结识这样的老师，是我莫大的幸运。

李瑞林和战肃容老师，是长期工作在东北秧歌教学事业第一线的一对志同道合的长辈。在发展东北秧歌的长期积累、消化和创造过程中，二位老师对艺术、对教学、对学生是一以贯之地兢兢业业、尽心尽力，为东北秧歌的普及和提高、为培养出优秀的人才贡献出极大的智慧。在搜集和学习来自民间的舞蹈形式方面，他们在广泛汲取、认真揣摩的基础上，全面掌握了流传在东北的民间秧歌形式，并悉心钻研，不断发展完善，从而形成了一套内容丰富、贴近民间、经得起时间考验的东北秧歌教材和教法，受到舞蹈教育界的广泛重视和好评。正是由于将东北秧歌形神兼备地掌握下来并呈现出来，他们二人被舞界同仁亲切地称为“二老艺人”。

这两位“二老艺人”的可贵，不仅仅体现在他们对民间遗产的尊重和继承上，更在于他们在严肃继承的基础上，对繁杂无绪的民舞原生形态做了认真的梳理和具有时代特征的重建。正是有了这样的实践，他们所掌握的知识与技艺才既散发着民间秧歌在审美上的浓郁芳香，又兼具训练上的合理性和科学性，获得了舞蹈界对其在训练价值和艺术风范上的认可。他们这种既忠实于民间原生形态，又在艺术上、学术上更上层楼的实践，是对继承与发展这个极高的艺术理念所做的最精彩的注解。

秧歌是北方的一种极为普遍的民间舞形式。在东北，这种形式更是受到了广大人民的欢迎和喜爱。为了把这项极为珍贵的民间舞蹈遗产保存下来并传承下去，多少人奉献了他们毕生的努力。这其中也不乏李瑞林和战肃容老师的才智和汗水，正是他们的不懈努力，才使得他们所造就的事业更加美丽动人。

经常可以看到这样一个现象，民间舞一旦进入课堂之后，往往容易失去它本初的鲜活与质朴。而李、战二位老师编创的那些富有魅力的东北秧歌课堂组合，不但在视觉上呈现出令人赏心悦目的外在动态，而且立刻感受到一股田野的清新气息扑面而来。这恐怕就是功夫所在。这不但体现出李、战二位老师对来自民间的舞蹈艺术的挚爱，同时也显示出他们驾驭这种形式的高超功力，让他们在结构和解构这些来自民间的舞蹈动作时，完全可以得心应手，游刃有余。在他们创编的大量的组合中，秧歌的审美价值和训练价值都得到了较好的开掘和展现，而这些组合则凝聚着二位老师多年的心血。

在多年的教学生涯中，李、战二位老师从来都是为人师表、以身作则。他们在几十年的舞蹈教学生涯中培养出了许许多多的舞蹈人才，并以他们的言传身教和正直的为人之道，获得了学生们和同行的尊重。如今，已经年届七旬的二位老师不畏年事已高，应邀赴北京舞院传授舞艺，他们对事业的那份执着和敬业，让人心生感动。

在完成了北京舞院的东北秧歌教课任务后，由李、战二位老师教授的课程在北京舞院进行了汇报表演。坐在观众席里，看着李、战二位老师心态仍旧年轻、精神依然矍铄，让我不禁为他们以东北秧歌为伴的精彩人生叫好。他们的人生，由于东北秧歌而获得意义；而东北秧歌则在他们的精心磨砺下，焕发出更加诱人的光泽。秧歌，把他们的人生装扮得如此精彩。

眼前，一拨拨通过他们精心栽培的年轻学员鱼贯登场，每一个动势、每一声叫场，无不透着李、战二位老师的影子。让人感到欣喜的是：又一批舞蹈小苗苗亲身接受了李、战二位老师的亲传。我想，有一天，当他们长成参天大树的时候，一定会像此刻的我这样清清楚楚地记得：在我们的成长过程中，都曾获得过来自李瑞林和战肃容老师的阳光和雨露！

肖苏华：走在时代前列

一 一位走在时代前列的中国当代舞蹈家[①]

在中国舞蹈艺术疆域的开垦与开拓上，毫无疑问，肖苏华老师是一位无畏而无悔的勇士。这位勇士的气场是如此之大，以至于让他每走一步，都会在中国舞蹈这个宏阔的艺术海洋中持续地掀起圈圈涟漪乃至层层波澜。他在舞蹈艺术上的跋涉是有目共睹的，其成就无疑也是有目共睹的，没有人能够漠视他的付出以及由此而换来的艺术硕果。而他本人也在这样一个良性的业界生态中，享受着后学的膜拜和同行的敬重。显然，他的付出是值得的，因为这些付出不仅让他个人的自我人生状态看上去是如此饱满而扎实，更在中国舞蹈不断成长着的伟业上印上了他的步履印痕。看着这块饱浸着他无限汗水和情感的舞蹈艺术疆域，一抹新绿开始勃发于那曾经是嗷嗷待哺的土壤，这对肖苏华那布满面容的皱纹和渐渐变白的头发无疑是最好的补偿。这位对舞蹈艺术忠诚有加、用一生的虔诚辛勤于中国舞坛的舞人，以无畏而无悔的气度实践了他人生的志向和理想。

① 本文刊载于张守和主编：《砥砺前行——肖苏华从艺60周年纪念文集》，中央民族大学出版社2014年版。

从严格意义上讲，有规模、讲规律的中国舞剧艺术事业真正发展于新中国成立之后。伴随着百废待兴的祖国各业的蓬勃兴起，舞剧艺术这一事业也获得了很好的起点和积淀。这一成功地集萃了中国传统戏剧和西方芭蕾舞剧之优长而逐渐成形的新型艺术载体，在新中国成立之后的第一个发展高峰期便大放异彩，先后收获了《宝莲灯》《小刀会》《鱼美人》等一大批中国舞剧的优秀奠基之作，也让中国观众对舞剧这种艺术形式的认识形成了较为固定的认知。这种以叙事为主要目的和手段的舞蹈戏剧形式，特别是通过“文革”时期的一“红”一“白”两部舞剧得到了极大的普及，其对中国舞剧观的形成和认识产生了巨大影响。然而，这种“戏剧”式的舞剧表达方式，在新时期受到了“交响”式舞剧创作观念及其方法的挑战。有感于中国舞剧界的创作观念亟待更新，肖苏华从俄罗斯引进了交响式的创编方法，一时间让中国的舞剧创作感受到新的气象。

这就是一个引领者的功劳。这种引领不仅仅具有示范意义和价值，更对我们民族的艺术进步带来积极影响和推动。肖苏华不但努力为舞业更新观念，同时他自己也身体力行，将他对舞剧发展的观念和经验实施于他的创作之中，他的舞剧《红楼畅想曲》就诞生在这样一个背景之下。

说到肖苏华的创作，他至少有三部重要作品跃入我们的视域，一部是《红楼畅想曲》，一部是《梦红楼》，还有一部是于近期问世的《听说爱情回来过》。三部作品虽然诞生于不同的时期，但其贯穿始终的创新探索态势让我们看到了他一以贯之的思考和求索。可贵的是肖苏华的这种探研并不止于嘴巴和笔头，而总是能付诸实践，也就是说，他的有着深刻理性支撑的创作实践本身，是具有极深的学术内涵的。这一点说起来容易做起来难，能让自己的作品始终具有学术性、前沿性、探索性和引领性，这本身便需要创作者的理性思维状态保持在一个不断汲取、不断更新的水准之上，并能有效地转化为艺术创作的感性灵感源泉。

就汲取而言，肖苏华显然是无畏的。始于“交响编舞法”而形成的学习型创作心态让他在此一发而不可收，他对于这种方法的“拿来”及不遗余力地推广，可以说让当时的中国舞坛获得了观念及方法上的巨大益处，许多舞作沐浴着新的观念和新的方法开始涌现出来，一批接受了新的思想而成长起来的年轻舞人，迅速成为中国舞蹈大厦的栋梁之材，肖苏华不仅用自己的行动实践着自己的艺术理想，同时也影响着一代新人的茁壮成长。

通过《红楼畅想曲》，他将自己的舞剧创作理论予以实践上的艺术锤炼。虽然很多年过去了，但肖苏华的《红楼畅想曲》还是让我们印象深刻。他具有创新意识的观念体现在这部舞剧的各个环节之中，结构、人物、语言等，无不是他艺术主张的实际体现。记得在当年观摩这部舞剧之后，我曾禁不住在《舞蹈》杂志上撰写了题为《吾藉红楼诠吾意》的评论文章（后被肖苏华收入他的个人文集中，我也将其收入我最新出版的个人评论文集《华舞咀英》之中）。我认为，肖苏华的成功之处就在于他在驾驭具体创作方法之上所隐喻出来的主题思想内涵及其相关表达，他透过“红楼”故事来演绎的他对中国知识分子命运的关怀及其角色心态的描摹，完全是借这样的表述方式来直抒胸臆。回忆他在《红楼畅想曲》中的表现，我们所看到的那个踽踽独行的探索者，不正是一个以自我的理想追寻贡献于中国舞蹈事业之追梦者的正面形象吗？这个形象由于独特而愈发显示出其具有的启迪意义，由于孤独而更加彰显出他的特立独行和超前。肖苏华无畏的追求让他的芭蕾创作有了与他人迥异的风采。

到了《梦红楼》，肖苏华的探索更进一步。他在德国戏剧家布莱希特的艺术哲学主张中找到了所谓“间离”的效果，用“荒诞”的艺术表达来表现他的人生感悟。这一次，肖苏华的无畏表现得更为彻底，其富有革命性的艺术触角几乎要颠覆人们对于芭蕾舞舞台创作的视觉感受。剧中，宝玉的形象已被处理得十分“荒诞化”，那些看似荒诞不经的处理手段，都在“间离”理论的支撑下找到了存在的依据和道理。肖苏华再次用他的“红楼情结”“造”了一次艺术的“反”，他那看似离经叛道的艺术主张为四平八稳的艺术现实割开了一个裂口，塞进去了一丝活力。这出戏从现代舞版到芭蕾舞版，让这种“革命性”不断发酵，波及的范围日益扩大，教人目瞪口呆的概率不断提高。应该说，这样的举动对于拥有400年演变史的芭蕾舞艺术而言，显然是让人振聋发聩的。可贵的是，肖苏华这么做的出发点不是为了哗众取宠，不是为了标新立异，他追求多元艺术表达的初衷溢于言表。

最新舞剧《听说爱情回来过》让肖苏华具有的独特感悟和偏好的艺术追求得到了进一步的巩固和延续，他一以贯之的无畏追求又有了很好的体现和诠释。在这部现代舞体裁的舞剧中，同一组人物在三个不同时代的爱情故事既有宿命也有机缘，既有轮回也有呼应，用同一组三个演员来勾连上下的衔接，在比对的效果中凸显出肖苏华在艺术思维和意识上的不凡。三个特定时代背景的选择和表现："五四""文革"和"改革开放"，既富有眼光又具有破题性质，所连接起的中国特定时段的时间性历史意象，让爱情这一人类永恒的话题幻化出让人警醒的意义，从而给人带来醍醐灌顶的觉醒及思考。这三个历史时期在选择上可谓神来之笔，它们高度概括地把中国现当代史上含金量最高的"大"背景突出了出来，在这样一些"大"的时代背景中，时空因素本身就具有超强的说明性，而人类原本可以正常进行的活动，每遇这样的背景则往往会发生轨迹上的改变。《听说爱情回来过》这部现代舞作品的哲理高度，让我们从形式到内容这两个角度再次感受到了肖苏华在舞蹈创作上的超前理念。

就这样，肖苏华秉承着他鲜明的艺术主张一步一"出格"，每步必"出格"，然而，他的每一步"出格"却能够为中国舞蹈的历史转型定格。他拒绝在原地停留，他拒绝重复自己，却总喜欢埋头赶路，辛苦跋涉，对认定的事情不依不饶。他就是如此这般地坚持着，"执迷不悟"，像那个理想主义的殉道者堂·吉诃德。只是塞万提斯笔下的堂·吉诃德更富于悲剧性，而肖苏华对于理想的追求却富有建设性。他的努力为当代中国舞蹈的姹紫嫣红增添了一抹亮色，他的思考和实践则让人开始从他近乎偏执的执拗中，领略到他的苦心孤诣和深思熟虑。他追求理想的前提在于：他坚信，沙漠终会变为绿洲。

有了足够充分的水分和阳光，有了播种者不息的信念和毅力，沙漠自会变成绿洲。对于这位勤劳的播种者来说，以往的人生选择是无畏的，因为他从未惧怕过，从未退缩过。面对着所取得的这一可谓是历史性的丰厚赐予的成绩，他的艺术人生自然也是圆满无悔的。如今已经进入人生后半程的肖苏华，面对这个让他一步一个脚印、扎扎实实且步步为营的无悔人生，他一定是颇感欣慰的。这位始终走在时代前列的中国当代舞蹈家用他无畏而无悔的事业，为我们后辈树立了一个正面且难以超越的榜样。

二 情归芭蕾 梦寄红楼——肖苏华与舞剧《梦红楼》[①]

根据中国古典文学名著《红楼梦》演绎创作而成的舞剧《梦红楼》于不久前问世。这个舞剧先后有过两个版本，第一个是由北京舞蹈学院在北京推出的现代舞剧版，第二个则是由广州芭蕾舞团在广州上演的现代芭蕾舞剧版。无论是现代舞版还是芭蕾舞版，都出自一人之手——北京舞蹈学院编导系肖苏华教授。

熟悉肖苏华的舞界中人大都知道，他虽然已逾退休年龄，却仍然以一种极富勇气的探索创新姿态，立足于中国舞坛的前沿阵地，想来真是令人十分佩服。说到肖苏华的这股勇于创新的干劲，不能不提到他那部曾为中国舞坛带来很大震动，于20世纪90年代也是在北京舞蹈学院推出的舞剧作品——《红楼畅想曲》。它是在肖苏华创造性地将苏联的“交响芭蕾”编舞法引入中华大地之后，身体力行地创作出来的带有极其鲜明探索色彩的芭蕾舞剧作品。该剧演出后，在当时的中国舞坛产生了较大影响。而他借以倡导的“交响编舞法”的舞蹈创作方法，也成为当时一个很时髦的舞蹈创作方法，为中国舞蹈在编导上的认识和深化带来重要影响。也正是从那个时候开始，“肖苏华”这个名字就开始在中国舞界与“创新意识”联系在了一起。

今天，年逾花甲的肖苏华教授，又根据德国剧作家布莱希特的间离理论

---

① 本文发表于《人民日报》（海外版）2008年5月26日第7版。

和方法，再一次在中国舞剧领域大显身手，创作出了富有现代意识和精神的大型舞剧《梦红楼》。同舞剧《红楼畅想曲》一样，肖苏华的舞剧新作《梦红楼》同样选择《红楼梦》的故事作为舞剧的叙述基调，同样并不是为了演绎《红楼梦》而来说“红楼”故事的，同样是在借用《红楼梦》所提供的主题及人物契机，来表述和传达编导自己对舞剧创作的理念以及对人生的态度。因此，我们看舞剧《梦红楼》，不啻是再次对肖苏华的舞剧创作理念及其宣言有了一个更为具体的把握。

评述舞剧《梦红楼》，并不是一件轻松容易的事，因为寄寓在作品中的观念及其形式因素，不是很容易能够被捕捉和把握到的。

舞剧《梦红楼》是通过托梦的方式来展开编创者借梦说话的过程的。它通过一个生活在当下、玩着游戏机的小男童在梦中进入大观园的过程，借宝、黛、钗之间的情感纠葛及苦涩，来表达编导的精神世界。

从这样的剧情安排中，很容易就能感受到布莱希特式的荒诞与出人意料。布氏的戏剧主张，曾在20世纪上半叶的国际剧坛产生过重要影响，他所推崇的“间离方法”，又称“陌生化方法”，要求演员与角色之间保持一定的距离，不能把二者融合为一，演员是要高于角色、驾驭角色、表演角色的。这种“间离”的效果，给当时的世界剧坛带来一种全新的美学观念及其理论和方法。其终极目的是利用荒诞的艺术方法把平常的事物变得不平常，从而揭示出事物之间的因果关系，暴露出事物之间的矛盾性质，以使人们认识到某种改变现实的可能性。

在舞剧《梦红楼》中，编导的整个叙述语调无疑是建立在情势之上的，整体的调子是充满着亦庄亦谐的正剧感和荒诞感的，通过矛盾的方式来展示矛盾、揭示矛盾。亦庄亦谐，体现在对于红楼故事的尊重和为了完成编创者自身的表现任务而给予的强烈的谐谑性质。而正是这种荒诞的矛盾性，让观众从一个新的角度着眼，通过“红楼”来观察和体味编创者在观念及其手法上的良苦用心。

然而，也正是这个“亦庄亦谐”，让我隐隐感到该剧在运用“布式”理念的深度上，发挥和贯穿得不够彻底，编创者似乎在现代理念和传统意识的交织中，还有些许踌躇并在做着某种调和。这可能与这部舞剧的载体有关。从西方舶来的传统芭蕾舞艺术，历来就是浪漫主义理念的传声筒，它本来就是与现代舞的思想观念格格不入的。而该剧要在同一部作品中在这两者之间做出某种平衡，恐怕是需要某些妥协的。倒是这个过程本身同样具有现代主义的意味。从这个点出发，亦庄亦谐就不但是对该剧的评价，更是该剧所应力图达到的一个目标了。

我们很多人都曾通过碟片欣赏过贝雅的荒诞舞剧《胡桃夹子》，但那种荒诞不是为了荒诞而荒诞，而是通过提供一种荒诞的语境，让作品产生比不荒诞的现实主义手法更为深入、更为清晰的一种认识事物的途径，即通过荒诞达到真实。而肖苏华的芭蕾舞剧《梦红楼》，也让我们有了这种惊喜。

惊喜来自这样一个判断：我们知道，在今天的世界上，对中国的艺术水准还是有很多偏颇的认识的。虽然近年来随着中国国力的不断提升，中国题材、中国概念正在越来越多地成为世界的焦点，甚至世界普遍会认为在下一轮的风气中，中国是有可能起主导作用的。但从舞蹈领域来看，我们仍然看到了来自世界上的对于中国舞蹈认知的不屑与歧视。但事实不是这样的，因为发生在中国这块土地上的变化与发展完全是日新月异的。今天我们看到了由肖苏华创作、由广州芭蕾舞团表演的舞剧《梦红楼》，让人确立起这样的认识：中国人同样是有能力把这个事情做得非常好的，中国人是完全可以创作出处于前沿的艺术作品的。而这正是《梦红楼》所具有的先锋性和革命性。

肖苏华的“红楼”情结是很浓重的，这传达给我们这样一种感觉：他的胸怀和境界是暗合了《红楼梦》这部文学巨著的浩渺与博大的。

现代芭蕾舞剧《梦红楼》的问世，很有意义。它本身也在向世界传达出这样的信息：中国的艺术，正在凭借着一个开明而多元的社会所提供的良好平台，疾速走向前方。

三 伴着“中华”崛起的一曲颂歌
——舞蹈诗《中华赋》观后①

“中华赋”！这么一个响亮而富有深意的词语组合，是近期在北京舞蹈学院新剧场上演的一台由肖苏华任总导演的大型作品的名字。肖苏华及其创作团队采用这样一个名字，显然是寄望于通过这样一个表现思路将中华文化经过经年打磨而形成的各种文化精粹及其意象融于一台，用舞蹈艺术的形式浓缩而精练地展示出中华文化的精深和精彩。

这样一个出发点，在今天的舞业创作生态中是多么值得一书！其选材的独特角度，给我们带来正面的意义。

（一）选材

毫无疑问，肖苏华及其团队的这种选择是极其富有文化责任感和文化使命感的。伴随着中华民族正在经历着的这次亘古少有的崛起之路的步伐，为这个文化体探寻其在文化上历尽千载传衍而不尽的内在理由和道理并进行艺术上的演绎，肖苏华的举动显然是这个民族崛起大潮中一朵令人瞩目的浪花。的确，回顾中华文化这条澎湃不息的大河，“中华”的基因成功地滋养了“中华文化”的实质，而凭借这个实质不断生发出的种种文化物象又反过来对中华文化的实质做出举世无双的证明和注解。伟大的中华文化，就是通过这样一个又一个的具体物象，折射出其生生不息的存在意义和价值，而当有人将这些文化物象抽象出来进行艺术的咀嚼和放大时，这种澎湃着历史感悟的激情显然让人无法视而不见。

因此，《中华赋》这个选材，从一开始就占据了这样一个相当不俗的制高点，它让创作者们从一个俯瞰的角度来审视和讴歌中华传统所蕴含的特有的文化财富。而这样一个高度在我们今天的社会形态下，显得尤为难能可贵，

---

① 本文发表于《舞蹈》2015年第9期。

只有那些拥有中华文化情怀和情结的人，才会获致这样的慧眼和勇气，中华文化不尽的精彩也只有通过拥有如此情怀和情结的人，才能获得更为有效的彰显和弘扬。

最让人感佩的是，如是选材的人竟是肖苏华！

不知别人眼里的肖苏华是怎样的，在我眼里，长期以来，作为一位从不停歇的艺术探索者，肖苏华似乎总是以其十分前卫而先锋的理念及其艺术形象示人。作为一位北京舞蹈学院编导领域的前辈，肖苏华多年来用他自己的思考和实践，不断地锤炼着后来者们的思维模式和行为模式，在引领思想领域潮流的同时，也相继用自己的作品来诠释着自己的编舞主张。于是，中国舞蹈界见识到了具有鲜明“肖氏”主张和风格的舞蹈作品：《红楼畅想曲》《梦红楼》《听说爱情回来过》等。这些作品的先后问世不但是肖苏华的艺术宣言，同时也在业界产生过相当深远的影响，并让人们在各自的心目中积累起了对肖苏华及其艺术世界的固有印象。

然而，就是这位激进而富有革命精神的肖苏华，竟以眼前这部《中华赋》让我们对他的认识和接受有些措手不及，他在中国文化传统中寻觅到的这一方可以恣肆地抒发自我情感的天地，竟让我们感受到温暖的舒适，如春风拂来。这样一个角度不啻让我们看到了肖苏华艺术情怀的另一面，他对中华的热爱，他对中华文化的珍视，他对中国传统礼仪的敬重，都伴随着这部《中华赋》的亮相而让我们深深地体味到了他特有的精神世界和高远的睿思。

（二）立意

《中华赋》的立意十分明确：泱泱数千年的中华文明得以不断传衍，自有它的道理。肖苏华要表现的“中华文化”不是虚的，而是在众多中华文化意象中撷取了几个带有鲜明中华传统意味的文化物象作为代表，通过对于它们的表现来完成对于中华文化的描述和讴歌。

被肖苏华纳入《中华赋》表现范围的文化物象依次是：三星堆、丝绸、兵马俑、瓷器、书法、茶和敦煌。从这些文化物象中，我们不难看到他在选材上的精到、准确和慧眼独具。当然，只是把这些物象组合在一起，然后先后对它们进行艺术的演绎，估计并不是一件太难的事。难的是，肖苏华在选择了这些文化物象后，又赋予了它们“礼”的含义，从而让这些文化物象不但承载着千年中华文化的精华，同时也可以将其在传承的意义上表达得十分清晰。

肖苏华赋予这些文化物象的进一步的文化含意是耐人寻味的：三星堆——敬天畏地，丝绸——诚中和乐，兵马俑——仁者有勇，瓷器——执事以敬，书法——敬以直内，茶——修己以敬，敦煌——天地设位、礼行其中。他把“礼”的意义深植到文化物象的内里，让表象与含意有了一种天然的衔接和匹配，从而为那些看似寻常的物象点上了“魂”一般的“睛”，让那些由于平日里频繁入目而变得极为普通的文化现象，再次折射出动人而充满新意的光华。

显然，肖苏华的中华“礼”观是十分深入的。中国人的“礼”自古有之，它伴随着中国人日益文明的步伐从古代到今天一路走来，从不曾陨灭。它的生命力、它的进步实质、它的符合人类长期之合理性的含意，均成为它生生不息的理由。而独具慧眼的肖苏华得以从这个角度看到了中华文明的“根”，并让这个内容成为《中华赋》的整体立意，这让这部作品同样有了“根”的作用和价值。“礼”对于我们这个文明体而言显然是不可或缺的，它从各个角度和方位作用于中国人的固有言行。它不啻是中国人对世界文明的一大贡献，也是中国人社会关系总和的润滑剂。肖苏华在这部作品中的立意，让我们感受到了他对于中华文明的认识高度和深度。而由这样的高度和深度所构建起来的眼光，正是我们目前舞蹈作品中有所缺失的。也正基于此，《中华赋》的立意让我们有所感奋。

（三）结构

《中华赋》是一部旗帜鲜明的舞蹈诗作品。

作为一种在中国舞坛上出现不久的舞蹈体裁，舞蹈诗自打有了这种称谓之后便在业界受到了各种评说。可以说时至今日，仍有许多业内人士对其存在不以为然。的确，由于它本身存在的一些明显欠缺，多数人认为舞蹈诗不过是创作舞剧时无法很好地完成对于人物及其故事和戏剧冲突的艺术处理而产生的一种不得已而为之的形态，它本身尚没有形成自己的形式因素，因而不应成为一门独立的舞蹈体裁。在持这种观点的人眼中，“舞蹈诗”不过是一个创作者做不出舞剧的借口而已。

当然，我不否认这种情况的确存在，有一些剧目的确是有这种嫌疑的。但我也同时认为，不应因此而全盘否定这种新兴的形式。因为，就艺术发生学的角度而言，任一形式的问世都是因为以往固有的形式无法完全涵容新的形态。而“舞蹈诗”的出现应该说是属于这种情形的。

也就是说，作为一种舞蹈体裁，舞蹈诗自有它的形式定位，比如像《中华赋》这样的作品，它自身的内容特质并不需要它以“舞剧”的形式出现，而“舞蹈诗”则是一种较为贴切的形式。

为了一个共同的主题立意而以散点的方式出现的《中华赋》，以一个又一个彼此不同的文化意象所各自具有的独立成章的“诗化”表现，构成了它完整的结构。这种纯属“舞蹈诗”的结构，较好地将该作品的原初构思呈现出来，从而完成了表现任务。应该说，它所采用的形式是贴切而达意的，也让我们再一次透过它的完成对“舞蹈诗”这种形式给予足够的观照和认识。

《中华赋》所表现的七种十分典型的中华文化物象，在文化上的重要性是彼此难分伯仲的，可谓各有各的独特性和深意。采用“舞蹈诗”这种形式，《中华赋》以平行并列的方式将七种物象逐一铺陈开来，在结构上是讲得通的。或者反过来说，“舞蹈诗”的方式是极其适宜于类似《中华赋》这类题材的。它的表现目的不是为了要表现人物、展开矛盾、构织关系、突出戏剧冲突，而是为了一个统一的主题，从不同的侧面来不断对该主题进行展示和深化，从而让作品的立意得到不断的明确和升华。为了获得整体感，创作者们在作品的各章节之间，安排了一组非常中国化的师徒，既用来衔接章节，同时进一步深化将“礼”薪火相传的理念。虽然这一安排在我看来有些生硬和一般化，但不应轻易否定创作者们在探索这种形式时所付出的脑力和心智。

显然，《中华赋》找到了符合自己的形式，而“舞蹈诗”这种形式也一定会在不断的争论中继续发展下去。待到有一天，它所具有的独特艺术特性及其形式被我们完美地建构起来时，我们或许会发现一个舞蹈艺术的新大陆。

（四）编创

其实，最喜欢《中华赋》的一点，就在于创作者们在各个篇章上的创造性劳动上。

这里所谓的“创造性劳动”，是指创作者们并不仅仅是把某个文化物象简单地呈现在舞台上，单单把这种物象的表面形态做一番描摹和抒发，我们看到的《中华赋》没有做这么简单的处理。创作者们非常智慧地赋予每一个物象带有某种戏剧性的内涵，将某种价值的判断植入了这种物象的表达之中。也就是说，通过文化物象的表达，同时表达出创作者们的价值观。

比如，在“瓷器”篇中，我们不但看到了瓷器如何从陶土到瓷器的蜕变，更感受到了一种涅槃的新生。经过锻冶的釉胎，历经烈火的炙烧，脱胎换骨，成为精美的艺术品，这个过程所呈现的人生意义，被创作者高屋建瓴地“点睛”了出来，让这一过程立刻充满了无比神圣的意义。再比如“书法”篇，创作者十分独具匠心地抽象出“黑”和“白”的对立形象，让墨汁的“黑”与白色纸面上的印迹形成对比，从而成功地组建起两个对立世界的彼此相向，极大地拓展了舞蹈本身的艺术张力，也让我们透过对于一种从未有过的艺术形象的品评，感受到了一种难得的审美快感。这个篇章中的“墨汁”形象，创作者的确是剑走偏锋，在处理上很是新奇、很有可看性，这种独特的构思和处理在以往此类创作中不太常见，奇特的形象充满了新意和意趣，是整部作品中我比较欣赏和喜欢的一环。从以上这两个例子不难看出笔者前述所谓的“创造性劳动”是指什么——它就是指在艺术上的不流俗，在表现上的深和精，在意旨和意趣上的不一般。

《中华赋》的七个篇章各自独立，每个篇章都注重自我的起承转合，都可以独立成篇，都有独立的创意和构想。分别由肖苏华、张云峰、刘震担纲创作的不同篇章，饱含着他们的艺术感悟，既有彼此各自为战的精彩，又合而构成一篇艺术上的大文章，从而让这部作品在编创上形成了自己富有韵感的风貌。肖苏华的宏观、张云峰的细腻、刘震的粗犷，都让这部作品拥有了自己的艺术节律；加上肖苏华的整合能力，让他们各自的长处都得到了有效的发挥和展示。按说，由这三位创作者构成的创作体可谓一个十分豪华的组合，就凭他们各自在以往的艺术积累中所分别形成的社会口碑，就显然会为这部作品的问世带来积极的效应和影响。因此，当我们看到这样一个组合以一种合力凝结出一部艺术作品，并在北京舞蹈学院青年舞团和古典舞系优秀表演者们的共同努力下出现在舞台上时，《中华赋》带给我们的感触便非同一般。

非同一般的《中华赋》让我们在重新审视中华传统精华的同时，再次感受到了中华文化物象在审美上所具有的永恒意义。《中华赋》不啻吹响了挖掘自我传统丰厚资源的号角，随着在这个角度上的不断深挖，那一份来自对于传统意韵的咀嚼和品味，一定会绵长而意味无穷。

应萼定：交融东西舞华章

一 探寻舞蹈的本质——永远的应萼定[①]

探寻舞蹈的本质？——相信任何一个从事舞蹈艺术的从业者，其初衷都不外乎此。然而随着岁月的磨砺，随着环境的变迁，随着世俗的影响，随着城府的加深……随着一切的随着，经过了若干年之后，究竟还会有多少人继续于类似的执着呢？当然，那些坚持了下来的，必定是业界之翘楚。

应萼定就是这样一位始终执着于自己的坚持的人。

从上海起步出发，先后辗转于新加坡和中国香港、澳门，如今已六十开外的应萼定可以说在中国舞蹈艺术领域跋涉了一生。他执着了大半辈子，探索了大半辈子，虽然如今已年过花甲，但仍在执着地探寻，仍在不停地用他的思考、他的舞作来揣摩和研判有关“舞蹈的本质”这样一个既严肃又深刻的问题。

什么是舞蹈的本质？什么是舞蹈？这样的问题算不算深刻？古往今来，不知多少舞蹈大师用尽了他们毕生的行动和言语，来对这个问题做过解释、做过实验，但是对每一个舞者而言，这却的确是一个难以有结论的元问题。

① 本文见“新浪江东博客”2009年10月13日。

福金、贝雅、皮娜·鲍什等国际舞蹈大师，无不是在用自己的思考来向世人传达他们对于舞蹈的理解。而吴晓邦、戴爱莲、舒巧、杨丽萍、王玫等中国舞蹈家，也都是在苦苦地找寻着舞蹈的意义。因此，对于一个有责任心的舞者而言，探寻舞蹈的本质是一种自觉。

一个舞者为什么要考虑这样的问题？是什么在困扰着他，从而使其不得不苦苦地找寻真理？对于一个舞者而言，这是一个可以绕得过去的问题吗？

有如那些拥有高度责任心的舞蹈家一样，应萼定也长期为这样的问题所困扰。自以演员的身份进入编导领域之后的几十年间，他没有一天不受到类似思考的困扰。他在实践中思考，并通过自己的创作把思考记录下来、反映出来，因此，通过他长长的创作之路和一部接一部不断问世的舞蹈作品，我们可以看到一位在舞蹈本质探寻之路上苦苦追索的大家的心路历程，并通过他的大量舞作，理解他的舞蹈之道，考索他的舞蹈理想。因此，他就这样在当代中国舞蹈上占有了一定位置，让我们在梳理当代中国舞蹈的历史时，无法漠视他的思考和那些由这些思考支撑起来的精彩舞作。

由于身为澳门演艺学院的艺术指导，借澳门回归祖国十周年之际，应萼定又奉献出积淀着他深入思考的新成果——舞剧《奔月》。此举既是为了向祖国六十周年大庆和澳门回归十周年献礼而作的应时文章，更是应萼定借此对自己长年思考和实践的结果给出的一个交代和答卷。

由应萼定和杨敏建创作、澳门演艺学院舞蹈学校应届毕业班（现名澳门青年舞蹈团）表演的舞剧《奔月》，于2009年10月7日晚在澳门文化中心首演。

《奔月》1979年就曾以舞剧的形式在上海亮过相，当时由舒巧等人组成的编导组里尚没有应萼定，然而“奔月”这个主题以及这个主题所昭示的一种追索理念，很早就已经植入了应萼定的头脑里，而追求理想式“奔月”行为，从那一刻应萼定便从未停歇过。如今，他终于借澳门回归祖国十周年之际，有机会让这一主题走上舞台，同时他也通过这一主题继续把自己的舞蹈理念表现出来。

澳门舞剧《奔月》沿用的并非传统的舞剧创作模式，这里虽然有人物、有情感、有结构安排和推进，却并非是我们所熟知的嫦娥奔月故事的一般性描述。编导通过对于月亮的崇拜和向往以及在奔月过程中所遭受的磨难和困惑，表现了一个奔月的过程。舞剧是一个叙事性的历时结构，共分七段：一、月亮的崇拜；二、人世间（一）；三、月亮的诱惑；四、人世间（二）；五、月亮的抚慰；六、人世间（三）；七、奔月。全剧音乐采用拉韦尔经典音乐《达芙妮和克罗埃》的完整段落，竟然与舞剧的结构和分段及其情感逻辑如此吻合而且相得益彰，令人感叹编导老到的功力。富有力度的哲思、视觉新鲜而有力的舞蹈语言，加上国际名曲和诗境舞台效果，让该剧达到一个较高的艺术高度。

按下应萼定关于探寻舞蹈本质的答案不表，先看看应萼定在这部作品中给观众提供了一个怎样的赏析对象。

观毕全舞，我对该剧的整体艺术呈现，油然产生一种“高级感”。高级，来自编导对于舞蹈艺术的驾驭功力，这体现在舞蹈语言表达力上的新鲜及其准确与精到。对于应萼定在舞蹈语言上的驾驭功力这一点，人们早已是有目共睹了。从他早前的作品《如此》《布兰诗歌》以及舞蹈晚会“心中花园”中创作的一些作品来看，他在这方面的水平已经得到业界的一致认可。他的舞蹈语言新鲜而达意、准确而传神，同时又具有视觉感染力和审美意味，让人过目难忘。舞剧《奔月》延续了这些成功的表现特性，在语汇的提炼和把握上，既富有探索性和说明性的高度，又不落自己和现成的俗套，因此具有极高的审美价值。该剧的语言基调是从人物出发、从具体表现目的出发来找寻动因并扩展动作范围，因而个性十足。应萼定既始终在思考如何让舞蹈语汇更好地传达出他的思考，同时又努力让这些伴随着他的思考的语汇更顺利、更便捷地走入观者的心中，他的尝试显然具有极大的意义。这是对该剧在语言上努力出新的基本认识。

在结构上，该剧进行了更为大胆而有效的积极尝试。它打破以往传统舞剧的结构方式，采用舞段为核心的叙述方法，让连贯的情感逻辑来交代舞剧的进程。应该说，这样的结构方式无论是对应萼定本人还是其他一些编导来说，都不是第一次。但舞剧《奔月》在结构上体现出来的完整性贴切而合理，这得以让观者的情感一以贯之，从而产生较强的共鸣。采用世界较为流行的结构方式，并不是应萼定要采取什么具有轰动效应的方法，只是他认为这样的结构方式更符合他的叙述逻辑，更能将他要表现的东西完美地表达出来。也就是说，他不是为了形式而形式、为了结构而结构，一切都出自他的思考和理念，一切都是为了探索艺术上的可能性。

如果我们深谙应萼定在上述层面上的想法，那么他对于舞蹈本质探索的答案自然就显而易见了：他就是在努力而认真地思考和探索唯舞蹈艺术所独有的表达方法。

唯舞蹈艺术所独有！也就是说，不必依靠非舞蹈的表现手法来进行舞蹈创作。这句话看似多余，但实际上其中却积淀着不尽的哲理，它让我们想到在当前的现实中我们的舞蹈作品花费了多少力气在舞外，非舞蹈的手段充斥于舞蹈之中，这让舞蹈自身的意义和魅力逐渐减退，致使舞蹈的艺术成分流失。应该感谢应萼定和那些像应萼定一样在苦苦探索舞蹈本质的舞者，正是有了他们的思考和努力，才让我们不会对这类熟视无睹的问题掉以轻心。

二 交融东西舞华章——应萼定与舞剧《澳门新娘》[①]

看着手头上来自澳门艺术节的邀请函，让我想起了去年在第七届中国艺术节亮相的舞剧《澳门新娘》。这部澳门有史以来出品的第一部舞剧，没有辜负大家的期望，它以精美的呈现方式，为那届规模空前的国家艺术节重重地画上了无比精彩的一笔。

节目单上记着许多参与那部舞剧的单位和个人，但在众演职员名单中，总导演“应萼定”这个名字可能是其中大家最为熟悉的一个了。

① 本文发表于《舞蹈》2005年第5期。

应萼定是中国舞蹈界的知名人物，早在20多年前他就已经在上海与舒巧一起开始了他的舞剧创作生涯。后来，离开上海的应萼定独步天涯，他先是到了新加坡，后又赴香港，最终落户澳门。虽然辗转再三，但始终没有改变的，是他一直以舞蹈、舞剧的创作为自己的立身之本。

一路走过来，回头一望，应萼定的艺术成就已经硕果坠枝，14部舞剧让人觉得沉甸甸的。

相当长一段时间以来，应萼定的创作实践对内地舞界具有特殊的吸引力。由于他长期游走各地，而且始终处于内地主流文化之外，他的边缘化造成了他的神秘感；而又由于他视角开阔，始终处在中西文化交融与碰撞的前沿，他的前卫性又使他不自觉地成为内地舞界的一个参照。因此，每每有新的作品问世，应萼定总能唤起内地舞界的阅读期待和咀嚼胃口。那么，《澳门新娘》这部应萼定的最新力作，会向关注他的人们展示些什么呢？

舞剧《澳门新娘》描述的是澳门历史上最辉煌的一页，时代约在16—17世纪。当时的中国，由于国力强盛，在世界范围内影响很大。作为一个贸易口岸，澳门是当时一个非常重要的货物集散地，中西船队日夜不停地在这个港口出出进进。正是由于这个原因，中西之间的文化开始在这里交融。舞剧《澳门新娘》讲述的爱情故事，就是发生在这样一个背景之下。

中国水手秦高随商船来到葡萄牙，与异国船主的女儿一见倾心。他们的爱情坚贞而富有力量，在克服了重重险阻之后，他们终于回到澳门并喜结良缘。创作者们希望通过这样一个故事告诉观众：在澳门这块土地上的中西交融由来已久，而在频繁的中西往来中，没有什么能够阻挡真挚的爱情。

应萼定在这部舞剧的结构布局上采用了平铺直叙的传统结构方式，严格地按时间逻辑将人物的关系和情感随着故事的递进而一层层展开。说实话，这样的舞剧结构模式被应萼定选中，让人多少有些意外。要知道，应萼定在结构舞剧方面起点高、手段多，而且很早便开始了对于外来方法的吸收和使用。这一次，他在探索和尝试了各种不同的结构模式之后，重新选择传统结构方式，是否可以看作他的一种理性回归？

仔细分析一下，其实可以发现，应萼定的这个回归并不仅仅是向传统的回归，实际上更是向表现任务和表现目的的回归。在艺术上，最佳的手段不是为手段而手段，而是任何手段都要符合表现的主旨和规律。

很高兴看到应萼定对于舞剧的认识已臻成熟。而对传统结构的重新体认，可以让人随着他一起来重新认识传统结构的价值和旨趣。应该说这是一个有益的向度，这可以使舞蹈界在舞剧结构的规律与特性上从一个更高的层面来观照、探研。

创作一部舞剧，最终是为了塑造人物、表现人物。而在这个过程中，要重点关注结构和语言这两大支柱。在语言上，应萼定本来就以出奇制胜的语言天赋而称奇，因而《澳门新娘》中最令人关注和期待的，莫过于应萼定为塑造人物而铺设的舞蹈语言之路。

应萼定果然没有让人失望，看他在舞剧动作上的运筹帷幄，实在是一件让人大饱眼福的事情。总体上来说，他的肢体语言富有极强的说明性，与人物性格的揭示息息相关；同时，在视觉效果上具有较高的审美力度，观者可以清晰地感受到他是在追求和实践着把认识层面与审美层面完美统一起来的创作理念。

应萼定的动作观，看上去似乎并没有一味地强调传统性，你甚至无法断定他是从哪个民族的舞蹈语汇中获得动作元素的。然而，他的动作却非常中国化，地道地传达出民族语言的意象。我认为这正是他在驾驭舞蹈语言方面具有超强能力的体现。看《澳门新娘》，任何一个人物，任何一个场景，其附带的语言模式都很符合当时的情境，没有刻意的矫揉造作，没有云里雾里的不知所云，没有拘泥于某一动作体系，也没有对于动作技法的简单炫耀，然而却能让人分明地感受到他醒目的动作意趣和匠心独运的铺排，所有这些环节都显示出应萼定细致而敏锐的动作思维和成熟驾驭动作的机巧与功力。特别是，那些语汇都非常别致而独到，显示出创作者在动作选择与使用上所拥有的良好素养，这与当下国内舞坛普遍存在的千人一面的动作模式形成了较大的反差，让人感受到一种酣畅淋漓的审美快意！

对于这种审美快意的感悟，让我们生出了对于一种朴实无华的动作观念的认可，而舞剧《澳门新娘》正是在各个环节中都显示出对于这个美学原则的追求。品味这部舞剧的整体审美品格，应萼定在《澳门新娘》中的实践，让我们感受到了一种平实而踏实的美，没有躁动喧嚣，没有哗众取宠，于朴实无华之中尽显舞蹈自身所独有的亲和力。

让人最无法忘记的，是男女主人公初次相遇的那段双人舞。两人从最初触电般的静止，到渐渐发展起来的融洽与亲昵，动作和情感息息相关，很好地处理了静与动的关系。这段双人舞像一支点睛之笔，为整部舞剧的基调增添了醒目的色彩。

舞剧是一种分量很重的艺术品种，其容量大、综合手段多，对于任何一个地区或者艺术团体而言，没有较高的综合实力，恐难驾驭得当。因而，舞剧常常成为展示某地区舞蹈事业发展的一个指标，也常常成为评判某地区舞蹈综合水平的一把标尺。

在我们常人眼中，弹丸之地澳门可以说长期以来始终偏安一隅，人们知道它富足、安宁，具有浓厚的异域文化底蕴和色彩，但其在自身文化上的建设却始终不显山、不露水。别说是舞剧这样的大部头作品，就连普通的舞蹈小节目好像也很少看到哪个作品出自澳门。然而今天澳门却突然破天荒地捧出了一部大型舞剧，让人讶异原来澳门也有如此厚重的文化能量。

观众于朴实无华之中认识到舞剧《澳门新娘》的价值与成就，也在这样一个原则中认识到澳门文化所追求的朴实无华的文化发展理念。相信这样的文化理念之舟，会载着澳门文化在朴实无华的追索中走向成熟、走向辉煌。

周培武：云南舞蹈之冠上一颗夺目的珍珠

——兼议周培武的部分作品[①]

周培武老师是我非常熟悉并十分喜爱的一位编导。他是一位多产编导，却能够在自己的作品中始终保持着较高的艺术水准和品位，多产而绝不滥产。这一点非常难能可贵。周培武老师能够几十年如一日地追求着自己的艺术理想，实践着自己的艺术主张，创造着精湛的艺术佳作，实在让人钦佩不已。让人十分感动的是，他能够在常年的艺术生命中，坚持不懈地精益求精，认真、执着、奋进、忘我地工作。也正是凭着这些优秀的品质和他创作的艺术精品，他终于登上了中国当代舞蹈事业的制高点。他所获得的一切成就，都是他用汗水和努力换来的。他用自己迄今为止的一生时间所书写出来的舞蹈人生，充满了艺术的光辉和理想的光华。

周培武老师的作品，我看过不少。从较早期的《阿诗玛》(任编导之一)、《爱的足迹》，到后来的《舞彩云》，再到《丽水金沙》《太阳女》等，每次都让我生产了无限的感慨。我一直很尊重周培武老师，因为他在我眼里是一位真正的富有才气的优秀编导。今天的中国，舞蹈编导人才层出不穷、代有新人，但像周培武老师这样能够几十年如一日地坚持对自己的艺术作品精益求精而且佳作不断的编导，委实不太多见。云南号称舞蹈大省，而正是因为有

① 本文刊载于江东：《系着土风的升华》，上海音乐出版社2014年版，第172—176页。

了像周培武等优秀的舞蹈人才，才让云南这个舞蹈大省的称号名副其实。如果把云南舞蹈所达到的艺术高度比作一顶华美的王冠，那么周培武则不愧是这顶闪烁光华的王冠上一颗耀眼夺目的珍珠。可以这么说，周培武不但是云南舞蹈事业的一笔宝贵的财富，更是中国当代舞坛上一位非常重要的人物。今天，云南舞蹈界能对他的舞蹈艺术及其成就进行专门的研讨，这本身就是一件很有眼光的事情，它不但会有益于云南舞蹈事业的发展，同时也会为当代中国舞坛写下重重的一笔。

全面考察周培武的舞蹈作品，虽然每次创作的出发点、目的和环境都各不相同，但有一点是相通的，那就是他所达到的人们有目共睹的艺术高度。无论是前面提到过的大型作品《阿诗玛》《舞彩云》等，还是一些小作品，都无不贯穿着这个特质。这种特质是对于艺术形式的灵敏认知基础上经过充满感情的悉心打磨而获得的，因此其中充满着充沛的情感因素和细腻的表现手法，所以，周培武在舞蹈创作上的艺术特质不啻是充满了艺术的光泽和灵性的。

本文将着重谈谈周培武在《丽水金沙》晚会中所展现出来的一些成功之处。在分类上，我们可以把《丽水金沙》归入旅游晚会的行列中。

目前，异军突起的旅游晚会正在神州大地上如火如荼地发展起来，如果各位有机会到祖国各地的旅游胜地转一圈，一定会不期然地遇到各类旅游晚会争相献演的盛况。

何为“旅游晚会”？这里所说的旅游晚会，是指那些在旅游城市或旅游场所专门为中外游客打造的带有很强娱乐性质的以歌舞、杂技等艺术形式为表现手段的文艺晚会。在国外，这类完全靠市场运作的晚会已经很不新鲜了。它们起步很早，产业规模已经成形，已经成为一个非常成熟而且利润可观的产业。加拿大的太阳马戏团就是以成功经营这类晚会而著称的，其2002年一年的收入就达到10亿美金，这比2003年全中国2577个中央、省、市地区各类文艺团体的总收入（36.7亿人民币）还要多。而在国内，这类演出尚是一个刚刚发展起来的新生事物，探索性的意味很重，有成功的例子，也有很多失败的情况发生，无论从理念上还是从形式上，国内的旅游晚会都尚未能建立起自己鲜明的发展主张和成功的运作模式，大部分都仍然是在步国外发达国家之后尘，或是“跟着感觉走”。因此，中国的旅游晚会事业尚处在起步阶段，前面的路仍很长。

然而，就在这个尚处于起步阶段的事业中，我们仍看到了一些亮点，在目前众多的该类演艺产品中，许多晚会已经取得了经济和社会两个效益的不俗表现。除了我们都比较熟知的深圳锦绣中华和世界之窗的那些人所皆知的大制作外，还有像桂林的《梦幻漓江》、阳朔的《印象·刘三姐》、北京的《功夫传奇》、上海的《时空之旅》等，以及由周培武创编的位于云南丽江的《丽水金沙》。这些晚会让人感受到一股蓬勃向上的锐气和发展态势，它们在获得了良好的经济效益的同时，在艺术上也体现出自己鲜明的艺术追求。

就这个领域来看，云南眼下正在实施的旅游晚会在全国范围内来看是比较多的，这可能是由于云南的旅游资源比较丰富，加上云南的民族歌舞资源也是取之不竭的，所以这个产业在这里更发达一些是有其一定原因的。

对于云南的这些旅游晚会，我先后看过几部，如大理的《蝴蝶之梦》、楚雄的《太阳女》、丽江的《丽水金沙》、香格里拉的《梦幻香格里拉》、玉龙雪山的《印象·丽江》等，总体来说，这些晚会的市场上座率都比较不错。不过，其中艺术效果和现场气氛最好的当首推《丽水金沙》。据悉，其在经济上的收益也是最好的一部。

旅游晚会由于是完全按照商业化模式打造的，因而其商业意味自然很重。所谓“商业化”，其实要跟着观众的兴趣走，观众喜欢看什么，舞台上就要表演什么，在这个产业中，观众是地地道道的“上帝”。也难怪，这类晚会完全依赖于“上帝”的票房；“上帝”不买票，演出就难以为继。可是，“上帝”只会对自己喜欢的东西慷慨解囊。因此，这类晚会基本上都是为了迎合一般观众的审美趣味而设计的。这就不难解释为什么我们所看到的这类晚会，绝大多数都是靠清一色的轻歌曼舞、技艺超绝的杂技节目，以及华丽的服饰、精美的舞台设计、神奇莫测的舞台特效等手段组成的视觉盛宴，因为这些环节能够对人产生具有冲击力的感官效果。前不久我在北京欢乐谷看到的一台旅游晚会《金面王朝》中，有一幕场景竟使用了80吨水从天而降。可以说，这类晚会在今天对于特效的重视和实施，完全是达到一个非常高的层次了。

当然，一台优秀的旅游晚会是离不开这些辅助手段的，毕竟游客们在景区游玩了一天，无论是肢体还是精神都已经很疲乏了，看一些轻松愉快、在视觉上很豪华的表演，有利于他们积极地舒缓疲劳。记得我在美国赌城拉斯维加斯看过的一些类似的大型晚会中，那些特效的运用简直到了令人瞠目的地步。当然，不能否认的是，这些特效也的确给人们带来了意想不到的视觉享受，让人获得精神上的极大满足。

然而，一台晚会，哪怕是旅游晚会，如果仅剩下这些外在的东西，那就是一个问题了。我们也看到国内的大部分此类晚会都存在这个问题。首要的问题是，作为艺术品，它首先丧失了作为引领人们的精神世界走向更高领域的本义和要义，而沦为一种纯感官的刺激了。国外的表演也不乏这类的例子，于前不久来北京演出的法国艳舞《巴黎华羽》，虽然耗资巨大，但观众好像并不买账。实际上，在判断观众的审美水平时，不能看低观众，这也是许多自以为是的艺术家的通病。

我喜欢《丽水金沙》所达到的艺术高度，原因正在这里。它的确很美，但同时也很富有艺术的华彩。也就是说，正是周培武赋予其的厚重的艺术含金量，让人看到了一个既有视觉效果又有审美感受的晚会。周培武在其中的表现，是一个艺术家在艺术行为上的富有才华的驰骋，而不是一个制作工匠对外来文化拙劣的模仿与堆砌。这一点，很是高级。

《丽水金沙》完全是靠歌舞艺术形式来结构全篇的，这一点就很难。君不见，就连那些十分著名的外国团体，在制作这类晚会时，也选用了大量的杂技节目。由此可见，歌舞艺术也完全可以成为这类晚会的主角。这台晚会比较成熟的地方表现在把艺术性与民族性做了较为完美的结合。因此，这台作品不是在单纯地卖弄舞台机械以及灯光、服装、音乐等，而是精致而完整地把它们整合起来，为表现晚会的主题服务。这点说起来好像比较轻松简单，但这正是检验一个编导是否称职、是否具有艺术实力和灵光的地方。

由于这台作品用民族舞蹈的手段大量介绍了云南当地的民族风情，这对外来游客认识当地文化是具有很大的补充作用的，真可谓既增长了知识，又获得了审美视觉上的愉悦和满足。剧中摩梭人走婚、纳西古乐、各民族服装展示等一些环节，都给人留下了深刻印象。“孔雀”一段更是让晚会达到高潮。奇思妙想结出了意象丰富的果实，让人鲜明地感受到，晚会不是抱着庸俗的展示心理向游客兜售猎奇民俗的，而是在用艺术化的方式来为观众提供一个深化当地文化认识的途径，并让人对这些内容产生共鸣。

《丽水金沙》能每晚演出两场，让人足以看到了它的观众缘。正是因为《丽水金沙》是一台有品质、有艺术含量的晚会，所以才会在这类晚会中独领风骚，成为这类晚会中一个具有榜样意义的典型。

类似的特点还体现在周培武任总导演的其他作品中，如《舞彩云》和《太阳女》等，它们也都同样具有这种把艺术养料渗透到民族歌舞的实质之中的特点。我曾在一篇评述《舞彩云》的文章中，用“土而不俗、美而不媚”来为这台舞剧做整体评价，这也是我认识周培武舞蹈艺术的一个重要判断。

很难在一篇短文中对周培武老师的艺术成就做全面的考察和评述，而且周培武老师的艺术实践还远没有结束。虽然对他未来的艺术之路我们仍在热切地期待，但他已经取得的艺术成就为中国民族舞蹈的发展做出了重要贡献，这是我们必须在这里要予以肯定的。周培武老师的民族舞蹈艺术是背靠云南而面向全国乃至世界、背靠传统而面向未来的。我们认同并鼓励周培武老师这种对于艺术执着追求的精神，我们也呼唤并期待云南乃至全国有更多的“周培武”出现。

砥柱中流

苏时进：一位礼赞英雄主义的舞蹈诗人①

前不久，一位正在北京舞蹈学院学编导的学生对我说，他最近看了一场非常精彩的晚会。他显然很激动，说是向周围所有的朋友都极力推荐了这个作品。这位学生说的这个作品，名叫《功夫传奇》，是一台最近在北京问世以展现精湛奇绝的中华武功为主要表现内容的旅游驻演剧目。

《功夫传奇》是一台别具一格的舞台旅游剧目，于2004年下半年一问世，立刻引起各界的广泛好评。来自《大河之舞》故乡的爱尔兰驻中国的副大使甚至认为它好过《大河之舞》！这种溢美之词并不是虚饰词，因为这台在创作上独具匠心的功夫剧，不但从上演之日起至今天天在演出着，经受着来自市场的严峻考验，同时它也吸引了许多国外演出商。不久，这台功夫剧将远赴重洋，开始它在北美的重装亮相。相信这样一台以展示精湛绝伦中华武功和博大精深中华文化的旅游剧目，注定会在全世界范围内产生影响。可以说，这台功夫剧创造了艺术与市场的两个神话，而它的创作者则是早已蜚声中国舞坛的著名编导苏时进!

苏时进？对，正是那位在中国舞蹈征程上驰骋了多年的军旅舞蹈编导苏时进。

苏时进近来似乎异常活跃。他为江西省歌舞剧院创作的舞剧《瓷魂》刚刚

---

① 本文发表于《舞蹈》2005年第8期，原标题为《舞蹈诗人苏时进》。

一举拿下了文化部的“文华大奖”，又在北京按市场准则磨砺出大型舞台功夫剧《功夫传奇》！这两个作品的分量都够沉甸甸的了，而所取得的结果也刚好验证了苏时进在艺术和市场两个领域都能出彩。这不禁再次让人对这位久经沙场的大编导肃然起敬。从苏时进最初创作的双人舞《再见吧！妈妈》在中国舞坛一鸣惊人以来，已经过去许多个年头了。可贵的是，在这样长的一段时间里，苏时进的创作势头始终未曾减弱半分，他所取得的丰厚成就让人不能等闲视之。

从《再见吧！妈妈》问世到今天，实在是一段不能算短的事业路途，只见苏时进一步一个脚印、一步一串汗珠地一路走来，那么执着，那么用心，兢兢业业，踏踏实实。一路上，苏时进用他充满艺术才华、充满人生感悟的情怀，一刻不停地吟唱着心中的礼赞。他礼赞生活，礼赞崇高，礼赞着壮美的英雄主义。一路上，苏时进尽情地抒写着他对舞蹈艺术的炽烈情感，尽情地挥洒着舞蹈美的甘露，他希望能把自己盛开着的舞蹈之花的芬芳沁入每个观众的心田，他希望每一个看过他舞蹈作品的观众都能够感受到他发自肺腑的铮铮之言。苏时进以深挚而细腻的人文关怀、独到而敏锐的观察视域、炽烈而浓厚的艺术激情、细雨而无声的审美韧性以及勤奋而扎实的敬业精神，在中国舞坛上独树一帜。认识苏时进的人，不难在他的生活美学和艺术气质中，看到赤诚，看到诚挚，看到深邃，看到豪迈。

说实在的，兼有诸如赤诚、诚挚、深邃和豪迈的舞坛中人并不多见，苏时进是一位集中了这些品性的上帝宠儿。初遇苏时进，会明显感受到他文质彬彬、儒雅倜傥，他的一举一动中，很有一个学者或是一个诗人所特有的那种充满书卷气的风范，白皙的脸颊上，闪现着自信的神态，炯炯的目光中，透出一分沉稳、一分刚毅、一分豁达，还有一分诗人所常有的淡淡的忧伤。正是这样的气质，为苏时进的个性平添了几多诗性。与他交谈，会越发地感受到在他的身体里竟蕴含着了不起的诗人品性。他深入的思索、大气的表现，都表现出一个真正诗人的心智。再看他编的舞蹈作品，更加认定他就是一位舞蹈诗人，他会在浩渺的生活海洋中提纯出思想和舞蹈艺术的琼浆，以洗练的手法和深邃的意境为他创造的舞台形象赋予一瓣诗魂。苏时进也的确不愧为一位舞蹈诗人，因为他始终以诗人的敏感、诗人的练达、诗人的概括和诗人的恣肆才情以及狂放不羁，言说着肢体语言的精致与神奇，言说着精神世界的广阔与壮丽，言说着他对英雄主义理想的膜拜与崇敬之情。

舞蹈诗人苏时进对于英雄主义的讴歌和礼赞，充盈在他的舞蹈力作之中，特别是通过《再见吧！妈妈》《黄河魂》《一条大河》具有“三部曲”性质的系列作品，可以清晰地感受到他的思想及艺术诉求。

早在20世纪80年代初问世的双人舞《再见吧！妈妈》，是一个篇幅并不太大的舞蹈作品，苏时进及其合作者那积蕴已久的英雄主义情怀，在这个作品的编排和呈现中得到了极大的张扬和释放。儿子为了祖国的利益走向未卜的战场，而令人肃然起敬的母亲同样在祖国利益面前，毅然举起手来向即将启程走向战场的儿子挥泪告别。在苏时进及其合作者的眼里，这对母子都是时代的英雄，所以他不吝篇幅、不惜情感地对他们予以深情的礼赞，而这种浩气长存的礼赞，正折射出了创作者自身对于英雄主义的理想投射和主观认同。

《再见吧！妈妈》在当年获得了空前的成功，它所表现出的英雄主义情怀感动了整整一代观众。人们为舞蹈中的母亲和儿子鼓掌，为中国舞坛出现如此精彩的舞作鼓掌，同时也为这个在当时突然冒出来的青年舞剧家苏时进鼓掌。《再见吧！妈妈》一举奠定了苏时进在中国舞坛的地位，然而这个青年舞剧家礼赞英雄主义的旅程，才刚刚张帆启程。不久，由苏时进创作的另一部气势磅礴的男子群舞《黄河魂》又博得了满堂彩。伴着他在创作上的不断成熟，苏时进在创作理念上也开始不断开花结果，由他自创的一套编舞方法开始在他的创作实践中得到应用。这个被称为“气韵编舞法”的编舞方法，展示出这位青年舞剧家的缜密心思和独特体悟。

在这部以清一色男演员表演的《黄河魂》中，苏时进借助中国人的母亲河——黄河那厚重而深沉的意象，大写意般地将中国人的品格和中国人的心路，在船夫与滔天巨浪的搏斗中，凝写成一首昂扬不屈与奋进的诗篇，让千年不息的黄河水，泛起一排又一排回荡着英雄主义绝响的巨浪。《黄河魂》的英雄主义情感观照，已经完全超越了舞蹈本身，上升到对于国家和民族命运的关怀高度。

“英雄主义三部曲”的第三部，是苏时进创作的中型舞剧《一条大河》。上甘岭那让人荡气回肠的篇章，让苏时进感受到了英雄主义的巨大内在张力。他选用这一特定背景下的事与情，让英雄主义的旋律再次激荡在舞蹈的舞台之上，把他对于英雄主义的认识细致地融入他用心智编排起来的英雄主义赞歌之中，为人类向着更高精神家园的积极攀登，奉献出他真切的体认和肯定。

从苏时进这三部在他出道不久创作的舞蹈中，可以鲜明地感受到他钟情于英雄主义的理念和信仰。而他在获得了广泛的认同和赞誉之后，并没有做片刻的停歇，而是一路高歌地在充满着这样一个崇高情感的认识和表达中，不断地开掘，不断地呈现。于是，中国舞坛上又相继诞生了数部由苏时进一手打造的充满浓郁英雄主义情怀的舞蹈诗篇，如：大型舞剧《突围日记》、舞蹈《英雄儿女》、大型场馆艺术与士兵演练《七彩沙盘》、大型音舞诗画《长征·世纪丰碑》、大型歌舞诗画《国旗下的士兵》、舞蹈《风采》、舞蹈《夸父逐日》、大型舞剧《瓷魂》、大型功夫剧《功夫传奇》……

这一连串凝结着苏时进心血与才智的舞蹈作品，无疑是一首首充满英雄主义豪情的诗篇，放射出让人炫目的魅力和光芒。这一部部作品，不仅记录着苏时进的艺术及人生感悟，同时气宇轩昂地向世人展示着这位舞蹈诗人不竭的才思艺术。而考察苏时进迄今为止的艺术人生，可以看到，把他托上艺术峰巅的，正是他一直投入地讴歌着的英雄主义情感本身。

把苏时进比喻为一个诗人，是由于他在自己的舞蹈中始终实践着一个诗人的理想，时刻承担着一个诗人的责任，处处展示着一个诗人所应具备的功力，不断地呈现出一首又一首诗人般的绝唱。

舞蹈诗人苏时进用真心、豪情、慧眼、锐笔谱写了他的英雄主义舞蹈诗篇，而中国舞蹈史则会永远记住这样一位用饱满激情礼赞英雄主义的舞蹈诗人——苏时进。

舒均均：中国芭坛不老松[1]

不老松？这是句玩笑语。舒均均可没那么老。誉她为“不老松”，是说在今天的中国舞坛上，像她这样年纪仍坚持创作的编导已经不是很多了。可舒均均仍以这样的年龄，于2007年国庆在北京天桥剧场推出了一台中国芭蕾舞晚会——《光·五部曲》，由天津芭蕾舞团连续表演七场。舒均均钟情于芭蕾、执着于舞蹈艺术的情怀由此可见一斑。的确，从艺术创作的角度着眼，舒均均不愧是一位严肃认真对待自己作品的编导。或许有人会问：哪位艺术家不严肃呢？实际上，在今天这样一个浮躁的环境中，不严肃的艺术家随处可见。君不见，在各种名或利的诱惑下，舞坛上“空中飞人”越来越多，的确有许多编导对自己的作品已经不那么严肃、不那么虔诚了。在这样的大环境下，舒均均的严肃认真难能可贵。

自芭蕾舞大举进入中国以来，算来已有半个世纪的光景了吧！新中国成立之后，在很长一段时间内，人们对芭蕾舞情有独钟，一直紧紧地呵护着这门从西方舶来的艺术形式，这个现象是很有寓意的，它说明中国人对芭蕾舞的确是钟情有加。中国人的智慧倒也没有让人失望，我们在芭蕾舞这个领域内有了相当不俗的表现：《红色娘子军》《白毛女》等大型芭蕾舞剧，不仅成了中国舞坛的经典作品，也让西方人为之震动。通过一个外来的形式来表现

① 本文发表于《中国艺术报·中国舞蹈》2007年10月19日。

中国人的思想感情，想来是一件颇具挑战性的工作。然而，中国芭蕾人在困难面前，还是交出了让人满意的答卷。这也充分展现出中国人在吸收外来文明时的眼光、勇气、胸怀和睿智。

毫无疑问，芭蕾舞在中国走出了一条新路，不仅能严守规范地演绎西方芭蕾舞名剧，同时也让它更加向中国靠拢。在这个把芭蕾舞日益中国化的过程中，中国国家芭蕾舞团无疑是这个领域的排头兵，而作为该团国家一级编导的舒均均及其创作，实际上多少年前就已经成为业界关注中国芭蕾舞及其发展方向的焦点。

舒均均的父亲是被毛泽东誉为“党内一支笔”的舒同，舒均均自幼热爱芭蕾，小学五年级考入当时的北京舞蹈学校学习她心爱的芭蕾舞艺术。然而，舒均均的芭蕾之梦编织得并不顺利，正值好年华却因“文革”而被迫离开舞台。然而在她的心中，芭蕾的火焰从未熄灭过，她牢记父亲“要有顽强的攻攀精神和百折不挠的毅力”的家训，矢志不渝地践行着自己的艺术梦想。功夫不负有心人，当舒均均终于可以回到自己心爱的芭蕾舞事业中来时，她多年的积累厚积而薄发，她创作的一部又一部中国芭蕾舞作品不断亮相于舞台。凭借着这些作品，舒均均对于中国芭蕾舞建设的主张也引起了业界的密切关注。

舒均均，以她充满锐气和睿智的才思及其手段，走在了中国芭坛创作领域的前列，也走进了人们热切关注的视野。

这次晚会实为“舒均均芭蕾作品专场”，由舒均均多年来创作的精品《兰花花》《梁祝》《黄河》《人生》《宇宙》五个作品组成。看完后，我颇有感触。

《兰花花》是一个典型的中国西北农村的悲剧故事，被舒均均用芭蕾舞的形式演绎出来，可以看到她对于芭蕾舞的认识和对于创作本身的把握能力。我第一次看《兰花花》是多年前由王珊和徐刚表演的那一版，当时就曾被深深地打动过。时隔多年，今天有机会再次观看这个作品，心灵仍然被一种情感深深地攫住。民族的情感共鸣是通过芭蕾舞的语言和形式完成的，这一点很不简单。语言和情感到底是如何产生化合作用的？异域的舞蹈语言是否可能有机地转化为适当的特定情感表达方式？《兰花花》的成功实践都为我们提供了很好的答案和经验。

《黄河》，我是第一次看。“黄河”这个题材已经被很多编导采用不同的舞种演绎过了，不同的版本可谓各有各的特色。舒均均版的芭蕾舞《黄河》异峰突起，民族的大情感很张扬、很饱满。舒均均充分发挥她出众的领悟音乐的才华，从音符中提炼出准确的动态形式和情感因素，用写意的手法挥毫泼墨自己及其民族恣肆的情感。特别是她设计了一个母亲怀抱着婴儿的一幕，让人感到很新鲜也很难忘，虚与实的处理在这个作品中得到有机的衔接。舒均均版的芭蕾舞《黄河》，不啻是一个很有力度和充满力量的版本，特别是她在结构方面的超强能力也让该舞大为增色。

说到结构，我们可以看到，完整而独到的结构是舒均均所有作品的一大特点，她在所有的作品中都表现出了这一优长。舒均均作品的结构很流畅、很合理，而且环环相扣、上下呼应，既巧妙，又为表述作品内容提供了极富基础性的框架。舒均均在结构上是很有想法和功力的，而且是很独到的。对于一个舞剧而言，无论是长是短，结构都是至关重要的。它既有自己的一定之规，不能一味地自以为是；同时又反过来给编导以极大的发挥空间，好像是给编导出了个考试的题目，从而来全面考验编导对于作品的整体驾驭能力。从舒均均作品的结构特点来看，她是深谙结构的门道和规律的。对于规律，她既不逾矩，同时又能在充分尊重规律的基础上，把个人的认识和处理升华到一个难得的高度，从而完成自己的表现任务。舒均均作品的结构，既严谨有序又自由洒脱，既在意料之外，又在情理之中，给人以观赏的惬意和享受。

舒均均作品在结构上的特点不仅极好地体现在《兰花花》《黄河》中，同时在《梁祝》《人生》《宇宙》中也有很好的反映，显示出其在历经多年的探索之后而取得的在创作上的卓越把握能力。

誉舒均均为“不老松”，除了在本文开篇说到的一层意思外，另一层意思还体现在：舒均均虽然并不年轻，但她的剧目所透露出的编创信息及其手法却并不陈旧、不过时，很多的处理手法和细节甚至完全具有一位大家才有的从容心态和眼界，这一点，恐怕是那些年轻编导所无法企及的吧！因为那不是能够轻易获得的，而是时间的年轮带给人的一笔成熟的宝贵财富。

衷心祝愿舒均均这棵“不老松”永远年轻！

张继钢：让深刻在激情中起舞①

2004年与2005年交替之际，在北京的舞台上众多的艺术晚会争奇斗艳，其中有三台大型表演格外惹眼：由总政歌舞团演出的大型歌舞晚会《一个士兵的日记》、由山西艺术职业学院表演的大型舞剧《一把酸枣》、由广西柳州艺术团体表演的大型民族音画《八桂大歌》。三台大戏在规模上都非同一般，在手法上都别开生面，在艺术上都各有千秋。翻开节目单，一个熟悉的名字跃入眼帘，这三台大戏的总编导竟然都是同一个人——张继钢。

张继钢，一个中国舞蹈界掷地有声的名字！之所以掷地有声，是因为这个名字在近20年来的中国舞蹈发展历程中，始终高频率地出现在中国舞蹈平台的前沿。这个名字好似一眼不竭的泉，源源不断地泉涌着一个又一个既善又美的优秀舞作。其实，实在用不着再举任何其他例子来证明这个名字对于中国舞蹈的重要，中国文联在20世纪末曾举办过一个活动：为每个艺术门类评出一名“世纪之星”。舞蹈门类获得“世纪之星”这个显赫称号的艺术家，便是现任总政歌舞团团长的著名舞蹈家、舞蹈编导张继钢。

张继钢在舞蹈艺术上的累累硕果有目共睹，人们在享受着他带来的艺术甘霖时，也咀嚼着审美的快乐，回味着思想的隽永，感受着人生的精彩。张继钢像一个舞蹈哲学家，把他成熟而严谨的思考融入他精心酿制的舞蹈美酒

---

① 本文发表于《影响》2005年第1期。

中，让人品味，让人回味。同时他又像一个魔术师，挥舞着手中的魔术棒，带观众进入一个风光旖旎的舞蹈艺术魔宫之中，引领观众深入地体味着舞蹈艺术的真谛。

在知识分子眼中，张继钢是在用舞蹈呵护着人们的精神家园，用他的智慧和汗水绿化着人们的精神荒地。他是一个在舞蹈中如鱼入水的人，而舞蹈也在他的手中变得光芒万丈。他的舞蹈获得了社会的喜爱，获得了国家领导人的好评，获得了同行们的尊重。他是一位舞蹈顿悟者，正在一字一字地书写着人生与艺术的智慧；他是一位舞蹈探矿者，正在一寸一寸地跋涉在茫茫大地上探寻着美的矿藏；他是一只舞蹈蜜蜂，正在一日一日不辞劳苦地辛勤采花酿蜜；他是一位舞蹈园丁，正在用他的心血为中国舞蹈百花园的姹紫嫣红培土、施肥、浇灌。

今天，正处于收获季节的张继钢，凭着自己的天赋与坚韧，一步步登上了中国舞蹈艺术的巅峰。

放眼望去，峰巅深处，但见云霓虹彩，正是好风光！

他从黄河来

正所谓“梅花香自苦寒来”，独特的收获必定来自独特的耕耘、独特的积累。

张继钢是从黄河岸边走出来的，他的故乡在山西。千年奔腾不息的黄河，成为张继钢精神世界的锚地。黄河不但为张继钢赋予了精神的意义，也为他的艺术赋予了厚重的情感。张继钢的成长，离不开黄河水的滋养，离不开黄河风的熏陶，黄河的力量蕴积在他的体内，黄河的风物激发着他的艺术灵性。黄河，给从小习舞的张继钢涂上了一层永不褪色的保护层，让他那浸在骨子里的黄河基因本能地跃动着、不羁着。

20世纪80年代末由山西歌舞剧院晋京表演的《黄河儿女情》，让人们初步感受到了张继钢的黄河意趣；他创编的《难活不过人想人》等散发着黄河味道的舞蹈，让人眼前一亮。舞蹈中那质朴的情感、那夸张的造型、那乐观主义的人生境界，给人耳目一新的强烈感受。由此而产生的“黄河风”，给当时的中国舞坛吹来一缕格调清新、分外爽目的清风，而张继钢在舞蹈中透露出来的风格和追求，也同时引起了舞坛的关注。不过，当时他引起的这种关注已经不是第一次了，在不久前由他创作的男女双人舞《元宵夜》就曾荣获过国家级大奖。虽然只是个开始，但这个来自山西的小伙儿，开始以执拗的劲头和踏实的步伐，一步步走入人们的视野。

张继钢真正进入人们的视野并引起巨大轰动，是在1991年。当时，已经成为北京舞蹈学院编导系大学生的他，创作了一台在中国当代舞蹈史上具有划时代意义的舞蹈巨制《献给俺爹娘》。这台舞蹈晚会在当时可谓一石激起千层浪，今天，无论使用怎样的文字似乎都难以讲清楚这台晚会问世时所引起的反响。

强烈反响并非空穴来风。《献给俺爹娘》这台由10多个舞蹈组成的晚会，达到了很高的思想高度与艺术高度，甚至在很大程度上启发人们对于舞蹈艺术审美力量所能达到的高度进行了全新的认识。看了这台晚会，许多人禁不住惊讶：舞蹈居然可以如此撼人吗？舞蹈居然可以如此深刻吗？

通过《献给俺爹娘》，张继钢把他对黄河的涓涓情怀，恣意发挥到了极致，他从小便生成的黄河情结和对于黄河的强烈情感，终于觅得了一个释放的宣泄口。黄河的凝重，黄河的深沉，黄河的忧患，黄河的执着，都通过《献给俺爹娘》得到了最深切的揭示，他对于这条母亲河的尊崇、膜拜、敬畏和热爱，都得到了最真挚的讴歌和礼赞。《献给俺爹娘》不愧为一曲大气磅礴的赞美诗，不仅为张继钢的厚积薄发铺垫了一个最为适当的展示平台，同时也成为当代中国舞蹈高速发展的一个有力证明。

对于张继钢而言，他通过这台晚会把一腔如醇酒般浓烈的深情，献给了哺育他成长的伟大母亲——黄河。更为可贵的是，他把黄河比喻为哺育中国成长的祖国。对黄河的情，对祖国的爱，让张继钢的情感登上了一个崭新的高度。在这样一个高度上，他的热血、他的激情都获得了实在的意义。

舞蹈晚会《献给俺爹娘》是由一串珠玑式的舞蹈精品串联起来的。虽然作品不同，然而它们都透露出一个普遍特质，那就是通过细腻具体的表现手段，传达出深邃的思想内涵，展现出精美的舞蹈意象。《黄土黄》《一个扭秧歌的人》《好大的风》《俺从黄河来》《女儿河》……所有这些让人咀嚼再三的舞蹈，至今令人回味无穷，难怪其中的部分作品被中国舞坛评为“世纪精品”而列于中国舞蹈的世纪金榜之列。

今天回望张继钢那个时期的作品，可以看到他能达到如此高度是极其难能可贵的。通常的思维惯例认为，民间舞蹈的表现力是有其一定的局限性的，从来都是见长于形式美，诉诸喜庆、愉快等情感的。社会也从来就是用这样一种认知来要求民间舞的，因而大部分民间舞蹈充其量不过是太平盛世的一个附庸、一个装饰、一层脂粉，没有人需要它去思考、去深刻。反过来，长期以来民间舞也乐于接受这样的角色定位，安于成为一个甜美腻人的“乖乖女”。

然而，张继钢拒绝成为这样的美丽附庸，他认为任何舞蹈种类都是舞蹈家阐发自己情感的一种语言，既然民间舞也是一种语言，那么这种语言自然可以表现任何情感。于是他用自己的观念和手法充分调动民间舞的可塑性，努力挖掘，用一种空前的方式解构与重构，使得他的作品获得了语言开掘和表现深度的双丰收。张继钢用这样的舞蹈作品告诉观众：民间舞既可以美丽，也可以拥有高度的思想性。

《献给俺爹娘》空前地达到了这样的思想高度。有了这样的高度，张继钢的才智得到了最深入的开掘和展现。正是他充分运用学院派的最新信息和科学方法，才为中国舞坛奉献出一个又一个动人的舞蹈形象。在中国当代舞蹈史上，《献给俺爹娘》成为一座让人仰望的高峰、一座具有历史意义的里程碑，标志着当代中国舞蹈发展所企及的高度，成为张继钢舞蹈生涯中最辉煌的亮点之一。

张继钢获得了空前的成功。他的名字开始让中国舞坛欣喜不已：一个新生代的舞蹈编导大家正在走向成熟。

走向成熟

挟着他新生代的威猛和少壮派的稳健，创作出《献给俺爹娘》之后的张继钢在舞蹈创作上开始步入了一个高产期。无论是小节目还是大制作，张继钢都好似一台不舍昼夜的机器，不停地生产出一个又一个受到注目的优秀舞作。他的创作已经成为中国舞坛的重要事件，而他则成为舞蹈界瞩目的热点和焦点人物。

进入事业新阶段的张继钢，事业上有了新的变化：他入伍参军，成为总政歌舞团的编导。领域更宽泛了，眼界更高远了，张继钢以扎实的本领、全新的姿态在一个更为广大的空间中发挥着更大的作用。进入军营的张继钢以一曲《军魂》奠定了他在军中的地位，他的才华和他的努力，立刻在新的领域中得到人们的肯定和喜爱。曾有人诧异：为何张继钢的创作如此快地适应了军队的要求？他的转型为何如此迅速、彻底？实际上，这哪里是什么转型，熟悉张继钢的人都明白，正是他一如既往、一以贯之的认真与执着，才使他得以在任何情形下都能够经受住考验和压力，并最终成为成功者。

张继钢的创作激情空前高涨，他的作品也呈几何态势累加起来，伴随着他走向成熟的路程，他的风格和特色也在实践中得到巩固：继续在形式与内容的完美结合上做文章，坚定不移地走民族舞蹈之路、中国舞蹈之路。

形式与内容的完美结合并不容易，然而张继钢为藏族青年舞蹈家卓玛创作的女子独舞《母亲》，却完全达到了这样的高度。

《母亲》是一曲对于天下母亲的颂歌。由于对于特定人物动态的选择异常准确、对于人物情感的把握极其到位，《母亲》这个舞蹈深深地打动了所有的观众，那深挚而浓烈的情感、那真切而细腻的心理活动，都与观众的自身经验产生共鸣，让人感动得无以复加。人们在感动于“这一个”母亲的巨大感召力的同时，也深深地折服于张继钢的艺术功力。

不难看出，《母亲》与《献给俺爹娘》的创作思想与实际操作手法是一脉相承的，都是在对既有民间舞语汇的解构与重构间，以准确的人物情态为依据建立起来的具有典型性与普遍性相统一的舞蹈形象，这样的舞蹈形象让人感到变化而不疏离、亲切而又脱俗。而能创作出这样优秀的舞台形象，没有超人的天赋和智慧是不可能的，没有切身的生活感受是不可能的，没有大量的创作实践是不可能的，没有经年的经验积累是不可能的。

张继钢的才能不仅体现在编创小节目上，他驾驭大场面、大制作的能力也好似行云流水、游刃有余。看张继钢的大手笔晚会，其实最让人感到惬意的是，他不仅在宏观的布置上总会有令人叫绝的创意机巧，在细节的处理上也充满了艺术的旨趣与圆满。看他的作品根本不用担心会有什么纰漏，因为他似乎从不马虎对待任何一个微小的细节处理。正所谓于大处着眼，于小处发力，张继钢善于把作品编织得严丝合缝。这正是一个具有较高艺术修养的艺术家所应该具备的素质，既能够天马行空思接千里，点化出震撼人心的大气氛来，又能够丝丝入扣运筹细致，不留任何疏忽和遗憾。这或许正是张继钢的作品既耐看又耐品，具有广泛认知度和极高认可度的缘由。

多产的张继钢迸发出惊人的创作激情，即使担任总政歌舞团的领导职位后，其创作势头仍不见有所减弱：音乐剧《白莲》、舞剧《西出阳关》、残疾人晚会《我的梦》、舞剧《野斑马》、远南运动会开幕式……林林总总，好似一排排浪潮，排山倒海地出现在观众面前。特别是近期相继问世的作品，如民族音画《八桂大歌》、舞剧《一把酸枣》等，更让他走入艺术森林的深处，回眸时，只见林木繁茂，一片苍茫绿色。据不完全统计，这些年来由张继钢担任总导演的国家大型文艺晚会，竟达50余台之多！

张继钢是超人吗？他长有三头六臂吗？如此惊人的成果怎么可能由一个人在这样集中的时间段内完成？若不是对艺术拥有教徒一般虔诚的心，谁也不可能做出这样的惊人之举。的确，对于自己心底里无限热爱的舞蹈艺术，张继钢完全像一个不可救药的笃信者，他始终心无旁骛，始终孜孜以求，将他炽烈的一腔热爱毫无保留地全都献给了艺术。用舞蹈的方式来与人对话、与世界对话，已经成为他的自然习性。

张继钢的成功不是偶然的，走进今天如此辉煌之中的他，完全是凭自己一步一个脚印成长起来的，这里面既有他的天赋，更有他不懈的努力。这个从黄河岸边走来的汉子，已经完成了“从士兵到将军”的成长历程，作为中国舞蹈界最具影响力的人物之一，张继钢的力量正像那中天的红日，放射着光亮充分的光芒。

不是每个人都有能力登上舞蹈艺术的巅峰的。张继钢无疑是个成功的攀登者——他凭着惊人的毅力和努力，一步步地登了上去。跃上峰来，风景这边独好；无限风光，尽收眼底，尽揽怀中。

峰巅之上，风光正好。

杨丽萍：舞蹈的精灵

一 一个独特而鲜活的例子①

对于当代中国舞蹈乃至世界舞蹈的经验而言，杨丽萍不啻是一个独特而鲜活的例子。说她独特，是因为她的独一无二和举世无双；说她鲜活，是因为她始终以一种富有强烈艺术感悟力的气质，为我们带来艺术的享受、感动与震撼。可以说，杨丽萍用她的细腻感悟和精致语言营造出来的舞蹈艺术世界，充满了灵动的艺术气质，为当代中国舞坛注入了一汪清冽而新鲜的清流，为观众带来了一份难得而充满撼人艺术力量的悸动；又像是平地上的一股旋风，让当代中国舞蹈艺术从此获得了这么一个气质难得、个性鲜明的个案——这是一个让他人难以超越的光辉榜样。

杨丽萍的独特是显而易见的。秉承着她独特的艺术起点，杨丽萍善于发现和开掘自身独有的艺术基因，并能够通过自己不断的磨砺和雕琢，将这份常人难以企及的独特发挥到极致。“功以才成，业由才广”，杨丽萍对于自身拥有的这份独特是极其敏感而自信的。她的过人之处就在于，能在偌大的中国版图上、在成千上万的中国舞者之中，让自己的这一份独特空前地彰显与

① 本文发表于《民族艺术研究》2013年第1期。

放大，最终达到一个让人难以置信的艺术高度。她那看似弱不禁风的瘦弱肢体，居然能放射出如此强烈的艺术能量，应该说，她的独特是其中非常重要的因素。因此，没有杨丽萍在艺术上的独特，就不会有她今天的艺术成果。

无论对于舞界还是大众而言，杨丽萍都是一个鲜活的艺术对象。在以往几十年的艺术生涯中，杨丽萍不懈地开拓着自己的艺术疆土，源源不断地将自己对艺术的追寻和心得及时地表达出来，让人伴着她的艺术脚步和成长，感受着她在艺术上不断成熟的喜悦。对于观众而言，杨丽萍几乎是一个舞蹈女神，她圣洁、纯粹、充满灵性而雅致脱俗。这样一个罕见的鲜活艺术形象，给当代艺术生活带来了令人惊叹的活力。杨丽萍像一个精于舞蹈艺术的精灵，她让自己舞动着的肢体采撷着大自然的灵气，应和着大自然的脉动，尽情地挥洒着人世间的真善美，为人们对于精神家园的美好憧憬，带来一个具体的、可感知的境界，丰富了中国人对于肢体美的感知及其印象。对此，杨丽萍可谓功不可没。

新近推出的舞剧《孔雀》，让人们再次感受到了杨丽萍在艺术气质上的独特和鲜活。虽然作为一名舞者，杨丽萍会随着这部作品在空间和时间上的不断延宕而终结她的表演使命，但她对艺术深入探索和理解而积累起来的经验，会为我们考量中国当代舞蹈艺术发展问题提供一个难得的例子。这个例子实际上是一面镜子，会让处于同样时空之中的中国舞人们去对照、去比拟，从而校准自己前行的脚步。这个例子更是一块试金石，让我们在面对昨天的历史乃至今天的现状时，都会不自觉地用它来充任砝码，为中国民族舞蹈的发展来衡量、称重。

作为一名舞者的杨丽萍，毫无疑问迟早都会停下她奔忙的脚步；但作为艺术家的杨丽萍，无论她停下脚步与否，都会给我们带来不尽的食粮，都会让我们在继续咀嚼中不断前行。判断和分析这样一个例子，对于中国舞蹈艺术的发展而言无疑是有益的。

（一）鲜明的艺术追求

虽然在《雀之灵》之前，杨丽萍就已经开始了她的舞蹈艺术之旅，然而她被全社会广为认知则始于《雀之灵》。

在《雀之灵》中，杨丽萍把自己的肢体特点发挥到了极致，那些独特而别致的造型和新奇的舞动方式，立刻引起了观众的广泛关注。人们惊异于杨丽萍竟然可以这样跳舞，竟然能够将艺术形象塑造得如此冰清玉洁，那种对于艺术近乎完美的苛求和表达，让她立刻成为观众心目中的美丽化身。

实际上，从《雀之灵》开始，杨丽萍便已经开始在有意地强化着她的艺术理念和主张，她将自己独特的舞动方式融入自己对于发展中国民族舞蹈的追寻之中。可以说，杨丽萍对于民族舞蹈有一份本能的亲近感。从民族舞蹈大本营云南走出来的她，自出生那一刻起便注定与民族舞蹈结缘。幼年、童年的生长环境，让她沉浸在与大自然无限亲近的氛围之中，这为日后的她不断采撷民间艺术养料带来了本能的亲近感并提供了源源不竭的能量。

中国民族民间舞蹈的发展，是在新中国成立之后开始腾飞的。从20世纪50年代就已经开始的这一艺术发展趋势，既成就了很多舞者的梦想，也为他们带来了极好的施展空间，因而在以往的中国当代舞蹈发展过程中，积累了大量类似的优质果实。从民间采撷养料，然后经过舞蹈家的艺术提炼和加工整理，最终呈现于舞台之上，是大部分当代舞蹈家的做法，这种肇始于苏联莫伊谢耶夫式的发展手段和举措，为丰富当代中国舞坛的视野乃至手法提供了极为正面的参考。

难得的是，杨丽萍更是在这样一个基础之上，承继了这种举措的实质，并努力将个人的艺术动能予以突出和放大，从而形成了在发展民族舞蹈事业上的有效突破。看杨丽萍的舞蹈，无论是小品舞作如《雀之灵》，还是大型晚会如《云南映象》《藏迷》《云南的响声》《孔雀》，都能够十分鲜明而清晰地感受到这一点。她同样是着眼于从民间的采撷，同样是予以加工整理并推上舞台，杨丽萍的民族舞蹈却有着常人所达不到的高度。于是，我们从杨丽萍的艺术理念和主张中嗅到了这样一个气息：在共性中突出个性，在群体意识中找寻自己的独特性。

民族民间舞是以群体意识为基础的，因为它本来就是生长于大众中间的，它是一种集体意识的充分展现。从这样一种充满共性态势的舞蹈状态中建立起自己所独有的个性，并让这份个性通过艺术的演绎重新走进大众的心中，杨丽萍应该是一位做得极为到位的舞蹈家了。正是由于她能够深谙这种共性与个性的关系，她的舞蹈才会出落得如此与众不同。

呼吸着大自然的芬芳，享受着民族文化的滋养，杨丽萍把她艺术的触角深深地植入民间的沃土之中，她青山踏遍，田野走尽，在民间的土壤中悉心捕捉、不断发现，然后通过自己紧贴艺术的帷幄，让自我的艺术趣味渗透到这些采自民间的艺术种子之中，让它们生发出艺术的果实。杨丽萍那常人难及的艺术结果正得益于这样的艺术理念。

至于什么“原生态”“衍生态”的提法，我倒觉得那只不过是一种为了推广而发明的概念而已，从杨丽萍的艺术实践结果中可以看到，这些提法不过是探索市场的噱头，并不具有什么实际内涵，甚至杨丽萍的许多做法跟“原生态”并无多大关联。但不可否认的是，是杨丽萍在推出新作品时的这种提法，激活了人们对于“原生态”的相关讨论，让这一问题在一定范围内获得了更多的思考，从而加大了业界在此问题上的思考深度，这不啻是一个因杨丽萍而起的在实践与理论两个层面上的双赢收获。

（二）纤细的艺术感觉

杨丽萍不愧为一位天生的艺术家，她对于艺术的良好品位让她的舞蹈世界充满了高级的精神品质。

对于艺术，杨丽萍无疑是细致的、精心的，这充分体现在她对于自己肢体语言的精雕细琢上。观看杨丽萍的舞蹈作品，一个很重要的享受就是建立在她对每一细节的设计和每一动态的把握上。“润物细无声”，杨丽萍纤细的艺术感觉，充盈于其舞蹈作品的始终，却总能丝丝入扣地沁入人们的心田，给人们带来温暖的审美感受。这体现出一位女性艺术家浪漫主义情怀和无微不至的人性关怀，也表露出一位优秀艺术家所特有的艺术禀赋。我们无法忘记她在《雀之灵》中的每一颦、每一势，无法忘记她在《云南的响声》中通过编创能力而体现出来的纤细感悟。她能像一个乐队的指挥家那样，让观众跟着她的指挥棒，去聆听大自然的交响；她又像一个魔术师，为观众变幻出不尽的艺术气象。所有这些，都得益于她的艺术天赋，而这份天赋的展示，就是她通过作品告诉我们的。

纤细的艺术感悟，也是来自杨丽萍对于艺术精益求精的态度。杨丽萍是个非常认真同时又很执着的人，她对于艺术的那份全心全意的真诚，是铺就她艺术个性的基石。在一次采访中她曾对主持人说：即使我是一位农民，我也会成为那个把地种得最好的人。这种完全渗入其中的对待一项事物的真挚，是杨丽萍成功的基础，也是任何人想成就某项事业所必须秉持的态度。有了这种态度，再累再苦的坚持都不在话下；有了这种态度，千难万险也不会成为阻挡自己继续前行的屏障。

对于杨丽萍而言，其实艺术本身并不是目的。她曾说，她来世上走的这一遭，不是为了像寻常女人那样来履行生儿育女的职责的；她的人生兴趣和目的，是要看一朵云如何飘过，看一朵花如何绽放，看一片叶如何坠落……难怪她会如此脱俗，像一尊不食人间烟火的女神，她的这种活在精神世界中的纯粹，本身就富有令人感怀的张力。

将这样的精神世界呈现在自己的艺术之中，让自己的舞动充盈着纤细的艺术气质，可以说，对于艺术的纤细感悟及其良好把握，成就了杨丽萍超常的艺术面貌。而这份纤细的感悟、体认、使用，是杨丽萍艺术个性的重要组成部分。可以说，纤细的艺术感觉成就了杨丽萍，而这种以纤细的感悟方式和丰盈的艺术处理手段为基础的艺术表达，成为杨丽萍在艺术上能够有效突破的制胜法宝。

（三）独有的肢体语言

言说方式是杨丽萍立世的艺术宣言。

品味杨丽萍，她在肢体动态上的舞动方法，总会让人有穷尽语言而说之的冲动。那份精巧和天成的肢体语言，总会让人过目难忘。最让人无法漠视的是，杨丽萍的这份浑然天成的艺术灵气，完全不是靠艺术院校科班式的方法打造而成的，而是她在充分调动自己的肢体语言潜能和表现力的基础上形成的，也就是说，是她在充分利用自己独有的身体条件的基础上而获得的一份极聪明的艺术结果。

众所周知，杨丽萍没有进过专业的舞蹈院校，她在舞蹈艺术上的成才，恰恰得益于她迥异于他人的成长过程和身体条件。当中国大地上的职业舞蹈被统一的教育思维和统一的行为所统摄时，类似杨丽萍这种独特而新鲜的舞动视觉经验，显然为她带来了别人所没有的艺术气质。这种艺术气质的获得，足以证明杨丽萍是一位能够因势利导、“因陋就简”的行家，她能充分地看清自我，辨清自我的优势和劣势，极大地放大自己的优势，尽可能地避免自己的劣势，让自己独特的肢体迸发出超常的潜能。于是，杨丽萍的成功，经历的是灰姑娘蜕变为公主的过程，而拯救灰姑娘的“水晶鞋”，便是杨丽萍那常人所难以企及的自知之明。

正是有了这份自知之明，杨丽萍才在绝地中拔得头筹。有着别人所没有的优势和劣势，让她懂得藏起自己的劣势而用自己的优势去竞争，正所谓别出心裁、术有专攻。所以，杨丽萍以其独特的肢体语言造就的舞蹈奇迹，完全是建立在她对己对人的明智判断之上的。

也正是这份独特的身体条件，杨丽萍的艺术生涯才得以有效延长。在别人大都于30岁左右便偃旗息鼓的情况下，杨丽萍虽已年过半百，却仍活跃在舞台上。相比之下，中国大部分舞者的艺术寿命如此短暂，这的确是一个令人扼腕的现象。如何有效延长中国舞者的艺术生命？这与中国舞蹈本身的特质有何干系？杨丽萍现象也时时启悟着、点醒着我们。

（四）精致的舞台呈现

精细、精巧、精良——精心制作、精致呈现出来的舞台形象，是我们感知杨丽萍舞蹈世界的物化对象。无论是那只晶莹剔透的孔雀，还是那位饱经时世的高原女人；无论是俏皮诙谐的藏族姑娘，还是莞尔端庄的度母；无论是树，还是雨丝；无论是娴熟、典雅，还是狂野、粗放，杨丽萍的舞台呈现始终是以精到的方式，让观众感受到她的精致艺术华光。

这种艺术华光在舞剧《孔雀》中更是集中地得到了体现。在设计得十分出众的羽尾服饰的帮助下，杨丽萍的孔雀形象得到了很有效的提升，光鲜亮丽的色泽衬托着她一以贯之的清新脱俗，让那只特定的孔雀被赋予了极具审美意义的品位。更难得的是，这只孔雀的情感在表现中获得了生命的讴歌，让情随着剧中故事的推进为男女主人公带来了极具审美意义的形式感。这种颇富形式感的设计，大胆而新颖，让人们在习惯了对杨丽萍的舞蹈具有期待感的欣赏惯性中，更添了一分高级的艺术感动，出乎意料而又在情理之中，让杨丽萍舞蹈艺术的魅力有所增强。

回顾杨丽萍创造的一个个鲜活的舞台艺术形象，不难看出，追求完美和精致的艺术气息，是她一贯的追求。每一个角色既让她不辱使命地完成了审美任务，同时又为她赢得了一个接一个的良好口碑。而她的声誉，正是凭借着这样的口碑阶梯一步又一步地接近理想之终点的。为了那样一个理想的终点，杨丽萍付出了耕耘的努力，在风调雨顺的过程中，获得最终的收成喜悦自是一件顺理成章的事情。或许，这就是一个成功人士之成功经验的最好证明：什么是成功？成功就是天赋加努力再加运气，杨丽萍的成功于这三者完全是缺一不可的。

舞台上的杨丽萍，是一个在表演上空前富有气质的舞者，她用如此富有气质的表演，演绎出一个个动人的舞台形象；接着，她在编创上的能力也开始变得颇让人充满期待。从《云南映象》起，她在驾驭舞蹈晚会上的能力便可见一斑。经历了《藏迷》，特别是到了《云南的响声》，杨丽萍几乎完成了一个舞者向编导过渡的华丽转身。在《云南的响声》中，杨丽萍的创作才能进一步显现，由她设计并创作出来的那一个个具体场景，生动而有趣，让人在心生感动的同时由衷地钦佩她在舞蹈创作上的才华。熟悉舞蹈这个行业的人都懂得，表演和创作需要的是完全不同的功力，虽然许多有才华的舞者都在表演事业达到顶峰时渐渐向编导领域转化，但能够把两者均做得十分到位的人并不多见。这证明杨丽萍是一个有心的舞者，她长期以来，始终坚持自编自演，不仅通过编创环节极好地挖掘出自己的潜能，也历练了自己的创造思维，从而让自己的艺术事业从舞者向编导成功转型。同时，她也通过创作，成功地表达了自己想要表达的一切，这种自我塑造、自我表现的能力是令人羡慕的，也是不易做到的。在表演和创作两个环节上高度完美的统一，让她在中国舞坛熠熠生辉。因此，杨丽萍的出色舞台呈现，是靠在表演和编创两个环节上的成功而达到的，二者又相映生辉，给人以珠联璧合的感觉。

杨丽萍是一个令人咀嚼不尽的述说对象，她为我们的思索带来了不尽的启迪。杨丽萍为舞蹈而生、为舞蹈而活，她用一个个精良的舞台形象奠定了她在新时期以来中国舞坛至高无上的地位，毋庸争辩地向世人证明了她自己的舞蹈艺术才华，同时也捍卫了舞蹈艺术在人们心目中无可替代的地位。杨丽萍用她的理念和实践，成就了一个中国舞蹈的传奇。而这样的传奇，无论是对中国还是世界，都是意义深远的。

二 又见杨丽萍①

《藏迷》好像还没过多久，杨丽萍就又打造出一台《云南的响声》！我有些好奇：她那个瘦弱的躯体里，究竟燃烧的是怎样的火焰，得以让她如此高产且佳作频现！

在今天的中国舞蹈界，杨丽萍的确是公认的“一姐”。她好像从不曾停歇，自从《雀之灵》走入社会的公共视野之后，她始终以“不食人间烟火”的形象伫立在我们这个功利的社会中，不为名，也不为利，一直幸福地沉浸在自己的舞蹈世界中。在艺术理念上，她不走主流，也不做另类，完全沿着

① 本文见“新浪江东博客”。

自己的艺术理想前行。她不畏惧权势，更不谄媚权威，特立独行，屹立风中。这样的人物，实乃中国舞界之脊梁。从前有戴爱莲和郭明达，今天则有杨丽萍和王玫。中国舞蹈有朝一日若是可以成为全球之翘楚，类似他们这样的坚持，一定是一个良好的基础。同时，我也始终认为，中国当代舞坛的两大艺术奇峰是张继钢和杨丽萍。若干年之后，我们的下一代、下下代，待他们再回首这段历史时，一切都会清晰呈现。“脊梁”式的艺术奇峰人物——杨丽萍，我们该如何向你致敬！

在作为上，杨丽萍是唯一一位既被圈内人所高度认同，同时又在全社会掀起舞蹈狂澜的人。这一点，无人能望其项背。她志在高远，馨香一瓣，让全社会乃至全球人民，见识了中国舞蹈的至真、至善和至美。

《云南的响声》完全不是平庸或者应急、应景之作，依然透露出杨丽萍对艺术的真挚体悟和高超的艺术功力。看得出来，为了这台作品，杨丽萍一定是又游走了云南那片她挚爱着的山山水水，因为通过她的作品可以看到既古老又新鲜的元素。在对作品的把握与呈现中，她新颖而不猎奇，妙处信手拈来，一幅幅画面充盈着民族的灵性和艺术的光华。让人感佩的是，通过这台作品，杨丽萍用一个华丽的转身完成了从表演家到编导的成功转型。虽说这并不是她第一次从事编创，但这个作品中体现出的编导能力却是有质变效果的。无论是宏大还是细小的情节，都被她处理得如同天成。那一脉浓情，通过她精灵般的指挥棒在作品的延宕中一泻千里。

精巧、精致、精美，杨丽萍的作品一如她示人的风格，给人以鲜明感受；正直、坦荡、宽容，杨丽萍始终用自己的胸襟和艺术方式让一个充满混沌的世界获得警示的力量。

杨丽萍这个人物，好难得。

三 杨丽萍，制造“云南的响声”①

挟《云南映象》和《藏迷》的绕梁余韵，2009年杨丽萍又打造出一台全新民族歌舞晚会《云南的响声》。曾凭借《云南映象》打出“原生态”大旗并在艺术界引起极大反响的杨丽萍，又在新作《云南的响声》中抛出一个新概念——“衍生态”。不管名目如何变换，杨丽萍坚持民族舞蹈路线、潜心民族舞蹈创作的艺术理念没有任何动摇。

大型衍生态主题歌舞晚会《云南的响声》，像杨丽萍以往的作品一样，打的是“民族”牌。该晚会以采撷杨丽萍故乡——云南的各种声响及其舞象为基调，辅之以杨丽萍的艺术创造和加工，在舞台上呈现了一幅幅清晰雅丽、富有艺术感染力的民族画卷。

晚会分六章，分别是：序《胎音》、第一场《催生》、第二场《太阳雨》、第三场《公老虎 母老虎》、第四场《雀神怪鸟》、第五场《茶马古道》、第六场《喝醉了的鼓》、尾声。

素材是从民间采集的，表现的内容是民族特有的，表现的手法是符合民族习惯的，因此，杨丽萍凭借《云南的响声》，不但继续向观众展现出她作为舞蹈表演家的特立独行，同时也有力地证明了她在舞蹈创作上的志在高远。

《云南的响声》完全不是平庸或者应急、应景之作，始终透露出杨丽萍对艺术的真挚体悟和较好的艺术把控功力。在对待采风中采撷来的第一手材料，她力求新颖但不为猎奇，富有妙处的细节在晚会中信手拈来，每一幅画面都充盈着本土的民族灵性和独到的艺术光华。特别让人感佩的是，通过这台杨丽萍既演又导的晚会，她用一个华丽的转身完成了从表演家到编导的成功转型。虽说这并不是杨丽萍首次从事舞蹈编创工作，但在这个晚会中体现

① 本文见“新浪江东博客”。

出来的编创能力，却有着质变的展现。作品中无论是结构、脉络、段落的节奏感，还是各种微小的细节，都被她处理得如同天成之作。杨丽萍那一脉对于家乡、对于民族的浓情厚谊，通过她精灵般的指挥棒在作品的延宕过程中，一泻千里、恣肆而下。

精致、精巧、精美，《云南的响声》有如杨丽萍作品一如既往的沉静而不羁，给人以鲜明的艺术感受。

邓林：一位善于用肢体语言塑造艺术形象的舞蹈家

一 感受“春天” 见证“故事”[①]

由天津歌舞剧院推出的最新作品——大型当代舞剧《春天的故事》，是一部讴歌改革开放40年的舞蹈力作。总导演邓林先生对于这部舞剧作品的定位，让天津歌舞剧院的美学诉求和艺术探寻再登一个台阶，为中国舞剧的艺术探索又做出一份难得的贡献。

近些年来，天津的舞剧创作很有起色，从《泥人的事》到《人民音乐家》再到《海河红帆》，看得到天津舞剧艺术工作者们的心血，他们在为中国舞剧艺术做出新贡献的同时，也十分有效地提升了天津的舞剧创作水准，让天津成为观测中国舞剧发展风向的重要门户。本次推出的舞剧《春天的故事》，为天津歌舞剧院的艺术创作再添一分风采，让天津歌舞剧院的舞剧创作名不虚传。

舞剧《春天的故事》，这个剧名起得真好，让人一眼便能捕捉到其主题及其要表现的内容。伴随着全国人民40年而一路走来的改革开放，不但为中国社会的进步和成长带来了质的飞跃，更让敏感的艺术家们获得了创作激情。

① 本文发表于《中国民族报》2018年10月19日第9版。

飞速的前行和火热的生活，鼓舞着艺术家们从内心升腾出艺术创作的思想火花，从而让他们的艺术伴随着社会的进步和人民的幸福而不断激扬。舞剧《春天的故事》就是一个活生生的例子，正是由于亲身感受到40年成长的不凡与难得，才让总导演邓林获得了在艺术创作上的冲动。

作为一名舞蹈编导，邓林是一位卓有成就的舞蹈艺术家。通过常年的创作经验而养就的职业素质，让他对生活始终怀有一分敏感和敏锐。历经40年而让中国社会有所成就这一事实，让亲历者邓林感同身受，他以极高的社会责任感和敏锐的生活感知力，创作了这部讴歌“改革开放”40年的舞剧作品。

邓林是一位具有超强感知力的舞蹈编导，他对于社会的感知、对于生活的感知、对于艺术的感知，都是一般编导所无法比拟的。以往大量的舞台创作活动，已经让他历练出常人难以媲美的艺术才能；而一部又一部由他执导的大型舞台作品，更是把他对于艺术追求的渴望予以酣畅淋漓的挥洒，提高到一个难得的高度。因此，这次由他精心打造的舞剧《春天的故事》，从中可以看到他在艺术上多年积累的良好感悟和全情释放。

实际上，作为一名舞剧编导并不是一件容易的事，或者说是非常难非常难的。我们在社会上可以看到各种导演，譬如影视导演或话剧导演等，虽然职业对他们的艺术要求也不低，但其所执导的艺术门类在综合性上都比不上舞剧艺术的难度。按照苏联舞蹈理论家的观点，舞剧艺术是一切舞蹈艺术的最高形式。这是因为舞剧是一门综合性的艺术形式，因此对于一名舞剧导演的要求就更高，他不但要有本专业的高超编舞能力，同时要在文学、戏剧、音乐、美术等各个方面均有超强的驾控能力。因此，一个舞剧编导完全应该是一个艺术上的全才，甚至这个“全才”的要求只是一个最低的标准，他还应该能够在驾控全部艺术门类的基础上，在艺术上有所追求、有所突破。因此，对舞剧编导在艺术上的严格要求则是可想而知的了。这或许也正是优秀舞剧编导人才踪迹难觅的原因。

而邓林在舞剧编导上的成功，正是得益于他在艺术才华上的极高悟性和丰厚经验。作为一名专门学习编导艺术的舞蹈工作者，他在艺术上的感悟是极其到位的，对于舞剧艺术的认识也非常全面而准确，因此，他对于自己的艺术作品就有了很高的要求和起点。所以我们看到由邓林创作的那些大型舞剧，每部作品都有新的艺术突破点，令人咀嚼之后获得新的感悟。这是看邓林作品的一大收获和奖赏——每部作品都让人看到新的思路、新的手法、新的提升。

在舞剧《春天的故事》中，邓林又有一些新的突破，在结构、音乐、人物等方面均有新的艺术追求。

舞剧《春天的故事》采用的是糖葫芦式的崭新舞剧结构方式，我们在话剧名作《家》中看到过类似的结构方式，这种方式在舞剧中的尝试，之前还没怎么看到过。这种舞剧方式自然是跟本剧要表达的内容直接相关，结构和内容是一个有机的勾连，而不是无病呻吟式的噱头。因此，内容决定结构的形式，内容又为结构带来积极的探索性生机，这成为舞剧《春天的故事》的一大特点。这样一个结构勾连起不同空间的场景，将象征着改革开放重要节点的历史事件串联起来，从而拉开了一幕宏阔的历史画卷，将波澜壮阔的40年表现得极为恢宏而富有气魄。这种在生活中提炼重要事件的抽象概括能力，体现出创作者所拥有的极大功力。改革开放40年，其中有太多的内容值得书写，但是要在短短一部舞剧中呈现出具有本质意义的历史史实，的确不是易事。舞剧《春天的故事》选择了农业、城市建设、科学技术进步等不同的生活侧面，以大写意的手法深入角色的内心深处，让人与社会的关联更为密切，同时让艺术与现实生活的关联也更为密切，从而完成了艺术表现的目的——表现人、表现社会、表现情感。

邓林显然是一位有社会责任心的导演，他感受到了时代的召唤，感受到了涌动在他心头的那份激情，感受到了推动中国舞剧艺术继续前行的内在需求，于是，他把这一切都融入他的新作《春天的故事》这部舞剧之中，因此，我们在看这部舞剧的同时，更能看到一位编导执着的爱和不懈的努力。涌动在他心头的无言之语和他眼角的泪水，让我们感受到了一次心灵上的强烈撞击。邓林用《春天的故事》表达他对祖国的爱、对时代的爱、对人民的爱、对艺术的爱，我们也通过这部舞剧作品看到了他难能可贵的艺术修为。

就让我们一同去感受时代的“春天”，见证邓林用他的真情和他的才华告诉我们的“故事”吧！

二 一位善于用肢体语言塑造艺术形象的舞蹈家[①]

2015年，四川三线城市攀枝花迎来了建市50周年纪念日。为了庆祝这一时刻，攀枝花市政府决定用文艺的形式来彰显它不凡的发展成就。中央民族歌舞团的国家一级编导邓林，承担了导演这台作品的重任。他克服了时间紧、资金少、演员水准不一等难题，终于于春节后不久将这部充满了深挚情感、形式多样的大型音舞诗《祖国不会忘记》搬上了攀枝花的舞台。这台情感激荡、气势不俗的作品一问世，立刻引来好评无数。当观众们满含热泪、通过台上的艺术作品来回溯和感受攀枝花50年的脚步时，也不禁诧异，是什么让邓林导演在如此短的时间、如此紧张的预算和如此捉襟见肘的演出队伍的情况下竟点石成金推出了这么一台质量上乘、群情振奋的节目。他们当然不曾看到，这位在艺术上已经十分成熟的舞蹈编导，是经历了多少个寒暑的艺术历练和积累，才获致今天这般风景的。

一步一个脚印，作为一位在舞坛上不断跋涉，而今步入收获期的编导，邓林的舞蹈创作从《醉鼓》到《珠穆朗玛》《青花》，再到芭蕾舞剧《精卫》、民族舞剧《泥人的事》等，一部部大名鼎鼎的作品早已让邓林的名字在业界耳熟能详。不断出现的是优秀作品，而从未改变的是他对舞蹈艺术至高境界的孜孜以求。一路走来，邓林同舞蹈艺术的情缘是他作为一个个体生命的全

① 本文由江东、曾婕合著。

部精彩，他的眼中更多的始终是那份对于艺术的单纯执着与不竭热情。

醉心艺术，鼓舞从之

20世纪70年代初，家住重庆的少年邓林被四川舞蹈学校选中，从此踏入了舞蹈艺术的殿堂，毕业后，他来到攀枝花，成为一名专业舞蹈演员。当时的攀枝花，正是风景迤逦之地，连绵起伏的丘陵中，当地少数民族多姿多彩的舞蹈艺术，在他的心中播撒下烙印极深的种子。80年代，邓林进入中央民族大学学习舞蹈编导。由于天资聪颖，加上勤奋努力，他的进步十分明显，这让他在业界开始崭露头角。

在邓林迄今编创的诸多作品之中，至少有一“小”一“大”两部作品成了他最脍炙人口的佳作。“小”作品是让人们至今记忆犹新、让表演者黄豆豆在央视春晚一炮而红的独舞《醉鼓》。这个舞蹈作品刻画了一位民间艺人的形象，以鼓为媒介，通过舞者与鼓的关系展开创意视角，写尽了一个民间艺人一生的剪影。《醉鼓》中民间艺人对鼓的热爱、对舞的执着令无数人动容，然而《醉鼓》的成功，却不能不说与其背后的故事相关。1994年春天，尚在浙江采风的邓林得到了时任四川舞蹈学校校长、恩师刘伶突发疾病去世的消息。这让邓林十分悲恸！老师的一生坎坷寂寞，唯有舞蹈与他相依为命，去世时除了鼓、刀、枪、棍等行头外一无所有。为了表达悲痛之情以及继承恩师对艺术执着追求的精神，邓林抓住了刘伶老师嗜酒如命和视舞为命的形象，一举创作出《醉鼓》。这个作品问世后，经过当时舞蹈小将黄豆豆的精彩演绎，从“桃李杯”到全国舞蹈比赛，再到1995年央视春晚，一时间红遍大江南北，而邓林对恩师深深的感怀之情也永远地铭刻在艺术的永恒与不朽之中。从这样的故事中我们可以看到，邓林将《醉鼓》的故事以及故事背后所昭示的精神，熔铸在自己的创作中，幻化成一部妙笔生花的精彩之作。

《泥人的事》：王者归来

不久前，舞剧《泥人的事》在国家大剧院上演，业界又见证了邓林在他驾驭“大”作品上的才华和成就。圈内甚至有人说：邓林又回来了！面对此种说法，邓导坦然一笑。的确，近些年虽然表面看起来默默无闻，他却是一直在寻找，一直在酝酿，从未离开舞台。当年他离开空政文工团赴韩国中央大学任舞蹈创作课程的教员，借机到欧洲学习音乐剧艺术，但无论做什么，最终他都是为了回馈舞蹈创作本身。邓林这种兼收并蓄的艺术追求，在他新近为天津歌舞剧院创作的大型舞剧《泥人的事》中，集中体现为蒙太奇手法的运用以及对于简约风格的追求和把握。

舞剧《泥人的事》是近期国内涌现出来的很有口碑的一部舞剧作品，故事讲述的是清末民初的农村青年小五在天津“磨难铸就如虹人生”的故事。全剧通过蒙太奇的艺术手法结构，把叙事的内在线索与逻辑隐含在画面的不断切换与呈现中，实现了“舞”与“剧”的完美统一。经由不同的舞蹈动作与篇章的交替展开，戏剧张力很有效果。深层的紧张感与节奏感嵌套在精致的场景刻画与情境递进中，亦动亦静，亦疾亦徐。这一切，都很见导演功力。

作为该剧总导演，邓林以犀利的艺术眼光和敏锐的艺术触觉，围绕“泥人”这一天津文化符号，为舞剧赋予了简洁、凝练、干净且张力十足的舞剧结构，使作品既天马行空地驰骋于艺术想象的空间中，又十分接地气地将言简意丰的各种舞段编排得丰满而准确。特别是舞台调度和时空转换上的机智，很大程度地发挥了用身体语言这样一种抽象叙事的最大可能性。邓林在舞剧《泥人的事》中将艺术性提高到空前高度的艺术结果，获得了业界的高度评价。

对于这个结果，邓林坦言，此次创作的初衷是要做一部让老百姓能“看懂”的舞剧。一直以来，现代化生活的节奏与匆忙往往让人们忘记了肢体语言的自我存在，而作为身体艺术的舞蹈亦逐渐封闭为一个独立的艺术世界，与普通大众渐行渐远。作为游走于舞蹈与观众之间的自由诗人，邓林充分调动了他以往的积累，将他的舞剧叙事能量发挥得淋漓尽致，再次获得了业界的重视和赞许。

在舞蹈世界中自由行走

也有人说，很难把邓林归在某一个舞蹈类型之中，因为他的创作风格是不断跨界的，并每每出人意料。《珠穆朗玛》明明是藏族舞蹈，他却偏要从唐卡中找出“三道弯”的体态以挑战人们对于藏族舞蹈的原有认知。《醉鼓》将民间舞融入古典舞的动律之中，邓林一不小心发现了古典舞更多的可能，以致已故的中国古典舞大师唐满城先生曾欣喜地惊呼：“邓林踢开了中国古典舞的一扇门！”舞剧《精卫》分明取材于中国传说，他却用纯正的芭蕾语言立起足尖来讲述。《青花》将群舞演员的表演空间尽可能地限定和缩小，但却在有限之中发展了无限。现代舞《飘荡》则从陈氏太极拳中寻找元素，在太极的韵律和感觉之中表现对于宇宙和生命的关怀，该舞使得邓林成为继吴晓邦先生之后第二个获得“日本现代舞大赛”金奖的中国人。

的确，民间、古典、芭蕾、现代，邓林均有涉猎，但他又从不囿于某一舞种的限定，而是在各个舞种之间自由行走，为他所用。对于邓林而言，各舞种之间是有区分并且有限定的，然而情感的表达以及艺术的疆域则是没有区分、没有限定的。无论哪一部作品，邓林都很擅长寻找到一个艺术的支撑点，确立足够强烈的艺术情感与内涵，然后在这种情感的统摄下融汇运用各舞种语汇，从而流展出一个清晰、流畅、独特的舞蹈作品。当然，打破舞种的边界并不是什么新鲜事，难的是如何将不同舞种的语言融入统一风格的表达和言说之中，而非流于五味的杂陈以及为了与众不同而创新的标榜。这便是邓林舞蹈创作的难能可贵之处：意料之外，情理之中，总能给人带来新意和深意。

赵明：从其创作看中国当代舞蹈的主流风貌[①]

有一个问题经常固执地纠缠着我：什么是中国当代舞蹈艺术的主流风貌？

问题背景

为什么这样一个“很大”的问题会经常游走于我的脑际？人或许大都如此：身处其中时，许多事情都会因为过于习以为常而丧失对它的敏感，从而变得麻木而迟钝；而当跳将开去，距离这个事物略远一点再回看它时，许多自省的意识便会油然而生。随着中国的日益开放，我们对于世界舞蹈文化整体风貌的认识在不断提高，特别是当我们将中国当代舞蹈艺术放到世界舞台上来观之察之时，其自身所具有的艺术品格及其相关联想便自然产生。于是，上述这个“很大”的问题便很自然地成为一道我们想躲都躲不开的难题。

中国不太像印度、日本、韩国、泰国、印尼、柬埔寨等这些亚洲其他国家能够幸运地从历史上直接继承祖宗的舞蹈传统，中国的当代舞蹈文化完全是一种崭新的建设，而且这个建设过程中先后受到过俄式和西方舞蹈的浸

① 本文发表于《艺术百家》2009年第3期。

淫，然而它在一路的发展中，始终不懈地在探索着自己的艺术之道、找寻着自己在世界中的准确位置。至今，一个甲子近六十年的光阴转瞬而过，中国当代舞蹈的文化建设给世人以怎样的整体风貌和印象呢？

的确，在今天的世界舞坛上，我们会很容易地通过某种舞蹈的方式来辨识一个民族，比如，我们会非常容易地从各种舞蹈形式中辨别出印度、日本、韩国等国的舞蹈艺术。但外国人通过观看中国的当代舞蹈作品，会很容易地辨识出那是中国舞蹈吗？当我们派出中国的古典舞、民间舞去参加国际舞蹈节，外国人一致认为那不过是当代西方舞蹈的翻版，没有多少中国自身的品格；当我在外教课上为学员播放《千手观音》这个被我们认为是典型的中国舞蹈作品时，听课的外国学员竟一致认为这个舞蹈的风格是印度的。许多类似的事例都让我们陷入思考：中国的当代舞蹈艺术有自己鲜明的风格特征吗？

诚然，这么“大”的问题，对我们眼下的思考功力和急功近利的社会环境而言，不啻是一个巨大的挑战，我们未必能获得一个令人满意的思考结果。我们的眼界和思考质量当然都很有限、很稚嫩，但我坚信，真理从不拒绝我们尝试着向其无限地靠拢。

这样的问题在今天带有很强的紧迫感。中国正在和平崛起，中国文化的影响力正在全球范围内不断升温。在这种形势的作用下，中国舞蹈该如何更好地融入国际社会？《十亿个消费者》的作者、美国道琼斯指数中国总执行官詹姆斯先生，在说明中国企业面对国际市场应采取何种措施时表示：对国际市场，需要的是进攻，而非防御。这样的规劝对于正举目国际舞台的中国舞蹈界来说同样具有意义。中国舞蹈要想获得自己在国际上的话语权、要参与国际的舞蹈事务、要融入国际社会，就必须先要正确地认识自己，找准自己在国际上的位置。

在进一步展开思考之前，我们需要为本文所谓“当代中国舞蹈艺术”来定一下义，它指的是新中国成立以后在新的历史时期和社会环境中发展起来的专业中国舞蹈艺术。“主流风貌”是指在这个艺术场中具主流意识和作用所呈现出来的整体面貌。

我们同时需要开宗明义的是：这项艺术，自新中国成立以来，已经经历了近60年的发展历程，可谓历经坎坷与艰辛。然而，它始终是一个充满希望和富有前途的事业。它恰似一轮冉冉上升的朝阳，伴随着时代和国人的期许，伴随着国家的逐渐强大，而亮相于世界的东方。它的影响力正在与日俱增。

然而，一定会有人反驳：要想为这样一个艺术品种概括出一个总体风貌，几近于天方夜谭式的痴人说梦行为。这么大的一个国家，这么悠久的一个历史，这么多的民族，怎么可能会有一个统一的总体风貌呢？我们也曾听过智者如此概括：中国的文化情况是“多元的统一”。

这样的概括是很有高度的，中国的情况正是既有“多元”，又有“统一”。但我们进一步的问题是：“统一”到哪儿呢？因此，我们仍然需要对中国当代舞蹈艺术的总体风貌做出一个基本的判断。

对于这样一个关于基本判断的要求，是否有些玄虚、有些空？其实一点也不，看一下中国的戏曲或者武术以及中国画、中国古曲等，我们就明白到底需要怎样的一个基本判断了。

今天，赵明的舞蹈研讨会给我们提供了一个考察和分析中国当代舞蹈艺术总体风貌的机会。通过对赵明舞蹈的研讨，我们或许会更清晰地体认并做出那个基本判断。赵明虽然是一位在新时期的中国舞蹈大地上励精图治的开垦者、耕耘者，但他的身上显然积淀着中国舞人经几十年探索而形成的鲜明追求，他的舞蹈创作及其美学主张与中国当代舞蹈艺术的风格息息相关。因此，通过对他作品的观察和分析，我们或许会向真理迈进一步。

个案：赵明

对于赵明，我们都再熟悉不过了。

从做演员表演《囚歌》时，他就已经成为中国舞蹈界关注的焦点人物，这当然不是因为《囚歌》获得了不错的奖项，而是赵明在舞蹈事业上表现出来的一个舞蹈家所特有的秉性和气质，以及他的舞蹈中深深地镌刻着中国舞蹈界奋斗多年的美学印记，让他从此进入中国舞坛的公共视野。

果然，赵明的这种坚守“主流”阵地以及他个人的艺术张力，在他日后的舞蹈创作中开始凸显。在艺术上，赵明显然是一位为舞而生的艺术家，在他源源不断贡献于中国舞坛的大量舞蹈、舞剧作品中，他起初的那份在艺术上的执着和追求，逐渐变成一种自觉。在现实生活中，赵明还是一位军人。这样的特殊身份和所接受的特殊教育，让他在思想层面得到不断的锤炼。于是，从思想和艺术两个层面上的进步与提高，为赵明的不断自我超越提供了有力的保障。

很快，彰显着思想和艺术两个高度的作品《走、跑、跳》问世，这在赵明的舞蹈生涯中是个具有里程碑意义的作品。这个作品的问世，标志着赵明进入了一个更高层次的艺术境界。而凭借这个作品的成功，赵明也成功地向世人展示了自己在思想和艺术上的渐趋成熟。

赵明创作的舞蹈作品很多，一连串具有代表性意义的作品标志着他的成绩和他在艺术风格上的成熟，除前面提到的《囚歌》《走、跑、跳》，还有后来的大型作品《霸王别姬》《红楼梦》等。通过这些艺术创作，赵明呈现给业界和观众一个鲜明的艺术个性及其风格。

概括地说，赵明的艺术风格是中国当代舞蹈艺术风格的一个代表和浓缩。通过赵明对于中国舞蹈的“当代性”演绎，中国当代舞蹈艺术建设几十年以来所秉持的审美理想，也显而易见。

“P舞蹈”的审美确立及解读

说赵明的舞蹈艺术风格积淀着和体现着中国当代舞蹈的主流风格特征，那我们必须要对这个“大”的风格做出基本判断。

中国当代舞蹈艺术呈现出的到底是一种怎样的主流风貌呢？

关于这样一个“大”问题，笔者曾求教于先辈吕艺生先生，吕先生认为：中国的舞蹈艺术正处在一个发展过程中，要真正看清这个过程还需要时日。也就是说，既然我们仍处在这个过程之中，自然中国当代舞蹈艺术的风貌也就正在形成之中。

不过，虽然尚处在过程之中，我们却可以通过以往几十年的实践和积累，来简略地扫描一下到今天为止的主流风貌。

中国当代舞蹈艺术滥觞于中国人民的社会主义建设，从一开端就坚持和实践着革命的现实主义和革命的浪漫主义相结合的创作理念。在“古为今用、洋为中用”“百花齐放、推陈出新”“艰苦奋斗、自力更生”等思想的指引下，中国当代舞蹈艺术建立了以表现中国人民的现实生活和精神世界为主旨的创作出发点，树立了鼓舞人民建设美好家园、积极向上的美学旨归。这种“积极的”“向上的”人文意趣和精神旨归，正是中国当代舞蹈艺术的主流风貌。

艺术，作为一种意识形态，在任何国家、任何历史时期与人的发展的关系都未曾断裂过。艺术自有其自身功能，因而对人类的影响也就自有其独特作用。进步的、正面的、积极的文艺形态，会对人类及其心理产生正面影响。而且，只有在一个正面的、欣欣向荣的社会环境中，这样的艺术形式才有可能发生、生长；否则，情况就完全相反。

新中国的建立为中国人提供了一个空前的积极空间，因此，中国当代舞蹈艺术的应运而生自然是再自然不过的事情了。对于积极向上的审美对象，是任何人都能感受到的。记得林怀民先生第一次来大陆演出时，他在与大陆舞蹈家交流的座谈会上表示，当他首次看到《荷花舞》时，他的眼睛里含满了泪水，内心充满了震撼与感动，那种人类追求美好事物的积极而向上的情感被这个舞蹈完美地表现出来。我们回顾中国当代舞蹈艺术走过的几十年路程，这类积极而向上的舞蹈作品占据着主流地位，这是与我们这个社会所拥有的整体环境直接相关的。

近来我读了一本很受启发的著作，是日本人芦原义信撰写的，名为《街道的美学》（百花文艺出版社2008年版）。芦原是日本当代建筑师，在设计上立足人性、注重外部空间作用。在这本书中，他提出了两个很有意思的概念：“P空间（积极空间）”和“N空间（消极空间）”。这给我带来很多联想。

所谓“P空间”和“N空间”，是指任何建筑物都会产生对人的空间视觉效应，这种效应或产生积极的因素，或产生消极的因素。这种因素会传导到观者的心理层面，从而影响到观者的身心。

“积极”与“消极”，这有些让人茅塞顿开。把这对相对的概念引入舞蹈领域，是不是也可以有助于我们来观察和阐释中国当代舞蹈艺术的主流风貌呢？是不是我们的舞蹈方式正是一种“P舞蹈”的方式呢？这不正是中国当代舞蹈艺术一直以来所追求和所坚持的审美理想和方向吗？这不也正是我们从赵明的舞蹈中所分明看到的艺术旨趣吗？

“P”和“N”分别来自英文字母“positive”和“negative”，前者具有“积极的”“正面的”“主动的”等含义，而后者的意思与之相反。我们借用这样的标示方法，作为一种美学上的观念和主张，正可以帮我们用来解决如何对待和处理中国当代舞蹈艺术主流风貌问题的讨论和解读。

中国当代舞蹈的立足基础，是按毛泽东在延安文艺座谈会上的讲话为精神而发展起来的，这是一个我们今天不容忽视的视角。中国当代舞蹈艺术是与中国人民的革命事业和建设事业紧密相连的，在很长一段时间内，它都被赋予了在社会主义的建设伟业中鼓舞人民、讴歌人民的重任。要站在这样一个高度，它当然需要首先去开掘人类正面的情感来予以表现，从而达到为人民服务的目的。因此，在整个中国当代舞蹈艺术的建设中，表现出的是厚重的“当代性”而非“传统性”。这当然是中国人民现阶段的社会主义事业的要求所致。

所谓中国当代舞蹈艺术的“当代性”，是这样体现出来的：它源于当代人的生活，表现当代人的精神风貌，并为当代人的精神世界服务。由于它的这种积极向上的特质，其“P舞蹈”的基本内涵才这样被揭示出来。

赵明是中国当代舞蹈艺术风貌的典型诠释者

赵明的舞蹈作品，显然是这种“P舞蹈”方式非常完美的体现。在男子集体舞《走、跑、跳》中，赵明凭借军旅生活中极为普通的事件传达出一种具有励志意味的进取精神，让观者在回味中获得面对各自生活、克服各种困难的勇气和毅力。这种对于人类追求积极向上的精神表达，具有艺术典型的正面力量，这样的作品带给人感悟、带给人激励。最为难得的是，赵明在传达这样的向上意图时，没有图解、没有口号，而是通过艺术的表达，把一种透明的、阳光般的思想投射到作品中来。能达到如此高度，没有对艺术的深刻把握是不容易做到的。我们看到，在赵明大量的舞蹈作品中，讴歌人类正面的情怀、发掘人类的向上精神，成为他创作的主流。而正是这个主流，让他成为诠释中国当代舞蹈艺术主流风貌的代表性人物。这也正是我们看重赵明创作的根本原因。

同时，在不断增长着的把握艺术规律的功力的时候，赵明的创作也开始走向纵深，一系列大型的舞蹈、舞剧作品，展现出他驾驭大型作品、深入探讨人性的勇气。由他创作的舞剧《霸王别姬》，是新时期以来的一部上乘之作。在剧中，赵明不但将刘邦、项羽和虞姬的关系进行重新审视和整理，既有挞伐又有讴歌，其人文光芒始终闪烁在这部舞剧之中。舞剧从人物的设置、关系的处理，到故事的展开、场景的安排，均透出编导睿智的心机。气势磅礴的效果和感人至深的爱情，都给人以深刻印象。《霸王别姬》承接了中国当代舞蹈精神之衣钵，将中国当代舞风发挥得淋漓尽致。

无论从赵明的大作品还是小作品，我们都可以清晰地看到，赵明是一个善于动脑筋的编导，他善于听取各方意见和反馈，善于取人之长补己之短，这在今天实为可贵。赵明对待艺术拥有严谨的态度，他忠于原创，从不拾人牙慧。这些其实都是很简单的做人做事的道理，但在今天个人主义盛行的社会中已经被遗忘许久了，这就更凸现出赵明的可贵。

赵明是一位多产的编导，从中可以看到他的勤奋、他的执着。他是属于

“路漫漫其修远兮，吾将上下而求索”型的创造者，对艺术和美好精神家园的追求给他插上了翅膀，让他尽情遨游在舞蹈艺术的天宇之中。唯其如此，才让赵明寻觅到艺术的真谛，我们才幸运地获得了像赵明这样的舞坛才俊。正是中国当代舞坛一位位像赵明这样的才俊，才使得探索和展示中国当代舞蹈艺术的主流风貌成为可能。

或许，我们还很难就中国当代舞蹈艺术的风貌给出一个更为明了而有力的结论，但积极实践着的中国当代舞蹈艺术正在努力缩短着与自己目标之间的距离。或许，我们想为中国当代舞蹈艺术寻觅一个统一风貌的企图会落空，但中国当代舞蹈正在走向成熟、正在将自己的风貌呈现给世人却是一个不争的事实。让我们都去看一看赵明的舞蹈吧，那么我们即会对这样一种憧憬予以肯定，因为赵明的创作分明让我们看到了那种风貌的实在与确凿。

杨威：征服的力量

一 杨威，你太牛了！[①]

杨威，拥有一个典型的男人名字，却是一位女性。她就是空政文工团的舞蹈编导。刚刚在国家大剧院看了她任总编导的大型红色经典舞剧《红梅赞》之后，我只能竖起大拇指：杨威，你真牛！

舞剧《红梅赞》不是第一次上演了，首次上演时就很轰动，还得了各种大奖。我回国听说后，还特意买了光盘回来看，但好像印象并不佳（看来不能相信光盘，其表现质量实在是大打折扣啊）。这次再次上演，我终于有机会一睹其真颜，实在太震撼了。

其实，我是坐在大剧院的三楼看的演出。虽然观赏效果并不佳，但却真正看到了一部舞剧精品。

我最惊讶的还是全剧的完整性！实际上这是一个应该的结果，但在今天的中国却是那么难得：舞台上有太多太多不完整的舞剧了！那些不完整体现在方方面面，但最主要的一个方面就是编剧的不尽如人意。然而，这部舞剧的完整性，实在是让人意外不已。其成功之处在于成功地再造了人们心中的

① 本文见“新浪江东博客”2009年8月10日。

江姐及其同伴形象。故事并不完全拘泥于原著小说，但其有机性和最终达到的感人地步，却一点都不在其他艺术媒介之下。

舞剧的一大优点在于舞台美术的成功设计和运用，可以流动的牢房铁栏杆是该剧非常巧妙而成功的设计，它随着剧情把舞台分隔成不同的区域，从而协助剧情的进展。同时，灯光的运用也非常棒，非常点题。

几乎没有一点缺憾——这就是我对这部舞剧的看法。

此外，我还想道：既然已经有了文学作品、电影和歌剧，为什么还要编成舞剧？因此，可以说明一个道理：舞蹈一定有别的艺术手段达不到的功能。舞剧《红梅赞》让我们再次思考舞剧的功能。

二 杨威，再次被你征服——舞剧《文成公主》观后[①]

拥有一个像男人一样名字的杨威，是空政文工团一名优秀的女性舞蹈编导。最近由她创作的大型舞剧《文成公主》，由兰州军区战斗歌舞团搬上首都舞台，她出众的舞剧创作才华，再次引起了舞蹈界的关注和热议。欣赏过这部在舞剧艺术各个环节均有上乘表现的舞剧《文成公主》之后，让人不禁击节叫绝：杨威，就这样再次被你征服！

首次被杨威征服，是看由她创作、空政文工团推出的大型原创舞剧《红梅赞》。在那部为她奠定了在中国舞坛地位和带来各种荣誉的舞剧作品中，杨威以她女性所独有的细致和敏感，以及她个人对于舞剧艺术的理解、思考和在舞剧创作意图、手法上的驾驭，将那个百姓们耳熟能详的《红岩》故事进行了精心、精彩而精湛的演绎。舞剧《红梅赞》问世之后，获得过大大小小的各种奖励和来自专家以及普通观众的如潮好评，同时，那部作品也把杨威稳稳地送上了国内一线舞剧编导的地位。

① 本文发表于《舞蹈》2011年第9期。

回想舞剧《红梅赞》，可以说，那是一部让人百看不厌的作品。每次观看那部舞剧，除了获得在艺术和世界观上的心灵感触之外，我总会在心里细细琢磨：它为什么会达到如此成功的地步？那部舞剧在结构和语言以及舞美设计等环节上的总体成就，总让人以为或多或少地带有一定的偶然因素，因为毕竟一部成功的作品并不能成为衡量一个舞剧编导功力的唯一试金石。因此，杨威下一个作品的“成色”，将让舞界建立起对她艺术才华的真正判断和充分认识。

机会终于到来：借建党90周年优秀作品展演之机，兰州军区战斗歌舞团为首都观众带来了由杨威任总导演的舞剧《文成公主》。杨威在这部舞剧中所显示出的非凡艺术才华，再次向世人证明了她所拥有的非同寻常的舞剧思维和创作功力。

在《文成公主》这部新舞剧作品中，杨威再次以她新颖独到的艺术构思和踏踏实实的艺术手法探索，在结构、语言以及舞美设计等环节都进行了十分有益的尝试。她不是像时下许多“大腕”舞蹈编导四处匆匆“走穴”那样无暇顾及艺术本身之探研，从而造成所做出的舞剧作品让人不堪卒看之结果，而是特别强化了她的舞剧观建设。她的舞剧观建立在“舞”和“剧”合理而有机的交织中，她是在用自己的作品探索着、实践着自己的舞剧创作主张。在完全摒弃了一般化、模式化的陈旧舞剧思路和手法之后，她不遗余力地从舞剧艺术探索的角度出发，以对艺术的敬畏之心，终于捧出了自己用心血凝成的艺术作品。因此，由杨威倾力打造的舞剧《文成公主》，具有艺术的品位和意味，她的创作心得，自然会为中国舞坛的舞剧发展事业积累起重要的经验。

看杨威的舞剧创作，首先给人以强烈感受的，就是她独立而独到的舞剧观。这体现在以下几个方面。

（一）选材及其结构

从该剧的选材上来着眼，我们都知道，“文成公主”的故事在中国已是家喻户晓，选择这样一个众人皆知的题材，多少可以透视出杨威在舞剧选材上的主张：她善于选取那些已经被社会广为认知的形象来进行艺术演绎。这种在已知形象上做自我发挥方法的优势，就是舞蹈编导可以省去大量篇幅去介绍特定的人物及其时空环境，减少无谓的枝蔓，更为直接、更为快捷地展开编创思路，从而有足够的篇幅来尽情挥洒编导自己的艺术构想。之前的《红梅赞》如此，如今的《文成公主》亦如此。

不知这样的选材方式是不是会成为杨威一个恒定的方法，但从她两部成功之作来看，这种选材方式的确为她的成功奠定了基础。

当然，采用这样的选材方式在古今中外的各种舞剧作品中可谓比比皆是，杨威的成功也并不能证明“题材决定论”的合理性。究其根本，杨威的把握在于她在选材之后于舞剧结构中一以贯之的“整体思维”。她在舞剧结构上的主张和功力在打造舞剧《红梅赞》时就已经让人有所“窥豹”，如今在舞剧《文成公主》中，更是达到了天衣无缝的圆熟高度。

杨威的舞剧《文成公主》虽然仍是按照线性的叙述线索交代出人物、故事及其情感逻辑，但自始至终没有分场，而是一气呵成地完成了舞剧叙事任务。在近两个小时的演绎时间里，该剧从文成公主的赴藏出嫁，讲到她与松赞干布的爱情以及在西藏遇到的人和事，再到她为汉藏民族交流所做的贡献，这样的舞剧主题在行云流水、环环相扣的结构安排和处理中始终体现着一种非常讲究的节奏感，有张有弛，有繁有简，有轻有重，有疾有缓，拿捏得很见功夫。不就是那样几件事和几个人嘛，在杨威的笔墨运筹中，一切都是娓娓道来、徐徐展开，让观众在平常的欣赏心绪中，缓缓地感受着、体味着剧中人的举动和舞剧艺术的张力。

这种在结构上的独到处理，带给人鲜明而强烈的艺术感受，从而加强了舞剧的艺术感染力，让观者很兴奋地快速跟进，从而建立起强烈的审美期待，并最终眼前一亮。这也多少彰显出了杨威的艺术眼光和艺术自信。

（二）语言及其处理

即使在舞剧领域内，杨威的舞剧《文成公主》对于“文成公主”这个故事的表现也并非头一回。然而杨威的独特处理，造就了该剧迥异于他人的艺术气质。而除了前面提到的结构功力之外，另一大成功之处体现在塑造人物时的语言特点上。

舞剧《文成公主》的语言是挺讲究的。对于这个人物的角色实现，实际上可以采用许多色彩：古代的、少数民族的、人物的、特定时空的、编导自身的等等。应该说，如此丰富的语言色彩为杨威渲染具体人物的具体情境带来极大的便利。然而，我们并没有看到她使用任何现成的语言素材和材料，而是以创造性的思维逻辑从特定人物的特定需求出发，让舞剧语言成为塑造人物、渲染场面和推进剧情的助推力，从而形成了自己所独有的动作审美逻辑。

语言能够紧密配合场面，杨威有几处的处理让人很难忘。“进藏”一场，杨威安排了两个空间，一个是唐代宫女的“送亲”仪队，一个是藏族臣民们的“迎亲”队伍，两个空间各自形成了在语言交织上的对比，各有自己的语言肢体，各自表现自己的心理空间，却又在对比中，把此情此景中人物的心绪展露无遗，同时在视觉上形成独特而点题的画面美感。再如，松赞干布得病后，他的大臣们不允许文成公主接近他，杨威让文成公主背朝观众，坚定地一步一步向松赞干布走去，大臣们在她坚定毅然的步伐中一个个闪让开来，她虽然没有任何大幅度的动作，但所表现出来的那种内心的强大，加强了观众对这一人物的认识。类似的闪烁着智慧之光的语言处理和场景把握功夫，在该剧中不时出现，体现出创作者极强的主观表达意图和活跃而发达的脑力运用。

（三）精湛的舞美创想

本剧达到了以上所言的艺术高度，在舞美设计上并不是依靠“堆砌”完成的，而是采用了既风行国际艺术舞台又减少铺张浪费的简约式方法。偌大的舞台空间虽然被投影幕所包裹，但并没有“笼罩”感，切题的幻灯设计为剧情的展开和推进提供了很大的帮助，巨大白色投影幕的整体升升降降，本身就成为舞剧语言的一种表达，为观者的视觉带来了具有美学意味的空间感受。

这种大胆的设计不消说是富有艺术含量的，就舞剧舞台着眼，它不仅符合舞剧演绎的规律，把大片的舞台空间留给了舞蹈演员的表现，让编导可以在一览无余的舞台空间上尽情地铺陈能彰显舞剧本体的各种想象，同时又有效地扩大了舞台空间，正是“不着一物而尽放华光”，聪明而又高级。

实际上，看杨威的舞剧创作，会发现她对舞美设计的要求是很有想法的，她在创作舞剧《红梅赞》时，就让舞台美术直接参与到了舞剧的艺术表达之中，成为舞剧表达不可或缺的一分子。在《文成公主》中，这种艺术表达更是上升到一个新的高度。这样的舞美设计，没有虚张声势的夸饰，没有愚蠢而奢侈的堆砌，而是写意而智慧地传达出一种现代剧场美学的品格。这在眼下的中国舞剧创作趋势中，是一种相当难得而宝贵的观点和品位。

自然，该剧也有让人不满意的地方，比如上半部分的节奏要好于下半部分，特别是当一队不知所云的“形象”登场后，叙述的调子便有些拖沓，从而降低了人物塑造的分量。

从《文成公主》可以看到杨威的舞剧观。舞剧《文成公主》通过杨威崭新和成熟的舞剧思维，为中国的舞剧创作提供了有效的经验和价值，这为正在实践着、正在遭遇着各种难题困扰而处在迷茫之中的中国舞剧事业，树立了一个正面的清新形象，使得眼下泥沙俱下的舞剧行业获得了正面的信息。杨威的舞剧思维让我们建立起了对她的无限期待，期待着她不断用“下一个”舞剧作品来巩固我们对她的认识、判断和肯定。

三 品味杨威　品味《梅兰芳》[①]

杨威创作的舞剧作品，从来不会让人失望，《红梅赞》如此，《文成公主》亦如此，《梅兰芳》让我们对她的信心更加坚定。

---

① 本文发表于《艺术评论》2015年第1期。

由中国实力派舞蹈编导女将杨威为辽宁歌舞团创作的大型原创舞剧《梅兰芳》，于2014年10月辽宁省艺术节期间在沈阳与观众见面。该剧以杨威一直以来的艺术气质，获得了很好的口碑，成为艺术节期间引人入胜的一部舞剧作品。

身为空政文工团舞蹈编导的杨威，是中国舞蹈界近年来不断取得佳绩的一名军旅舞蹈工作者，她凭着几部优秀的舞剧作品，成为圈内有口皆碑的著名编导。由于一直拥有着上佳的艺术质量，她的舞作总会给人带来十分不一样的观赏结果。独特的创意、合理的结构、细致流畅的语汇、精雕细琢的制作，这些都成了她在创作上的标签，杨威以她女性编导所特有的细腻、顺畅和精致，让她的作品始终闪烁着艺术的光芒，在给人带来艺术滋养的同时，也让人建立起对她的信任和期待。凭着一部又一部作品积累起来的声誉，杨威已经成为当今中国舞坛一位十分有作为、有影响的优秀舞蹈编导人才。

这位优秀的舞蹈编导人才，在为山西创作出舞剧《女娲补天》并获得良好赞誉之后不久，便在沈阳推出了另一部精彩舞剧之作——《梅兰芳》。虽然如此高产，但她却没有其他“大腕”编导在这种情形下出现的粗陋和敷衍，杨威对每一部作品都是极尽雕琢，精益求精，单就这一点，杨威获得人们的好感和尊敬便成为自然而然的事了。让我很欣赏的是，她在舞剧创作过程中，没有像今天大多数舞剧那样另设“编舞”人员，剧中每一个动作、每一个细节，全部都由她本人设计创作。因此，就像该剧节目单中所标示的那样，杨威是一位名副其实的“编导”。在今天常常是以“团队”生产为基本方法的情势下，这一点尤其值得鼓励。而舞剧《梅兰芳》则再次延续了这种由她一手操刀、倾情而为的实践模式。

辽宁歌舞团选择“梅兰芳”这个题材来做舞剧，初闻会略感突然，不知这部舞剧的推出是否与今年时逢梅先生诞辰120周年的纪念活动有什么关联。但毫无疑问，不管出于怎样的初衷，杨威从“梅兰芳”这个“人”出发，从他为中国戏曲艺术所做出的努力和所取得的巨大艺术成就出发，这样的选材显然是正确的。然而，对于一部舞剧作品而言，“梅兰芳”这种以现实生活中的特定人物为具体表现内容的题材，又明显是一个较难入手的选材，毕竟梅先生的一生可以抽象为舞蹈表现的内容并不太有力。因此，循着“讲故事”的表现思路去结构这样一个人及其事迹，或许是一件出力而不讨好的事情。然而，杨威厉害就厉害在这里！她完全不按常人的常规思路出牌，而是独辟蹊径、剑走偏锋，依照自己的艺术构思为观众呈现了一位旷世京剧奇才的艺术及精神之路。

在舞剧结构上，舞剧《梅兰芳》走的是“虚写”的路线，淡化了故事和情节，而是将这一个人物的独特性和合理性作为舞剧的基础。如果沿着杨威以往的几部舞剧作品来观察，她的舞剧构思似乎走的都是这个路子：虚实相生，写意和写实相互转换，所采用的故事或情节并不单单为了表现之目的，而是作为表现“人”时的工具和手段。显然，这种透过杨威的舞剧作品而感受到的她渐渐浮出水面的舞剧观，正在日益明朗化、清晰化，她对于舞剧规律的艺术认知和把控，已经越来越鲜明而成熟地呈现出她特有的艺术特色。她的舞剧观之所以值得推崇，是因为与之相左的一些舞剧作品大都采用的是“翻译”剧情的方法，也就是说，舞蹈编导是按着编剧提供的剧本将人物及其故事“翻译”到舞台上。杨威不是这样，因为她认为这种机械而简单的“翻译”方式，并不是“舞剧艺术”的本质特点，难免会降低舞剧艺术的魅力。在创作中，杨威在处理舞剧人物及其故事情节时，从不就事论事，而是通过重新咀嚼和推敲剧本来完成“舞剧”的结构，因此这样的方式是很难让人看到杨威作品中“编剧”的痕迹的。在这里，编导和编剧完全是一体的，编导的引申性创意为剧本所提供的基础带来了积极而符合“舞剧艺术”的独创设计。或许，这正是我们在看杨威的舞剧时，根本用不着看节目单或者现场字幕解释的原因，因为那些文字都是多余的。杨威让观众看的是她的“人物”及其在“舞蹈”上的创意，而不是文字或者故事。

这部舞剧的结构，同杨威以往的舞剧作品相一致的是，同样没有分幕次，而是自始至终一气呵成。该剧大概可以分为“梅兰芳的京剧艺术”“梅兰芳所饰演的几个重要角色”“梅兰芳拒为日本侵略者唱戏”几个部分。这么简单的内容显示出，该剧显然不是一部靠繁复而曲折的故事性而取胜的舞剧。这样的板块在结构上层层递进，一环扣一环，始终彼此呼应着，产生了精彩纷呈的舞台状态，观毕让人大呼过瘾。虚化的故事情节和与舞蹈息息相关的“舞蹈性创意”，在杨威的手中显得是那么得心应手，这反映出杨威对于自己舞剧观的自信。

这是一部没有表现男女情爱内容的舞剧，单这一点估计就会让许多编导望而却步。杨威善于将缺憾变为优势，她对人物角色的设计，让她的舞剧具有了十足的可看性。在这部只有一个主要角色（梅兰芳）的舞剧中，创作者对于剧中“生”“旦”“净”“丑”四个角色的设立，可谓神来之笔。这四个始终伴在梅兰芳左右的角色，不但极好地为梅兰芳这个人物的塑造提供了令人信服而妙趣横生的基础，更为这样一部述说京剧大师内容的舞剧找到了一个十分贴切而达意的表现手段，让这部表现一位京剧大家的舞剧获得了生命。剧中这种对于京剧艺术元素的利用可谓比比皆是，如“天女散花”段的“双绸”技艺、服装上“靠旗”的妙用、京剧唱腔的处理、京剧曲牌在音乐中的再现等等，这些处理都让京剧所具有的鲜明的中国文化色彩贯穿始终，从而烘托出梅兰芳身上所特有的“中国气质”。

当然，该剧最成功之处仍然是对“梅兰芳”这一人物的塑造。按说，现实生活中的梅兰芳其戏里戏外的特殊人物背景，毫无疑问是类似的作品吸引观众的一大看点，想必对其人物的塑造不应成为问题。然而，基于男扮女装的特殊动态与出现在舞蹈中的动态，如何将人物和他所饰演的角色之间的动作尺度拿捏准确，同时还能将这个人物表现得恰到好处，显然对编导是一个巨大挑战。我们看到由沈阳军区文工团优秀青年舞者董华兴扮演的“梅兰芳”这个人物，在编演双方的处理下，非常可信，栩栩如生，同时富有极大的美感，他们对于这个人物的树立和塑造显示出他们的艺术功力。

“拒为日本人唱戏”这一板块处理得是极为精彩的。一把带着红圆心图案的扇子，一下子把人拉到了一个特定的时间和空间，虽然服装和音乐等辅助环节在处理上都较为模糊，反而显示出创作者的高明：它让人想到了梅兰芳不凡的一生所历经的种种曲折和坎坷。他的刚强和正义，让人们感受到一位中国艺术家的傲骨和民族气节。当历经人生的跌宕与起伏之后，梅兰芳终于迎来自己人生的华彩时，舞剧在结尾安排了《贵妃醉酒》的唱段。这时，人们已经感受到了梅兰芳人生的美好与不凡，美若天籁的唱腔开始让观者的心随着剧情而荡气回肠，充分感佩着梅兰芳作为一个“人”的真正价值。编导为塑造这一个“人”所花费的各种心血，在这一刻都取得了积极的效果，因为，虽然情节淡化了、故事没有了，但感人至深的人物却在观众的心中生根了。

该剧的另一大亮点是舞美，自始至终的简洁设计和处理，体现出创作者们极好的艺术素养，简单的两个红色的巨大方框的设计，非但没有让人产生简单化的粗鄙感，反而带给人一股清新的感受。这种透出艺术灵性的设计，让我们感受到中国舞剧艺术在进步中展现出来的一种新意：它不再拼钱了，而是开始拼创意和艺术性了！这种进步是值得大书而特书的，它将会给中国舞剧创作带来积极的影响。此外，服装设计上的独特、作曲上的动人等，都为该剧的成功做出了积极贡献。

舞剧《梅兰芳》是一部具有深邃艺术眼光的作品，编导杨威以她难能可贵的独有艺术思维，为中国舞坛带来了又一部拥有极好艺术品位、让人过目难忘的原创舞剧。

何燕敏：谁家新燕啄春泥[1]

何燕敏是一位军中女性舞蹈编导，现任内蒙古军区政治部文工团团长，国家一级编导。让何燕敏在业界名声大噪的，是她创作的那一支让人过目难忘的《盛装舞》！

当年，《盛装舞》甫一出现，便引来一片喝彩叫好之声，舞中那绵延不绝的群舞调度、那沉稳大方的动态设计、那重彩精美的服饰、那独特新奇的节奏，都让这个舞蹈一下子便捕获了观者的眼和心，让人心悦诚服地佩服这位编导的艺术感觉。我是在第三届全国少数民族文艺会演“解放军专场”的现场观看的这支舞蹈力作，看完立刻就禁不住向坐在我前排的赵国政评委表达了我内心的激动，并于不久后以《雍容华彩盛装舞》为题在《人民日报》(海外版）撰写了一篇短评：“这个作品以其雍容华美的视觉形式美感，展示出蒙古族妇女辽阔宽厚的内心疆域和富有力度与厚度的蒙古族文化。”舞中的女舞者们“身着设计精良的深红色蒙古族袍服，在不停地穿插中构成了一幅又一幅富于浓郁形式意味的精美构图，把一幅幅静动搭配妥帖的舞蹈意象，一波盖过一波地向观众抛撒过来。那些醇馥的舞蹈意象，像是后浪推前浪的审美大潮，为观众带来不尽的视觉美感”。的确，《盛装舞》是中国舞蹈界民族舞蹈领域中结出的一颗硕果，不但将蒙古族舞蹈提升到一个新的高度，也让当代

---

① 本文发表于《中国文化报》2016年8月23日第6版，原标题为《优雅何止于舞中》。

中国舞蹈的审美高度有所加强和体现。

从那个时期起，人们便开始关注这个名字：何燕敏。她于那个时期推出的另一部蒙古族女子舞蹈作品《顶碗舞》，同样以其大气的调度手段赢得了人们的掌声。于是，何燕敏开始在中国舞坛浮出水面，而她作为女性编导所特有的那份细腻和精致，几乎让她创作的所有作品都给人带来酣畅淋漓的审美快感。

几年之后，在又一届全国少数民族文艺会演于首都舞台上绽放时，由何燕敏为内蒙古代表队创作的大型舞蹈诗《呼伦贝尔大雪原》再一次获得了满堂彩。这部气势恢宏的大型舞台作品，以其精湛的呈现和成熟的表现，在会演音乐舞蹈组近三十部作品中名列第二！何燕敏对于蒙古族文化的那份理解和挚爱，以及她在作品中呈现出的那份精致感，再一次为她赢得盛誉，也再一次展现出她作为一名女性编导的那份独有的艺术气质。

见到何燕敏本人，首先为她的美丽和干练所深深打动。这位女性导演虽已年过半百，但岁月仿佛从来没有为她姣好的面容留下任何年轮的印迹。这样说倒也不是很正确，其实岁月是多么眷顾于她，让她在岁月的延宕和流逝中，积累和沉淀着她丰厚的艺术智慧。这位美丽的女性，工作起来却不见得那么“美丽”了，她的那份从容与干练，让她思维敏捷、角度独特，极强的自信和精准的控制让她在排练场和舞台上都俨然一位久经战场的总指挥，用运筹帷幄的智思挥洒着她流光溢彩的艺术感悟。她那十分较真的工作状态，让她捧出了一部又一部、一台又一台让业界瞩目的佳作。

这位蒙古族军旅编导，16岁进入军营，成为内蒙古军区政治部文工团的一名专业舞者。在长年的军旅舞蹈生涯中，她不但练就了一身军人般的气质，更夯实了她作为一名艺术家的基础，艺术之思就这样在她长年的积累中，成为她认识世界、追求人生理想与价值的表达空间，她凭借着天赋和后天努力，渐渐成长为一名出色的舞蹈编导。

在眼下正在如火如荼地进行着的第五届全国少数民族文艺会演的舞台上，我们再次看到了何燕敏的创作，在名为《筑梦边关》的解放军专场中，来自内蒙古、西藏、新疆三个军区文工团的艺术家们集中展示了军旅民族歌舞艺术的最新成就，而何燕敏以《蒙古优雅》再次让人们看到了她对于舞蹈艺术和蒙古族文化的深刻理解和独特表达，舞中的那份“优雅”何止于舞中，那正是何燕敏自身艺术感悟和艺术气质的真实记录和反映，也是对她熟知的、挚爱的蒙古族人民及其文化的一种发自内心的赞美和弘扬。至此，何燕敏的舞蹈理想及其特色已经非常明显，那种传神的细腻和讲究的精致始终充盈在她的舞作之中，“舞蹈美”的艺术本质成为她舞蹈作品的根本和底色。她用唯她独有的艺术处理，将一种极具唯美氛围的情境展示出来，无论是画面还是舞动，都具有十足的成熟美感，从而成就了一位出色舞蹈编导的艺术化境。

正处在艺术最佳成熟期的何燕敏厚积而薄发，成为当今中国舞蹈界的一名实力干将，大量的艺术实践活动正在让她长年的潜心积累集中绽放。前不久，何燕敏刚刚把荣获国家艺术基金支持的音乐剧《相思树》推上舞台，而由她执导的另一台大型舞剧《漠魂》也问世在即。透过这些精彩纷呈的舞台作品，我们不难看到一位为了艺术和荣誉而呕心沥血、不断奉献的舞者之心，这些作品都会再次彰显出何燕敏作为一位女性编导所特有的艺术情怀。在多年的创作中，何燕敏获得过各种奖励，但在我看来，这些都不重要，重要的是她已经通过这些实践活动让自己获得历练并进而成为当今中国舞坛一位主流并且优秀的舞人，让自己的艺术理想伴随着时代自如地在民族舞蹈的天空中翱翔。可不是嘛，何燕敏独特的艺术气质和对人生的丰富积累和咀嚼，正在成为她飞向艺术制高点的有力支撑。

看，那只燕子正在不停地辛勤劳作，唯愿她筑得新巢、再迎春光！

金星：做自己喜欢的事

一　金星与《红与黑》[1]

1993年，花了几年的时间在欧美游历了一圈的金星回到北京，搞了一台现代舞晚会，取名“半梦”。当时就有评论家指出，《半梦》中的金星，阳刚之气不足，并希望他在今后的舞蹈表演中对此予以加强。两年之后，金星非但没有加强他的阳刚之气，反而动手术彻底地改变了自己的性别。现在回忆起来，当时金星在舞蹈上的表现并不是非理性的。他在现代舞《半梦》中所表现的，正是长期深深困扰着他的个人心结，应看作他心路历程的艺术化感悟。

作为一名公众人物，金星的变性曾大大地引起中国新闻媒体的兴趣。特别是她在香港卫视中文台刘晓庆主持的《打开引号》节目中以女性身份公开亮相之后，更成为人们关注的焦点。因此，当1996年年初，金星再次以艺术指导、总编导、主演的身份在京参加“北京现代舞团”成立晚会《红与黑》的演出时，立刻引起首都新闻界和无数热心观众的极大兴趣，以至票房异样红火。当然，在这蜂拥而至的观赏者中，有多少人不仅仅是关注“她”而同时又关注她的舞，就不得而知了。只不过，金星一如既往的从容、一如既往

① 本文发表于《舞蹈信息报》1996年3月1日。

的自信，使得这场不太好演的演出得以顺利完成，也使得人们对她的认识有了更为真切的感受。

在这场拥有8部现代舞作品的演出中，其中6部由金星编创，由她独舞或领舞的有3部。两年前毁誉参半的《半梦》，仍是这台晚会的主打舞作。今天重演《半梦》，不知已成女儿身的金星是何种心绪。当初的苦闷今天已经解脱，愁肠已化，梦想成真，金星的“半梦”已经圆了吗？的确，今天《半梦》中的金星，少了几分彷徨，多了几分率直。或许，正是因为挣脱了郁积已久的心理羁绊，才使她获得了艺术思想乃至肢体语言上的解放，使她得以无拘束地翱翔在能够自由表达个人意愿的艺术领空之中。作为观者，我对于两年前的《半梦》，今天又获得了一个新的理解。然而面对今天的《半梦》，我又生出新的疑惑：女性世界会接纳金星吗？男性世界会理解金星吗？但愿走出舞台的金星，面对的不是一个新的“半梦”。

其实金星并不是两年前才成为公众人物的。早在1985年，他就获得了首届中国舞“桃李杯”少年组第一名。1986年他又获得了第二届全国舞蹈比赛的特别优秀奖。1988年他去了广州，进入全国第一个现代舞班学习现代舞。不久，他便获美国舞蹈节奖学金赴纽约。

学习现代舞，金星很“灵”，他在海外的现代舞事业蒸蒸日上。1991年他任美国舞蹈节首席编舞，并获年度最佳编舞奖及最佳编舞家称号。美国是现代舞重镇，能在这现代舞的大本营获得如此佳绩，可见金星的用功和实力。同年，在美国火了一把的金星，又远赴欧洲，在意大利国家电视一台任驻台编舞。1992年他又赴比利时，在皇家舞蹈学院教授现代舞。金星的海外现代舞生涯，可谓春风得意马蹄疾。只是，这些年国内舞蹈圈对在海外一帆风顺的金星所知不多。直到1993年他回国在北京举办个人现代舞作品晚会，才引起国内同行的重视。

重新引起人们注意的金星，的确让人看到了他在业务水准上的有目共睹的提高。他编的现代舞，在编舞意识上充满了新意，动势流畅而意象饱满。他的出现，很好地促进了当时中国方兴未艾的现代舞事业的发展。可以说，金星的这段海外生涯，为他在艺术上的成功起了决定性的作用。不过对他个人而言，这段日子也让他接触到更为宽广的人生舞台，使他得以在更宽泛的文化背景之下，面对自己由来已久的人生抉择。正是这段经历，给了金星正视自己、正视生活的时机和力量。金星的“半梦”终于圆了。只是这时他仍没有失掉本土意识，他原本可以在海外做手术，但用他的话说，既然他第一次生命是在中国，那么他的新生也要在中国。

获得了新生的金星，不但抚慰关怀了自己的心灵，同时在艺术上也有了一个更出色的表现。今天，获得心灵解放的她，已不仅仅关注于自己小圈子里的个人情感，而是将艺术触角伸向更深的层次和角度。她的新作《红与黑》，表现出她力图创作出具有本土意识的中国化现代舞的意图和努力。为异域的舶来品现代舞赋予中国特色，已成为金星有意识的追求。按说，这个追求从现代舞引进的那一刻起，便成为中国现代舞者的本能，但多年来，成绩似乎并不理想。《红与黑》是一个不小的进步，在这个作品中，黑衣舞者们手持大红扇，金星设计的这个色调本身就具有了寓意象征性和艺术操作性。加上她一以贯之的编舞奇才，配合民族舞蹈的一些运动动机，使得这一部作品获得了鲜活的艺术生命。看得出来，金星作品的思想性和艺术性都在走向成熟。

金星的这个变化对中国现代舞的实践来说也是个很有意义的启示。与欧美资本主义工业文明相伴的现代舞，进入今天的中国社会之后，应该以自己怎样的生存方式去适应新的土壤，这其实是有关中国现代舞发展命运的问题。金星的探索，不啻是一个让人高兴的答案。

二 做自己喜欢的事[①]

金星回北京的频度，近来好像多了起来，先是在阔别八年之后带着她的

① 本文写于2008年。

现代舞晚会《海上探戈》回到北京，紧接着又携着她的《中国制造·游园惊梦》重游北京，前来为2008年“第六届北京国际戏剧舞蹈季”助阵。这么频繁地亮相于北京，一来证明金星的现代舞创作仍处在一个高峰期，另一方面也能从中清晰地感受到金星内心深处深挚的“北京情结”。

说金星是“回”北京，这是因为金星曾经是在北京从事她的事业的。

熟悉她的人都知道，金星最初是在北京一展她的现代舞丽质和芳姿的。她在广州学习了现代舞之后便游历海外，回到北京后，便一举推出她的现代舞专场《半梦》，顿时受到广泛关注。回想那个时期的金星，她简直像一台不知疲倦的机器，对现代舞的极端热爱让她始终乐此不疲。后来，她倾全力创建了北京现代舞团，开始了求索现代舞发展之真谛的路程。旋即，一批优秀的现代舞作品在她的奇思妙想中脱颖而出，让人们认识了一位现代舞精灵的精神世界。再后来，金星去了上海，仍以她视为生命的现代舞事业为主要发展方向，成立舞团、编创作品，金星的现代舞脚步从未有过半分的停歇。及至作别北京舞台八年之后，意气风发的金星带着她的得意之作《海上探戈》重回北京。虽然岁月在流逝，周遭的一切都已物是人非，然而金星热爱现代舞的心没有变，让人叹服的舞姿没有变。一个《海上探戈》，让人们再次聚焦金星，审视金星，重新拾回她遗落在他乡的现代舞之梦。而此刻更加落落大方的金星，不但用她的作品向人们讲述着，同时也凭借着自己这台集大成式的现代舞晚会，把自己对于现代舞艺术的追索和对艺术之梦的认识，娓娓地向观众述说着，述说着她作为一个艺术家和作为一个普通人的不凡的心路历程。

正是在这样的环境中，“第六届北京国际戏剧舞蹈季”又将迎来这位中国现代舞领域的奇才。金星这次要为首都观众捧出的，是她的又一部精彩力作——《中国制造·游园惊梦》。

金星的新作会给人带来怎样的观感呢？

明人汤显祖笔下的杜丽娘自问世以来，曾经感动过无数痴男怨女。舞台上的“杜丽娘”形象也是戏剧放下，舞剧又拾起，可谓是此起彼伏。可见，这样一出“人鬼情未了”式的感人故事，感动了不少的艺术家。那么，金星在现代舞领域中的感悟又是怎样的呢?

无论是国内还是国外，现代舞总是以给人带来惊世骇俗的感受为天职，一些现代舞者也总是以这样一种创作心态来征服社会。不过正是由于这样的出发点，让现代舞始终充满了新鲜感。对“游园惊梦”这么一个富有想象力的艺术表现题材，金星的奇思妙想和革命精神显然找到了一个最佳的发挥角度。她以全新的姿态介入她的舞蹈编排，在形式空间和舞蹈意境的表述上把故事原作的张力有效地凸显出来；同时又结合视觉和听觉上的效果，让所表现的主题和内容更加细腻、更加生动。金星借这样一个故事，希望能传达出一个女人为爱情牺牲又起死回生的荡气回肠的神奇力量。为了达到“神奇”的效果，她在舞台上突出了声、光、电合而为一的多媒体效果，而且在服装设计上也追求中国水墨画效果，这些匠心独运的效果都大大加强了现场的视觉冲击力。不难看出，金星无论是在现代舞的肢体感悟上，还是在现代剧场中的圆熟态度，都有了不凡的进步。

凭借着这出《中国制造 · 游园惊梦》在北京的华丽登场，我们也再一次看到一位远离北京又时刻牵挂着北京的现代舞者金星的身姿及其心声。她似乎在用自己的舞蹈告诉我们：她始终在做着自己喜爱的事情，她一直在努力地做好自己的事情。

高历霆：一个50岁男人的独白

我说的这个50岁的男人，是高历霆！

高历霆现任天创国际演艺制作交流有限公司副总经理。他不但是我多年的朋友，还是我读硕士时的师兄，那年跟他一起毕业的还有冯双白、欧建平等。

说到这里，先扯得远一点，很多后来者都搞不太清楚我们前几届硕士生之间的关系，我正好借这个机会说一下：

第一届（1985年毕业）：冯双白、欧建平、高历霆、谢长和宋今为（5位）。

第二届（1988年毕业）：茅慧、袁禾、金秋、张华、于平和张淼（6位）。

第三届（1991年毕业）：刘青弋、朴永光、王宁宁和江东（4位）。

第四届（1993年入学）：罗斌和杜晓青（2位）。

前三届是三年一招，从我们往后好像是每年一招了，而且每届都只有1至2人。

好，再把话题拉回来。

高历霆是内蒙古人，曾在乌兰牧骑做过舞者，后考入中央民族大学，但不是舞蹈系，而是别的专业。在读硕士时，他又读回了舞蹈理论。

硕士毕业后，他去了美国，一待就是8年，在他居住的西雅图市以教授太极拳和参加现代舞的表演为生。回国后，他办芭蕾舞学校，后进入天创公司工作至今。

让我萌生写他的原因，是因为我最近看了他在某联欢会上即兴表演的一段舞蹈。在表演前，高历霆拿着话筒对大家说，自己今年已经50岁了，想用这段舞蹈给自己过去的半个世纪一个交代。听了这样的表白，我感觉他是认真地、用心地在用这段舞蹈来表达自己对舞蹈的认识、对人生的认识。

看了他的表演，我非常看重高历霆对舞蹈的独特感悟和体认。他采用的是一种非常有自己个性和独特气质的舞蹈方式，由于他对中国功夫的研究较有心得，所以，在他的舞段中，可以感受到一股行云流水般的流动。在他的舞段中，气在走，情也在走，虽然只有他一个人跳，却让人分明感受到一个很有磁性的气场。

我1984年在印度访学时，曾结识一位来自法国的现代舞蹈家安德蕾，她整天都在琢磨着从印度古典舞中找寻“真实的动作（True Movement）”。什么是“真实的动作”？当时的我一直懵懵懂懂的，总感觉那是那些法国人、德国人无病呻吟、故作深沉。但这次我看了高历霆的舞段，好像一下豁然顿悟了那道玄机：高历霆的动作不就是“真实的动作”吗？！

高历霆的动作背景比较泛，他从小接触蒙古族舞蹈，学过功夫，在国外又大量地演练了现代舞，他眼里的舞蹈方式已经完全是超功利的了。他跳舞全不是为了任何世俗的目的，不为出名、不为获利，甚至不为探索、不为表现。他的跳舞状态，完全是进入了一个忘我的境地，好似一位虔诚的教徒游走于自我的精神世界，让动作跟着思维走，思维跟着感觉走，完全是到了一种化境。而那些灌满了中国意蕴的动作方式，动态随性，气韵悠远，很容易便把观者带进一个哲学的境界中，让人无法自控地跟随着他一起去思接千里。

这是一种多么难得的审美状态啊：忘却尘世、忘却功利，甚至忘却舞蹈、忘却美，让思绪在从容中被真实的动作打动。这样的审美高度，正是类似听古琴的那种感受啊！

什么是舞蹈？我们是不是早就遗忘了舞蹈的定义、早就抛弃了舞蹈的真谛？现代社会的喧嚣和粗鄙，让我们把艺术视为一种工具。高历霆那根本不能跟时下的舞蹈概念来类比的舞段，倒给了我们一次再对舞蹈的出发点和目的地去思考一下的契机：一个50岁的男人是这样舞蹈着的，是这样思考着的……

现在回忆高历霆在表演前的那些言辞，感觉到里面颇有一份伤逝的感怀。不过，在看了他的舞蹈之后，我要对他说：不要彷徨，不必恐慌，50岁的男人更加精彩，因为50岁的你更加扎实、更加沉实、更加充实、更加坚实。你的精彩是不到50岁的男人所无法获得的。所以，你没有失去什么，而是获得的更多。昂起你骄傲的头颅，自信地走下去，去呼唤和迎接那个更加精彩的你！

50岁的男人，没有悲凉，有的是一份成熟的自信和释然的自若！

风华正茂

田露：一个有“点子”的舞蹈创作者①

我曾应邀参加过几次高校舞蹈本科生的招考工作，渐渐地发现了一个有意思的现象：在大量考生为应考而准备的考试剧目中，由田露创作的一部分中国民族民间舞作品，在其中占有十分可观的份额。这个现象说明了什么？又或者说，田露的创作为何能引发如此共鸣？还可以再深问一步：田露的创作在民族民间舞蹈整体创作的业态中，有着怎样的特点及其贡献？作为北京舞蹈学院中国民族民间舞系的一名教师，田露通过多年积累而不断结出的艺术果实，渐渐为她的艺术创作赢得了人们的肯定和喜爱。这个不争的事实，同时也把田露的民族民间舞创作放到了舞蹈评论的显微镜下来审视。

北京舞蹈学院研究生处2014年推出了四场“导师工作坊”，“田露舞蹈晚会”与孙龙奎、王玫和王伟的作品，并列为这个教学创举的“四甲”。由研究生和毕业生们在这台晚会上相继表演的13个作品，将田露近年来的舞蹈作品串联起来，为人们呈现出田露作品的艺术概貌，并有机会让人们从一个较为整体、较为综合的角度，来审度田露创作的特色。

这台名为“缘从民间来”的舞蹈晚会包括以下作品：《磨》《红珊瑚》《翠狐》《孔雀飞来》《长调》《花儿为什么这样红》《涟涟有鱼》《我们的花鼓灯》

① 本文发表于《舞蹈》2015年第3期，原标题为《带给民族民间舞一份艺术创作上的升华——田露舞蹈创作随想》。

《那一别》《走西口》《槐花几时开》《春祷》等。我相信，在我列数这些作品时，一个个生动的舞蹈作品一定会历历在目地出现在读者的脑海中。这就是田露作品的魅力，它们始终栩栩如生，让人过目难忘。虽然上述这些在这台晚会中亮相的作品并不是田露创作的全部，但它们基本上可以呈现出田露作品的基本样貌。通过它们，我们基本上可以晓悉田露在民舞创作上的追求及其特色，以及所取得的丰硕成果。

田露的创作基本保持在一个常态运作的态势上，她不停地创作，从而让她的作品不时地出现在人们眼前，而这些持续不断的创作已经为人们建立起了极佳的审美期待，让人们每遇到她的作品时，都会立刻生出无限的憧憬。那么，田露是靠什么让自己的作品始终充满了引人入胜的特质呢？

首先有一点是极其难得的：田露的创作都是有感而发的。不错，虽然她很高产，但我们却从未看到哪一部由田露创作的作品是无病呻吟或故作姿态或人云亦云或令人费解的。善于定格自己在生活上的各种感悟、忠实自己的内心并从这些感悟中捕捉到可以散发艺术光泽的舞蹈形象，这些成为田露作品中一个共同的特点。许多看似寻常、看似不起眼的生活事件，都让田露从中找到了十分独特的表现角度和欲望，并在这种表达的欲望中牵出她的艺术智慧，当然同时也牵出了观者的审美愉悦。对于任何一个创作者来说，能洞悉生活、在生活中明察秋毫并予以自我艺术上的演绎，这原本应该是一个基本素质。然而，从近些年来中国舞蹈创作的主流来观察，这个素质的缺失是一个十分明显的现象，它导致了太多作品的平庸和匠气。因此，田露的这个素质，让我们再次感到这个要求之于创作者的重要程度。

其次的一点同样让我心仪万分：田露的作品都是“有点子”的。这些点子在切入生活的表达出口上，是那么高明而富有灵感。这里所谓“点子”，其实指的就是“创意”，一个从事舞蹈创作的人，如果没有了新意、没有很妙的“点子”，那他创作的作品一定是乏味而无趣的。那么，“点子”从哪里来？它如何跟作品要表达的内容完美结合？这实际上就是一个如何让内容与形式完美融合的问题，而田露的作品给了我们很好的回答。田露的“点子”无疑很好地体现在她创造的艺术形象上，贴切而准确，达意而传神；同时，也体现在舞蹈作品构成的各个元素上，有选材上的，也有音乐、舞美、道具上的。这些富有精妙创意的“点子”在她的作品中得到有机的整合，从而让她的每一个作品都很有“看头儿”，也很有“琢磨头儿”。通过看她的作品，往往可以形成十分理想的审美结果：观众在会意中与编者形成了会心一笑的默契。从心里发出的这种对于创作者的佩服感，让整个观赏过程充满艺术欣赏的快乐。这一结果的获致是非常难得的。在艺术欣赏上的这种心照不宣的“会心一笑”，往往能够消解观者的陌生感和起初的抗拒感，融化他们进入欣赏过程之初所固有的漠然，进而赢得他们的观赏信任，从而以建设性的心态参与、完善编者的创作，最终成为作品的审美俘虏，甘愿被编者牵着鼻子走，与作品达成情感共鸣。而田露的作品，就常常让我们如此“会心一笑”。

更为可贵而难得的是，田露的这些妙不可言的“点子”，全都能与民族民间舞的语言方式形成直接的对接，以至于让我们在观看这类舞蹈时，改变了以往在观看民族民间舞蹈创作时所固有的心态，能够以“艺术”的心态和眼光来观赏，而不是其他。人们在观看田露的作品时，特别有这种感觉。

再次，田露在表现方式的独特上，让我们感受到她在艺术经营上的苦心和十足的个性。田露在节目单上的“自言自语”中说：“模仿别人，艺术生命不过是他人墓碑上的一个斑点……”她的那些作品，不但从没有模仿他人的任何迹象，甚至也从不重复她自己。她的每个作品都完全独立成篇，新颖而独到，既成为她审视艺术、审视民族民间舞创作、审视自我的独立宣言，更为中国的民族民间舞的创作贡献出她一份独特的思考和感悟。她善于在别人已经习以为常的惯性思维中，寻觅到自我表达的一方独有的天地，真诚、率直、质朴、练达。她富有艺术个性的表达方式，从来都能让我们感受到她在舞蹈艺术创作上不断咀嚼的结果。那些看似寻常的民族民间舞领域的动作语汇，在她的重新演绎下，顿生无限新意和深意。能够坚持一直跋涉在自己的艺术道路中，心无旁骛，一路领略着、描绘着、传播着中国民族民间舞蹈的精彩风景，田露的独特艺术风格，正在成为我们领略这一风景的独有坐标。

田露对于艺术的把玩和咀嚼，还体现在她所拥有的综合质素上，她对音乐、服装、道具等方面的超强把控能力，显露出一个艺术工作者积累的厚度。看田露的作品，总会感受到她浓浓的艺术气质，而这在各个角度上都能有所体现。比如她对音乐的利用就很有特点和品位。在她的作品中，很多伴奏音乐都采用了被当代时尚社会所经常忽视的民间乐曲，那些在惯常场合下听起来可谓“土得掉渣”的曲调，却在她的作品中获得了十足的艺术生命力，让人从一个新的角度来理解和认识那些音乐作品。同时，这些乐曲又是如此天衣无缝地成为她舞蹈的伴侣，经常成为点燃观众情绪的导火索，如《花儿为什么这样红》《那一别》《红珊瑚》等，音乐与舞蹈浑然天成，相映生辉。在服装的品位上，田露的作品也都有着一种很耐品的趣味，别致而点题，同样与舞蹈的表达紧密结合，从而有效烘托了作品的艺术旨趣，如《翠狐》《花儿为什么这样红》《磨》等。在她的作品中，服装并不仅仅是一种装饰、一种点缀、一种符号或一种纯粹为了视觉效果的夸饰和华丽，而更是一种推进舞蹈叙事和表达的重要手段，经常是出人意料而又在情理之中，实现了舞蹈服装设计的理想目标。通过这些环节，我们看到了田露作为一名舞蹈编导的综合素质及其品位。

我十分赞叹田露体现在民族民间舞领域中的创作才华，她通过自己的努力对这一领域的利用及弘扬都是十分积极而富有效果的。不言而喻，身为一名民族民间舞领域的教师，她获得了一个十分广阔而丰富的动作资源，而且这个资源取之不竭、用之不尽，这显然是她葆有创作激情和灵感的一个扎实而可持续发展的基础。正面面对这一资源的有效利用和开发，既是民族民间舞创作者们的责任，同时也会成为一种优势，而能将这一优势纳入自己的创作中并通过大量的创作实践形成自己的艺术风格，则正应了“海阔凭鱼跃”的老话。

放眼全世界，中国的民族民间舞蹈是我们所独有的宝贵艺术资源，充分利用并不断弘扬它，显然是我辈舞人不容推卸的历史使命和责任。田露的成功案例及其经验告诉我们，积极地守护并开发利用这一资源，不啻为一种进取性质的保护战略，可以让其成为伴随时代进步而同步发展的精神产品。田露的创作为中国的民族民间舞蹈带来了一份艺术上的升华。

佟睿睿：中国古典舞情怀

一 佟睿睿的中国古典舞情怀①

我一直以来脑海里都有一个天真但却固执的想法：中国舞蹈迟早会在国际舞坛上被广泛认可、接受并获得一席之地的。那么，倘若有这么一天的话，显然中国自己所独有的舞蹈形式才最有权重。因此，中国古典舞和中国民族民间舞的发展，对于这种理想的早日实现显然是非常关键的。

中国古典舞的建设自20世纪50年代创立至今，有大量舞人为其发展付出了艰苦的努力，也陆续取得了成果和经验。虽然这个被冠以“古典”的舞种并非真的古典，虽然它在发展过程中历经了各种正负影响及思考，却始终让人对其不离不弃，并寄予巨大期望，这是因为中国的舞蹈生态太需要一个能够具有中华气派、代表中华形象的舞种了。因而，尽管中国古典舞在性质上并不“古代”而更近“当代”，也终不能阻挡中国舞人希望它承担历史重任的憧憬。毕竟，随着中国的崛起，舞蹈艺术同样也是文化软实力的一个象征。

在中国目前的情况下，弘扬这个舞种的一个根本办法就是鼓励创作。因为只有优秀的古典舞的不断产生，才会让这个舞种得到有效的、醒目的实

① 本文发表于《中国文化报》2014年1月28日第6版。

质性进展。然而长期以来，中国古典舞在创作上却受到制约，因为编导们一般来说都崇尚自由的表达，而不喜欢囿于任何既定的框框，这种态度并不利于古典舞的持续繁荣。因而，在很长一段时间以来，古典舞在创作上的捉襟见肘，成为这个舞种进一步呈现其成果的发展瓶颈。在不多的乐于以古典舞为发展维度的编导中，佟睿睿的古典舞创作成为支撑这个舞种的主要力量。

最近国家大剧院小剧场举行了“中国舞蹈十二天”的活动，在作为闭幕晚会的佟睿睿作品专场中，由她创作的古典舞剧目占了半场，让观众集中地看到了她在这个领域中持续耕耘所洒下的汗水和所浇灌出的幼苗。

佟睿睿在创作上的成长是与中国古典舞紧紧绑在一起的，她在北京舞蹈学院编导系读大四时创作的女子独舞《扇舞丹青》，可以说一举奠定了她在舞界的认知度，同时也让她获得了坚定于此的自信。其后一发而不可收的创作热情，让她相继推出了《碧雨幽兰》《根之雕》《罗敷行》《绿带当风》《点绛唇》《夜深沉》等优秀古典舞剧目。这一连串像珍珠般晶莹剔透的作品，不但让一位位年轻的舞者乘着这些作品的翅膀翱翔于中国舞坛的天空，同时也让佟睿睿的古典舞情怀得到了充分的释放，创作才华得到了空前的开掘和展现。

看佟睿睿的古典舞创作，的确是一种难得的艺术享受。在她的古典舞世界中，没有哀怨、没有悲恸、没有愤懑、没有愁绪，她在选题上一直都是那么健朗而阳光，她用诗人般的笔墨把古典的气质和情致书写得潇洒而脱俗。

实际上，佟睿睿在古典舞创作领域坚持的这种中国古典文人气质是始终如一的。在由王亚彬演绎的女子独舞《扇舞丹青》中，佟睿睿将身体的动律处理得极其富有文化感，动势讲究气韵生动，动态追求张弛有度，活脱脱地把中国舞蹈的古典审美气质提升到一个空前的高度。所谓古典舞的审美气质，这是中国古典舞作为一个舞种而立足的一个大问题。我们都已知中国古典舞的审美品性是从戏曲和武术中总结出来的，从动作规范到美学态度，均沿用这个固定的套路。有人辩称，戏曲是中国古代后期社会的产物，其审美形态不能涵盖历经数千年而成就的中国特点，言下之意是靠戏曲等形式升华而成的这种审美取向不足以代表中国特色。但是，由于舞蹈的特殊形成方式，又有谁能够真正返回到历史的真实中呢？当然这种诘问显然也有其助益，它从另一层面让我们思考古典舞的审美趋向。历史回不去，历史的舞蹈容颜我们无从知晓，中国古典舞的审美走向应该如何取舍？佟睿睿用《扇舞丹青》等一系列作品为我们做了回答，那就是追求“极致的文人风骨”。

佟睿睿用她的古典舞作品在尽情地追寻着“极致的文人风骨”。这种追求通过国家大剧院“中国舞蹈十二天”的演出，给了我们更加清醒的认识和更为真切的感受。在充满深厚文化感的文人气场中，她把这种文人气质推向了极致，舞蹈、音乐、服饰、画面无不体现着她的这种追求，其创造的艺术意象十分饱满，同时风格宁静而致远。颇为讲究的舞动语汇方式，伴着丰富而饱满的浓浓诗意，带给人以极强的艺术感染力，让人充分感受到了中国古典舞的独特和高级。

独特与高级这样两个审美特质让中国古典舞获得了一个美学标准和希望，既然历史回不去，那就只能在“历史感”上做文章，而将中国古典舞的历史感置于文人气质这个角度，让这个舞种在审美趋向上获得了实实在在的支撑。而佟睿睿（当然还有其他编导）的大量古典舞创作证明了这个立论是有根据和可能的。当然，如何做到更独特、更高级，则仍应该是古典舞从业者们需要长期思索并做出回答的难题。

佟睿睿的古典舞情怀是一目了然的，她热爱这个舞种，当然这个舞种也成就了她的事业。显然她的思索对于中国古典舞的建设与发展是极有价值的，而她的实践也毫无疑问是富有成效的，古典舞的成长是急需这样的编导及其用心的。同时我也盼望有更多的类似“中国舞蹈十二天”这样的表现平台，给古典舞更多的表现机会，也让更多的中外人士认识并欣赏到它的美学价值。

二 雅俗之间，风流自在——看佟睿睿打造的《四美图》[①]

在2011年国家院团优秀剧目展演中，由中国歌剧舞剧院推出的《四美图》显示出该院在创作上的一些新气象。这是一台专为青年旦角演员李玉刚量身打造的晚会，由目前在舞蹈界颇富盛名的中国歌剧舞剧院编导佟睿睿执掌帅印，担任该台晚会的总导演。

起初，闻知佟睿睿要做这样一台晚会，我委实为她捏了一把汗。佟睿睿是近年来国内舞蹈界一位风头正劲的女编导，她以女性编导所特有之细腻传神和精美构思创作出炉的一系列舞蹈作品，不断为她赢得了声誉。不说以前的《扇舞丹青》《绿带当风》《秀色》等一系列闪烁着作者极高艺术智慧之光的舞蹈精品，就说在最近刚问世不久、由冯双白编剧的大型舞剧作品《洛神赋》中，佟睿睿以其多年的艺术咀嚼和积累，在该舞剧的创作上表现出一位优秀编导所具有的优良品质，让业界津津乐道。

按说，如此这种靠不断推出优秀作品积累起来的声誉，让人们有理由相信佟睿睿这位富有艺术实力的编导，终会沿着正面而主流的艺术大道奋勇前行的。然而，让人不由倒抽一口冷气的是，这位艺术实力脱俗的编导，却要为一位从“星光大道”走出来的男扮女的歌手打造一台晚会。这样的选择，的确不能不让人为她揪心：好端端的一个专业编导，有必要去做这样的事情吗？

的确，做这样的晚会是有一定风险的。李玉刚这位在社会上大红大紫的超人气歌星，虽被中国歌剧舞剧院纳入麾下，但仍无法否认他是“流行界”人气歌手的事实。人气歌手往往是流行界的宠儿，但未必能合乎艺术主流的胃口。而佟睿睿这位极具专业水准的舞蹈编导涉足类似的领域，挑战是显而易见的。往雅里做吧，跟李玉刚及其背景、形象未必搭；做俗了吧，佟睿睿

① 本文发表于《舞蹈》2011年第11期。

自身的艺术定位将面临考验。因此，从佟睿睿接下担任《四美图》总导演的那一刻起，新的征程和考验便已展开。而那些熟悉佟睿睿、热爱佟睿睿的人，也在如履薄冰般地热切关心着她在这条路上跋涉的结果。

经过一段时间的打造，《四美图》终于登上了国家大剧院戏剧场的舞台。答卷就这样交出来了，结果如何，任人评说。

令业界和普通观众万分惊喜的是，在佟睿睿的运筹帷幄中，李玉刚更加具有了艺术家的风采。整台晚会带给人强烈的艺术气息，创作上锐意进取，制作上精益求精，视觉呈现上美轮美奂，这台晚会把李玉刚装扮得脱俗而富有灵气，雍容而贵气。人们不但为佟睿睿松了一口气，更加为她在艺术上的新超越倍感欣慰。

《四美图》在创作上是很有灵性的。它利用李玉刚所具有的独特艺术气质和魅力，将之与中国古代四大美人联系起来，这个创意为李玉刚的艺术特质做了画龙点睛的概括，不啻是一个很出彩的高级艺术噱头，这实际上反映出创作者们的慧眼、艺术适应和把握能力。貂蝉、王昭君、西施、杨玉环，在中国观众的心目中，她们每一个人都有着无法估摸的美丽和动人心魄的故事，而这种美丽一旦通过艺术演绎被具象化、被直接视觉化，其实际中的审美形象能否与观众心目中的想象形象对接，是否能引起观众在心灵上的共鸣，这是这一创意所面临的最大不确定性。

在佟睿睿等创作者的精心努力下，这一创意不但达到了预期的创作目的，同时也在具体呈现上让李玉刚的表演更深入人心。可以说，由他饰演的四个美女，在视觉形象上不但“各美其美”，暗合了人们的审美期待，同时又“美美与共”，更加丰富了人们的艺术想象。从现场观众由衷地为其精彩的表演击节喝彩的热浪中，不难看出观众对艺术创作者们所付出劳动的肯定。

四个美人、四个故事、四大主题、四种意境，按起承转合的结构展开，歌舞交融，层次分明，在特定人物及其命运的展现与塑造中，不断呈现出了各种美不胜收的场景。创作者们对每一个美人的设计也可谓是煞费苦心，如何在一两支歌曲和有限的舞段中迅速让观众感知所表现的特定人物，并进而撞击到观众的心灵，引起其共鸣，创作者们在设计上是下了很大的功夫的。每个美人在歌舞的演绎中，都突出其独特的命运转变，把各种富有审美价值的歌和舞串联起来，又统一达到烘托人物的环境，这是该晚会在编导环节上最成功的方面。

李玉刚的表演自然也是一大亮点。他不但在声腔上延续了自成名以来的神奇，同时在舞蹈表现上也让人刮目相看。自然，从专业的角度着眼，专业的观者实在无法读出这位并非舞蹈职业科班出身的歌手一招一式的专业气质，然而人们也不得不佩服导演在处理上的聪明和李玉刚在排练中所花费的心血，毕竟，审美结果是令人满意的。李玉刚通过他的勤奋和努力，加上编导的精心安排和处理，俨然有了一位功夫了得的歌舞并重之艺术家的出色风范。这既让人感动于李玉刚的努力，同时也让人悟到了佟睿睿等编创者们的高明。

让人最喜欢的是《贵妃醉酒》那一折。除了婉转的声腔和妩媚的舞姿所呈现出来的现场美感，更让人体味到中国传统戏曲本身所具有的超级艺术魅力，它强烈地冲击着人们的视听觉神经，成为晚会中的一大亮点。这不禁让人惊叹于中国特有的传统艺术所具有的强大感召力和艺术感染力。

《四美图》，一切都是水到渠成，天然去雕饰，佟睿睿的编导驾驭功夫可见一斑。最难得的是，她为通俗的表演方式注入了一抹艺术的亮色，从而丰富了演员的表达时空。君不见，那抹艺术的亮色，通过声情并茂的演唱、新意迭出的舞段、华美精良的服饰、巧夺天工的舞台，洋溢于演员的表达过程，弥漫于舞台的虚实空间，润释了观者的眉宇心头。

王亚彬：《青衣》又见王亚彬[1]

王亚彬又携着由她主导策划、创作、表演的“亚彬和她的朋友们”第七季与观众见面了。这个一年一次的舞蹈系列演出，已经在连续七年的持续努力下，成为圈内外观众的固定期许。而王亚彬通过七年时间建立起来的声誉，也让她和这个系列演出一样，成为中国舞蹈界一个富有口碑的品牌。

2015年国家大剧院举办的国际舞蹈节，给了王亚彬在这个舞蹈系列第七次亮相的机缘，她的艺术诉求随着又一次的艺术宣言得到了继续的体现、巩固和深化。她以舞剧《青衣》作为倾情演绎的对象，让这第七季的亮相与之前六季的情况有了很大的不同。

在中国舞坛上，王亚彬可谓是一名不可多得的优秀青年舞蹈家。她不仅身体能力超强，脑力上所呈现出来的状态亦与人有异。起先，我们有所感慨的是她明明可以在影视圈有较好的发展前景，比如电视剧《乡村爱情》已经让她有了很好的观众缘，却在获得电影方面的硕士学位后又回归到她的舞蹈事业中，这件事在很长一段时间内成为吸引媒体和圈内人眼球的举动，这个举动当然证明了她对舞蹈艺术的热爱程度。然而，今天再炒这些王亚彬的冷饭显然已经不合时宜，因为历经七季“亚彬和她的朋友们”历练的她，对于舞蹈艺术的情感已经不能只用“热爱”来评价和涵盖了，我们更可以看到她

① 本文发表于《光明日报》2015年10月26日第15版。

一路走来的对于舞蹈艺术的深入认识和理解，更能把握到她对艺术的那份真切和那份深度。

王亚彬是“中国古典舞”训练体系中结出的一颗硕果。中国古典舞是一个让中国舞人颇感骄傲的体系，它在短短六十年的建设中所获的成就，其训练的结果完全可以与已有几百年发展历史的芭蕾舞艺术相媲美，它在肢体能力上所达到的训练高度令世人折服。通过这个体系训练出来的舞者，身体能力在表现力和可塑性上都有极好的基础。迄今它也的确哺育出相当大数量的优秀舞者，在中国乃至世界舞坛上发挥着各自的作用。而王亚彬正是这些舞者中的佼佼者，她在身体能力上的出众和在表现上的成熟，都空前放大了中国古典舞体系在舞者培养上所拥有的有效性和确定性。更令人欣喜的是，王亚彬并没有满足于做舞蹈编导的一个工具，作为一个有想法的舞者，她拥有着自己的诉求、自己的思考以及更为重要的自己的舞蹈观。而这些，都通过每年一季的“亚彬和她的朋友们”走入人们关切的视野之中，也成为她与其他舞者有所差异的根本体现。

“第七季”之所以不同以往，是因为王亚彬这次捧出的是一部舞剧作品。

舞剧，是中国舞坛上一个十分醒目的现象，而且也是一个做得不错的品种。这个品种自20世纪50年代开始走红于中国舞坛以来，其后每个时间段都有令人瞩目的佳作涌现。舞剧艺术在创作方法上与小型舞蹈作品的编创是有一定区别的，它更考验编创者的综合驾驭能力。环顾中国舞坛，虽然能做舞剧的编导比比皆是，但能真正参透舞剧艺术奥妙、有上好艺术修为的舞剧编导，还是凤毛麟角的。这次王亚彬能够锁定舞剧的艺术形式来主打自己的“第七季”，这本身就显示出她在艺术之路上越走越远、在艺术的表现力上着眼点越来越深刻的趋向。

看王亚彬表演舞剧，已经记不得有多少次了；但看王亚彬创作并主演的舞剧，《青衣》还是第一次。这更加让人对她的新思路和做法产生浓厚兴趣：王亚彬编的舞剧能与她所表演的舞剧一样精彩吗？当饱含着她无限心智的

《青衣》落幕时，我释然了：王亚彬通过她的舞剧创作传递给了观者以明确的艺术追求和主张。

选择毕飞宇的同名小说来改编舞剧作品，王亚彬并不是第一人。然而由她来搞这样一部舞剧，她却是有着得天独厚的条件的，因为中国古典舞出身的她对于戏曲演员的表现肯定具有更为顺畅的表达通道和方式。因此，王亚彬的这部舞剧实践在选材上首先发扬了自己的长处。当然，这一点肯定不会是她选择这个题材的唯一考量，那么这部文学作品所描绘的人物及其命运则一定是更让王亚彬难以舍弃的根本理由。这个描写了一位戏曲演员在应和着当代中国形势的变迁而变化的命运及其由一系列特定关系和事件引发出的情感，为舞剧提供了很耐人琢磨的戏剧基础，而王亚彬借由这部舞剧而进行的各种艺术阐发，则让观众感受到了她在理解人物及其关系和情感之余而进行的艺术实验。

在艺术上，王亚彬的实验性在这部舞剧中体现得还是相当突出的。首先，她并没有一味地将惯常的舞剧思路作为自己创作的准则，而是根据自己对于舞剧的理解来进行极富个人色彩的创作。其中，最令人瞩目的就是传统方式和现代手法的呼应和彼此的勾连。考虑到近年来王亚彬极力走近现代主义创作方法的做法，这一点似乎也并不让人感到意外。

近些年来，王亚彬凭借着“亚彬和她的朋友们”进行了一系列的艺术咀嚼，我们权且可以将其看作王亚彬在舞蹈观上的渐趋成熟和对于她自身成长条件的挑战。无论从她的合作者还是她本人呈现出的作品来观察，都可以鲜明地感受到非常明显的现代性追求。“第五季”的《生长》和“第六季”的《梦 · 三则》，已经让人十分有把握地看清了她的发展思路。

凭借着《青衣》，我们又看到了王亚彬的不断成长。这无论对她而言还是对中国舞蹈事业而言，都不啻是一件莫大的幸事。

赵梁：正在崛起的青年编导

一 赵梁：正在崛起[①]

看赵梁的新作《怪谈》，感觉很有意思。而赵梁从作品中透露出的逼人才气，更是令人不觉倒吸一口凉气！结合他在不久前推出的另一部获得极佳口碑的小剧场作品——《镜花潭》，让人不觉嗅到这样一个气息：一个正在崛起的赵梁，正在快速向我们走来。

在我的记忆里，赵梁这个名字似乎在以往看过的一些舞蹈和舞剧作品的说明书中的确是频频亮相的，虽然记不太清他具体创作了哪部作品，但这至少证明，仍然尚不太为我们所熟知的赵梁，已经取得了一些成绩。然而，此次推出的《怪谈》的的确确让我们关注并记住了这位长发过腰的小伙儿，记住了他在艺术上的努力追索和可喜突破，也记住了他在理性上的独特感悟与深刻。《怪谈》显然是赵梁的艺术宣言，他在这个作品中表现出来的在思想深度和艺术探索上的操控驾驭能力，让我们惊喜于舞蹈界又多了一位优秀的编导。假以时日，凭借着今日之良好的创作势头和可以预见的发展趋势，这个从新疆石河子走出来的小伙儿，一定会爆发出更为强悍的创造能量。

---

① 本文发表于《中国艺术报》2012年9月10日第4版，原标题为《小剧场舞蹈的有效探索——观赵梁新作〈怪谈〉》。

《怪谈》是一部小剧场作品，充盈于其间的探索性是显而易见的。这种探索性，可谓是这种从国外传来的所谓小剧场艺术与生俱来的本质性特征。看今日，北京的小剧场艺术已蔚然成风，大量剧场硬件设施的出现，为京城艺术界的这一风尚潮流带来了极大的助推效力。虽说在这其中，话剧艺术是主流，并已经培养起一个数量固定的观众群体，但与繁荣而热闹的小剧场话剧相比，小剧场舞蹈也在不断试水中异军突起，越来越多的舞人正在加入这个行列。与“大剧场艺术”相比，小剧场艺术的鲜明的探索意识和主张成为其鲜明的特色，其十分醒目的先锋意识和经常被视为另类的表达行为，也让它在观念和操作上与国际接轨。这对中国的艺术发展是一个良性推动和补充。同时，由于规模小、投入少，小剧场“船小好掉头”，更宜于在艺术上进行实验，因此有更易操作的优势。因此，小剧场舞蹈的发展和进步理应引起学界的关注。

根据观众的兴趣，小剧场作品的艺术倾向已经有了分化，或深具探索性，或娱乐大众，多元的格局正在形成。我个人仍然看重那些能够坚守艺术理想、勇于进行艺术探索的作品。在这里面，赵梁的努力显然是十分显眼的。

在这部新作中，赵梁特别使用了戏剧演员来创就一种戏剧与舞蹈的跨界交融。在“演后谈”的环节中，有观众问他是否刻意在搞“舞蹈剧场”，对此，赵梁颇不以为然。在他看来，他的艺术结果更重要，他要用自己的方式来进行他纯个人的艺术言说。那么，赵梁通过《怪谈》都诉说了些什么？他又想凭借这种崭新而独特的身体言说方式告诉我们些什么呢？

作为一个舞蹈作品，《怪谈》拥有着较深的思想含意。它通过人、鬼、神三重层次，探讨了围绕在我们正常人肉身周围的多重人生问题，透露出很强的存在主义哲学观。那些人世间的挣扎与幻想、那些普通人的七情与六欲、那些困扰着整个人类的惶惑与纠结，都让该作蒙上了一层较为浓厚的哲学意味。在呈现这些现象时，赵梁试图在努力地找寻答案，并在试着给出他自己的独立思索时，也让观众由衷地感受到他本人的精神世界。通过作品，我们看到了赵梁精神世界的丰满，体味到他思想的深度，更能感受到他在艺术上的追索是有高度、有深度的。

一部优秀的艺术作品从来都是内容与形式完美结合的产物，《怪谈》亦不例外。把三种意象完美地融在一个空间中，并达成一个有机的高度关联性，这对编导而言是个难度不小的挑战。在该作中，赵梁实验了用戏剧演员展示声音语言与肢体语言相融合的独特表达方式，让并未接受过良好身体训练的戏剧演员用大量的动作配合有限台词来诠释表现任务。应该说，此举无论是对编者还是演者抑或是观者而言，都是富有新鲜感的，从而也让这个艺术的过程从创造到观赏都充满了无法预设的艺术效果。

虽然是小剧场作品，但赵梁对艺术创作的任何一个环节都不马虎，他甚至使用现场音乐，这对于一个小剧场制作而言是多么奢侈，当然此举自然是大大地提升了该作的艺术品位及其效果。此外，无论是服装的设计还是道具、舞台的设计和运用，无不体现出赵梁十分缜密的艺术思维，让人真切地感受到又一个趋于成熟的编导正在快速向我们走来。

新人涌现并迅速崛起，是任一事业可持续发展的基本前提和根本保证，期待赵梁能够始终坚持自我，按自己的方式坚定地走下去，更期待在中国舞坛这块沃土上，涌现出更多的“赵梁”们。

二 赵梁的《舞术》①

我非常喜欢由武术动势及其意象引申而成的舞蹈作品《舞术》。看这部由近来在中国舞坛非常活跃的青年舞蹈家赵梁创作的作品，与我以往的观舞经验有很大不同，它以中华武术的基本动态和套路为基本表现语言，经过编导富有创意的编排，将一股浓郁的中华舞动之风成功地呈现在观众眼前。那份

① 本文发表于《中国文化报》2018年10月24日第5版，原标题为《融武术于〈舞术〉：彰显中国特色、民族韵味》。

浑然天成的练达与刚毅，既显示出中华武术的豪迈和悠远，也将创作者的艺术眼光和浩然之气展露得淋漓尽致。

一直以来，有感于中国当代舞界集体无意识的西化倾向，我始终在思忖：中华舞蹈应该以怎样的方式伫立于世界舞坛？不是说我们今天跳的不是中国舞，毕竟在过去一个世纪以来的建设过程中，我们的中国舞蹈大厦在已经有了些模样的同时，也已经具备了一定的中国文化含量。然而，在我们成长和建设的过程中，外来的影响也是相当醒目的，这致使我们在建设的同时不自觉地经受了这种无处不在的外来渗透，导致我们今天的“民族”舞蹈状态存有极大的“非我性”，使得我们的建设结果打了不小的折扣。因此，当下中国舞蹈如何“返正”，成为业界急需思考的问题。

显然在舞界有许多有识之士已经明确地开始了自己的行动，教学中有之，舞台上亦有之。而青年舞蹈家赵梁，就是一位在舞台上用自己的思考和行动来进行“返正”的重要代表人物。

近年来，赵梁的动作不断，一部又一部满浸着中华意味的舞蹈作品从他的手中源源涌出，他在舞蹈创作上的独特视角和在审美上的本我意态，都通过他的一系列作品传递了出来。而本次推上舞台的《舞术》，则将他的这种意态揭示得更为充分、更为出色。

中华武术是中国所特有的一种动态肢体言说方式，它积淀着厚重的中华意蕴，以独特的动作风格和完整的动态体系让中国人的精神世界得以完美的展现。舞蹈界对于中华武术的吸收是不遗余力的，之前就曾有过各种借鉴武术形式的做法，也都获得了非常好的效果。我一直都认为，武术是中国舞蹈的一大法宝，也乐于看到已经成功的各种相关努力。然而，赵梁的《舞术》甫一问世，还是让我对他的做法大感意外，惊喜连连，并有了知音般的惺惺相惜之感。

《舞术》是一部真正的“武术”舞蹈，完全不掩饰、不修改、不变味的动作方式，成为该作品旗帜鲜明的动作美学特征。按说，赵梁直接将武术“搬”上舞蹈舞台的做法，或许会让人生疑：这不是武术吗？怎么会是舞蹈呢？但看完之后，你一定会佩服赵梁超强的编导能力和艺术趣味，正是他的艺术功力让这部作品妙趣横生、气象万千。无疑，赵梁忠实而完整地使用了武术的动作乃至部分套路，但这部弥漫着浓浓武术风的舞蹈作品，显然是从“艺术”的角度展开的，它体现出创作者有趣的艺术思维和处理手段。

《舞术》是从两个角度打动我的，一个是武术，一个是幽默。应该说，将这两点融入一个舞蹈作品之中绝非易事。

首先，武术带给我的动人之处在于，赵梁在《舞术》中绝不仅仅是调动武术行为，而是借助武术之表而行艺术之实。其中，各种舞段的设计十分用心且富有机巧，各种道具的处理既体现道具的艺术效用，更揭示创作者内在的艺术心机，因此，创作者所设计的舞段都是用意颇深的，极耐琢磨。我特别喜欢那些武术动作的运用和展开，配以一些意味无穷的编排手段，看上去丰富而抓人，让人既叹服中国武术的至高境界，也感受到创作者不竭的艺术心泉。能使观者有如此感受，创作者显然是将一份对于高级舞台呈现的艺术追求落到了实处。

其次，《舞术》中无处不在的幽默感也引起了我观感上的化学反应，这种艺术表达方法在我国的舞蹈舞台上是十分缺失的。诚然，在舞蹈中表现幽默是非常难的，无论是我们的作品还是我们的表演者，都不太善于走这条路，而我们的表演者和我们的观众也很不习惯于类似的表达。然而，不得不说这确是我们的一个短板。《舞术》中对于幽默状态的探索和把控是十分明显而有效的，几处跟幽默相关的处理都凝聚着创作者十分明确的艺术探求，常常让人在忍俊不禁中会心地一笑。当然，幽默表达不是滑稽搞怪，它更需要机智和慧根。谢幕时，众演员迎接创作者赵梁登台，赵梁潇洒而帅气地捷步走来，利索地挥舞手枪把七位舞者一一“击毙”，一时间将现场观者的情绪成功地调动起来，让人为他鼓掌、叹服。

《舞术》的演员只有七位，而且除了两位富有极高舞蹈才能的武术表演者之外，其余的都是舞者。他们的表演准确而尽兴，在让人叹服他们表演能力的同时，也同样看到创作者在他们身上所花费的巨大心力和所寄托的满腔冀望。他们通过自己的演绎，将这出《舞术》舞入人心，把他们的艺术馨香沁入观者的心脾。

赵梁又有一部舞蹈作品引起了社会的关注，这位“佛系”舞者的内心有着深深的精神感悟和满满的艺术创想。他虽在“体制”外，艺术创作在资金方面常常会捉襟见肘，但却从没见他退缩过，印象中的他总是以无穷的艺术张力和旺盛的创作力不断为我们的舞台带来惊喜。其实从他的艺术结果着眼，我还是很羡慕他的，因为他可以不用像那些“体制内”的创作者们那样去做那些自己未必愿意做的“命题作业”，反而可以由着自己的“兴头”，按自己的想法去尽兴游弋在自己认定的艺术海洋之中，这样的创作方式，完全可以调动出他的全部智慧和潜能。当然，这样的人才更需要我们整个社会去呵护，我们应尽可能地为这样的人才提供各种保障，让他们走得更好、更远。

刘岩：执着与收获

——刘岩新著《手之舞之》读后

似乎尚没有从刘岩获得博士学位而深深为她感到高兴的喜悦中走出来多久，她在其博士论文的基础上加工完成的《手之舞之——中国古典舞手舞研究》一书便带着墨香问世了。由人民出版社出版发行的这部著作，是青年舞蹈家刘岩新近完成的一部舞学理论专著，看着她这样的成就，我们这些目睹着她成长的人们都倍感欣喜。

如果没有亲眼看见刘岩的读书过程，是很难想象得到这位身残志坚的“奥运英雄”竟是以怎样的毅力和心智完成她的博士学位学习的。刘岩读博，有几重困难。首先是她身体上的不便，长时间的轮椅生活对她不啻是一种极大的戗伐，而还要在这个轮椅上听课、读书、写作，可想而知对于她来说这种挑战有多大。其次，刘岩是越过硕士阶段直接进入博士学位的学习的，这对她在博士阶段的学习提出了更苛刻的要求，她不但需要用顽强的精神完成博士阶段的学习，还需要用不小的努力去补硕士阶段的学业，这种双倍的付出又是一个巨大的挑战。就是在这样的考验下，刘岩以超人的毅力硬是完成了她的学习，并最终获得了博士学位。

当然，能够获得这样的结果，除了有她超出常人的艰辛付出之外，与她所研究的领域和内容是她的终身所爱也是有很大关系的。刘岩在博士阶段所研究的中国古典舞这个选题，可以说是她从小就进入的一个她始终矢志不渝地倾洒着她的爱恋的领域，在她受伤前，凭着多年在这个领域挥洒的汗水和靠她的能力所积累起的声誉，刘岩已经成为这个领域中的佼佼者，为万众所瞩目。多年来积淀起的情感和经验，让刘岩对中国古典舞的情感并不仅仅停留在热爱上，而是有着深刻而独到的认识，这样的积累，无疑为她在博士阶段的学习提供了极大的帮助。

作为一个舞种，中国古典舞是在新中国成立之后综合借鉴中国戏曲和中国武术以及中国民族民间舞的一些基因和元素而加工形成的舞蹈样式，被定名为“中国古典舞”可以看出这个舞种从建舞之初便是有着浓浓的中国文化情结的。在伴随着新中国各种事业而走过了半个多世纪的历程之后，中国古典舞的建设和发展也迎来了它的成熟期，由这个舞种训练出来的舞者层出不穷，采用这个舞种而创作出来的舞蹈佳作也不绝于目，同时，对它所展开的各种思考也开始纷至沓来。就在这样一个时间节点上，刘岩通过她的博士论文对中国古典舞进行了深入的思考，她特别选择了中国古典舞中的“手舞”进入研究的纵深处，从而获得了十分有益的研究结果。

从“手舞”入手，刘岩的这个研究显然有着鲜明的独创性；而通过她不断的思考和完善，她的“手舞”研究又拥有了很好的完整性。

唐诗逸："唐诗"意自"逸舞"来[①]

"唐诗逸舞"是一台舞蹈晚会的名字。妙的是，这个名字很好地整合了字面意义和实际内容——它将作为舞者本名的"唐诗逸"与"舞"相衔接，既让人顾名思义地立刻悟到这个舞蹈晚会与舞者唐诗逸相关，即"唐诗逸的舞"，更可以进而理解为"唐诗"和"逸舞"两个意象，即用飘逸的舞蹈来演绎唐诗的意境。舞蹈晚会《唐诗逸舞》从命名的环节，便颇可见得其中的苦心。

这样一个既"妙"又"灵"的剧名，果真还就是著名青年舞蹈家唐诗逸的得意之作。这位眼下身为中国歌剧舞剧院当家花旦的青年舞蹈家，在遍演各种舞剧的情状下，仍不忘"自己"的艺术梦想，竟兀自做起了制作人，为本人量身打造出这一台既做主演还兼编舞的个人舞蹈晚会。

说到这里，已经足以见到唐诗逸作为一位青年舞蹈家的不同凡响之处！

在中国，绝大多数舞者都不过是编者的"工具"而已。这当然也不足为奇，毕竟，舞者的天职就是跳舞，无论是跳怎样的舞，能极好地完成表演任务，舞者的使命也便宣告完成，价值也便宣告实现。好一些的舞者，能在二度创作时加入一些自己的情感经验，从而获得一些作为"艺术家"的存在体验，就已经是相当不易的了。只可惜，绝大多数中国舞者的生命过程连这样

---

① 本文发表于《舞蹈》2017年第3期。

一个基本的高度都没有达到，在默默地充当了编者的"工具"之后，也将自己一生的艺术命运交付别人，自己却并没有实现以创造为本的艺术目的。可喜的是，在中国舞蹈界不断有舞者并不甘于这样的运命，他们始终不忘自己的艺术初衷，并通过自己的努力，实现了自己的人生目标。于是，我们的舞坛有了杨丽萍，有了刘敏，有了沈培艺，有了王亚彬，有了众多为实现自我理想而努力的追梦者。今天，又有了唐诗逸。

年纪轻轻的唐诗逸在今天的中国舞坛已经获得了丰厚的资本，无须列举她参演并担纲女一号的众多舞剧作品了，凭借她从北京舞蹈学院中国古典舞系毕业以来的种种表现，唐诗逸毫无疑问地可以被视为当今中国舞剧业最炙手可热的"最佳"女演员。在如此短的时间内取得这样多的成就，恐怕是无人能及的，但她却并不想躺在自己的功劳簿上睡大觉，而是拍案而起，让自己的艺术作品更上一层楼。

这一层楼非同小可，因为这并不是唐诗逸再一次像往常那样饰演某舞剧中的女一号，而是亲力亲为，以制作人的身份为自己定制一台像模像样的艺术晚会。

充当制作人，这种角色的身份转变，可不是一件小事情。从筹款立项到制作亮相，其间林林总总的整体规划与细节协调，各种难关和麻烦之处想想就会难倒或者吓跑绝大多数人，更遑论唐诗逸这种本可以在功成名就的安乐椅上坐享一切的优秀青年舞蹈家了。这种工作的繁杂程度和为适应这种工作需要具有的艺术灵性和心理耐力，早已远远超过了任何一名艺术家所需和所能应付的最大限值了。从一名舞者到一名制作人的身份转换，首先能够证明和显示出这位舞人自身的优良素质，而由唐诗逸这类优秀舞者所进行的这种身份转换则让人尤其振奋，这不但让人看到了一位优秀舞者面对事业的各种可能性，更是在这种身份转换中为业界树立起一个可供追仿的极佳个例。

唐诗逸充当制作人的成功之处，在于她的首次尝试便获得了不小的成功——由她打造的《唐诗逸舞》以一种全新的姿态亮相于中国舞坛。

《唐诗逸舞》是一台富有创意的舞蹈晚会，而且其中的创意十分醒目而且有效。它是以三首唐诗的意境来作为自己的表现背景和演绎基础的，这三首诗分别是《春江花月夜》《长恨歌》《剑器行》，构成了一个上、中、下三段体的晚会结构。凭着这样一个结构，《唐诗逸舞》开启了一段深入开掘中华意韵的艺术旅程。

表现“唐诗”，这种初衷显然是要展现中华韵味的了，不用看作品都会让人联想到这一点。然而《唐诗逸舞》对于中华文化的开掘和呈现，显然是充满了新意的。以往大多表现古代题材的作品，往往都会被“传统的”文化气质和氛围所裹挟，最常见的大致都会是古曲、古装、古景等古风环境的衬托。而这类作品在给人带来“古意”的同时，往往也会平添一分陈旧感和审美惯性，从而让人失去对于艺术鲜活性的期待。《唐诗逸舞》则不是这样，它凭借舞台上的所有表现环节对主题进行了全新的诠释和烘托，虚化的舞美空间（舞美设计：刘科栋）和大胆的服饰造型（服装设计：钟佳妮）为作品铺就了一个令人神往的舞台空间；而袖舞、剑舞的穿插，都在我们熟悉的视觉原形中凸显出新的审美意象。

三个篇章的编排都是有机且得体的，突出了不同的创意和构想。《春江花月夜》中的五人舞、《长恨歌》中的木棍道具、《剑器行》中的以绸为剑，让各个篇章的看点醒目而点题，给人带来难得的审美快感。

从编导的技法着眼，“五人舞”的创作好像并不常见，但在《春江花月夜》中呈现出来的五人舞编得极为讲究，五个舞者之间的各种关系构成了不尽的舞台意象，各种动态变幻和穿插调度让舞台空间充满了连绵的美感。

《长恨歌》中的木棍道具则是一个极有想法的处理，由四位舞者手持的四根木棍，在编导的手中变成叙事的媒介和美感生成的源泉，非常巧妙的组合让人非常清晰地感受到大唐的风韵以及人物遭遇带来的悲欢，传神的道具为舞段的演绎带来艺术化的极大升华。

更让人感到意味无穷的是，在《剑器行》中编导以绸为剑，各种袖舞的意象把对于剑器的表现融入新的理解和实现途径之中，出人意料而又合乎情理，展现出编者极具想象力的艺术创造力。

晚会的总编导是著名优秀编导佟睿睿。说她"著名"，是因为近年来通过一台台作品，我们已经熟知了这位青年编导的艺术功力和她开掘中国传统意韵的兴趣及其做法。的确，如果把佟睿睿近年来的一系列舞作排列起来考察，无论是大型舞剧还是小型舞作，均可以鲜明地感受到她对于中国传统文化的无限热情和有效挖掘。她善于在中国传统文化的宝库中建构她的艺术理想，更善于通过自己越来越臻娴熟的创作技艺把这份对于中国文化的全情拥抱呈现在舞台之上。因此，佟睿睿的作品从来都让人满怀期待。这次由她操刀编创的《唐诗逸舞》又一次很好地把她的这一特质发挥到极致，典型的中国意境与真挚的中国情怀，让这一台作品充满了浓郁的中国风范。

按说，对于"中国风"的追求，近些年来并不少见。大量的舞作均是深入中国传统的文化意象之中来摄取审美的能量，不但从各个角度来挖掘、来丰富中国文化的宝库，更让传统文化给这些作品带来实际的艺术滋养。然而，多年来，这类作品的实际审美效果却又呈现出参差不同的结果差异，而每每看到那些不尽如人意的此类作品，我们总不免怀疑这种价值取向的合理性和有效性，许多理念陈旧、手法简单的作品会让我们对这类作品慢慢丧失信心。

《唐诗逸舞》没有让我们失望，它以十分新鲜的审美经验给我们的视觉及心理带来全新的感受，其崭新的创作理念和手段令人耳目一新，在破除许多惯性的艺术处理之余给观众呈现出一个充满新意的理想艺术境界，从而让我们乘着这台作品的小舟，顺利抵达审美彼岸。这台作品贵在新，贵在精，贵在有想法。

新而精，又富有想法，我想任何一个成熟的作品都应该充盈着这样的特质，这样的作品才撑得起"作品"二字，能创作出这类作品的艺术家才应被称为"艺术家"。那些别出心裁的设计和别具一格的手法，自然是"艺术家"们经年揣摩的结果，而这一切显然拜艺术功力所赐。

《唐诗逸舞》不啻让我们惊喜连连，其中还有一个惊喜在于，它全凭区区七位演员的参与就如此有效地达到了这么难得的艺术高度。七个演员一台戏，这在眼下通常每场动辄上百人的表演队伍的情况下，可谓很不一般。而且，虽然仅有包含唐诗逸在内的七位舞者，这台演出给人带来的感染力度却完胜那些拥有超大阵容的晚会，让人尤其觉得应该鼓励和大力提倡。人海战术是目前我们许多作品的通病，甚至有些编导在刻意追求这样的效果，他们认为，没有足够的表演者就形成不了有效的展示，而这种方式确也反映出我们许多编导的陈旧思维。于是，一方面我们一直在追求大型阵容带来的“大动静”，另一方面，我们的大部分团体又缺乏获取众多群舞演员的机制，于是，群舞的人数问题成为许多院团的矛盾焦点。而这种超大阵容的方式，实际上也不见得符合时代潮流，还会给巡演带来种种困难。因此，《唐诗逸舞》的方式是非常值得推荐和推广的。

富有艺术创意又有思想深度的作品，是我们始终期待却又不太容易获得的艺术佳境，特别是那些以中国传统文化意象作为审美追求目的的作品。综合考虑《唐诗逸舞》这台舞蹈晚会的特点，我们会发现它在各个方面都有不错的表现，中华意趣浓、艺术价值高、演职阵容小、巡演可能大，恐怕这些都应该是我们眼下需要大力提倡的。

《唐诗逸舞》，以“唐诗”的意境和“逸舞”的飞扬给我们带来不太多见的审美体验，希望这类具有标杆意义的舞作会促进中国舞蹈创作向着正确的方向不断迈进。

苟婵婵：如此“花儿”别样红

——苟婵婵舞蹈晚会观后[①]

在中国，对于任何一个舞者而言，搞一台个人舞蹈晚会都不是易事。因此，中国当代舞蹈开端以来的个人舞蹈晚会，跟从业者庞大的数字相比，可谓凤毛麟角。这或许正是因为其太难所致。当然，也正是因为这个难度，一旦某位舞者能够搞一台个人舞蹈晚会，那么这个举动自身所具有的特殊能量，便会将这位舞者的艺术名声空前放大，从而让更多的人得以了解到他、认识到他，这位舞者也会借此迅速登上中国舞坛的高峰。回顾改革开放以来的舞坛发展状况，陈爱莲、赵青如此，刘敏、杨丽萍、沈培艺、赵世中、卓玛、沙呷阿依、李玉兰、王亚彬等著名舞者也都概莫能外。他们均用举办个人舞蹈晚会的方式，让自己在繁星粲然的舞蹈星空中，留下了美丽弧线，从而也让众多仰望星空的人们见证了他们的艺术实力和功力。

如今，又一位舞者完成了她的美丽起飞，为中国舞蹈星空的继续灿烂贡献了她的努力和付出。她就是青年舞蹈家苟婵婵。

苟婵婵是因为独舞《花儿为什么这样红》而在中国舞坛声名鹊起的。当初表演这个舞蹈时，她还是北京舞蹈学院民族民间舞系的学生。一转眼，当年的那个跳舞的小姑娘，如今已经初为人母。当然，母亲的角色并没有改变

① 本文发表于《中国艺术报》2014年10月31日第3版。

这位舞者继续跳舞的心力。于是，在不懈的努力下，苟婵婵终于以“花儿为什么这样红”为题，让“苟婵婵舞蹈晚会”亮相于中央民族歌舞团2014秋季演出季的青年艺术家系列演出之中，也让秋季的北京多了一道耀眼的风景线。

当重抖精神的苟婵婵，以饱满的激情和不凡的舞姿，乘着那由一系列精致舞作构成的翅膀在舞台上展翅飞翔时，那个当年的小姑娘，已经完成了从青涩学生到成熟舞者的华丽转身，让人们看到了一位成熟而激情四射的舞者饱满的精神世界。

苟婵婵毕业于北京舞蹈学院中国民族民间舞系，她是近年来民族民间舞蹈领域涌现出来的一位优秀舞者。秉承着自己对于舞蹈的酷爱和对艺术的炽烈追求，这位在舞蹈训练上花费了巨大心志的舞者，同所有学习舞蹈的人一样，经历了漫长的发育期；但同许多从事舞蹈工作的人不一样的是，她登上了很多人虽然也付出颇多却始终没有达到的艺术高峰。从这个意义上来讲，命运是垂青于她的。

从晚会上呈现出来的各舞蹈作品中，我们能够鲜明地感受到苟婵婵作为一个舞者所具有的良好条件、扎实基础及其不凡的水准，这些都是她天生就应该成为一名优秀舞者的最佳证明。她在晚会上表演了《莲心》《Tequila》《长调》《喜鹊衔梅》《他》《女人花》《花儿为什么这样红》等节目，涵盖了蒙古族、藏族、朝鲜族、塔吉克族和汉族等不同文化框架下的舞蹈形态，同时还有爵士舞等不同的艺术风格。这样的动作跨度，既体现出她所掌握的多样而娴熟的舞艺，更让人感受到她通过自己的舞蹈晚会而呈现出来的中国舞蹈艺术所拥有的饱满精神面貌及其品质。

在舞艺的表达上，苟婵婵的表现极为精到。她通过良好训练基础而获就的肢体表述能力，能够让她自如地遨游在舞蹈艺术那广袤的动作海洋之中，她在吸吮各族艺术养料中形成的成熟的肢体表达，让她的舞蹈意象世界饱满而通透，所有这些品质自然都得益于她自我的技艺储备和祖国民间舞宝库精湛内容及其内涵的长期滋养。在蒙古族独舞《长调》中，她表现出的那种沉稳和深挚，将蒙古族妇女的隐忍、超越和追求希望的心境阐释得极为动人；在爵士舞《Tequila》中，她将西方舞蹈的风格演绎得活灵活现、惟妙惟肖；在朝鲜族双人舞《他》中，她将朝鲜族女性的幽怨和坚韧做了非常优雅的塑造；在她的成名作塔吉克族女子独舞《花儿为什么这样红》中，观众则再次领略到她之所以能凭借着这一作品而蜚声中国舞坛的道理……透视苟婵婵在这些作品中展示出来的舞艺，让人信服地看到这位舞者的艺术基础是如此扎实，成果是如此斐然，一如那沉甸甸的谷穗，历经风霜而果实饱满。

苟婵婵的表演沉实而达意，她对每一个作品的认识及其表达都达到了精准的地步。作为一个成熟的舞者，苟婵婵在表演中的心态看上去十分从容，在艺术上的精益求精让她的表演始终弥漫着一种抓人的气质。因此，能现场欣赏到这种舞者的表演，实在是一次难得的舞台艺术享受。

苟婵婵显然是北京舞蹈学院民族民间舞系培养出来的优秀代表性人物。这个系自20世纪80年代独立建系以来，在摸索着中国民族民间舞蹈教育方法的同时，为中国舞坛培养了一批又一批符合培养目标的合格后备力量，成为这个领域源源不断诞生优秀人才的福地。而类似苟婵婵等一批标志性舞者的诞生，为这个教育事业的持续发展和弘扬带来了独特而有效的作用。

实践证明，“个人舞蹈晚会”这种模式是出人才的好方法。虽然操作起来会有人力和物力上的重重困难，但对那些有志于舞蹈事业、有能力完成这项工作的舞者而言，应该看重这种模式带来的积极后果。只有如此，一个舞者的实际效力才会得到更加有效的开掘和利用，才会让自己有限的艺术生命获得在无形资本上的无限扩张。苟婵婵的个人舞蹈晚会再次向人们证明了这一点，相信也会有更多的后来者凭借着这样的模式，在让自己成功登顶艺术高峰的同时，也为中国舞坛的艺术风景增添亮色。

刘小荷们：登上国际领奖台①

在不久前于德国结束的第22届汉诺威国际编舞大赛上，三位来自中国的姑娘一鸣惊人，以一舞《Even More》（《还有……》），继意大利和斯洛文尼亚选手之后，一举夺得本次大赛的第三名！

这三位中国姑娘分别是济南军区前卫歌舞团的刘小荷、北京现代舞团的张蒂莎和北京舞蹈学院的孙涓涓。三人都毕业于北京舞蹈学院现代舞专业，都曾为王玫的学生。也正是因为那样一个机缘，以及彼此曾在王玫的调教下长期磨合出来的默契，让她们在国际舞坛绚丽绽放。

第三名

似乎第三名不如第一名、第二名的名次更为风光。然而，对于中国舞坛而言，这个“第三名”却是一个具有很高含金量的名次。因为它是一个来自国际的认可，是中国舞蹈在编导层面上的一次重要提升。很长一段时间以来，编导是中国舞蹈界的一根软肋。中国人可以在国际舞蹈大赛中获得很好的名次，但在编创领域却始终没有太明显的进步。然而，在本届德国汉诺威编舞大赛上，三位中国姑娘却以她们出色的表现令西方世界刮目相看。

---

① 本文发表于《舞蹈研究》2008年第2期，江东、毛雅琛合著。

这是一个什么样的大赛

“汉诺威国际编舞大赛”是一个在德国汉诺威市举办的专为国际青年舞蹈编导所设的赛事。

汉诺威是德国下萨克森州的首府所在地，是德国北部重要的经济文化中心。该市因于2000年举办本世纪第一个世博会而广受世人关注，迄今已成功举办过21届的“汉诺威国际编舞大赛”，这是欧洲乃至世界编舞领域一个非常不一般的赛事。它专为青年编导设立，每年，来自世界各地的众多青年编导，从四面八方聚到这里，在这个平台上一试身手。他们中的许多佼佼者后来都成为国际编舞界的重要人物。因此，在世界各地的青年编导眼中，能在这个赛事中获得好名次，不啻是进一步遨游世界编舞领域的最佳阶梯和最高荣誉。

然而，能前来德国参加最后阶段赛事的选手并不多，只有那些经过评委初选之后获得优胜的选手，才能获得大赛组委会的邀请，进入汉诺威参加复赛和决赛。今年，共有近150位来自全世界的青年舞蹈编导报名参加了本次大赛，并向组委会提交了他们的参赛作品。其中只有17个作品幸运地获得了组委会的参赛许可，并最终于2008年3月22日聚首汉诺威，展开了为期两天的紧张较量。

中国姑娘刘小荷、张蒂莎和孙涓涓，以她们自编自演的作品《Even More》顺利通过初赛。她们在克服了各种意想不到的困难之后，终于靠自己的力量把精心编创的作品展示在世界各国的舞者面前。

她们参赛的是一个怎样的作品

《Even More》能获得欧洲评委们的青睐，跟这个作品本身的美学主张和气质相关。作品是三位中国姑娘合作创作并共同阐释的。她们通过三双运动着的不断凸显灵动的手臂，向人们述说着节奏、述说着意象、述说着机巧、述说着她们的心事。没有大的场面，没有大的舞动，没有大的调度，三位姑娘并排而立，直视前方，用她们自己的六支连绵不断地变换着各种环臂运动的手臂，把一连串编排得十分精细、十分巧妙的手臂运动连接和组合呈现在观众面前，让观众应接不暇。通过时疾时缓、或集体或独立的手臂运动，她们对于节奏和视觉意象的奇思妙想一目了然。作品中虽然没有什么特别的属于中国传统的典型象形元素，却让观众分明感受到了其中所蕴含的独特而醒目的东方思维逻辑和运动方式，它独特而巧妙，充满了东方的智慧和创作者个人的灵性、个性和特性。

在第一场复赛时，三位姑娘是最后一个出场的。在表演中，她们完美的配合几乎是天衣无缝。现场的评委、选手和观众都被她们精彩的展示和表演深深吸引，甚至连场内的空气也都凝固了。她们用她们的手臂舞蹈，展现了人与人之间的微妙情感在收放自如的肢体表达中的那份豁达、从容、深挚……音乐终止，三位舞毕的姑娘仍在凝视着远方，沉浸在她们的情绪之中。

现场一片静谧。

然而，只那么一瞬，观众席里就爆发出了排山倒海般的掌声和尖叫声，经久不息的掌声一浪盖过一浪。复赛结束一个小时后，评委会宣布了决赛名单，三位中国姑娘毫无悬念地与其他七个作品挺进决赛。

在第二天的决赛中，经抽签第二个出场的中国姑娘们获得了更大的自信。她们沉着、无懈可击、毫无瑕疵地演绎了她们的作品。最终，她们在喝彩和欢呼声中、在众人赞许的目光中，以季军的名次登上了本次大赛那荣耀无比的领奖台，让“中国”的名字出现在世界编舞大赛的获奖名录中。

前两名作品扫描

参加本次大赛的选手来自荷兰、意大利、美国、韩国、德国、丹麦、斯洛文尼亚、以色列、中国等地，由基里安挂帅的荷兰舞剧院和著名的法兰克福芭蕾舞团都有本团的青年编导参加本次大赛的角逐。获得本届大赛前两名的选手分别来自意大利和斯洛文尼亚。

由意大利青年编导米尔克创作的获奖作品是一个男子双人舞。舞蹈采用了意大利传统的小丑喜剧的内容，同时也在其中穿插了非常雅致的双人舞。这个作品不但获得了6000欧元的评委会大奖，还荣获了1000欧元的唯一观众奖。亚军的奖金为3000欧元，由来自斯洛文尼亚的选手获得。他们表演的是一个无伴奏的男女双人舞，表现的是双方相吸又相斥的复杂情感。

世界各国选手同台较量，是比试更是学习。通过这样的赛事，各国选手相互沟通，增加了彼此的了解和友谊。

来自国际的承认

在大赛结束后的酒会上，担任本次大赛艺术指导的荷兰鹿特丹Scarpino舞团团长爱德·伍博先生表示，他非常高兴第一次在这样高规格的青年编舞大赛中看到了来自中国的参赛者。他认为，该作品运用了完全国际化的语言，却又有着独一无二的风格，这是中国姑娘们取胜的法宝。他进一步表示，希望三位中国姑娘来年还能再创作出优秀作品，再到汉诺威来参加比赛，同时他也希望有更多的中国青年编导参与到国际的舞蹈活动中来。

蒋玫：情感、情怀、情致

——蒋玫舞蹈作品观后[①]

新疆生产建设兵团歌舞剧团有一位美丽端庄、被誉为“沙漠玫瑰”的女舞者——蒋玫。日前，由她编创的11个舞蹈作品组成了一台个人作品晚会在乌鲁木齐的舞台上亮相，让观众看到了这位长期奋战在兵团文艺第一线的舞蹈工作者对于舞蹈艺术所寄予的丰沛情感、丰厚情怀和丰满情致。

作为一名专业舞者，蒋玫自17岁在新疆艺术学校舞蹈专业毕业后，即开始了在兵团歌舞剧团这个十分特殊但却异常重要的岗位上的职业舞蹈生涯，一干就是33年。从一个不谙世事的小丫头，成长为一名德艺双馨的兵团舞蹈战士，这么多年来，她从演员而教员而编导而管理者，在这个事业上投入了丰富的情感，让她踏着成长的台阶获得了收获的喜悦。她对这个事业的不懈坚守，对艺术的痴迷执着，终于使她登上了兵团舞蹈事业的高峰，让自己的事业伴随着兵团艺术建设的道路获得了空前的升华。对于今天的她而言，如今所获得的一切都是她个人努力的结果；而对于兵团舞蹈事业而言，能有蒋玫这种人才的贡献是事业得以发展的根本和基础。

蒋玫的舞蹈作品晚会不断给人带来一阵阵令人心悸的感动，11个作品从各自的角度出发，不时地让人看到了蒋玫感受生活、处理艺术的匠心，而她作

① 本文发表于《舞蹈》2016年第3期。

为一名女性编导所特具的艺术视角，让她的那份艺术情怀汩汩地流入观众的心田。

让我感触最大的，一是她的真诚，二是她的才华。

蒋玫显然是极其真诚的，这真诚表现在她对生活的真诚、对艺术的真诚，更有对她多年工作的兵团的真诚。她用真诚的心去感悟生活，在生活中采撷那些令她怦然心动的瞬间和细节，再用她的艺术思维来咀嚼、来梳理，继而用她的艺术语言来感动观众。她毫无保留地把自己炽热的艺术情怀释放在她的作品中，让她的作品充盈着如岩浆般滚动的火热情感。于是，我们在她的作品中，看到了无私开垦的一代，看到了生活虽然艰苦却能苦中作乐的一代，看到了那些心中有着坚定信仰和理想的一代，更看到了那些为了祖国的利益不惜牺牲自我的一代。兵团的历史和生活，从没有如此近距离地通过蒋玫的肢体讲述而走近观众。蒋玫对于那些既是英雄又是普通人的兵团战士的讴歌，让我们看到了她的真诚情怀与价值观，正是她内心所储存的巨大正能量，才让她迸发出拥抱这种能量的热情。

这台晚会的作品是蒋玫在过往的岁月里相继创作出来的，通过这样一台精选作品，我们对蒋玫的艺术观有了一个整体把握，对于她在舞蹈艺术上的才华有了切身的感受和认识。

11个作品中既有表现兵团生活的选材，又有以新疆少数民族地域文化为特征的内容，透露出新鲜、别致、生动而丰满的艺术情致。于我而言，蒋玫用现实主义方法创作出来的那些与兵团生活息息相关的舞蹈，更加吸引了我的注意力。

无论是早期创作的《拓荒人》还是新近问世的《沙海老兵》，以及其他几个关于兵团生活的作品，让我们既看到了蒋玫作为“兵二代”对于兵团生活的无限眷恋，也看到了她作为一名兵团舞蹈人对于兵团文化事业所负有的责任和担当。在作品中，她既表现了兵团创业初期环境极为困难的一面，但更让人欣喜的是，她在乐观积极的心态下所展现出来的兵团人乐在其中的豁达与无悔，从而将那份崇高的英雄主义观念渗透在她的舞蹈之中，并传达给观众。兵团人筚路蓝缕，多年来饱受心身的双重压力，然而他们对祖国充满了热爱，对生活充满了信心，因而他们的无私奉献便具有了极大的感召力和说服力。感谢蒋玫带给我们再一次重温那些峥嵘的艰苦岁月的契机，让我们通过她的作品去感受那一份不尽的感动。这样一份对于过往的提醒和回顾，在今天的社会环境下更显示出艺术家们的一份清醒和高瞻远瞩。

现实主义的创作方法让蒋玫的作品充满了感人的力量。从生活中来，再到生活中去，蒋玫的舞蹈观正是多年来中国文艺政策的良好体现。在今天，这样的创作方法特别值得坚持和鼓励，因为它符合中国的现实境况，是一种始终为大众所喜闻乐见的表现方法。通过蒋玫的舞蹈，我们也欣喜地感受到了这种创作方法的无限活力，它在让人们捕捉到舞蹈动态美的同时更获得了对于生活的正确价值，富有主流意义。实际上，这种方法的使用并不是一件容易把握的事情，并不是一个可以轻松获致的境界，因为现实主义的方法对于编导的艺术功力是一个更为严苛的考验。

蒋玫让我们看到了新疆生产建设兵团歌舞剧团所具有的艺术活力，是她通过自己对于舞蹈梦的追逐和对于新疆这片土地的挚爱，成就了她的艺术。她在为她的作品赋予意义的同时，也为她的人生赋予了极大的意义，从而让她得以在人生之路上尽情地释放着对于艺术的美好情感和对于生活的彻悟。她在舞蹈艺术上的才华，成为她腾空艺术天宇的翅膀，她用自己的心力在努力坚持，她不尽的飞翔和遨游，让我们感悟，让我们感佩，让我们感动！

蒋玫的舞蹈让我们看到了她在坚守中的艺术情怀，她的情感通过艺术的情致让人们获得了在生活认识上的感悟和在审美需求上的满足。她经过多年砥砺而获得的在舞蹈艺术上的积淀，正在浇灌具有无限魅力的艺术果实，这些果实正在为我们的精神世界带来咀嚼不尽的养分。年届半百的蒋玫，正在用她的心、用她的力，绽放出兵团舞蹈事业中这朵“沙漠玫瑰”最为动人的姿容。

史晶歆：舞坛有个小姑娘[①]

史晶歆不应该算是小姑娘了，她从北京舞蹈学院编导系毕业都好久了，还读了邓一江的硕士。现在，她可是北京舞蹈学院音乐剧系的编导教员呢。不过，在我眼里，史晶歆倒的的确确是个小姑娘呢，那一脸的纯真和一心的纯净，仿佛在告诉别人，她就是一个年龄不大的小姑娘呢。

可正是这样一个小姑娘，却让人不得不另眼看待，从她身体里迸发出的能量和热情，真让人觉得不可思议。2009年的五一节期间，史晶歆率领她的团队——“歆舞界”，在位于中央戏剧学院旁边的“蓬蒿戏剧吧”做了三场现代舞表演。崭新的作品，崭新的表演者，甚至是一个崭新的编导，史晶歆不禁让我刮目相看：这么一个小姑娘，居然有这么强烈的创作和表现欲望，在她既编又演的作品背后，一定有着一颗挚爱舞蹈、挚爱艺术的心灵。

这场演出虽然还有点生涩感，但通过它，我从一个全新的角度完整地认识了这个小姑娘——史晶歆。

注意到“史晶歆”这个名字，是她曾在《广东舞蹈研究》那份专业小刊上发表过不少关于舞蹈创作的感思文字。当时虽然尚不知史晶歆为何方神圣，但她对于舞蹈创作的执着和感悟，以及善于思考、勤于思考的状态，还是极大地引起了我的注意。后来，在协助中国舞协于2007年在中国筹办第

① 本文发表于《舞蹈研究》2009年第2期。

五届“点对点”亚欧舞蹈论坛时，为了推荐中方的与会代表，由欧洲方面提出的“史晶歆”这一人选，从此跃入了我的视野。就这样，史晶歆（和小王玫）作为中国代表参加了那次论坛，也让当时身为本次活动中国观察员的我对她有了更多的了解。

在那次由近30位亚欧舞蹈界、音乐界人士参加的论坛中，史晶歆表现得异常出色，在论坛的各种活动中，她投入且执着，虚心且大方，给我留下了深刻印象。她有想法，有点子，有思想，有手段，可以非常好地与国际同行沟通并保持在一个同步的水准，实在不简单。就这样，小姑娘史晶歆也成了我的好朋友。后来，听她说，她一直在忙奥运。我不知道，在奥运过后的不久，她竟然就拿出了这台现代舞晚会。

这次史晶歆率团发表的名为“圆明园”的现代舞晚会，由史晶歆创作的三个现代舞作品组成（节目单上管这些作品叫“当代舞”，看得出来，史晶歆是想让自己的意识和方法都与国际接轨。只是此“当代舞”非我们在中国语境中所谓的“当代舞”，而是国际语境下真正的“当代舞”）。这个晚会，完全可以看作史晶歆对于舞蹈、对于艺术、对于生活、对于社会的一个认真的思考。显然史晶歆把这次发表会看作自己走向成熟的一个台阶，她对人生和社会的思考，对人类灵魂的拷问，对先锋艺术的探索，对舞蹈技艺的挖掘，都通过这台晚会向世人展示出来。真看不出，这个看上去还颇像是一个小姑娘的史晶歆，思考的力度相当不俗，她思考的深入透过艺术的灵性表达出来。在她的作品中，我嗅到了一股清新的气息，看到了一幅清晰的画面，感受到了一个舞蹈着的思想者正在成长起来。

名为“圆明园”的现代舞晚会共有三个作品：《圆明园》《记忆 · 时间 · 碎片》《空城》。这些积淀着一定思想深度的作品，在形式上进行了难得的探索。不过，虽然是对形式追求的一种突破，但最难得的是让人感受到积淀在形式之后的思想性，这让我看到了史晶歆在艺术的炼狱中努力自我完善的一种自然的刻意和刻意的自然。显然，眼下的中国和中国舞蹈界是需要这样的人才的。

由史晶歆自编自演的《圆明园》，是她和萨克斯演奏家铁桥用肢体和音响共同完成的一个独舞作品。在这个作品中，舞蹈家和音乐家共同的思考，为我们呈现了一种风样的气质和在风中飘摇着的圆明园遗址。舞蹈、音乐、影像共同把创作者的思考揭示了出来，有艺术内涵，有意境，有结果。

群舞《记忆·时间·碎片》是一个意象十分丰富的作品。史晶歆的群舞演员大都来自她任教的北京舞蹈学院音乐剧系，那些既有舞蹈基础又受过戏剧训练的表演者，拥有特殊的表演才能和气质，不同于普通的舞蹈演员。史晶歆的创作心机在利用这样的表演资源时很好地传达出来，她不仅让演员跳，更探索了他们在“演”上的无限可能，这让作品的艺术质感和意象得到空前的张放。背后的影像把“记忆时间碎片”的主题展示出来，让作品具有了一种独到的现代含意。

群舞《空城》则更加完美地体现出了史晶歆的匠心。通过这个作品，史晶歆把她对当代都市的看法和无奈都表现了出来。狰狞的外像，多义的存在，让史晶歆对当代都市生活充满了疑虑和拷问。那对阴阳各半的局外人对于整个谜团的破解和呼应，道明了史晶歆内心的困惑和挣扎。她向社会提出了一个严肃的问题，她希望借用自己的艺术来把这个无奈世界的真实反映出来。依我说，这么小小的年纪就开始关注这么沉重的问题，说明了史晶歆的非同一般。

我是看好史晶歆的追求和努力的，我相信，凭着这股初生牛犊的劲头，这个看似弱小的小姑娘迟早会为中国舞界带来实质意义的突破。

傅小青：这条路，通向远方①

“一条路，落叶无际，走过我走过你，走到了这里……”我不知道傅小青从这首张行演唱的流行歌曲《一条路》中感受到了怎样的情怀，但当他伴着由他自己演唱的这首歌曲，出现在他济南个人舞蹈晚会上并情绪激动、竟至哽咽时，我的心，被重重地击了一下。

傅小青，这个近年来频频出现在国内各大舞蹈比赛获奖名单上的名字，渐渐走进了我的视野。他用自己精心创作的一支又一支舞蹈佳作，以其精到的创意设想和良好的整体呈现，让人眼前一亮。这位如今担纲山东青年政治学院舞蹈学院院长的舞蹈编导，凭着坚持和努力在山东艺术圈获得了很高声誉，并开始在国内产生影响，一台名为“一条路”的舞蹈晚会，记录了傅小青的成长和他所探索的“一条路”。

2014年4月初，位于济南市中心的山东剧院挤满了观众，这台以傅小青的10个作品为内容的专场舞蹈晚会，进行了为期两天的演出，白淑湘、罗斌、张守和、赵铁春等傅小青的师长和朋友们，专程赶到了泉城济南。由傅小青近年来创作的10部舞蹈作品，也让傅小青的“这条路”充满了情感的激荡。虽然这些作品并非傅小青的全部创作，但从其中并不难看出他在这条荆棘丛生的路上的坚韧付出和孜孜以求，以及“这条路”通过这台演出所呈现出的分

① 本文发表于《舞蹈》2014年第7期。

外别致的模样。

“一条路”——傅小青采用这样一个名字为他的舞蹈专场命名，是希望通过向观众展示他所走过的这条不同寻常的“路”，看到他在“这条路”上所经历的艰辛和所收获的欢欣。虽然走到今天，傅小青的这条路尚没有终止，但迄今为止，他在舞蹈艺术上的感悟及其修行，让他和他的“这条路”充满了耐人寻味的故事。

这台舞蹈晚会，是来自济南各院团的舞者们以集体的力量和智慧为傅小青舞蹈世界所贡献出的成果，从中也能透视出山东舞蹈发展的一些情况。能把这么多团体和舞者凝聚起来，这也同时显示出傅小青作为一位优秀舞蹈编导所特有的向心力。他正是用自己的心力和汗水，培育了这些分别来自前卫文工团、山东青年政治学院、山东文化艺术学校、济南大学和济南艺校的舞蹈花朵儿。也正是凭着这样的基础，傅小青获得了一个天高任鸟飞的展翅腾空的自由艺术天空。

看傅小青的舞蹈创作，经常会发出会心一笑的感慨和满足。那些看上去像是出其不意的灵感式阐发，会常常让人叹服编导的神来之笔。当然，当你去细细揣摩那些细腻而又精致的处理手段时，又会觉得类似的阐发绝不是简简单单地卖弄小聪明、小智慧，其体现出的则是编导所拥有的扎实艺术追求及其相应的编导功力，于是便在这种细细的品味、咀嚼和享受中，对傅小青的舞蹈创作生出了几许佩服和肯定。

细致而又精细，是笔者对傅小青舞蹈作品的整体观感和评价。作为一种审美品质，这些都充分地体现在他那些已经获得了很好成绩和口碑的舞蹈之中，比如大获好评的女子群舞《小嫚》《喜鹊喳喳喳》《又见沂蒙》等。傅小青在女子群舞的创作上，是有着超强的把控能力和特长的，在类似的作品中，无论是那些审美意味感十足的调度，还是那些讲究创意的动态，都让作品带给人极其细腻而又精致的视觉观赏空间。再看那些源于山东当地民间舞蹈、看似寻常的动势情态，在他的处理下，竟都生动地生发出让人不断感叹的无限心意，而且还完美契合了舞中所要表达的形象，从而让舞态本身具有了连绵不断的审美品赏内容。细腻而又精致，让动态为形象服务，并让形象散发出富有艺术含量的不尽审美意象，傅小青在女子群舞上的创作才能，展现出他在舞蹈上的独特感悟、追求和特长。

民间舞的语汇成就了傅小青的舞蹈创作世界，他善于极好地利用和挖掘既有的民间舞动态，并让这种动态成为自己的语言方式，从而表达出自我的美学诉求。这种对待和处理民间舞的态度和方法，除了在上述作品中有着集中而良好的体现之外，在《鼓子少年》《风雨担架》《矿道深处》《闯关东》等这些舞作中也有着非常出色的展现。这些作品虽然题材不同、形态各异，但从中却都可以看到傅小青这种执着的用心和成熟的表现风格。用这种方法创作出来的舞蹈作品，不仅完成了舞蹈作品本身在表现上的任务，同时也由于在民间舞语汇上的这种悉心提炼和精心编排，而让作品有了极为独到的特色和魅力。

双人舞《牵》《蝶恋花》、独舞《心弦》则体现出傅小青在创作上的多元趋向和成果。而宁斌、陈晨、郭爽等舞者的精彩呈现，则让我们感受到山东舞蹈表演人才的雄厚力量。

傅小青的“这条路”，让我们不仅看到了一个中国舞人的坚持，也看到了一个中国舞人的情怀，更看到了中国舞人的希望。可以说，傅小青在用他的舞蹈创作之路奠定了他在中国舞坛地位的同时，也用他的舞蹈装点着我们舞坛的百花园。他的那些在过往已然获得了很好成绩的舞作，已经在以往的各种舞蹈比赛中折桂夺魁；而沿着这条无限延伸的“路”，相信矢志不渝的傅小青一定会给我们带来更多的惊喜。

“一条路，落叶无迹。走过四季，走过我自己。我双肩驮着风雨，想知道我的目的……”晚会结尾，傅小青在《一条路》的歌声中向我们走来：这条路，有他依稀可辨的汗水，更有充满吸引力的未来。这条通向未来的路，也一定会让他继续绽放、继续精彩。

黎星：一杯温醇而老辣的酒①

舞者黎星是近年来中国舞坛上一个难得的收获，出身军艺让他拥有了异禀的身体表达能力。也正是仰仗着这一份超乎常人的表现力，黎星通过大量舞剧和舞蹈作品为观众成功地塑造了各种艺术形象。而这些形象的不断叠加和强化，更是让人们形成了对于黎星的根深蒂固的印象：这真是个难得的好舞者！

的确，我们已经习惯于在各种大型舞蹈演出中欣赏到黎星那出众的表演才华。各大成名舞剧的轮番上演，也由于有了黎星的主演而几乎成为一个特定作品的成功之保证。黎星作为一个舞者的成功，几近一个奇迹，如此年轻便在舞坛大放异彩，成为一个舞坛成功人士的杰出代表。一时间，黎星成为各大舞剧争相邀约的最佳男一号人选，而由他参与演绎的作品也几乎都是中国眼下最炙手可热的热点舞剧。

就在大家津津乐道于黎星的“表演”天分、热情和能力时，冷不丁地，黎星居然推出了一台由他“制作”的舞蹈作品。在巨大的成功面前似乎并不需要转型的他，居然如此迅速地拓展了自己的身份，成为一名成功的制作者和创作者！此举让人大感意外，在完全没有任何征兆的情况下，黎星便组织起自己的创作团队，捧出了一台名为《大饭店》的舞剧作品，而且，一出手

① 本文发表于《舞蹈》2020年第2期。

便获得了极大的关注和广泛的好评。据说，黎星此举完全是靠自筹资金甚至是动了自己的财力完成的，可见他投入艺术事业的信心之果决。

《大饭店》一经上演，立刻获得了社会上积极的反馈和极佳的好评。人们惊叹，突然间来了一个华丽转身的黎星不但舞跳得好，而且在编舞上也极有才气，真是出手不凡，一鸣惊人。黎星一直以来以上好表演诉诸人的形象，登时获得了新的放大和拓展，他的艺术能量也获得了崭新的意义。

身兼制作、创作及表演于一身的黎星，首个作品便获众人广泛好评，他在创作上的新观念和新手法，让人不禁眼前一亮。他的艺术感觉和精彩的创造能力，虽初出茅庐却成熟有加，让人不觉为他超前的艺术观念和另类的表达方法拍手称快。那么，这部如此有人气的《大饭店》，究竟是靠什么获得了人们的青睐呢？

中国舞蹈艺术业已探索多年的舞剧创作，大概有两类方式：一类是较为传统的叙事方式，或称为情节舞剧，是中国舞剧几十年来一直不断探索的方式；另一类是较为抽象的方式，主要是受到了现代舞的影响，不以故事情节的交代为主要视角。两类方式各有各的成功作品，也各有各的观众群。而黎星的《大饭店》则是一部介乎于两者之间的舞剧作品。

在《大饭店》中，虽然有着明确的人物及其关系和故事情节，但在叙事方法上并不像以往的舞剧那样为了“讲清楚”一个故事，而是透过这些人物及其关系来展现一种戏剧的张力。这种方式实际上既有传统舞剧在处理剧情上的“实”，但又避免了将人们引入“故事”的老路子，从而让剧作本身显现出一股“新”意。同时，它又没有掉入现代舞纯抽象表达的窠臼中，也避免了人们走入现代舞经常是不得其解的欣赏惯性轨道里，从而获得了既有传统的张力同时又具有极大“新”意的审美效果。

《大饭店》里设计有四女三男共七名舞者，他们都有各自的身份，也都有各自的故事，彼此间的一些相互交叉，让整个剧目处在一个故事在不断发展、情节在不断推进的过程之中，很有吸引力。由于只有七名演员，因此该剧对表演的要求是极高的，真可谓是不能有一丝一毫的瑕疵，因此，黎星在该剧中组织到了像谢欣、李艳超等具有相当高表演功力的舞者。七位“明星级”舞者极为精彩的共同呈现，成为这部舞剧的一大看点。黎星在剧中也扮演了一个人物，不过这本来就是他的本职与长项，他的水准，也为该剧的表演水准和层次奠定了一个基础和标准。七位优秀舞者的共同演绎，让这出舞剧一个看点紧接一个看点，并没有因为表演人数的“少”而产生丝毫的不尽兴。按说，一部只有七个人表演的舞剧，这在舞段的安排和衔接上，有着难以克服的先天缺陷，然而，这部舞剧却意外地完胜那些动辄上百人的国内舞剧大制作。奇兵天降，舞艺十足，高强的身体能动性配以相应的人物逻辑让这七个舞者都找到了自己的特定发挥空间，因此，一个个角色被他们串联起来、构建起来，无论是独舞、双人舞还是三人舞、四人舞或者群舞，每一段都是有看头的，这既来自编创上的有效和达意，更来自表演上的灵性和光彩。

由日本舞美设计师设计的舞台效果和荷兰灯光师设计的光影，为该剧增添了高级之美。舞美设计简直就是“神出鬼没”，舞台看上去就是一个平面的饭店效果图，但随着剧情的深入，才发现这个“效果图”不是一般的好用，多个出口完全是出其不意，像是变幻着的魔术，让整个舞台“光怪陆离”起来，从而很好地为该剧服务。奇幻莫测的感觉自始至终让观众保持着新鲜度，可以说，舞美的成功设计为该剧增色极大。同时，配合光的有效表达，让布景更加充满了奇异的效果。在控制和表达上，光的设计亦是极其讲究，处理细腻，配合到位，同时又不多戏。统观全剧，如此高配合度的舞美设计和灯光设计实在是难得。相较之下，也反衬出中国当下的舞剧创作在舞美设计和灯光设计上的粗陋、简略、浮躁和“土豪”。就在这样的光与景的衬托下，《大饭店》的创作者们运用超常的艺术想象力，将舞台上的一切处理得充满灵性而且变幻莫测，立体化的舞台空间和有效而多元的空间利用，都让该剧的意境、意象和意念之美不断腾升，紧紧吸引着观者。许多别出心裁的安排与处理，既能显示出创作者的独特心思，也有效地让舞台获得了一分难得的神奇氛围，从而让神秘、奇特、莫测、惊悚、诧异、魔幻、意外各种气氛以及虚虚实实、扑朔迷离、意料之外的意象完美地交织叠加在一起，形成了一个有机而富有魅力的舞台空间。打造出这样一个神奇的空间，的确是需要一定艺术想象力和舞台驾驭功力的，创作者们的艺术气质和情调可见一斑。

本以为要结束了，结果又安排了一段“水舞”。说心里话，这段舞蹈跟该剧的主题及其内涵衔接得并不是很紧密，然而，当精彩的舞与水交融的肢体演绎把观者的注意力完全带入舞之中后，又觉得是一份超值的艺术享受，同样收获一份惊喜。当然，也或许是我没有太弄明白创作者的意图，并没有得到其中的奥妙吧。结尾虽有画蛇添足之判，但却并不影响观舞的欣赏心情。既然让我们感受到了舞动的愉悦，如此的处理倒也未尝不可。

奇特就奇特在这里，一个“乳臭未干”的年轻舞者，居然有着如此老练而奇绝的本事，像是为我们捧上了一杯陈年的老酒，香醇而老辣，让人回味无穷，竟把一个特定的空间处理得如此有层次、有味道、有光彩，黎星的艺术感悟力及其结果让我们不得不为他的才华重新定义。他的那份所呈现出来的准确把控舞台空间和舞剧延宕节奏的意识及其能力，已经完全出乎人们的预料。被重新定义的黎星，用他完全出人意料的作为给我们带来惊喜，一个全能型的舞者就此诞生。第一部作品便在业界整出了如此大的动静，其结果已经完全颠覆了大家对黎星的过往印象，只是，这样一个“颠覆”却进而激活了他在这一个新维度上的巨大潜力，从而让舞坛人士为舞界又获得了这样一个奇才而倍感鼓舞。

跳舞的黎星，让他表演过的所有作品都释放光泽；编舞的黎星，又开始从容地表达自我，让自己的思想、观念、理想、想象、手段等，都融于他的舞动和表达之中。黎星的成长，同时也是中国舞界不断进步的一个象征和印记，这个事业需要无数个“黎星”共同努力，一起放射光华。看了《大饭店》，让我看到一个舞者与编者兼容的黎星。这样一个黎星，让我们对他的未来充满信心和期待。

潘永超：看小字辈如何挑大梁

——赞舞剧《徽班》主演潘永超[①]

对于大多数观众而言，“潘永超”这个名字还相当陌生。但相信那些看过舞剧《徽班》的观众，一定会被剧中男主演“武生”的表演所深深打动。这位“武生”的扮演者，就是潘永超。

令人深感意外的是，那个在舞剧《徽班》中把那个旧时代的戏班子掌柜演绎得如此出神入化、令人过目难忘的潘永超，今年只有21岁！

年仅21岁的潘永超，目前是空政文工团的舞蹈演员。他在舞台上表现出来的超级舞蹈技艺水准，得益于军艺舞蹈系六年的学习。自小习舞的他，从东北考入军艺舞蹈系空政班。军艺舞蹈系向来以培养优秀舞者而著称，大量毕业于该系的优秀舞者，在中国当代舞蹈舞台上熠熠生辉。潘永超正是他们之中的一个。而他比其他优秀舞者幸运的是，他遇到了舞剧《徽班》。

舞剧《徽班》由安徽省歌舞剧院出品，是该院“改企”之后倾力打造出的一个大型原创舞剧。该院将该舞剧塑造成为精品，特别在全国范围内甄选优秀创作团队，由《中国妈妈》的作者王舸出任总导演。而潘永超就是被王舸“相中”的男一号。舞剧《徽班》推出后，迅速受到了业界的关注和广泛好评。随着该剧走出安徽，关注和喜爱它的人越来越多，因此注意到潘永超

① 本文发表于《舞蹈》2012年第8期，原文使用笔名“果然”。

出色表现的人也越来越多。

这个舞剧讲的是一个什么故事呢？

故事背景设在19世纪与20世纪之交那个风雨飘摇的时代，通过一个戏班子的故事及其人物纠葛，表达出创作者对于“情”“义”“善”“恶”的判断。舞剧中有不少人物，主干人物有四个：武生、花脸、徽女和师爷。武生与花脸是一起唱戏、情同手足的拜把兄弟；富家姑娘徽女爱上武生并在后来成为进步青年；而戏痴师爷是一个既捧戏子又心狠手辣的反面角色。他们之间展开了情义交加、爱恨交织的故事，如此丰富的内容让这个戏很有看头。就舞剧样式而言，《徽班》的剧情是较为复杂的，那个特定时代下的特定故事，以及剧中人之间的种种情感变故，都为出演这部舞剧的年轻表演者们带来了巨大的挑战。

然而，让人欣喜的是，无论是“武生”的扮演者潘永超，还是“花脸”的扮演者王磊，抑或是“徽女”的扮演者庞妮娜、具有阴阳两面性的师爷的扮演者张博晗，都极好地完成了他们的塑造任务。他们用初出茅庐的热情和炉火纯青的演技，不但为主办方赢得了一份荣誉，也向观众交出了一份令人相当满意的答卷。其中，特别是男一号潘永超的表演，给人留下了极深的印象。

潘永超的身体功夫是没的说的，前不久在中央电视台举办的电视舞蹈大赛中，他获得了表演铜奖。而挟此余威进入《徽班》的表演，对他来说，既是一个巨大的机会，同时也伴随着更大的挑战。我们知道，出演一部舞剧与表演一个舞蹈小作品，无论在表演功力上还是在身体素质上，其要求都是天壤之别的。军艺舞蹈系为他打下的优良基础，让他基本功高超、表现力超群。这些基础让他获得了饰演《徽班》男一号的自信。

《徽班》中“武生”这个人物，在表演上是一个难度不小的角色：他有情有义，刚正不阿；他审时度势，温良恭让；他不屈恶势，正气一身；他心底有爱，忍辱负重。舞剧《徽班》把“武生”完全塑造成一个具有理想主义情怀的正人君子。而潘永超则用他令人难以置信的舞台呈现，向世人证明了他所具有的实力。这让我们看到了一个正在中国舞坛冉冉升起的舞蹈新星。

21岁，这在通常的意义上，仍是人世未谙、阅历不深的年龄段，然而潘永超在《徽班》的舞台上表现出来的那份表演上的镇定自若、那份情感上的饱满丰厚，却很难让人相信他尚处如此稚嫩的年纪。舞剧中有大段大段的表演，对潘永超的体现能力和演技功力都给予了难得的展示机会。其中有两个段落的表演让人不禁为之动容：一是戏院被封、兄弟离去，他在磨难中终于站立起来。潘永超在这里的表演可谓是丝丝入扣，富有层次感，他把“武生”此刻的落寞、无助、绝望而最终重振生活勇气的心境表达得极为到位。还有一处是在该剧的结尾处，兄弟“花脸”去世，“师爷”跪在他面前，潘永超把“武生”的惊悸、愤懑到极点的情绪变化传达得淋漓尽致，引发了观众在情感上的极大共鸣。从该剧的完美呈现来看，潘永超的贡献极大，他除了在技艺上展现出来的一副好身手之外，在对于人物个性、气质上的驾驭和对各种环境下人物情感的把握，让他塑造出来的“武生”这个角色满台生辉。

《徽班》近两个小时的舞剧时长，对于潘永超而言，无论体力还是心态，都不消说是一个很大的挑战。然而，再看舞台上的他，无论是动还是静，无论是跳还是演，都让观众看到了一个优秀舞者所应具备的素质和所应达到的较高艺术水准。在他身上，“人物”的情感与他本人的情感已经融为一体、互为你我了。因此，潘永超塑造的“武生”，让《徽班》“亮”了起来。

舞剧《徽班》取得了不俗的成绩！可以说，这个成绩来自一批小字辈们的共同努力，编剧、编导、表演、音乐各个环节，均体现出一股年轻人的冲劲，表达出了新生代们的心声，令人眼前一亮、耳目一新。一个后继有人的事业，就是一个富有希望的事业！

王舸、潘永超等这批小将们在舞剧《徽班》中挑起了大梁，担负起了重任，并且是不辱使命，出色地完成了任务。他们的表现，获得了圈内外人士的一致认可和好评；而他们的辛勤付出，也让这部舞剧产生了不小的影响。

为潘永超喝彩！为小字辈喝彩！呼唤中国舞坛的土壤中，有更多的小将们破土而出。

冯琦：舞剧《红》之评

真是巧，就在看过冯琦作为北京舞蹈学院编导系邓一江导师的MFA艺硕生而创作的毕业作品——时长70分钟的舞剧《红》之后不久，我就在哈尔滨的大街上看到了高高立在马路上的“萧红故居”深咖啡色指向路牌。随着道路的不断绵延，我的思绪竟也不期然地展开来。切身的实感，让我体味到冯琦这位生于斯长于斯的东北女孩为何竟要选择萧红这样一位不凡的女子来作为自己毕业作品之主人公的精神状态。我想，对于萧红的认识，冯琦一定是感同身受并刻骨铭心的，只有如此，我们才能真正理解她隐藏在这种选择之后的心意。于是，当冯琦倾注了她所有的心力在舞台上为我们描摹出一个舞蹈着的“萧红”时，当呼兰河的记忆伴随着冯琦的画外音让这位当年奇女子的命运再次展开在我们的眼前时，冯琦的所思所想及她的思索和追求，都随之一并矗立在我们的舞台上，都一并涌上了我们的心头。

就一名MFA毕业生而言，其毕业大戏（作品）越来越成为一个展示自我艺术才华和能力的媒介，这或许就是为什么如今的MFA毕业生大都会全力以赴地利用这个舞台来尽情地展示自己，因为这个时刻不但是毕业生们自己完成学业走向社会的一次绝佳而难得的亮相，更是他们向母校、向社会展现自我艺术功力的第一个艺术宣言。对于一个完成了学业、即将踏入社会的学子而言，这多么像是一个新生儿的第一次啼哭。

作为冯琦“艺术宣言”的“第一次啼哭”，让我们感受到了她的非同一般。首先，她不畏艰难，勇敢地选择了“萧红”这个题材来作为自己的毕业舞剧题目，这本身所具有的强大挑战性，自然是一望而知的。

说冯琦“勇敢”，是因为一个小弱女子，竟然挑战如此难啃的“骨头”。“萧红”，的确是一个不凡的人物，这个题材的难度有目共睹，这或许是我们在以往的舞台艺术作品中并不多见这样的选材的原因。作为一个新生代，冯琦勇敢地扛起了这个表现任务，勇气可嘉。难啃的骨头，经常反而会激发出不一样的艺术结果。于是，我们看到了冯琦在勇敢地挑战这个选材的同时所表现出来的优异的编导艺术才能。可以说，用舞剧的方式来表现这一人物，的确有着诸多不易。

冯琦创作的舞剧《红》给我们带来非同一般的感受——她创造的“萧红”这个人物，可信且具有可看性，她处理的“萧红”与几位不同个性的男士之间的关系清晰且富有层次，让我们不但看到了冯琦“初生牛犊”的编导锐气，同时也能感受到她与一代奇女子萧红的情感历程所产生的在心灵上的共鸣。从这个角度来审视，冯琦的《红》，带给我们丰富的艺术感受。

让我印象最深的是冯琦处理“剧”时的那份清晰和从容。我们知道她的导师邓一江在中国舞剧的创编上是有着自己的咀嚼和心得的，这当然会影响到冯琦的艺术把控视角。因此，我们看到了冯琦在“剧”的层面上掌控舞剧脉络的自觉。出现在冯琦舞剧《红》中的人物都是真实人物，一女和四男之间的关系成为整部舞剧的结构，一步步推进，环环相扣，人物的情感就在这样的铺陈中得到了非常有效的塑造。这样一个结构，是按着人物活动的时间顺序来逐步实现的，它较好地适应了观众从“看故事”的角度来认识人物，并进而感受她的内心情感的欣赏习惯，富于逻辑的情节设计，让“萧红”这个人物走入观者的视野乃至内心。

对于一位舞剧艺术的建设者，冯琦对于人物的塑造是通过符合人物的语汇方式来设计动作语言方式的，她为每个人物都设计了符合他们身份和心理的独有语汇，这些语汇贴切而传神，从而让人物的体现更加富有真实感。

简洁的舞台设计，也是《红》的重要特点。由于教学剧目的特点，舞台在呈现上大都会受到一定制约。然而，这反而给这类剧目的舞美设计带来了以少胜多的设计挑战，从而凸显出创意的设计理念，最大限度地保证舞台既能为特定的舞剧人物和故事服务，同时又能折射出颇为新鲜而讲究的艺术空间。《红》的舞美，非常简约地做到了这一点。

总之，《红》这部舞剧的创作难度是显而易见的，但青年编导冯琦在各个方面上的解决方案不啻是颇为令人信服的。她的“第一声啼哭”嘹亮而完整。相信她本人会凭借着这个不俗的起点，开始她在艺术上不断成熟的崛起之路。

异域闪耀

崔承喜：舞蹈建设的眼光与理念

一 中国古典舞建设的眼光与理念[①]

中国社会的乐舞活动，其缘起的历史是相当久远的。作为中国古代社会上层建筑之一的乐舞文化，也一直是中国主流生活中一件极为寻常的事情。这样的历史情形，我们从王克芬、董锡玖、彭松、孙景琛等老一辈舞蹈史学家的著作中很容易便可捕捉到。当然，他们的著作同样也告诉我们，那些留存于古代中国社会的主流舞蹈形式至宋以降便与后人的生活渐行渐远，终被逐渐融入戏曲中并成就了中国戏曲的一番伟业。因此，当几千年的中国历史进入20世纪的门槛时，中国的主流古典舞蹈的风景已经完全失去其往昔的模样。当我们今日举目四望，看到印度、日本、韩国等邻居都充分地享受着古典舞蹈的荫泽时，中国进入近代后的历史，却为后来的中国舞人留下了一个不小的遗憾：中国舞人如何塑造自己的古典舞体系？

那么，我们首先遇到这样一个必须回答的问题：我们为什么一定要塑造出中国古典舞的体系？换句话说，古典舞何以如此重要？

---

① 本文宣读于2011年北京“纪念崔承喜诞辰100周年论坛暨展演活动”。

（一）古典舞何以如此重要

我们或许可以从以下几个角度来简要思忖一下古典舞之所以重要的缘由。

其一，作为一种富有韵味的审美形态。

作为一种独特的舞蹈审美语言，古典舞艺术可以满足人类对于舞蹈审美活动的一种特殊需要。我们已知，古典舞的形成过程大都经历了漫长发展期的累加和凝聚，其动作方式具有了入味很深的文化底蕴和风味，从而具有了可以供人充分“品味”的内涵。它所提供的独特而富有动作品质的审美供给，极大地滋养了人类在精神和视觉上的独特审美需求。

其二，作为一种对于历史的身体记忆方式。

古典舞由于形成期漫长，在其形成过程中，积累了大量历史的内容和含意，这一特殊的角度让它具有了承传历史、记忆历史的特殊功能。任何一个民族都有自己的根，都有自己从历史深处走向今天的丰富经历。而这经历本身就是一个积存着民族文化的历史走廊。古典舞从一个独特层面沿着这条历史走廊承接着历史的积沉，以一种活体的形态，像教科书一样向后人传达着历史的讯息和含意。

其三，作为一种相较于民族辨识的身份符号。

每一种古典舞形态都是以其个体的方式面世的，在这里，个性成为古典舞的生命。而正是这种与众不同的独特性，让古典舞获得了唯自己所特有的身份符号，这种符号由于积淀着本民族最精致、最独立的肢体智慧和语汇，以及最鲜明、最醒目的异他特征，从而可以肩负起作为民族辨识的风向标的任务。

因此，古典舞之所以重要，正是因为它具备了一些功能和特征，而这些功能和特征的特殊意义是无法被替代的。因此，当中国历史进入20世纪之后，找寻并建立具有中国风格的古典舞形式，就成了一个历史性的课题。新中国成立之后，“中国古典舞”的建设任务被提到了议事日程上来，最终，一种从中国戏曲入手挖掘整理出的舞蹈方式，终被定名为“中国古典舞”。这个舞种迄今已经走过了半个世纪的风雨历程，逐渐呈现出它所具有的独特艺术华光。

从中国戏曲中提炼、整理出“中国古典舞”的动作形态及其规范，从历史的发展着眼，有其历史合理性，历史的继承从来都是下一代承接上一代的文化遗产的。当中国主流舞蹈被历史的洪流裹挟进中国戏曲之中后，从这个积存着中国传统舞蹈的戏曲艺术形式中再把舞蹈的元素分离出来，便成为一个符合历史走向的历史性举措。因此，今天被称为“戏曲派”或“李唐派”之中国古典舞的理性基础是牢固而扎实的。这一点混淆不得。

然而，人们获得这样的认识，在“中国古典舞”创建之初是得到了几位重量级人物的重要启发的：一位是中国戏曲大家欧阳予倩先生，“中国古典舞”的定名就出自他；还有一位就是来自朝鲜半岛的舞蹈家崔承喜①女士。

（二）崔承喜之于中国古典舞的建设视角

可以这样说：来自朝鲜半岛的舞蹈家崔承喜，送给我们一把打开古典舞宝库的钥匙。

对于崔承喜其人其事，今天的我们都已经比较了解了。

早年曾学习过芭蕾舞和现代舞的崔承喜，“最初向日本舞蹈家学舞，学日本舞、芭蕾舞、新兴舞（现代舞的前身），也跳过芭蕾舞……后来……到处学朝鲜舞……终于跳起了朝鲜舞，编了不少节目……很受人们的欢迎”②。这样的学舞经历让崔承喜的专业视野十分开阔。

崔承喜曾先后两度来华，她对于中国戏曲艺术的兴趣和热爱无以言表，并曾与中国戏曲大家梅兰芳经常探讨如何发展中国戏曲中的舞蹈艺术。中华人民共和国成立后，崔承喜应中国政府的邀请于1950年第二次来华，并在北京开设“崔承喜舞蹈研究班”（以下简称“舞研班”）。就是在这个时期，她在

---

① 崔承喜（1912—1969），出生于汉城（今称首尔）。她被视为朝鲜民族舞蹈的杰出人物，一生为复兴朝鲜半岛的舞蹈艺术做出重大贡献，并以其非凡的才能引领东亚舞蹈进入一个崭新的发展阶段。

② 田静、李百成主编：《新中国舞蹈艺术的摇篮》，中国文联出版社2005年版，第393页。

一边教授朝鲜舞蹈和其他舞蹈、为中国舞蹈事业奠基的同时，一边从中国戏曲中挖掘出舞蹈素材，开始整理中国古典舞的舞蹈教材，此举对日后“中国古典舞”的建设具有启蒙和实验意义。当时，根据欧阳予倩明确提出的关于整理中国古典舞的设想，“舞研班”做了最初的整理工作。从崔承喜于1951年2月18日在《人民日报》发表的题为《中国舞蹈艺术的将来》一文，我们可以了解到她当时来华的初衷：“我这次来中国，一面借助研究中国舞蹈来丰富朝鲜舞蹈，一面帮助中国舞蹈界来完成整理中国舞蹈的工作。”同时她认为整理中国古典舞蹈要分两步走，第一阶段“应该着重摄取古典舞中最典型的、优美的、英武的，有它独特性的代表动作和舞姿”，而第二阶段要“把传统的舞蹈艺术形式和现实的新生活、新人物结合起来，成为新内容、新形式，同时富有自己民族特点的艺术”。

我们可以从当时在这个班学习的一些学员的言论中，看到崔承喜当时的这个带有创见性的举措。

蓝珩在《学中散记》中写道：“崔（承喜）先生十分热爱我国的京剧和昆曲艺术，所谓研究班，主要的课题就是研究整理出一套中国古典舞蹈的训练教材。”①

宝音巴图在《在中央戏剧学院舞研班的日子里》一文中写道：“当时的中国古典舞蹈是从我国昆曲、京剧艺术当中提炼、加工、整理出来的，由崔承喜老师和我国昆曲、京剧界的表演艺术家韩世昌先生、白云生先生、马祥麟先生、刘玉芳先生共同合作，在我班同学李正一、蒋祖惠、崔洁、王世琦、张奇、李百成等配合下给我们授课。他们把戏曲艺术中的青衣、花旦、小生、武生等不同角色的动作提炼出来，根据舞蹈的特性组成舞蹈动作的组合，经中国古典舞教研组通过后，由我国著名民族音乐家刘吉典先生等配上具有民族韵律的音乐，形成一套比较完整的教材后，再给我们上课。”“由于

---

① 田静、李百成主编：《新中国舞蹈艺术的摇篮》，中国文联出版社2005年版，第411页。

我们所学的古典舞蹈取之于昆曲、京剧等戏曲艺术，所以，特别强调表演中的特质，如‘精、气、神’和‘手、眼、身、法、步’等。也就是说不但在动作上要规范，在神态上也应该体现民族的气质，‘行如云，站如松，坐如钟’。”“通过一些这样的训练和学习，我们对当时的中国古典舞蹈有了一定的认识和掌握。虽然这套教学体系还不完整、不系统，但对我们来说是个启蒙和开端，对我们以后的舞蹈生涯产生了很大的影响。实际上，对以后中国古典舞蹈的形成和发展也打下了一个良好的基础。”①

“中国古典舞”的创始人之一李正一也是崔承喜的学生，她在《念此如昨日——怀念崔承喜老师》一文中写道：“崔承喜老师教给了我一些从没有学过的东西，培养了我对戏曲传统的感情、审美意识、对如何认识和发展传统的信心。这些内容对我的影响是深远的，后来在我整理《中国古典舞》教材的时候，在对待传统、经验、创新等问题上一直到我20世纪80年代进行创造《中国古典舞》身韵教材的时候，崔承喜老师的教诲都给了我很大启迪和帮助，我从内心十分感激恩师的教导。”②

从上述这些曾亲自跟随崔承喜学舞的人的口中，我们已经可以较为准确地把握到崔承喜对于中国古典舞建设的眼光及其理念。

今天来看，虽然“中国古典舞”这个概念并非由崔承喜本人提出，但这一整理工作对于“中国古典舞”的最终问世，无疑起到了至关重要的奠基作用。

（三）崔承喜对于中国古典舞建设的实验方法

崔承喜酷爱中国戏曲文化，她在第一次访华时，就感受到了中国戏曲的艺术魅力，特别是与梅兰芳的往来，让她获益良多。中国戏曲是一个形式完整的艺术宝库，唱、念、做、打各个方面均有极为程式化的规定，具有极高的审美价值。特别是戏曲中那些温婉圆润的舞蹈动态，让崔承喜获得了极大

---

① 田静、李百成主编：《新中国舞蹈艺术的摇篮》，中国文联出版社2005年版，第349页。

② 同上，第449页。

的艺术感悟。如何从这个宝库中整理出具有中国特殊意韵的纯舞蹈形式，便成为她思考的重要问题。

然而，要在戏曲的基础上整理出一个独立的中国舞蹈的形式，面对一个已经高度完善的中国戏曲系统，如何下手、从哪里入手，对任何一个从事舞蹈建设的人来说都无疑是空前的巨大挑战。不同于后来“中国古典舞”整理中国戏曲的方法，崔承喜是从角色行当的类属进入整理工作的。

我们还是从崔承喜学生的部分记述中，来揣摩一下崔承喜的实验方法。

张奇在《回忆 · 思考》一文中写道：“崔先生整理中国舞是以遵从中国戏曲传统行当为基础，并以性格化的特点来进行整理的。如女子舞分为青衣、花旦，男子舞分为小生、武生。她还依据戏曲舞蹈表情特点归纳和整理了如害羞、生气、高兴等等的舞蹈组合。男女对舞，小生和青衣对舞，武生和武旦对舞，对打等组合。”①

李百成在《忆崔承喜先生》一文中写道：“每次上课……从基本步法开始，前进、后退、横向、斜向，继而是手型、指型，又进而是水袖、褶扇、鸾带，然后是分开行当，随着性格和表情的需要发展成组合或片断，最后配以节奏和旋律，就成了舞研班中国古典舞教材的雏形。崔先生以舞蹈家的敏锐和对于舞蹈特质的彻悟，把组组舞姿、造型和组合，从戏曲的段落中分解出来。”②

由此看来，中国戏曲的角色化规律首先给崔承喜带来灵感，她从行当的类属动作入手，逐渐把各类动作分别整理并加以提炼，最终形成了一套以各种角色为基础、带有极强风格特征的舞蹈动作系统。这完全是一个从无到有的过程，它体现出崔承喜的舞蹈观念和对中国古典舞的认识，虽然她的这种整理方式并没有被日后建立起来的“中国古典舞”动作体系所全盘采纳和照

---

① 田静、李百成主编：《新中国舞蹈艺术的摇篮》，中国文联出版社2005年版，第522页。

② 同上，第415页。

搬，但崔承喜对于从中国戏曲中整理中国古典舞的眼光和建设理念，却极大地影响了“中国古典舞”建设者们的思维和实践。

崔承喜的实践及其理念，对于该领域的任何整理者而言，都是一个难得的经验。

（四）对崔承喜的历史评价

平心而论，作为一位亚洲舞蹈家，崔承喜在提升亚洲舞蹈艺术上的努力是有目共睹的。她抵达中国时，中国历史正处于从传统向当代过渡的一个转折期。她面临的挑战来自两个方面：一个是如何让传统文化的甘露更好地滋养当代社会；另一个就是如何弘扬东亚的舞蹈文化，让其固有的艺术芳华在全世界范围内得到更好的展现。为此，崔承喜付出了不懈的努力，她不但身体力行地在东亚各国采撷各国传统舞蹈养分，并利用自己在国际上的声望努力推广和宣传东亚舞蹈文化，为这个事业做出了极大的贡献。

崔承喜对于中国古典舞的建设的贡献是十分卓著的，她不但直接影响到了像李正一这些从事中国古典舞建设的开拓者们，同时也影响了其他人。高金荣在《我是怎样根据壁画素材创编敦煌舞基本动作的》一文中写道：“崔承喜先生许多强调舞蹈艺术的民族性、创造性以及基本动作训练的重要性方面的教诲，都对我创编敦煌舞基本训练有很大的启示，并起着很大鼓舞作用。”[①]可见，崔承喜对于中国当代舞蹈的影响是难以估量的。

毫无疑问，崔承喜是亚洲最为杰出的舞蹈家之一。她曲折坎坷的舞蹈生涯，呈现出多个面：文化的、政治的、艺术的……如何拨开时光的迷雾从学术上给予这位历史名人以中肯的评价，如何从她的艺术思维中捕捉到符合历史发展趋势的积极因素，成为舞蹈史学界面临的一个课题。近年来，关于崔承喜的研究在舞蹈界已经展开很多，崔承喜当年所付出的努力正在被学界逐渐认识和重视。延边大学的李爱顺教授用大量的研究成果为崔承喜研究注入

① 田静、李百成主编：《新中国舞蹈艺术的摇篮》，中国文联出版社2005年版，第357页。

了极大的活力；同时不少亲身随从崔承喜学舞的中国舞界前辈的一些回忆性文章，也为今人描绘出一幅幅关于崔承喜其人其舞的画面。2001年，延边大学“朝鲜民族舞蹈专业课程体系的改革与实践”课题组主持召开过“崔承喜舞蹈艺术暨20世纪朝鲜民族舞蹈艺术”国际学术会议，以纪念这位朝鲜舞蹈家为中朝舞蹈所做出的巨大贡献，并先后出版了《崔承喜舞蹈艺术研究》《崔承喜舞蹈艺术文集》等著作。此后，中、韩两国就崔承喜这个主题，数度专门召开国际学术研讨会。这些学术活动引起了中外舞界学者和艺术家们的高度关注，为崔承喜研究的发展提供了很重要的史学素材。

我们相信，随着“崔承喜研究”这一课题的不断发展和深入，崔承喜对于中国乃至亚洲舞蹈的独特贡献会更加清晰。

二 聚焦：崔承喜的国际性与韩国舞蹈的全球化——第 18 届韩国 SDDH 国际学术研讨会侧思[①]

2016年“十一”期间，韩国舞蹈记录与历史学会（SDDH）“第18届国际舞蹈学术研讨会”在首尔召开。本届会议的议题聚焦于国际视野中的崔承喜研究，以及由此衍生的韩国舞蹈走向国际诸多议题。韩国舞蹈记录与历史学会是民间学术组织，其将之前韩国的“记录学会”和“历史学会”合二为一，当前以一批韩国中青年舞蹈教授和学者作为其核心骨干，力量更为壮大，每年都会举办学术研讨会并出版英韩双语的舞蹈学术出版物，充分发挥了学术凝聚的核心作用，在韩国舞蹈界的影响也与日俱增。

韩国国土面积虽小，人口也不多，却十分重视文化软实力和文化建设，独特而人文色彩浓郁的传统文化又成为国家发展取之不竭的源泉。文化的强盛与否不在于国土面积的大小，虽然今天韩国仍不乏文化“焦灼感”和生怕被

① 本文发表于《北京舞蹈学院学报》2016年第5期。

边缘化的危机感，但伴随着这种以竞争为基本态势的焦虑心态，韩国由此萌生出的巨大的文化能量，已经引得举世瞩目。经历了经济奇迹之后，韩国也已经有了足够的心力来更加细致地关注文化生态的发展。韩国文化界（包括舞蹈艺术）开始思考更为深层的问题——如何让韩国的文化获得更为广泛的国际认同？这类问题业已进入韩国舞蹈学者们的视野，对它们的思考和讨论便顺理成章。

20世纪以降，东方诸国纷纷步入现代化发展的轨道。在一部分西方学者眼里，这些社会变化都是“现代性”的有力例证。虽然笔者认为，这种立足于西方价值判断的认识未必能完全说明问题，但东方国家在不断成长之中获得的“现代化”却是一个不争的事实。如何在现代化过程中仍然挚守自我，让自我的文化积淀与现代化进程相生相伴，韩国舞坛的实践和思考显然值得我们关注。本届研讨会以崔承喜现象为视角，通过对她的认识来进一步推衍韩国舞蹈的国际化进展。这种研讨眼光和视角，对于今日韩国舞蹈之发展是富有实效的。

研讨会上，来自中、韩、美、墨四国的舞蹈学者，就各自深入研究的学术成果，先后做了大会发言。从他们缜密的考据、分析和研究中，一个更加鲜活、立体的崔承喜及其舞蹈美学思维呈现在今人面前。仅就“崔承喜研究”而言，韩国舞蹈学术界从视其为学术（政治）禁区，发展成一个新的学术视点。许多学人的研究已经破除了以往的“旋涡”，拥有了向纵深挺入的学术勇气和自由，让崔承喜作为一位国际著名舞者的历史价值获得了崭新的开拓。与之相符的是，域外学者们的共同研究，为这一视点增添了更为丰富而广阔的学术内容，这让“崔承喜研究”这个学术命题的国际性落到了实处。

说到“崔承喜研究”的国际性，显然与崔承喜的国际活动直接相关。崔承喜于20世纪上半叶在东亚各国乃至西方世界的表演活动，使她获得国际性形象的同时，也奠定了其在国际舞坛的地位。而伴随着崔承喜国际化活动而建立起来的关于“东方舞蹈”的思考及其作为，更让她成为一名高瞻远瞩的“东方舞蹈家”。她整合和重构东方各国的舞蹈，进而凝聚成一种东方独有，并可以与西方比肩的舞蹈艺术样态，这一思考将她的舞蹈美学思想推到一个新高度。因此，相较于我们今天的诸多思考，崔承喜无疑是一位“先到者”。她在大量舞蹈实践经验的基础上，敏锐地捕捉到东西方舞蹈文明相互碰撞的大命题，从而奠定了她的艺术发展观。

秉承这一发展观，崔承喜对东方各国舞蹈艺术的整合意图是明显而积极的。这种整合并不是改造，而是凝聚、化合和提炼。于是，我们看到了她对朝鲜半岛舞蹈的发展、对中国京剧的动作提纯、对亚洲各国舞蹈艺术的有力提倡。究其根本，她的这种意图及其不懈努力，凸显出一位先知对于自身和他者文化特征的深入咀嚼、思考和文化自觉。虽然至今我们也仍未看到有一种为东方各国所共有的舞蹈形态，但这种与塞万提斯笔下之堂·吉诃德的做法有那么一比的宏大梦想，暗含着崔承喜作为一位先知所拥有的深思熟虑。尽管她的梦想未必能顺利实现，却令人尊敬。只可惜，直到今天也未必会有多少人能够揣测到她的那份苦心孤诣。

“第18届韩国SDDH国际学术研讨会”为大家的深入思考提供了合理而及时的议题，透过那些切实可行同时又十分恰切的日程安排，研讨会组织者的学理智慧和思考维度也一目了然，崔承喜及其相关的文化、艺术、学术、历史等各种价值得到了更为充分的开掘和尊重。而这种开掘及进一步的认识，无疑会进一步丰富学界对崔承喜及其现象的体认和思考。

为了推进这一学术视角的深度，主办方还特别邀请了延边大学艺术学院舞蹈系的金英花、黄仙子和全春爱进行示范表演，她们表演了中国朝鲜族和朝鲜的舞蹈组合。这些肢体的舞动强化了大家对于朝鲜民族舞蹈文化的认识。朝鲜民族舞蹈艺术在各地域的不同呈现，为舞蹈带来了人类学层面的无穷意味。中国朝鲜族和韩国、朝鲜国民，虽然在种族和文化上同属一个民族，但都在各自努力找寻着各自的特点，这一点是完全可以理解并令人尊敬的。其实，朝鲜民族在世界上的分布十分广泛，日本、美国、俄罗斯等许多地区均能看到朝鲜民族的身影，而由于长期与当地文化的互渗，都会形成这种细微的差异。上述三地朝鲜民族在舞蹈特征上的细微差异，给我们提供了学术上的鲜活材料及思考。

对于中国舞蹈学术界而言，我们在以往的学术积累中，在“崔承喜研究”上有了一些初步的收获，其学术空间显然仍大有可为之处。美国学者Judy Van Zile在会议结束前的圆桌会议上针对该题目提出了几个问题：为什么要讨论崔承喜的国际性？什么是国际性？如何才能实现国际性？这些问题对正在崛起的中国及中国舞蹈界来说，无疑也都是极其严肃而颇耐寻味的。“现代性”与当代东方各国舞蹈文化的国际化路程，可以说是我们要共同面对、共同思考的大问题。

韩国舞蹈文化让笔者颇为“眼热”的是它深沉的文化内涵和丰富的形式样态。这一舞蹈文化的富足性和饱满性，富有特点的传统舞动和摩登的当代舞蹈观念相映生辉，这让韩国的舞蹈艺术呈现出难得的活力。组织者在研讨会之余安排了丰富的舞蹈体验活动，我们不仅观赏了韩国传统的儒教舞蹈、佛教舞蹈，还看到了由韩国国立舞蹈团表演的在传统舞蹈语汇上演绎出来的新剧目；不仅看到了前辈舞者如安银美、朴淳壕等人富有独创精神的创作，更看到了金在德等年轻人充满视觉冲击力的《摩登桌》等作品；我们甚至还花了一天的时间驱车远赴江原道的平昌郡，在2018年冬季奥运会的区域观看了由农民高举“农者天下之大本”的旗子而表演的“农乐舞”。这与我们在会议期间于会堂里观看的带有展示性质的韩国传统舞如“萨尔朴里”“僧舞”“农乐舞——小鼓舞”等实质归一。韩国舞蹈很好地诠释了“艺术形态多样性”，其精致而高级的艺术呈现已经执着地在笔者的脑海中生根。有一个现象很有意思，在平昌和江陵进行“农乐舞”表演的队伍中，笔者都看到了男女老幼一起上场舞蹈的有趣场面。这种极接地气的表演方式很朴实，同时又充满活力而动人，特别是那些幼龄儿童的加入让笔者浮想联翩——待他们成人之后，韩国民间舞蹈文化的传承还会成问题吗？

刘凤学：舞蹈是我的生命

一 “舞蹈是我的生命！”——在新加坡遇刘凤学[①]

我今年六月份去了趟新加坡。

这次去新加坡是应邀出席在那里召开的国际舞联亚太区的会议。这个会议是一个年会性质的活动，每年在亚太区内的一个国家或地区举办，是亚太地区的一个非常重要的国际舞蹈事件。参加今年这次会议的有来自亚太地区各国的近200名与会者。各国舞蹈界朋友欢聚一堂，以舞蹈为媒介，享受着舞蹈艺术为我们人类带来的快乐。参加本次会议的中国大陆代表只有我一个人。没承想，在刚进入代表们下榻酒店的那一刻，我便遇到了多少年来让我十分敬仰的台湾舞蹈前辈刘凤学老师。

刘凤学是海峡两岸舞蹈界所公认的优秀舞蹈家，早在20年前我读研究生时，就开始对她及她的作品心生仰慕。当年观看由她创作的《布兰诗歌》，至今历历在目，她的认真、她的深刻在两岸舞蹈界有口皆碑。记得我当年闻知刘凤学竟在近六旬时赴英国拉班中心读博士学位的故事，更是对她崇拜和佩

① 本文发表于《舞蹈》2007年第10期。

服得五体投地。如今，已是81岁高龄的刘凤学老师，看上去依旧是那么精神矍铄，依旧是那么亲切和蔼，她的气质里有一种充满了平和的自信和温婉雅致的气质，当她开口说话时，那种浓重的北京口音，竟让人立刻便感受到一种莫名的温馨。

刘凤学于1949年毕业于国立长白师范学院，主修舞蹈，辅修音乐。1966年至1967年在日本东京教育大学研究现代舞与舞蹈创作法，师从松元及江口教授。1970年赴德国福克旺艺术学院专攻创作与拉班舞谱。1981年赴英国拉班中心攻读博士学位，1987年获英国国家哲学博士学位，是台湾的第一位舞蹈博士。

尽管年事已高，热爱舞蹈艺术的刘凤学并没有停下她不断奋进、不断创作的脚步，不久前，她就曾率团赴广州演出了她的新作《曹丕与甄宓》。令人可敬的是，这样的创作从未停歇过，她始终以每年创作一部舞蹈作品的速度，源源不断地为社会贡献着她充满睿智的舞蹈哲思和成熟的舞蹈美。年过八旬仍有如此的创作激情和能力，真让人敬佩不已，当年美国的现代舞蹈家玛莎·格雷姆也不过如此。当我就此向刘凤学老师表达我衷心的感动和敬佩时，她是那么真诚、那么平和地对我说："舞蹈是我的生命啊！"

舞蹈是她的生命！这位一生为舞的老人用她毫不粉饰、毫不做作的心态和行为，在海峡两岸的舞坛上树立起一面昂然飘扬的旗帜，让人高山仰止。在艺术上，刘凤学求真求善求美，她将自己的舞蹈团命名为"新古典舞蹈团"，希冀的就是能充分发掘中华文化的雄浑与厚重。她以现代人的眼光审视中国的传统，在传统中找到她刻骨铭心的感动和昭示天下的博大，并用她充满独特人生感悟的肢体语言把那份独有的意蕴和哲理舞将出来，去"尊重传统、创造现代"（新古典舞团的团训）。她的舞蹈者每每在谈到如何跳她的舞蹈时，总是会这样表达：我们跳的是老师的心！是啊，寒往暑来，难得刘凤学的心是如此厚实，我们可以看到，她的舞蹈创作已经完全浸入艺术的内里，从那一深处出发，潺潺地发送出一泓泓清流，浸润着人们干涸的心田。

于2000年创作的《大漠孤烟直》，是刘凤学近期的一个代表性作品，从这个作品中，我们可以透视出刘凤学为人为舞的观念及态度。

刘凤学曾伫立于敦煌那无垠的荒漠之上，当她近距离地观察风将沙整个卷起的景象时，狂沙漫舞让她感受到强烈的震撼。看着渺无人烟的沙漠上被风卷起的“长烟”，刘凤学立刻感觉有话要说，她遂采用王维的诗、赵季平的音乐和张衡的浑天仪，谱写出一章让人过目难忘的《大漠孤烟直》。凭借这个作品，刘凤学在拷问：时间是什么？如果遗失了时间，是不是今与古的界线就不复存在？在这个作品里，没有时间，没有故事，有的只是舞者身与心的交响，刘凤学借舞者的肢体不断传达出人在面对古今时的那份苍凉而旷达的人生境界，表达出她对宇宙与人、人与时间、人与天地之间各种关系的思考和丰厚的视觉意象。

这次来新加坡虽然是参与同一个会议，但由于我跟刘凤学老师参加的不是同一个单元的活动，所以日常接触的机会也不是很多。我参加的是研讨会，而她是作为“编导实验班”特邀的两名资深顾问参加编导班的工作。在编导班的成果展示会上，刘凤学老师用她充满京腔的语言，代表大会做了充满华人独特情感和智慧的演讲，引起在场者的极大共鸣。

会后，刘凤学老师用她一如惯常的平和语言告诉我，她正在进行着唐代乐舞重建的工作。刘凤学曾在日本研修过雅乐，相信她的这一努力一定会让她的生命放射出新的华彩。

刘凤学是台湾舞蹈事业的一个强有力的代表人物，而台湾舞蹈正是在刘凤学这样一些舞蹈家的努力下，飞快地向前发展着。在这次新加坡会议中，来自宝岛台湾的舞者显示出令人兴奋的实力，他们不但现代舞做得好，对传统舞蹈的做法也很让人钦佩。新加坡之行丰富了我对台湾舞蹈事业发展的认知，这一点倒真的出乎我的预料。

我在本次新加坡研讨会上提交的有关如何保护传统舞蹈的论文，也引起了与会者的热烈讨论，毕竟这是我们许多亚洲国家面临的共同难题。

一年一届的世界舞联亚太区会议经过四天紧张而充实的活动已告结束，代表们相约：来年相会于澳大利亚的布里斯班！

二 文化的身体——关于刘凤学重建“唐舞”的思考[①]

不久前，我在北京终于看到了台湾舞蹈大师刘凤学经过多年潜心研究而呈现的“唐舞”。

为什么说“终于”？

记得那是2007年，我在新加坡参加亚太舞联会议时遇到了同时与会的台湾舞蹈大师刘凤学女士。她当时有两句话，我记得很真切。一句是：我82岁了！另一句是：我在搞“唐舞”（唐代舞蹈）。

这两句话都让我感慨。82岁高龄仍然在舞蹈事业上奋斗不止，这一点让我感佩不已。不过闻知刘凤学女士在搞“唐舞”研究，倒是让我有些意外。刘凤学长期给我们大陆人的印象，是她始终以较为现代和新潮的方式来从事舞蹈艺术的。令人惊奇的是，她几乎每年都会推出一部新作品，这种不曾停歇的舞蹈创作势头让我们感动，同时也让我们处在对于她新作的不断期待之中。如今，颇为“现代”的刘凤学竟要“复古”，居然搞起了“唐舞”研究和表演，这的确让人有些意外。

“唐舞”的研究应该是属于带有学术内涵的研究领域了，大陆舞界也相继有一些专家在古舞重建的道路上不断地有所感悟、有所收获。很长一段时间以来，与大陆舞蹈环境十分不同的台湾舞蹈家也在致力于“唐舞”研究，那么他们的结果和成果会是怎样的呢？因此，从闻知刘凤学在从事“唐舞”研究的那一刹那起，我便梦想着能亲眼看一看她的“唐舞”世界究竟是个怎样的状态，是否能给我们以不寻常的启迪。

观摩演出之后，我对刘凤学的唐舞研究有了很重要的认识。她的唐舞研究，不仅仅停留在“研究”上，而更重要的是“重建”工程。重建“唐舞”，这个想法不但在方法上讲求高超的学术功力，同时在观念上亦会对中国当代

① 本文发表于“舞蹈中国”微信公众号2014年11月17日。

舞蹈的发展带来不尽的意义。

当代的中国舞蹈文化，在过去一个世纪的风雨磨砺中，其当代性特征远高于其传统性。看过当代中国舞蹈的外国同行大都会自然发问：你们有传统舞蹈吗？

这样的问话显然会让我们汗颜。但是，中国的实际情况也的确不那么乐观，比如，人们在印度、日本、韩国就不会问到这样的问题。从我们的一些古代舞蹈史著作中，我们也不难发现我们的古代传统舞蹈资源是多么丰厚。只是不幸的是，它们早就在历史的选择扬弃中停留在图像、文字或被融入其他艺术门类（如戏曲）之中了。也就是说，那些曾经在古书中出现的中国传统舞蹈已经踪影难觅了。而举头环视四周，我们的邻国如印度、泰国、印尼、缅甸、日本、韩国等都无不保留着他们丰富的传统舞蹈样式，并让这些舞蹈样式成为它们屹立于世界舞林的重要标志。日本甚至还以“日本雅乐”的方式自古至今一直保留着从我国唐时传入日本的某些古代乐舞遗存。每念及此，都让我们陡增感喟：我们有可能找回失去的记忆吗？

我们为什么要找回失去的记忆？这也是个好问题。因为，我们只有知道自己是从哪里来，才会知道自己要到哪里去。只是，那些身体上的记忆一旦失忆，还找得回来吗？

于是，台湾舞蹈家刘凤学矢志重建“唐舞”，这让我们空前重视。

可以说，刘凤学具有十分严谨的治学态度。她为了重建“唐舞”，先后在日本、韩国等尚保留着中华舞蹈遗存的国度进行过长久而有效的学习和研究。相比较于大陆舞界在理论与实践领域较为脱节的情形，刘凤学可谓胜人一筹：她的研究，难得地将研究成果（含舞蹈、音乐、服装等）整合为一个完整的艺术形态并呈现于舞台之上。这种具体可感的艺术成果和结晶，对于我们认识中国的舞蹈传统，具有更为直观的效果，也让我们更直接地了解到她把握学术和艺术的眼光以及实际操作的能力。

在那台名为“来自唐朝的声影”的晚会中，刘凤学以她的“台湾新古典舞团”成员为核心，并借助于来自西安音乐学院的音乐、舞蹈人才，以“集萃”的方式，先后呈现出四部著名的唐代乐舞作品：《春莺啭》《苏合香》《拨头》和《团乱旋》。据她本人介绍，她目前已经完成了唐代四个大曲和四个小曲的重建工作。虽然由于晚会时间所限，她不可能在一个晚会中把所有的研究成果都展现出来，但仅仅从这些集萃片段的处理上，我们也完全可以解读出刘凤学对于唐舞的认识以及她在重建方法上的端倪。毫无疑问，她的重建的的确确具有极其严谨的学术规范和价值，她的“唐舞”研究是具有极高的历史可信度的。

所谓“历史可信度”，是指重建者的方法尽可能地遵循着古人的意志及其方法，而不是重建者本人的。这一点在重建工作上可谓至关重要。否则，所重建出来的成果仍是当代的而非传统的。

从刘凤学呈现出来的唐舞片段中，我们感受到一瓣采撷自久远年代的舞蹈馨香。那里没有动作上的繁复与炫目、技术上的高超与炫耀，但却有着雍容的从容与雅致以及文化厚度，完全是那个朝代所拥有的气质赋予舞蹈的根本特征。每一运手，每一踏足，每一转身，每一回眸，莫不透露出清晰可辨、浓香馥郁的中华之味。这些充满了“中国味”的动作与体态，不是凭空“编”出来的，不是单单从编创者的头脑里飞迸出来的，而是借助了大量研究工作而获得的具有坚实学术支撑的扎扎实实的舞蹈实体，这一点让人尤其兴奋。

不仅于此，刘凤学的“唐舞”，凭借历史可信度为我们呈现出了一种“文化的身体”。这种具有文化品格的身体舞动方式，让我们如获至宝。

所谓“文化的身体”，不仅仅是“技术的身体”，强调的是舞蹈着的身体是一个文化的载体，它承载着鲜明的文化信息和不尽的文化意韵，带给人文化的感受和熏染，它是沉实的、幽厚的，非快餐文化所能替代。“文化的身体”让观者不仅看到肢体美的表达，同时告诉观者这种美是如何获就的，它来自何方，又富含着一种怎样的含意，让人如何把玩。“文化的身体”让身体所承载的不是一个简单的身体符号，而是一种明确的象征。“文化的身体”不仅给人以感官的享受，更给人以精神的感悟。当中国舞蹈获得了那种具有历史可信度的文化感悟意义时，中国几千年的文化智慧积淀就会通过肢体表达出来，并发酵出非凡的艺术魅力。

从刘凤学的“唐舞”重建工程上，我们看到了她对传统价值的肯定，同时也丰富了我们对于过去的认识，强化了我们对于古舞价值认同的判断。毫无疑问，这是一次难得的舞蹈认识与实践。

三 刘凤学“唐乐舞”辨析①

2014年，中国舞蹈艺术发展的摇篮和旗舰——北京舞蹈学院迎来了她六十岁的生日。在全年持续不断的各种庆典晚会中，有一台由该院古典舞系表演的舞蹈晚会引起了业界的关注。在这台融汇了日、韩尚留存的中国古代乐舞形式，名为“中和大雅，古舞今声”的舞蹈晚会中，由刘凤学重建的“唐乐舞”成为大陆圈内人士认识刘凤学古舞重建创举的鲜活例证。而刘凤学就此展示出来的学术眼光及其实践成果，也成为我们深入思考的良好参照。

虽然当时在现场观看的并不是我首次观摩刘凤学的这种“唐乐舞”表演，但我还是无法自抑地处在极度的兴奋与激动之中。兴奋与激动的原因，并不仅仅在于我又获得了一次观看让我十分心仪的舞蹈表演的机会，更在于“北舞”这个在大陆舞蹈业界内最权威的高等舞蹈学府对于刘凤学的“古舞重建”而表现出来的热情和重视，这一点可以说让我最以为然。因为，一直以来，我对刘凤学在“古舞重建”这个领域中所开展的这种艺术与学术并举的实验，就很以为然。

（一）初识刘凤学的“古舞重建”工程

记得那是2007年，我在新加坡出席亚太舞联会议时遇到了同时与会的中国台湾地区的舞蹈大师刘凤学。当时，她有两句话让我至今记忆犹新：一句

① 本文发表于《艺术百家》2016年第2期。

是，我82岁了！另一句是，我在搞“唐舞”！

这两句话，让当时的我感慨万分。

82岁高龄仍然在舞蹈事业上尽心尽力，这一点在旁人眼里自然是一件奇事，不过考虑到刘凤学常有“舞蹈是我的生命”这样的表述，又会让人觉得此事虽神奇，但舞蹈毕竟是刘凤学老师终身所爱，因此，终会在感叹之余对她本人的人生选择尊敬有加。然而，当我闻知刘凤学老师在搞“唐舞”的复建研究时，我还是大大地感到震动了。

其一，一段时间以来，刘凤学给大陆业内人士留下的印象，是她始终以较为现代和新潮的方式来演绎舞蹈艺术，我就曾在北京的舞台上观摩过她的《布兰诗歌》。她虽为自己的舞团冠以“新古典舞团”的名号，但看了她的作品之后，对于“新”字的体悟和理解则会更深、更透。那么，一个从事较“新”的舞蹈创作的舞者，怎么就居然搞起了较“旧”的“唐舞”研究？这让我首先觉得有些匪夷所思。当然，当我真正了解了刘凤学专注于“唐舞”重建研究这件事情的始末之后，才明白对于这样一位每年都令人惊异地推出一部新舞作的高产舞蹈家而言，我们对她的认识和了解是多么有限！由于对刘凤学艺术创作和艺术胸怀的整体风貌缺乏认识，因此起初我听到这件事所感到的意外及其震动，也就是很自然的了。这也就是刘凤学搞“唐舞”复建让我感到震动的缘由。

其二，在我的眼中，“唐舞”的研究，属于学术意涵较强的研究范围，并不太容易进入和开掘。大陆舞界以往也不断有过一些专门人才在古舞复现的道路上有过感悟、开拓和收获，但平心而论，其中的学术意味都并不太尽如人意，因此这类“复现”工程的价值多在艺术而非学术，因而也就很难让人以一种学术的态度来对待。那么，很长一段时间以来，与大陆地区舞蹈环境十分不同的台湾地区的舞蹈家们所致力的“古舞”研究，其成果和效果会是怎样？同属一个文化圈中的他们做这件事情的初衷又是什么？当我闻知刘凤学在从事“唐舞”研究的那一刻起，这些问题便时时萦绕在我的脑际，更梦想着能亲眼看看这样的研究成果，因为，它不但可以让我通过观摩台湾舞蹈家的艺术实践而建立起对于这项工作在大陆地区和台湾地区舞蹈家之间由于彼此的隔膜而形成的差异的认识，更能够透过这种差异来判断这项工作的实质有效性。因此，听到刘凤学老师这样跟我说，一时间燃起了我学术神经上的巨大兴奋点和由衷的期待。

像是盼星星盼月亮一般，让我的兴奋点首次得以引燃的契机，是2010年在北京的国家会议中心上演的一台名为“来自唐朝的声影”的晚会。当时，“世界音乐教育大会”首次在北京举行，来自世界各地的几千名音乐界与会者欢聚一堂，而这台作品是作为闭幕式演出而认真准备和隆重推出的，引起了各方的关注。当时，刘凤学以她“新古典舞团”的成员为核心，借助来自西安音乐学院的舞蹈、音乐学子，以“集萃”的方式，先后为观众呈现出了四部“有名有姓”的唐代乐舞作品：《春莺啭》《苏合香》《拔头》和《团乱旋》。记得当时我自认为机会难得，毫不犹豫地约了北京舞蹈学院古典舞系的几位领导和老师们一同前往。从那时起，刘凤学的“唐舞”终于走进了我们的视野。可以说，那是我第一次怀着万分敬仰和期待的心情看到了刘凤学经多年磨砺而研磨出的这个艺术与学术并重的果实。

说它“艺术与学术并重”，是因为在这种舞蹈形态中，我们不仅看到了它在艺术上的光彩，同时又由于它努力贴近历史原貌的态度，让这种舞蹈具有了很高的学术性。

那么，第一次看到刘凤学重建的“唐舞”表演，于我是一种怎样的感受呢？应该说，我再一次受到了震动。这次震动甚至远远强于第一次听她本人告诉我这个消息时的震动。

首先，我在艺术的层面感受到了一种富有中华传统风韵的美感——典雅、华美、古拙、高贵、细腻、精致、饱满、自信。在我的眼里，刘凤学的“唐舞”呈现出的是一个统一而完整的美学形态。在动态把握上的考究，其严谨的学术眼光，以及在音乐、服装、道具等环节上的悉心斟酌和呈现，都让首次观看的我惊喜连连。那种身心一体、大方有致、从容不迫、美而不媚的艺术呈现，让我从心底心悦诚服地接受并认定了“这一个”唐舞的观念和价值。特别是其体现出来的严谨的学术态度及其创编方法，令我在万分钦佩之余心生敬畏之情。我们太需要这种舞蹈形式了。它让我们看到了中华文化之光在舞蹈领域的萌发。

后据刘凤学老师介绍，她当时已经完成了唐代四个大曲和四个小曲的重建工作。那个晚上由于时间所限，她不可能在短短的时间内把所有的研究成果都呈现给我们，但仅仅从这些集萃片段的艺术处理和展示上，我已经完全感悟到并解读出刘凤学对于唐舞的价值追求以及她在重建方法上的端倪。而这些，竟让我感受到了从未有过的兴奋。

之后，我又应西安音乐学院之邀，借赴西安接受他们的客座教授之约的机会，再次近距离地观摩了由西安音乐学院师生们表演的“唐舞”作品，并在该校教师李超的介绍下，更加深入地了解到了刘凤学老师几十年如一日地在这个领域中的垦荒以及她的重建原则。我对西安音乐学院能够重视并引进这一重建工程而由衷地高兴，并希望他们一定要深入地与刘凤学老师合作，争取使这一风格和艺术 原则让更多的大陆同仁看到。又隔了不久，李超老师告诉我，北京舞蹈学院将邀请刘凤学老师在该院60周年的纪念演出中做专题表演。对这样的决定，我异常开心，因为这说明刘凤学的这项唐舞重建的实践，已经不仅仅是我个人感到重要和喜爱的事情了，这件事已经引起了越来越多大陆舞人的关注和肯定。

数次观摩演出之后，我对刘凤学的唐舞重建研究和表演工作有了越来越具体的认知。首先我认为非常可贵的一点是，刘凤学的唐舞研究，不仅仅停留在“研究”的层面上，更重要的是，她在“重建”这个环节上付出了巨大努力和心血。多年的学术工作让我懂得，任何类似的“重建”工作，不但在研究观念和方法上讲求高超的学术功力，同时对我们今天正在实践着的当代中国舞蹈文化建设，也有着影响深远的意义。因此，我十分看重刘凤学的“唐舞重建”工程。

（二）“古舞重建”——中国当代舞蹈建设中的短板与盲点

当代中国的舞蹈文化，在过去一个世纪的风雨砥砺中，逐渐有了自己的模样和景致，许多方面都形成了自己的特有形态及其特定的风格。无论从正面还是从负面来衡量，一个不容漠视的现象在于它的当代性特征远高于其传统性。也就是说，相对于当今世界的一些富有传统文化的国家而言，中国的当代舞蹈文化完全是脱胎于当代社会和现代审美观念的。这与我们的一些近邻国家如印度、韩国等相比较，有着很大的不同。

举个韩国的例子来看一看，韩国就是一个对于自我传统十分亲近的国家。我在韩国访问时，经常可以看到各种表演传统舞蹈的场合。在韩国的国立国乐院，每个周末都有票价低廉的以展示韩国传统乐舞为主要内容的表演，他们的许多舞团和舞人，都以传承韩国的传统舞蹈为己任，而且在当今的社会形态中颇有影响。甚至有一次，朋友竟约我去观看一个名为“八佾”的舞蹈晚会，这让我颇感吃惊：他们居然有“八佾”！他们居然能够“是可忍，孰不可忍”地“八佾舞于庭”！这让我对韩国舞蹈家们能够如此亲近传统、弘扬自我价值的艺术追求多了几分好感。而相对于中国今日之舞坛的“传统乐舞尽失”的现象而言，我对韩国等周边国家尚能让今人徜徉于古舞的温暖怀抱而深为他们尚存的文化环境和传统艺术果实而由衷地感到庆幸。

能够徜徉于古舞的怀抱为何竟让我感到庆幸？“为有源头活水来”，如果追索我们今日舞蹈资源的活水，源头在哪里呢？

看到韩国的传统舞蹈的发展现状后我会时常想道：在偌大的中国，我们有表演传统舞蹈的场合吗？即使有，在这样的场合，我们有什么可以表演的吗？每遇到外国同行，时常会有人问：你们有传统舞蹈吗？是啊，我们有传统舞蹈吗？

对此，我们显然可以骄傲地回答：我们当然有传统舞蹈，有孙景琛、彭松、王克芬、董锡玖等中国舞蹈史学大家的舞史著作为证。相对于中国的美术史、音乐史和戏曲史等领域的研究而言，中国的舞蹈史学研究基础虽然尚显薄弱，不过仅有几十年的开拓史，尚处于开端的阶段，但仅就这个开端来看，它已经让我们得以从书本和文物的大量材料中，见识到了中国曾经有过的灿烂古代舞蹈艺术图景。那些让我们普遍都耳熟能详的古代舞目，身虽不能至，却常常令我们心向往之。

“不能至”的原因在于，那些曾经有过的辉煌，都已经躺在了历史的故纸堆中。今天的我们再也无缘看到祖先的舞动情形，我们与古代的同行之间，竟似有着天地隔绝般的隔膜。

这就是我们所面对的现实情状，在如此之大的中国版图上，“古舞”（传统舞蹈）的印迹杳如黄鹤。我们这个国度在舞蹈领域上与自己祖先的联系似乎经历过一个宇宙大裂变，那些在古书记载中显现于我们眼前的古舞形态，早已消失得踪影全无。每念及此，再抬头举目环顾四周，都会让我们陡增感喟和无奈：那些图景都是一些失去的记忆了！

那些业已失去的记忆，还有可能找回来吗？我们为什么要找回那些失去的记忆呢？

今天的中国舞蹈文化在过去一个世纪的发展和演变中，历经过三次大的“向外学习”的过程。20世纪上半叶，当这个文化现象像幼苗般出现在荒芜的中国大地之初，便直接受到了外来文化的影响。吴晓邦三下日本，戴爱莲从欧洲归来，他们对“外来”舞蹈形式的“采用”无疑启蒙了中国的当代舞蹈文化之光，同时也让这个文化体从一开始便必然地打上了外来文明的烙印；1949年之后，我们的舞蹈文化再次开启了“向外学习”的过程——苏联对我们的影响可谓是全方位的，它让我们今天仍能看到的几大舞种都染上了芭蕾舞（外来舞蹈形式）的色彩，其明显的外来风格符号迄今鲜明可辨；而自20世纪80年代以来，现代舞的“欧风美雨”又一次洗礼了大陆舞人的观念和手法，“向外学习”的热潮更是从“器”而“道”的层面让我们的舞蹈文化再次得到沐浴。如今，当我们沿着这样一个发展的路径来对这一文化做一个宏观审视时，其特有的发展逻辑和走向会让我们自然而然地提出：历经了三次大的“向外学习”的过程之后，我们的舞蹈文化体是怎样的？按照这样的态势，它将走向何方？

“到哪里去”的问题可以说是我们舞蹈界面临的一个大是大非的“大”问题。无疑，让中国舞蹈姓“中”是我们中国舞人应该秉持的基本文化态度和文化价值取向，这在今天全球范围内都在思考和强调如何保持“世界文化多样性”原则的共识下，显得至关重要。说到“到哪里去”这样的问题之前，我们必须清醒地知悉我们是“从哪里来”的。如若我们丧失了赖以判断我们“从哪里来”这样的参照系的话，那么我们就无从对“到哪里去”这类的“大”思考给出正确而合理的答案及建议。在韩国等周边国度里，这个“参照系”自然就是那些尚存于当今社会之中的传统舞蹈形态。而在我们自己的周边，这个“参照系”早已不复存在，这让我们在过去很长一段时间内由于缺乏这个“参照系”而忽略了起码的正确判断。直到有一天，有位智者“拍案而起”，这才让我们获得了醍醐灌顶的警醒。这位智者名叫孙颖，他立志要让中国舞蹈姓“中”，并让这个初衷在从理论到实践的层面上得到了基本的落实。于是，我们看到了“汉唐舞”在追求中华文化精神价值上而成型的舞蹈系统，听到了孙颖借此对发展中国舞阐发的宣言。[①]不难看到，我们在以往的漫长演变中对于传统舞蹈的漠视而形成的盲点，让今天的舞蹈文化有了一个明显的短板，那就是：应该如何加强我们舞蹈文化的“中国属性”或曰“中国化”？

中国舞要“中国化”。无论是从审美意趣上还是在舞动风貌上，丰饶的中国古舞资源都是取之不尽、用之不竭的宝藏。刘凤学的“唐乐舞”研究和表演，让我尤其获得了这份对于文化“根性”追求的启迪。

相较于大陆同行的此类追求，刘凤学的“唐乐舞”带给我更多的是“历史可信度”，她的重建原则是学术性、文化性与艺术性的叠加，在让我充分感受到了艺术性的审美关怀之余，更体味到了“古舞”的忠实性原则。这种对于历史的忠实性原则，就体现出刘凤学的学术眼光。因此，毫无疑问，刘凤学的这份审美关怀是有着强有力的学理支撑的。

通过这样一份对于历史原貌的忠实，刘凤学在尝试着找回我们业已丧失

---

① 见孙颖：《中国古典舞评说集》，中国文联出版社2006年版。

的身体记忆，而这种实践，更为我们“到哪里去”的思考提供了一个极其有力的基本经验。

当然，或许从理论上看，任何古舞都是不可能原样恢复的。这就可谓是身体艺术的尴尬：这种用身体传承的舞动形态和方式，一旦在历史中消殒，便不太可能在后世原样“复现”，它受到各种条件的制约。比如敦煌舞，虽然我们在莫高窟得到了大量关于当时舞蹈的图形信息，但“复现”的可能性是没有的，今天的一切敦煌舞形态都是后人根据自己的理解而新创造出来的。这个定律是不容置疑的。

然而，凭借着严谨的、悉心的钻研和切实可行的方法而建立起来的“重建”原则，则有可能也有助于我们向着那种“恢复”的理想无限地靠拢。从刘凤学重建唐舞的实验结果中，我们就看到了积极的一面：原来，历经泱泱几千年文化而成形的中国古舞，可以如此精致、如此高级。那种既“中国”而又充满高度审美价值的形态及其气质，让我们对中国古舞所应该具备的高级文化品格充满信心，也感到自豪。

（三）刘凤学的古舞重建眼光与价值取向

刘凤学在找寻肢体记忆时的种种富有学术意味的努力，让我们看到了她严肃而严谨的治学态度和行之有效的方法。正如前面所言，虽然从理论层面的角度来考度，就古舞的重建而言，无论后人如何天赋异禀、如何努力，都不可能“恢复”古代舞蹈的原貌。但以往“重建”出来的古舞面貌，却总是在一定程度上让我们这些观者或深或浅地按照自己的学术逻辑来思忖并评判那些业已重建起来的古舞的学术含量和价值。就展现在我们眼前的刘凤学重建的那些“唐乐舞”而言，她决不取媚于今日观众欣赏习惯而形成的重建原则，这让我们首先看到了她对于“历史忠实性”的追求及其十分用心的拿捏和把握。

实际上，“古舞重建”的现象及其修为并不只发生在我们这个文化环境里，像之前提到过的印度、韩国等许多具有古老文明的国家，都曾有过在历史上的某一时期重新恢复传统乐舞的先例及做法。在印度，迄今出现的八种古典舞形态，大都是按照印度古代美学著作《舞论》以及历史留存的动与静的形象而重建成型的。[①]韩国亦不例外，“日据时期”之后的重建潮，让这个国家的许多传统舞蹈得以复现。令我们心驰神往的是，他们的这些“重建”都体现着极强的“历史可信度”，从而让这些重建的古舞形态具有了极为醒目的“本我”特征。

“历史可信度”的“本我”特征，是指所重建的“古舞”形态是沿着“尽可能”的原则来接近历史原貌的，而不是按今人的思维逻辑和审美惯性建立起来的“新型”古舞。刘凤学在她的唐舞重建工程及其结果中所体现出来的眼光、视野、追求和实现这些层面上的思路和做法，带给我们以较强的学术安全感。

1.眼光

刘凤学的学术眼光无疑是中肯而犀利的。她在“唐乐舞”重建这项工作上的认识和体悟，实际上是富有文化责任感、使命感和建设性的。她显然意识到了“唐乐舞”之于中国舞蹈文化建设的相关联性和重要性的程度，能够在纷繁的唐舞文化风云中为中国舞蹈的历史沉淀钩沉出有效的艺术价值所在，并在肢体形态上呈现出这种经过经心咀嚼之后的沉淀，这些都无疑是她具有历史意义的功劳。她的重建眼光和原则是极其审慎而严谨的，那就是，首先要忠实于历史，最大限度地从各种可能的角度来接近历史、还原历史，进而孕育出、揭示出这种古舞形态所可能具有的文化价值、审美效应及动能，从而让这种具有一定学术内涵的古舞形式焕发出具有美学品位的审美感染效能。这样的初衷，让她能够十年磨一剑地在各种环境下寻求历史上那些蛛丝马迹般的“基因”和“遗存”，从而让她的这份初心得以不断的加强和完善。应该说，刘凤学针对“唐乐舞”的重建而展开的个人实践，富有眼光而令人信服。

① 见江东：《印度舞蹈通论》，上海音乐出版社2005年版。

2.视野

刘凤学唐舞重建的过程，是一个极端复杂而浩繁的系统工程。她能够令人满意地在这个领域中取得十分显著的成效，源于她开阔而富有实质意义的观照视野。她除了在中国古籍和古代乐谱中悉心探微、捕捉各种散佚的历史信息之外，更是将触角远伸向积淀着丰厚中华传统精髓的日本和韩国古乐领域，痴心不改地不断开垦钻研，从而让她的研究具有了扎实的基础。她不但从肢体语言的角度上找寻到解码般的破译秘籍，同时从音乐的角度、服装的角度深入挖掘和积极靠拢古舞的意象。如此诠释古舞的解码方法和重建视角，很好地反作用于刘凤学的学术视野。而她本人经过长时期的积累而形成的文化观，则决定了她在视野上的高度与广度。

3.追求

古舞重建，实际上是一件非常费力而不讨好的事情，因为无论这个重建工作的结果有多圆满，当观者带着各自彼此不同的学术和文化积累与观念来审视这样一项工作的具体环节时，各种不绝于耳的质疑都会让类似的努力陷入一种会被轻易否定的危险之中。由于出发点在“重建”，因此，质疑者完全可以根据古籍的真实记载来对某些与自己研究结果和结论相异的细节一言而否之。因此，从这个角度上来衡量，任何的“重建”如果其目的只是为了重建而缺乏文化上的诉求，都会遇到上述的难堪。

刘凤学在重建唐舞时，提出要建立一种“文化的肢体”。好一个“文化的肢体”，这让我好生喜欢。

我们通过刘凤学的这种艺术愿景，完全能够捕捉到她隐在古舞重建初衷里的实质追求。为了营造和达到一个“文化的肢体”的高度，她游走于中国古舞的精神世界，借中国传统的人文张力，来为当今的舞蹈文化增添文化的撼人力量。如果这里理解的刘凤学所谓“文化的肢体”观念是正确的，而且，从她的那些唐舞作品中能够鲜明地感受到这一难得气质的话，那么，她重建“唐乐舞”的实际情况如果没有那么“忠实”又何妨？吴晓邦曾有过“复古而不拟古”“要传统而不要传统主义”的提法，这样的论断给了我们许多对于刘凤学重建原则和方法的信心呼应和认知共鸣。

4.实现

刘凤学居然可以长期地深入日本皇宫的宫内厅，大量地抄写和破译古代乐谱，并在这些乐谱的谱里行间捕捉那些特有的舞动因素，这种为实现艺术理想而付出的心血，是她成功的基石。她为了重建“唐舞”，先后在日本、韩国等尚保留着中华舞蹈遗存的国度进行长久而有效的学习和研究，相较于大陆舞界在理论与实践领域较为脱节的研究情形，刘凤学的这种方式富有实效，也更会结出理论与实践相融的研究果实。我们看到，在她的实践中，她难得地将研究成果（含舞蹈、音乐、服装等）整合成一个完整的艺术体系并将其呈现于舞台之上。这种具体可感的艺术成果和研究结晶，为我们认识中国的舞蹈传统提供了最为直观的视域，也让我们更直接地了解到刘凤学把握学术和艺术的眼光以及实际操作的能力。

这种能力，是体现在一步一步的具体实现过程中的，无论是每一动作的生成、每一节奏的成形，还是对任一服装的审慎、对任一道具的讲究，每一个细节都是持续研究和衡量的结果，都浸透着刘凤学的大量心血。只从《苏合香》中“袖”的使用，就让我们看到她认真到何种程度，如何让袖子在空间中形成如古代图像中出现的那种抛物的弧度和折度，就肯定花费了她若干个仔细研磨的不眠夜。如此，这种在实现过程中展现出来的精华，自然会在舞台上的呈现中为我们不断带来惊喜。

从以上我们对于刘凤学在古舞重建过程中体现出来的眼光、视野、追求和实现等层面的分析中，不难揭示出她在艺术追求上把握真、善、美原则的真性情。这是唯有在艺术之旅长途跋涉并到达理想彼岸后才会具有的一种化境，这种境界的获得是在不惧外界压力、不取悦于人、不媚俗、不屈于流弊的刻意追求下达到的，它似水一般纯净的品格本身便具有一种撼人心魄、沁人心脾的艺术力量。

可以说，这里的“不取悦于人”，可谓是一个至高的美学追求。凭借着这样一个具有高度文化自觉的信念，刘凤学要通过她的舞蹈来塑造出一个“文化的身体”。我所理解的“文化的身体”，不仅仅是“生物的身体”“技术的身体”；“文化的身体”之理念所强调的应该是，舞蹈者的身体是一个文化的载体，它承载着鲜明的文化信息和无尽的文化意韵，带给人文化的感受和熏染；它应该是沉实的、幽远的、深厚的、饱满的，非快餐文化所能替代；“文化的身体”不仅让观者看到肢体美、动作美的表达，同时告诉观者这种美是如何获就的，它来自何方，又富含着一种怎样的内涵和信息，让人如何把玩；“文化的身体”让身体所承载的不是一个简单的身体符号，而是一个明确的象征；“文化的身体”不仅能给人以视觉上的享受，更给人以精神上的感悟和升华。这种对具有文化品格之身体舞动方式的提倡和彰显，让我从心底产生敬畏之感。

从刘凤学为我们打造的唐舞片段中，我们感受到一瓣采撷自久远年代的舞蹈馨香。那里没有动作上的繁复与炫目、技术上的高超与炫耀，但却有着雍容的华美与雅致以及文化上的厚度，完全是那个朝代所拥有的气质赋予舞蹈艺术的根本性特征。每一运手，每一踏足，每一流连，每一回眸，无不透露出清晰可辨、浓香馥郁的中华文化之味道。这些充满了“中国味”的动作与体态，不是凭空“编”出来的，不是单单从编创者的头脑里飞迸出来的，而是借助了大量细致的研究工作而获得的具有坚实学术支撑的扎扎实实的舞蹈动态实体。这一点，尤其不易。

从刘凤学的“唐舞”重建工程上，我们看到了她对传统价值的肯定和追寻，同时也丰富了我们对自我过往传统的认知，强化了我们对于古舞价值的判断和认同。毫无疑问，这是一次难得的在舞蹈文化上的认知与实践。不消说，看刘凤学的“唐舞”，让我们获得了一份坚实的文化感悟和文化自信。而当我们的舞蹈艺术及其实验都能获得这种具有历史可信度的文化感悟和文化自信时，那么我坚信，中国几千年的文化智慧积淀就会通过肢体这个载体润物细无声般地流淌出来，并能进而在艺术上酝酿出在世界范围内独一无二的非凡魅力。

感谢刘凤学老师，她成功地在我们的记忆中牢牢地植入了传统之根芽！

林怀民：关乎文化的表达

一 关乎文化的表达——纯粹的林怀民[①]

台湾的林怀民率他的云门舞集，借北京国际戏剧舞蹈季之机，在国家大剧院表演了他于2001年创作的作品《行草》，之后他还创作过《行草2》和《狂草》。

林怀民不是要表现书法艺术，完全是借中国书法的意趣来抒发他对于中国文化和中国人的认识，是一种地地道道的文化表达。

文学家出身的林怀民自比舞蹈专业出身的同业者要深邃许多。看他的作品，是可以撇开技术不言而完全进入文化的高度去度量的。《薪传》如此，《水月》如此，今天看到的《行草》更是如此。

林怀民搞的是什么种类的舞蹈？现代舞？古典舞？传统舞？当代舞？他本人似乎对这并不关心，因为对他来说，他只想凭借对于身体的发现和利用，来表达他的文化理念。那么，他的舞蹈告诉了我们什么样的理念？

他的作品通篇传达出的是一种典型而成熟的“中国之美”，换句话说，他的作品传达出中国文化所特有的气质和气韵。中华泱泱五千年的历史，为世界文明孕育出了独特而生动的中国文化，这是人类文明史上的一大奇观。

① 本文发表于《团结报》2009年12月24日。

而用舞蹈艺术的形式来把这种抽象的气象表现出来，林怀民的《行草》无疑是非常成功的。他借用中国书法的由头，从中国传统的肢体动作方式（如气功、武术、戏曲）中找寻到蕴含着中国人体最高智慧的表达方式，并以艺术的表达把它们写意在舞台的空间，把一份深邃、神秘、空灵、沉实的文化感表达得十分到位，不得不让人钦佩他对中国文化参悟得如此之深，又表达得如此精彩。看了林怀民的舞蹈，你会立刻觉得作为一种肢体动作表达方式的舞蹈艺术的伟大和高级，这与在大陆刚结束的CCTV舞蹈大赛形成鲜明对比。蒯脚、骗腿、山膀、飞脚、云手、水袖、太极……这一系列典型的中国肢体符号被嫁接到他的整体动势中，看上去是那么"中国"，那么有味道。"中国之美"体现在动态上，体现在运动方式上，体现在现场的气场中，更体现在对于材料的辩证处理上。所谓辩证，这正是中国阴阳传统的集大成之身心智慧：动与静、快与慢、轻与重、个人与集体、现实与想象空间……实在是令人叹为观止。

"中国之美"美在意韵，意韵从意象中产生，而意象的组成，则是在经意地提炼和沉淀之后做出的刻意的选择。林怀民对于舞台上的各种表达手法和细节，拥有很高的文化感悟力和传达力，以及罕见的思想高度与境界。舞台空间的处理简单而充满写意与写实的智慧；瞿小松创作的音乐空灵沉静，与肢体的运动相映生辉；灯光的细腻及非常点题的处理，实在是透出了一份殷实的文化含意；服饰的看似简单但贵在这份简单的大气透露出创作者的文化追求。这些舞台空间的处理，极富想象内涵，又很符合现代化的理念，富有意境，富有品位。

林怀民不愧是高手，他关心的不是技术，不是技法，不是浅显的浮光掠影和走马观花，甚至不是艺术本身；他关心的是一种高级而自觉的文化表达。华人舞蹈家中有了这样的人物，让我倍感骄傲。

二 书法的意象 文化的内核——看林怀民的《行草》

台湾舞蹈家林怀民率他的云门舞集，借第七届北京国际戏剧舞蹈季之机，在国家大剧院表演了他于2001年创作的作品《行草》。林怀民是全世界闻名的华人舞蹈家，在业界的眼中，他就是华人舞蹈家的代表性人物。也难怪，林怀民在以往岁月中创作的大量舞蹈作品，都是以浓郁的中国特色为其探索基础的。以中国特色为基础而成功被全世界感知，林怀民的舞蹈实践带给我们许多可以琢磨、可以思考的角度。

林怀民并非舞者出身，入舞圈前是一位作家。他最初走进舞蹈的世界，完全是因为他被肢体的表现能力所深深打动和折服。舞蹈的世界，让林怀民觅到一种更为灵动地传达自己思维成果的方式。而从他的舞蹈作品中不断流淌出的是潺潺不息的意念和意象之溪，渗透着浓馥芬芳的中国意趣。

此次来京演出的《行草》，又是一番怎样的意趣呢？

显然，其出发点不是为了要弘扬书法艺术，而完全是想借中国书法的意与象来抒发他在参悟中国文化和中国人时所产生的认识，《行草》不啻是一次地地道道的文化表达。不言而喻，作家出身的林怀民自比舞者出身的同行在思考领域上要宽阔许多、深邃许多。在他的作品中，可以完全撇开技术不言而进入一个更为精致的文化层面去度量、去审视。《薪传》如此，《水月》如此，此次来京演出的《行草》依然如此。

从我们惯常的舞蹈思维出发来判断林怀民舞作的舞蹈种类，一定会惶惑：他搞的舞蹈算是什么种类的舞蹈呢？现代舞？古典舞？传统舞？当代舞？如果说是现代舞，那他作品中呈现出的超乎寻常的古意很难支持这样的判断；如果说是古典舞，可他的作品又是那么“新”，那么“现代”。所以，判断林怀民的舞作，显然对我们在以往的经验中所形成的舞蹈种类概念提出了挑战。然而，林怀民本人对这个问题并不关心。对他来说，他似乎只想凭借对于身体的发现和利用，来表述他长年思索、长年实践之文化理念的准确方式。他甚至根本不在乎他的作品是不是舞蹈，因为他只想用某种方式来表达、来揭示他对某种理念的认识和追求。然而他的这种追求及其表达，却让我们获得启示，让我们看到了他在追求中所获得的那份难得的艺术气质和高度。

那份难得的艺术气质和高度的基础，用一句最简单的话来概括，就是“中国之美”。林怀民的舞蹈作品通篇传达出的，就是一种典型而成熟的“中国之美”。换句话说，他的作品非常到位地传达出中国文化所特有的气质和韵律。泱泱数千年的中国文明史，为人类孕育出独特而生动的中国文化，不啻是人类文明史中的一大奇观。而用舞蹈艺术的形式来把这种宏观的美学气象表现出来，林怀民的《行草》无疑是非常成功的。他以中国书法为由头，把书法之美传导到肢体上，在中国传统的肢体动作方式如气功、武术、戏曲艺术中，找寻到蕴含着中国人身体文化之最高智慧的表达方式，并以艺术化的表达形式把它们写意在空灵的舞台空间之中，把一份深邃、神秘、沉稳、舒朗的文化感表达得淋漓尽致，让人不得不拍案叫绝，钦佩他对中国文化参悟得如此之深，又表达得如此精妙。看了林怀民的舞蹈，你会立刻感觉到作为一种肢体动作表达方式之舞蹈艺术的高级与妙不可言。

文化气质在林怀民的舞作中是如何炼成的？那是思想与身体的修炼相辅相成的结晶。在动态上，蹁脚、片腿、山膀、飞脚、云手、气功、太极导引……这一系列典型的中国肢体符号全被捕捉到、全被嫁接到他的整体动势中和细部发力点上，看上去是那么有味道，那么“中国”。所谓“中国之美”，盖于兹！它体现在动态上，体现在运动方式上，体现在音乐舞美上，体现在舞作的一切构成细节上。

林怀民对于中国传统的文化感悟是通过他实实在在的舞台运筹实现的，他对于舞台上的各种具体表达形式和手法，都有极高的想象张力和控制能力，同时又都伴随着很高的文化感和思想境界。他可以调动一切舞台因素来为自己的理念服务。比如，瞿小松那充满不尽的中国人文意象的音乐与舞作相得益彰，把一份大气和沉稳表达得很具功力；又比如，舞台美术在设计上的匠心独运，书法的影像处理和黑白色块之间大胆而巧妙的视觉安排，给人以细节处理上的成熟感；再比如，灯光处理上的高品位，实在是展示出了一份殷实而不凡的文化含意。如此这般，舞台空间的处理极具诗意又很符合现代的理念，简洁而富有意境，细致而富有品位。

“中国之美”，美在哪里？林怀民的舞作告诉我们，它美在气韵，美在意念。气韵由具体可感的意象组成，而意象的提炼和升华则是在刻意地人为提纯和加工后，表现出来的一种不刻意的自然选择。林怀民之为高手、之为大家，由此可见一斑。

作为高手、大家的舞蹈家，林怀民是一个中国传统文化在肢体上的代言人，他用自己的人生感悟、艺术智慧、文化气质，为多元的世界贡献了一抹具有典型中国传统人文意象之美的新绿。

三 澄艺怀民①

携着《白水》和《微尘》，林怀民再一次抵临国家大剧院。与以往不同的是，这一次的“抵临”，恐是林先生亲率云门舞集的谢幕之旅了！据他本人称，2019年将是他的退休之年，而46年带着云门征战世界各地的他，最终迎来了自己的“绝唱”。

46年来，林怀民用云门舞集这个平台，为世界捧出了一个又一个舞蹈杰作，他投入了全身心而咀嚼出的创作成果，让这个小众的事业成就了一个广大的视野。全球无数大都市都争相邀请他率团献舞，可见他的影响力有多大，而凭借着他的舞蹈而走入世界人民心中的那些舞动着的意象，让东方的舞蹈意蕴滋润了广袤的大地。人们通过他特有的舞动气象，见识到一个情致无尽的东方文化，全世界都见证了云门舞集46年的长足进展。

这个成长的代价是极其严酷而沉重的，因为不经意间，它让林怀民从一个青年变成了一位长者。思想和艺术的双重历练，让曾经意气风发的表现变成饱经风霜的从容。经过他的头脑风暴磨砺而出的那些舞蹈形象，饱蘸着他深入骨髓的痛彻感悟，让那些原本是轻盈曼妙的舞姿，变成思想的承载体，

① 本文发表于《国家大剧院》2019年第6期。

再经发酵变成艺术的浪花，流淌于干涸的河道里，滋养出岸边的葱绿，欢唱着流向前方。在林怀民的舞里，其实根本分不清思想与艺术的界限，因为它们从来都是合二为一的，你中有我，我中有你。

把《白水》和《微尘》放在同一个时空内推出，这种反差性极强的对比让我们看到了林怀民精神世界所呈现出来的不同侧面。他可以恬淡，也可以愤怒，可以挣扎，更可以憧憬，他用每一个舞姿去调动观者的情愫，更让这些舞姿的总和生成人们在看毕舞作时发出的由衷慨叹。他的舞蹈哪里是我们惯常习惯了品头论足的常规意义上的艺术品，而成为一个让人安静、让人反思、让人醒悟、让人冀望的人生伴侣。林怀民就是这样，总是用他从未停歇的创作脚步为我们铺路架桥，为我们摆渡。

《白水》的静谧一如那天幕背景上不断流淌的白色水涟，或疾或缓，潺潺中一切都是那么澄亮、透明，引领我们的视觉进入一种不需要意识活动的虚无之中。男女白衣舞者在水的回旋下，或充满力度，或畅流如注，用他们的忘我把我们的观赏状态也带到一个忘我的特定界域之中，一个颇有哲理意味的境界就这么兀地存在了，端的让你立刻走进诗里，走进一个化境里。而《微尘》带来的却是截然不同的情境，那份鬼魅般缠绕着人的阴森紧紧地桎梏着人的意识，抗争是完全没有结果的，人们只能把那份难以化解的恐惧倒逼着一切情绪回压体内。人竟是这么渺小而无望的吗？林怀民用他冷峻而残酷的拷问，逼问着那片苍茫。两个作品，一方面是人的无限诗境，一方面是人所面临的无底深渊，《白水》和《微尘》的尖锐对立，让观者在对比中获得不尽的警醒和思索。

一直以来，看林怀民的舞蹈时，总感觉有一份修行的意味在其中，让人忘却尘世，参悟着人生和人性的况味和缘由。这一份禅悟般的体味，竟也会让观者在整个观赏过程中透出大彻大悟的心有灵犀，为精神世界带来一份慰藉和感动。看来林怀民真不能退休，因为没了这一份持续悸动的艺术情怀，舞台上的色彩不知会暗淡多少。林怀民曾发表感言说，他的作品不是为了艺术，而是为了社会，能用澄亮的艺术之光照亮俗世，他的怀民情结让艺术与社会结缘，也让他的精神世界光亮于大千世界。

王晓蓝：隔空的牵挂

——我眼中的晓蓝师

给硕士生上理论课时，我时常会提到一个人：王晓蓝。

我于几年前认识了美籍华人舞蹈家王晓蓝老师。晓蓝老师是一位有气场同时又有亲和力的前辈。印象中，只要她在场，很容易便能把周遭的气氛带火。与之交谈，也总会很容易便找到共同的话题。她认识问题的高度及深度，都会让谈话的对象很快便有了持续深入的热望。再加上她见多识广，高屋建瓴，因此，跟晓蓝老师的对话总是充满了实实在在的“干货”，总能让人获益良多。

跟王晓蓝老师的谈话，往往都会集中于一些“大”问题，比如关于中国当代舞蹈的发展、中国舞蹈的发展走向、中国舞坛新生代的运命等等。由于她成长的背景以及所处的国际环境与我们有所不同，因此她看问题时总会给我们带来某种具有“他者”意味的理性观照。这应该说是一个很具话题意识也很别致的角度。长久以来，由于我们自我的闭锁，我们很难站在她的角度来衡量、来思忖那些“大”问题，因此，她的这种角度和高度就越发显现出巨大的磁场优势。

比如，我们之间的一次谈话就谈到一个在她看来未必是问题，而在我看来却是个大问题的话题——她认为，20世纪的世界舞蹈有两大积极推助力，一个来自美国，一个来自欧洲，这两大引擎都给20世纪的世界舞蹈艺术带来了富有效果的推动。而当世界进入20世纪末的历史发展时期，王晓蓝老师观察到了这两大驱动引擎都有渐行渐弱的迹象。那么，当世界进入了一个新的历史纪元，谁有可能来继续推动世界舞蹈艺术的发展呢？——您瞧瞧，这问题是不是大得可以！当我还茫然于她的问题而努力挣扎时，她便紧接着又抛出了她的预测性答案：随着中国的国力在新世纪中的不断加速提升，这个推动世界舞蹈发展的动力是否可能来自中国？

显然，王晓蓝老师对于中国当代舞蹈的发展寄予了相当高的期待和巨大的信任。在她眼里，随着中国的国力在各方面的强劲彰显，这种进步的态势自然也迟早会传导到舞蹈艺术这根链条上来，因此，对于中国当代舞蹈寄予更高的期待，自然就是水到渠成的事了。看着眼下中国国力的空前增势和上涌，今日之世界恐怕都会对今日之中国的迅速成长给予正面的预期和评价，估计也都巴望着中国能在各个领域中扮演更为积极的角色，此种想法倒也属正常和自然。只是对于王晓蓝老师所秉有的这种认识，我们倒是应该去进一步思索：我们到底是否有足够的高度和情怀来面对世界舞蹈的前行？我们所选择的一以贯之的发展道路能否获得更为广泛而切实的认同？

毫无疑问，作为意识形态的一种，舞蹈文化的发展从来都是以经济社会基础为前提的，从不可能逾越这个基础而独立存在。因此，当这个基础能够给予舞蹈艺术的发展以足够强的支撑时，舞蹈艺术本身也必然因应着这样一个支撑而与其他文化形态一起提供一定程度上的反哺。这自然是不言而喻的。因此，晓蓝老师的乐观自有其一定的合理成分。但同时，任何上层建筑的意识形态性又决定了它在呈现上的独到性，因此当路径有所不同、方向有所区别时，其呈现结果也必然会有着相异的走向，其评价标准也就自然未必会出现统一的态势。因此，在这样的情势下，中国当代舞蹈是否会引领或者推动世界舞蹈向前迈进，恐怕尚是一个未知数。

但无论如何，从对于这类“大”问题的探讨中，我们看到了晓蓝老师的胸襟。这些年来，她心系中国大陆的舞蹈发展，从不吝啬各种建设性意见和建议，与大陆舞者关系融洽，很多人都视她为挚友。而且，这位从中国台湾而美国而中国大陆的舞蹈家，总是会以中国大陆舞蹈事业的发展为己任，在各种场合下都在不遗余力地与我们不断地沟通和探研，透出了她热心助人、古道热肠的良好品格。此外，在内地的专业舞蹈报刊上，我们也会常常领略到她在思想上的成熟和睿智，她总是以广博的眼光和犀利的谈吐，与我们分享着她的见解和智思。的确，透过她的眼睛，我们看到了一个更为广阔而真实的观照世界的范围和空间，聆听到她对于世界舞蹈文化的主张和教诲，感知到一个实实在在的现实存在。上述这一切，都拜晓蓝老师所赐，她为我们洞开了一扇对于世界舞蹈文化可观可感可知可思的便利之门。

在美国的多年舞蹈生涯中，现代舞成为王晓蓝老师施展才华的首选阵地，她在这个领域上的认知和阐发自然得来全不费功夫，因而对我们帮助最大的部分也集中于此。然而，除此之外，在面对中国当代舞蹈的发展时，她却也能游刃有余地对中国舞蹈事业的全链条施以积极的贡献，不但在现代舞领域，其他方面的进展也都倾注有她的重视和眼光，在创作、教学以及评论等环节上，均能看到她所付出的心血。于是，我们看到的晓蓝老师，真真恰似一只辛勤劳作的燕子，终日往返于中美两个大国之间，寒来暑往，穿针引线，为中美之间的舞蹈交流辛勤耕耘、倾心浇灌，也为中国舞蹈界架设起一座对外交流的桥梁。

隔着太平洋，中美之间遥遥相望。王晓蓝老师总是隔着那浩瀚的海洋对中国大陆的舞蹈发展投来关切的目光。这份隔空的牵挂令人感叹，让我们感受到了一脉为亲为友的温暖。如今，透过通信新技术（如“微信”等手机软件），大洋两端的我们在交流上更为顺畅，信息和思想的流通更为及时便捷。世界的确是在变小，只是这种“小”并不仅仅体现在物理意义上，更体现在共有认识的观念和价值上。伴随着这个距离的缩短，晓蓝老师的付出显然是有温度并直接产生意义的，这会为我们更好地融入地球村带来有力的推进。

晓蓝老师，您时刻牵挂着我们，我们也时刻牵挂着您。愿这份隔空的彼此牵挂，于无形的坦率与包容中，产生更加融心化灵的感悟与益处。

是为晓蓝师新书序。

黄嘉敏：用舞蹈“相遇”①

中国旅美舞者黄嘉敏，曾在北京舞蹈学院学习、任教，后赴美求学，之后又开始在美国社会教舞、编舞，成了杨百翰大学的舞蹈教授。这么一个生于中国、舞于美国的舞者，长久以来，虽在美国社会生活多年，却总是不能磨灭她的中国人的思维方式，她做的事、想的事，始终都想着如何架设一座中美舞蹈文化交流与沟通的桥梁。不久前，黄嘉敏促成了一项很有成效的中美文化交流合作项目：她带着美国杨百翰大学的交响乐团与北京舞蹈学院的舞者们共同合作，在北京保利剧院联袂上演了一场名为“当我们相遇”的音乐舞蹈晚会，为我们带来了一个中国舞人在美国的独特感悟和思考。在我看来，黄嘉敏的感悟和思考既对中国舞蹈的发展现实有很大益处，同时又让我们看到了中美舞蹈在碰撞交融之中所迸发出的思想及其艺术火花，自然给我们带来了非常不一般的感受。

在这台晚会中，黄嘉敏用她中美相间的独特思维，为观众呈现了一个由四章组成的现代舞作品——《当我们相遇》。这是由黄嘉敏和中国青年舞蹈编导胡岩和王盛峰共同打造的，他们特别选用了美国作曲家科普兰的交响乐作品，配以杨百翰大学交响乐团的现场伴奏，看上去实在是新意迭出。

黄嘉敏的舞蹈让我很感兴趣。取名“当我们相遇”，创作者的用意十分明

① 本文发表于《中国文化报》2011年6月9日第6版。

了。当“我们”相遇——谁是“我们”？“我们”如何相遇？在这里，我们看到，有“中”与“美”的相遇，有舞与乐的相遇，有传统与现代的相遇，当然，还有创作者与观赏者的相遇。这个“相遇”，内涵十分丰富。而当人们真正从这里看到了“相遇”的结果、感受到了“相遇”的奇妙，通过“相遇”认识了彼此、增加了对彼此的信任和欣赏，那么，这一切相遇着、化合着，其作用自然就产生了。

然而，对于陌生文化的抗拒心理是一种常态。面对一个新文化体，莫名的恐惧会让人望而生畏，继而退避三舍。我相信，当任何一个个体在进入一个崭新的文化体时，都会遇到同样的疑虑。黄嘉敏在她的舞蹈中，同样也向我们展示了她的疑虑、她的困惑，以及她的顿悟、她的坚守。舞蹈中，黄嘉敏以“觅”“惑”“聚”“合”四个舞章为该舞做了一个起承转合的结构，以标题式的主张为科普兰的美国式音乐做了一个形象的解译，用以解释自己的心境。可以说，她是在用她的舞蹈语言，向我们述说着 她这些年来在进入美国文化时所经历的一切——彷徨与疑惑，磨难与欣喜，低吟与高歌……黄嘉敏用她嘹亮的声音和新颖的手段对自己的思想世界进行了一个全面而深入的挖掘、剖析、认识和呈现。通过这个舞蹈作品，我们深深地领略到了作为一个陌生人的黄嘉敏在融入他乡文化时所历经的复杂心路历程。

从表现上看，这是一个以现代舞的艺术方式为表达基础的舞作，虽然作者是在向观众传达自己的独到感受，但在各种心态和情绪的表达上，编导特别注意到了以意向性的抽象舞动来传达出想要表达的信息和想要树立的形象，从而避免了通过具体的故事来表达情感的惯常表现方式。从中倒是不难看到编导由于常年在美国工作和生活所接触和接受到的西方舞蹈界编舞方法的迹象。从技术上着眼，这个舞作的结构安排是很有艺术意味的，第一章和第四章是以群舞的方式，第二章是男女双人舞，而第三章则是不太常见的五人舞形式。章与章之间在视觉构图上所形成的对比很有节奏感，给人以张弛相间、收放自如、回转蜿蜒的观赏效果。

黄嘉敏是学中国古典舞出身的，对中国的舞蹈形式情有独钟。在美国的舞蹈教学中，她大量地把在中国舞蹈中所感悟到的心得贯穿在自己的教学中，从而形成了自己的特色，她富有自我特色的教学形式和内容因而也深受美国师生的尊重和好评。获得这一切，自然与她以往在中国的积累密不可分。身兼双重角色，心系两个大洲，让她梦寐以求地期冀着早日架设起一座连接中美的舞蹈桥梁。如今，梦想之舟已经起航，成功正在彼岸向她招手，黄嘉敏正在不断地用她的努力为那个梦想添砖加瓦。

殷梅：起舞“作画”①

这是一座宽大敞亮的艺术馆展厅，空间硕大豁亮，白色的墙壁上悬挂着长条幅的水墨画作品。这些作品有横着悬挂的，从展厅的一头到另一头；也有竖着悬挂的，从天花板到地面；更有连排悬挂的，气势不凡，意境感人，黑颜料的墨色呈不规则状绵延着、氤氲着，不经意的留白让人回味不已。一幅幅古朴而苍遒的中国式写意泼墨画卷，就这么恣肆地在艺术馆的空间内，幻汇成古典意念那无比空灵而厚实的交响。

展厅中心的地面上，铺着一块长方形灰色地胶，地胶的中线，是一条由白纸铺就的长条色块。长条色块的一端，立着一方投影载体，在一个经投影打出来的画面上，类似太阳的圆形光晕中，一只飞禽的形状不断地灵动着、警觉着。

这，就是殷梅要做表演的空间！这位在纽约艺术界颇有知名度的华裔舞者，即将在如此奇特的空间内，展开她更加奇特的表演。

身为纽约城市大学皇后学院舞蹈系的系主任和终身教授，殷梅是从中国河南而香港而纽约一路舞着、一路思考着、一路成长着的出色舞者。她早年曾在河南省歌舞剧院做舞蹈演员，后成为香港舞蹈团的女一号，表演了大量的中国舞剧作品。赴美国求学和任教之后，她便开始了在国际舞坛上的跋涉。这个跋涉还是相当了不起的，殷梅付出了几十年的心血和辛苦，终于用

① 本文发表于《中国文化报》2011年6月9日第6版，原标题为《起舞“作画”的殷梅》。

自己不懈的努力让纽约艺术界看到了这位中国女舞者的艺术情感和世界，并给予了她积极的回应。她获得了各种奖项和荣誉，如美国国家傅伯莱特学术奖、古根汉姆奖、洛克菲勒奖等。

当然，殷梅之所以成为国际舞坛知名人士，与她头顶上的一个巨大的光环也不无关系——她的艺术被解读为“后现代主义”风格。

如今在世界范围内颇有些流行的所谓“后现代主义”艺术方式，令很多人都颇为陌生和不解。但如果能感受到这个世界在变化上的迅疾和多变，那么作为一种随世界的变化而变化所产生的一种思考及其艺术表达，其实质也就并不难理解了。一段时间以来，这个艺术运动在世界一些经济发达国家的艺坛迅速发酵，将处于“后现代”时期艺术家们的所思所做进行了有效的放大。那么，这个运动到底有些什么特点？它在艺术上能够为艺术史带来怎样的积极意义？同时，它对于处在迅速变化中的中国艺术界会产生怎样的影响？这些问题，都随着“后现代主义”艺术方式的不断成长和扩散，引起了人们在感性和理性上的兴趣。历经了现代主义的砥砺而又开始对其进行消解和重构的“后现代主义”艺术家们，正在用他们独特的咀嚼和表达，向世界艺坛发出自己的艺术宣言。而殷梅独特的艺术表达，就被视为“后现代主义”艺术阵营的重要组成部分。

说殷梅是这个艺术阵营的重要组成部分，是因为这个阵营中的一批华人精英始终都是殷梅艺术宣言的重要支持者。殷梅与身边的一些华人艺术名流一直保持着密切的接触和对话，如陈丹青、徐冰、蔡国强、李全武等。这些曾在纽约展开他们艺术事业并有所成就的华人艺术家们，都对殷梅的艺术宣言给予了积极的认同和鼓励。融入这样一个圈子的殷梅，其艺术观念和艺术实践都渐渐地觅到了自己的艺术锚地。栖息在这个充满创举和历练的港湾中，殷梅的艺术迅速获得了滋养和传播。在舞台上，同时也在博物馆、艺术馆、体育馆等不同的空间中，她独特而富有新意的大量表演，不但为纽约当代艺术带来了新鲜的活力，也让新近落成的武汉创意天地美术馆看到了她的独特，因此，在该馆开馆项目中，殷梅成为该馆邀请的第一位国际舞者。武汉创意天地美术馆成为中国大陆见证殷梅“后现代主义”艺术表演的第一个空间。

位于武汉光谷附近的武汉创意天地，是一个美术馆群落建筑。这个新近落成的艺术空间，成为提升武汉文化品质、聚焦国内新派艺术的窗口。在这里，大大小小的设计精良的各色展厅，构成了一个富有艺术气场的磁场，用其各色富有新意和创意的展览项目，在林立的混凝土高大楼群间呈现出一方色泽丰美的绿色艺术空间。

就在这样一个富有艺术磁力的空间里，殷梅为蜂拥而至、把表演场地围堵得水泄不通的现场观众，表演了她被冠为“后现代主义”之名的舞蹈。说这个节目是“舞蹈”，笔者实在有些心虚，因为她的这个表演似乎不能简单地归入“舞蹈”的艺术范畴。除了肢体的舞动之外，这个表演还综合了音响、装置、嗅觉、影像和绘画等多种元素。这样的“混搭式”表演，是否可以被视为“后现代主义”的性质呢?

这个表演大概用时一小时，大致分为以下几个层次：一、飞鸟；二、束缚；三、与抹茶粉的亲密接触；四、红油彩；五、泼墨天地间（这几个部分及其题目为笔者所总结）。这几个部分相互衔接，一气呵成，所形成的逻辑内涵让人不断回味，而其新鲜的视觉呈现具有颇为惊世骇俗的超强能量。

实际上，笔者是十分担心现场观众是否能够心安理得、平心静气地接受这样一场视觉革命的。殷梅动用所有可能造成的视觉冲击，完全不在人们的预料之中。然而，我显然低估了观者的承受能力，现场观众无论长幼，都十分安静地看完了全场演出并报以热烈的掌声。

开场的“飞鸟”部分，殷梅手持一只可以摆动翅膀的玩具飞鸟，与装置在空中的一组飞鸟进行了默默的对话。飞鸟上上下下，它们从独特的视角观察着我们熟知的世界，一定是一种与我们日常习惯的角度所不同的感受。它们在空中注视着殷梅的表演，那样的角度本身就让人生出无限联想。为了让观众体味不同的观察角度，殷梅甚至在演出前发给观众一些小镜子，从不同的反射角度来挑战自己寻常的观察视角。这一段在风格上的唯美和温馨，让人感受到殷梅女性世界的温情和理想。接着，她慢慢地穿上了一件设计华丽、制作精美的古式红装，被罩在这样一个始终没有真正对上位的巨大红装内，殷梅的肢体被完全掩盖，然而她面部宁静地接受着服装与身体的错位，挣扎在看似优雅的华服空壳之下。下一段中，殷梅的女性肢体开始有了让人瞠目的改变，在一方小小的木质框架中，她在绿色的抹茶粉中翻滚腾挪，美丽的白色衣裙瞬间被抹茶粉染成绿色。伴着嗅觉上的抹茶清香，人们看到了雾中翻滚着的躯体，优雅尽失，满目不堪。紧接着，殷梅又将红色油彩点在了白纸上，最后还将自己的手臂、小腿全部涂上红色油彩。不断的舞动中，白纸上的红色点状油彩被涂抹成不同的色块，而她的舞蹈则呈现出一种追求与释放的循环。最终，殷梅走入了盛满黑色墨汁的池子里，浑身沾满墨汁并开始在白纸上滑动起舞，瞬间，白纸被黑墨浸染，绿色的抹茶粉、红色的油彩和黑色的墨汁通过她的身体融为一体，一幅用身体“画”出来的水墨画，随着殷梅的尽情舞动而慢慢成形。

这样的表演实际上有两个审美对象，一个是她的表演，一个是通过她的表演而“画”就的“画作”。也就是说，观众在实时观赏她连绵不断的舞蹈时，她自己又在“创作”另一幅作品。舞蹈完成时，她脚下的“作品”也宣告完成：那是以不经意的方式展开的、以白色留白和黑色为色调、伴以抹茶粉的绿色和油彩红色而构成的一幅巨幅“写意画”！这真是一个神奇的过程，殷梅用她舞动着的身体，在表演的过程中“创作”了这幅美术作品。它完全不是一个事先设计好的过程，而是在每次演出中都充满了各种偶然性而形成的一次性“画作”。这样的表演方式，显然让大部分观众瞠目。

原来，悬挂在墙上的那些“水墨画”，是殷梅在无数次表演之后形成的作品！此时，重新审视墙上的那些画作，无限新意顿生胸中。

殷梅的这种表演，显然带给我们意料不到的震动，并在这种震动中咀嚼着个中深意和味道。她在艺术理念层面投射出来的独特感受，让人久久回味。同时她对于肢体动作在认识上的哲思，也透出她的感悟和灵气，让我们以往建立起来的审美经验和惯性思维，都获得了一种不曾有过的顿悟。

近距离感受殷梅，让人们看到了艺术的无限可能性。她的出现，为我们习惯的艺术世界带来一份不同寻常而清晰可感的生动。

沈伟：闯荡世界的中国舞者

一 闯荡世界[①]

在羊城出道、在北京很有点口碑的中国现代舞新锐人物沈伟，赴美已一载添半了。美国是世界现代舞的“麦加”。一个世纪以来，这个大本营几乎荟萃了世界现代舞领域中最优秀的人才。奇异的人文思潮、良好的生长环境吸引着各国有勇气的现代舞弄潮儿到这个前沿阵地上来一探潮水的深浅。不过，下水的真不算少，成功地游到彼岸的却寥寥可数。不知沈伟这个从中国来的湖南小伙儿，尝到的海水是什么样的滋味。

沈伟引起中国舞蹈界的重视，是在他随广东实验现代舞团进京演出后开始的，他曾编演过一个叫作《不眠夜》的独舞，该舞在京演出时，在编和演两个环节上引来一片赞赏。仔细分析他的成功，可以看出，他在创作上既没有走晦涩难懂、让人摸不着头脑的路子，也没有因循于国内舞坛业已成套的表现模式，而是将表现的目的实实在在地传达给观众，获得了观众对作品的理解。在表演过程中，沈伟更是凭借扎扎实实的现代舞功夫，把表演任务丝丝入扣地完成得很到位，这在当时是件很难得的事。

---

① 本文发表于《文化参考报》1996年7月30日。

1994年夏，沈伟分别在香港、广州、北京举办了个人现代舞专场《小房间》。通过这个专场，他在现代舞领域的天赋表露无遗。《小房间》可以看作沈伟自开始现代舞生涯以来的一个总结式的艺术表白。这既是对他艺术思维的一个扫视和展现，也是对他技术水准的一个考验和认可。沈伟的现代舞探索的确伴着中国的现代舞事业步入了一个全新的时代——一个不一味效仿别人，而是注重自我探索的较为成熟的阶段。不久，像是要为他从舞仅五年的短暂现代舞生涯画上了一个暂时的圆满句号，沈伟在首届中国现代舞大赛中一举夺得第一名。

后来，沈伟便去了美国。今天，把自己定位在纽约的沈伟，依然风头正劲。1995年，他被美国舞蹈节邀请担任国际编舞家。沈伟抓住这个机遇，为舞蹈节创作了一个非常受欢迎的现代舞新作，立刻声名鹊起，从而获得许多与世界级大舞团合作的机会。比如，曾以一舞《现代启示录》而轰动中国舞坛的美国艾文 · 艾利舞蹈团，聘请他为该团创作一个40分钟的节目。林肯艺术中心也邀请他为一个大型的现场伴奏的舞蹈编舞。获得类似的殊荣不是件容易的事，这实际上是对沈伟在现代舞艺术上的肯定。

最近，沈伟在由中国青年旅美音乐家谭盾作曲的大型音乐剧《马可 · 波罗》中担任主演，这令他异常开心。他随该剧组赴德国、荷兰和中国香港等地演出，将他的艺术才华奉献给了更多的观众。让他更开心的是，今年秋天，他将应台湾著名现代舞蹈家林怀民之邀，为台湾云门舞集排练他的新作品。沈伟将所有这些成绩，都归功于他在国内时打下的良好基础。

二 登上国际舞台①

沈伟到美国打拼已经有许多年了。近来，他的状况越来越好，逐渐跃入

---

① 本文发表于《舞蹈信息报》2005年1月1日。

国际主流舞台，为中国舞人赚足了面子。

出生在中国湖南岳阳的沈伟，自小便酷爱绘画，在他的成长过程中，油画一直伴在他的左右。后来他进入当地的戏曲学校，学习表演湘剧艺术。应该说，对于这些艺术形式的学习和把控，都为他日后在国际舞坛上的成功积累了丰富的经验。

学习戏曲出身，转而想进入美术界发展却无果的沈伟，后来在广东舞蹈学校举办的首届现代舞班找到了他的新位置。在这个中国最早集中系统地接受西方现代舞蹈养分的集体中，沈伟虽尚不谙熟舞艺，却获得了一个表现的机会和平台，他很早便表现出积极而旺盛的创作冲动和才能。从早期的《太阳依旧升起》到后来在北京表演的现代舞独角戏《小房间》，沈伟的现代舞创作开始不断地刷新着人们的视觉感知。

我在读硕士期间曾赴广东现代舞班考察，并为该班的第六位专家琳达·戴维斯担任了一阵儿翻译工作。当时，该班的负责人杨美琦老师安排我在沈伟的宿舍短暂歇脚。记得当时支在沈伟床前的油画板和夹子，便是给我印象最深的一个场景。当时的沈伟，舞蹈方面并不突出，但创作上常常是别出心裁。美国专家的教课方式显然更适合这个不是传统舞校毕业的学生，他的悉心揣摩正是他日后成功的保障。

广东实验现代舞团成立后，虽然有很多原班的学生相继离开了这个团体，但沈伟却找到了一方展示自我的绝佳舞台。他紧紧地把握住了这个机会，开始了他在现代舞领域的辛勤耕耘和持续跋涉。通过不懈的努力，沈伟终于获得了在艺术上的良好提升，在国内舞台上获得了良好的口碑和业绩。不久，在美国亚洲文化基金会的支持下，沈伟飞赴大洋彼岸，来到了被称为“现代舞之家”的美国纽约闯荡江湖。经过了艰苦的付出和不为人知的艰辛之后，沈伟最终在有着“现代舞麦加”之称的纽约立稳了脚跟，成立了“沈伟舞蹈艺术团”(Shen Wei Dance Arts）。

沈伟舞蹈艺术团的演出，成为如今美国舞坛上一个十分显眼的现象。沈伟也成了备受注目的热门舞蹈家，他带着舞团在美国乃至世界各地演出，越来越引起人们的关注和喜爱。

2004年秋，在一年一届于伦敦举行的世界著名的现代舞蹈节——“伞”拉开帷幕时，已经在纽约大红大紫的沈伟赫然出现在被邀请的名单中，他受邀与默斯·坎宁汉舞团等世界大牌舞团共同参与这一世界现代舞领域的盛事。他为该次舞蹈节带来的作品，是他不久前完成创作的《春之祭》和《声息》。

沈伟不但编创舞段，同时也为他的舞蹈设计服装和舞美。由于他较为扎实的绘画基础和功底，他的舞美设计体现出浓厚的中国风格，比如《声息》一舞的舞美设计，就深受中国古代美术大家八大山人美术作品的启发。

看得出来，在创作上，沈伟已经开始在东西方的格局中游刃有余。他不断整合动作和观念的举措及其能力，都通过他的舞蹈作品充分地表现了出来。

在《春之祭》中，沈伟虽使用了大量中国戏曲的动作元素，但经发展后已经融入他本人十分另类的个性语言之中。看着那些西方舞者在中国戏曲规定动作变异的大框架中做出各种奇异的姿态，作为熟知中国舞蹈动作体系的我而言，真是有些忍俊不禁。我想，西方舞者一定觉得这些动态十分独特而新鲜，看着他们极其认真地在毫无中国舞蹈动作功底的情况下，有些笨拙地做出那些我们习以为常的动态，觉得很有些违和。当然，世界各动作体系之间的融合乃至化合在过去一个世纪的碰撞中，彼此已经有了非常大的亲近，这样一种趋势，恐怕会在未来的日子里让进入新世纪的我们经常看得到。实际上，对于西方舞蹈艺术，我们的主动吸收已经由来已久，以至于我们对于芭蕾舞和现代舞的熟稔和热情拥抱，早就消弭了我们心中那一份对于异域舞蹈动态的陌生感和抗拒感。那么，沈伟的举动会不会成为一个反向驱动呢？除此之外，这次演出中最让人觉得有意思的是该舞的伴奏音乐。对于《春之祭》这支西方人极为熟知的曲目，沈伟没有使用现成的交响乐固有录音版本，而是采用现场钢琴四手联弹的方式为他的精湛舞蹈伴奏。美国钢琴家法齐尔·塞事先录制了自己的主和弦版，演出时他又与自己的录音一起演奏，从而形成了四手联弹的演出效果，这给现场观众带来了十分独特的临场感受。

《声息》是一个看上去既不东方也不西方，或者说既西方又东方的作品。作品开始时，舞者员们成双成对地出现，做着像在水上滑行一样的步伐，十分有意味地甩动着他们的服装尾拖。那种大力旋转突然静止的舞动效果，竟形成了一种十分独特而有看头的动律，舞动和着服装，令人赏心悦目。他们身着红色或黑色的裙装，头型的独特设计和处理颇为怪诞，给人以异类之感。演员们做出各种各样的俯仰旋转动作，腰、腿、肘、手等各部位都在不停地俯仰折合，给观众以十分新奇的视觉感受。沈伟作品中的东方意趣和西方理念十分有效地在这个作品中得到统一，明快的色泽和清晰简洁的舞台调度具有很强的艺术张力，让人叹服沈伟的审美格调。八大山人那幅若隐若现的画作，更是为作品平添了一分神秘感，让作品的品质陡增。这个作品再一次让沈伟的审美主张得到完好的体现，从而让他把“中国”的意趣发展到极致。

有美国舞评家认为，如今大跨步前进的沈伟在艺术修养及作品水平等方面，虽尚无法与中国台湾的林怀民相媲美，但其作品所呈现出的强烈视觉效果，却是令人不能漠视的。中国文化哺育出两岸的优秀舞者，他们共同的努力，让世界舞坛看到了在中国文化基因影响下应运而生的一种新的舞蹈艺术样式的可能。

沈伟在国际上的成功，自然也引起了国内舞界对他的热切关注，在如今许多演出机会中都会时不时地看到沈伟及其舞团的身影。他的理念、他的艺术追求和他之所以成功的特点，都吊足了国内观众的胃口。2008年，沈伟获得了张艺谋的青睐，他力邀沈伟在北京奥运会开幕式的大型表演中展示他的开场舞动创意。当一轴缓缓舒展的画卷在北京鸟巢的体育场地中央拉开时，五位表演者用他们的肢体蘸着浓墨和激情在画卷上起舞，用他们写意般的舞姿在画卷上泼墨，留下了永恒的墨色丹青。那一刻，沈伟的艺术主张及其经年积累呈现出了撼人的艺术感染力，也让人终于看到了这位集戏曲、美术和舞蹈各项艺术智慧于一身的舞者所完成的艺术品究竟会达到怎样的艺术高度。

走出国门的沈伟已经获得了国际舞坛的注目和世界观众的不尽掌声。相信秉承着他的不断积累和智慧，沈伟会以更加积极的态势，奋力向下一个台阶迈进。

沈伟的成功给了我们怎样的启示？在他的艺术追求和艺术化合中，中国文化起到了怎样的作用？他的创造力所体现出的创造动能给舞蹈艺术赋予了怎样的新意？从世界人民喜爱他的舞蹈这个角度来审视，中国文化及其舞蹈究竟能取得怎样的积极效果？所有这些问题，一定会随着沈伟在国际层面的进一步走强而给我们带来更能令人信服的满意答案。

李存信：新书出版在西方[①]

不久前，西方出版了李存信的新书，名为《毛泽东时代最后的舞者》（*Mao's Last Dancer*）。在过去的十周里，这本书一直位于畅销书的前列，在国际舞蹈界掀起了一股不小的热潮。

这本书是李存信根据自己略带传奇色彩的成长历程写成的，向读者介绍了他从一个不懂芭蕾为何物的乡野小童到一名国际知名芭蕾巨星的传奇历程。

李存信的从舞经历十分奇特。

20世纪70年代初，在中国山东青岛郊区农村的一个设施简陋的小学校里，一群学生正在上课。几位客人走了进来，他们看了一圈后指着一个女生说："你，当舞蹈演员吧。"就在他们离开时，学校老师指着另一个男生说："可不可以让他也试试？"于是，这个懵懵懂懂不知要去做什么的男孩，就这样走进了北京舞蹈学院的芭蕾课堂。经过他自己不懈而顽强的努力，这个最初根本不懂什么是芭蕾舞的男孩不但学业有成，而且远赴重洋，在大洋彼岸获得了成功和荣誉。这个男孩就是目前与他的澳大利亚妻子和三个孩子生活在墨尔本、以股票交易师为职业的中国人李存信。

在书中，李存信回忆了他童年的经历。出身贫寒的李存信是家里七个男孩中的第六个，小小的年纪便饱尝了生活的艰辛。舞蹈学校老师来选苗子，

---

① 本文发表于《舞蹈信息报》2005年3月15日。

对他来说是个百年难遇的机会。他虽然并不懂得舞蹈艺术，但他当时只有一个信念：必须离开，不只是为了自己，也为了自己的家庭。所以，在下一轮考试时，他班上的那个女孩子由于无法忍受老师让她向后折腰而引发的疼痛而被淘汰；而李存信却紧紧地咬紧了牙关，顺利通过考试，进入当时正处于“文革”后期的北京舞蹈学校。

在最初的两年，李存信异常想家，并痛恨芭蕾。然而，随着时光的流逝，李存信的技艺开始放射光彩。到毕业时，他已经成为一名出色的芭蕾舞演员。

毕业前后，李存信有机会观看了一部介绍巴瑞士尼柯夫的片子。第一次看到具有世界水准的巨星的表演，令他大吃一惊。从那时起，成为巴瑞士尼柯夫那样的伟大舞者，便成了他的目标。在回忆这段经历时，李存信非常感谢北京舞蹈学校给他打下的坚实基础。他认为中国的芭蕾舞教育水平很高，与世界标准相比，中国的芭蕾舞并不缺技术，缺的是剧目。他自己后来在休斯敦一年跳的剧目，比他在国内十年跳的都多。他认为中国应在这方面有所加强。

李存信当年去休斯敦是靠美国舞蹈家本 · 史蒂文森提供的奖学金，他参加了在休斯敦举办的暑期芭蕾训练班。初到美国，巨大的文化和生活反差让李存信十分惊诧。在第二次赴美学习时，他决定留在美国发展。

当时，世界芭蕾发展的水平非常高，一些国际大师的表演促使李存信下狠心锤炼自己。他珍惜他所获得的每一个角色，认真完成每一个任务。作为一个亚洲人，如何塑造好那些传统的芭蕾人物，对他是一个极大的挑战。在他的努力下，他的成绩获得了观众和行家的好评。在那段舞蹈生涯中，他与许多世界级舞蹈大师合作，如葛兰 · 台特利、基利 · 基里安、肯尼斯 · 麦克米兰等。这样的经历，更给了他腾飞的机会。李存信认为与大师合作让他受益匪浅，因为大师们的要求很高，而在这样的要求下，人的潜力就会发挥到极致。

随着与美国休斯敦芭蕾舞团和后来的美国北方芭蕾舞剧院云游四方，李存信开始拥有了国际声誉。大量的芭蕾舞作，把他锻造成了一位世界知名的优秀舞蹈家。

李存信后来与舞伴澳大利亚姑娘玛丽·美坎德利结婚，并在他舞蹈艺术生涯的后期移居澳大利亚，成为澳大利亚芭蕾舞团的第一男主演。他在38岁时告别舞台，转而进入金融投资领域，成为一名出色的股票经纪人。

李存信成长在中国一个特殊的历史时期，他的成长经历与当时的中国形势息息相关。而梳理他的成长经历，实际上是对一个特定历史时期的审视。这或许是西方文化界对这本书感兴趣的真正原因。

阎仲珩与大风真阳：扶桑苦乐有人知

——一对中国舞蹈伉俪在日本[①]

在日本东京，有一个寸金难买寸土的繁华地段叫新宿。这里，鳞次栉比的现代化玻璃幕墙大厦一座紧挨着一座，各式商店、饭店、娱乐场所一家紧连着一家，既醒目又耀眼的巨幅广告牌，把这个世界上最发达的大都市点缀得光怪陆离、热闹非凡。街上的行人们大都衣冠楚楚，行色匆匆，好像都有着急的事情似的。虽然物质生活空前丰富，这里的文化绿洲也并不干涸，现代化的生活方式反倒促使人去寻求一方精神的净土。而来自中国的舞蹈艺术，也成了日本精神淘金者的理想家园。

在新宿一处还算僻静的街道上，日式的房子连成一片。不太大的停车场旁，一座灰白色的三层小楼朴素而又有点神秘。一群从小姑娘到老太太年龄不等的日本各界女性，陆陆续续地走进了设在一层的一个大厅。这是个什么地方？走近前去，一阵悠扬而又极富中国民族特色的音乐立刻传进耳鼓。抬头望去，一层大厅门楣上有一行醒目的文字：日本东京凤仙功舞踊研究所。原来，这里就是在日本和中国都已声名鹊起的"凤仙功"大本营！

凤仙功，一种在中国气功和中国传统舞蹈的基础上，融创建者个人的艺术感悟而发展起来的崭新舞蹈艺术形式，近年来已颇形成些气候。创建者杨

① 本文发表于《中外文化交流》1997年第1期。

铃（现艺名为大凤真阳）原为中国中央歌舞团舞蹈演员。20世纪80年代初，她与同是该团舞蹈演员的丈夫阎仲珩东渡日本，开始了崭新然而困难重重的生活。

赴日前，阎仲珩是中国中央歌舞团舞蹈节目的顶梁柱，有良好的舞蹈技艺基础，他到日本后不久，就找到一份中学舞蹈教师的工作。当时参与竞争的有很多人，其中包括日本人、美国人、欧洲人等，但阎仲珩硬是在众多应试者中以他对于中国舞蹈艺术的知识和技艺以及他对其他舞蹈形式的认知水准一举赢得考官的赏识，以令人信服的水平获得了这份难得的工作。获得聘任后，阎仲珩积极传播中国舞蹈文化，尽量影响日本学生对中国文化发生兴趣。在他的努力下，这所学校不断举行中国舞蹈发表会，日本《朝日新闻》为此于1996年年初刊载了专门文章，向日本全社会广泛地宣传了中国舞蹈在该校普及的情况。阎仲珩，这位性格爽朗、意志坚韧的山东汉子的脸上，终于绽露出成功者的微笑。

然而，就传播和发展中国文化而言，这些成绩并不是阎仲珩的全部成果。他的另一心血之作，就是帮助他的妻子创立意义非凡、闻名遐迩的“凤仙功舞踊”。

他的妻子杨铃出生于中国北京。从她的童年时代起，在气功领域极有造诣的父亲杨万芳就给她以极大的影响。踏上舞蹈之路后，父亲又不止一次地告诫她应当充分利用前人留下的丰富遗产，这使年少的杨铃于混沌中产生了某种无法言传的志向。在残酷的舞蹈之路上，经过多年日复一日、年复一年的磨炼，她终于成为中国中央歌舞团一名相当称职的专业舞蹈演员，开始用汗水在舞台上书写着自己的青春。这段专注于舞蹈艺术的生活经历，为她日后的成功奠定了极为坚实的基础。

初到海外，这对来自中国的年轻舞蹈伉俪，经受住了身处异邦的种种风风雨雨，凭着中国人特有的耐力和能力，在一个全新的环境中，织出一张张播撒中国文化的网，终于交出一份令人满意的答卷。

“凤仙功”是一种运用中国传统气功的某些训练原理发展起来的舞蹈形式，具有典型的东方文化意蕴。它将自然、人体、意识糅成一体，以中国美学理想的“凤”之形象为舞体征象，具有独特的审美魅力。它将中国古典哲学中“天人合一”的化境，通过舞动的方式完美地揭示出来。“凤仙功”具有表演和训练双重价值，这也正是它能紧紧吸引日本各年龄层女性的根本原因。杨铃以“凤仙功舞踊”为旨趣，创作出了一系列舞蹈作品，它们像一首首缓缓流淌而出的隽永雅丽的诗，很耐咀嚼。她那善于在中国传统文化中发现舞蹈动机的智慧与灵性，为具有中国气派的舞蹈百花园又添上了一抹亮丽的风景。

艰苦的条件往往能促成奇迹的发生，舞蹈科班出身的杨铃，以不可思议的毅力，竟在不长的时间内用自己刚刚学会的日文，写出日文版《凤仙功舞踊》一书，由日本德间出版社于1989年出版。从此，杨铃的创业经历了实践和理论上的双重考验和丰收。作为一种表演形式，“凤仙功舞踊”于1991年在日本正式公开表演，1992年在东京公演。1993年，“日本凤仙功舞踊团”正式成立，由阎仲珩任团长、杨铃任艺术总监。在他们的共同努力下，1993年8月，他们带着完全由日本人组成的一团人马回到了他们阔别八年的祖国，在北京进行了首演。当时中日一些传媒机构广泛地报道了这一盛事，一时间，在中日两地均引起很大反响。许多专家认为，“凤仙功舞踊”不仅优化了中国舞蹈的构成，同时在艺术水平上也有极高的成就。

1996年6月，已改艺名为“大凤真阳”的杨铃，以一舞《踏花》一举赢得“全日本首届编导大奖赛”的唯一金奖，这一殊荣使她立即成为日本电视台NHK的座上宾，为此，NHK向全日本播放了由她创作的优秀舞作，在日本文化界产生轰动影响。新宿的练功厅经常挤满了前来观摩学习的日本同行，他们惊讶地发现，这对中国人的工作条件竟在他们之上。而他们哪里知道，取得今天的成绩，这对中国夫妻付出了怎样的代价！

功成名就，荣誉与鲜花一并拥来，阎仲珩和大凤真阳此刻想到的不是过去的成功，他们正站在这个新起点上梦想着新的腾飞。飞吧，这对来自中国舞坛的比翼鸟，愿你们衔着中国文化的春泥，在新的土地上继续播撒种子，让那番不凡的舞蹈事业继续发扬光大，相信这份努力会给中日舞蹈界的交流带来新的活力和意义。

附文：大凤真阳日本获奖[①]

据日本最新消息，中国旅日舞蹈家大凤真阳在日本东京举行的“全日本首届编导大奖赛”中，以她创作的舞蹈《踏花》一举夺得本次大奖赛的唯一金奖。这一殊荣使她立即成为日本电视台NHK的座上宾，在日本社会产生巨大影响。

大凤真阳女士运用凤仙功原理和方法创作的近20部舞蹈作品先后成为东京和北京舞台上的佳作。“凤仙功舞踊”不仅优化了中国舞蹈的构成，同时在艺术水平上也有相当高的成就。经过不懈的努力，她的夙愿在东瀛得以实现。她创办的“日本东京凤仙功舞踊研究所”和“中国民族舞踊研究所”，逐渐研究创建了这种蕴积着鲜明中国传统文化内涵的“气感舞蹈”形式——凤仙功舞踊。

① 本文发表于《戏剧电影报》总第823期。

蔡曙鹏：谈中国舞蹈

——对话新加坡蔡曙鹏博士[①]

认识新加坡的舞坛、剧坛资深人士蔡曙鹏博士，是在北京舞蹈学院为成立50周年而举办的中国古典舞研讨会上。当时，在自由发言的环节中，我和蔡博士先后对中国古典舞的发展现状做了直抒胸臆的简短发言，我们由于观点相近而成为同仁，更由于我们都毫不隐讳自己的观点而成为坦诚率达的朋友。我佩服蔡博士的卓识和直率，更对他关于中国舞蹈发展的忧患意识及其深入的思考充满了深深的敬意。

2006年3月，我和蔡博士同被马来西亚全国华族舞蹈公开赛组委会邀请，担任该赛事的国际评审，在马六甲工作的几天几夜，我们朝夕相处，开怀畅谈。交谈中，我了解到他的一些新思考。作为一个中国舞蹈事业的局外人，他能以一个明眼人的身份，从中国舞蹈的体系之外来审视中国舞蹈的发展，这给我们带来了非常特殊的启迪意义，真可谓“旁观者清”。

蔡博士最近在新加坡先后观看了两台来自中国大陆的舞蹈演出，一台是来自中国西安的《梦回大唐》，一台是来自中国杭州的浙江艺术学校的舞蹈晚会。蔡博士对两台演出反映出来的弊端十分关注，他认为中国舞坛出现的杂技化、体操化、艳舞化、贪大化和无脑征等现象，已经不仅仅是这两台舞蹈

① 本文发表于《舞蹈》2006年第9期，原标题为《听海外人士谈中国舞蹈》。

晚会所反映出来的问题，而已经成为在中国舞蹈界比较普遍的现象，长此以往，将会严重地阻碍中国舞蹈事业的顺利前行。事关中国舞蹈发展之走向，蔡博士实在按捺不住了，他在应新加坡记者之邀所撰写的文章中，对这些流弊做了直截了当的善意批评，针对中国部分舞蹈作品的表现水准之低劣、创作观念之畸形等方面，提出了自己入木三分的点评。

在谈话中，蔡博士传达出这样一个很值得玩味的信息：若干年前，来自大陆的艺术表演明显高于来自台湾的团组，获得新加坡各界的普遍肯定；然而在今天，台湾的艺术演出则更能引发当地观众的共鸣，更能走入人们的精神层面，更具期望值。一部分大陆的艺术团体近年来在新加坡等地的演出，受到了尖刻的批评和明显的冷遇。这个现象是一个信号，其背后所昭示出的是大陆艺术水准的整体滑坡，大陆专业艺术表演的声誉正在全球范围内大幅度倒退。

无独有偶，在我于马六甲工作期间，许多对大陆舞蹈发展非常熟悉的马来西亚舞蹈家们，也都先后表达出了他们对大陆舞蹈现状的失望和忧虑，特别是对一些有政府支持背景的大型晚会中的浮夸作风表现出极为反感的态度。实际上，相对于他们在海外艰苦卓绝地发展中国舞蹈文化，大陆专业舞蹈工作者的工作条件要好许多，然而他们所呈现出的精神面貌及艺术追求却难以让人敬服。

这样的议论颇值得我们思考：为什么这些年来中国的“精品”“金奖”作品在不断增加，而所获致的批评和指责也在与日俱增？对于我们这些一直待在圈内的人来说，许多积弊似乎已经熟视无睹，因循让我们变得麻木而僵化。在这样的时刻，有蔡博士等一些高瞻远瞩的局外人给我们敲一下警钟，对中国舞蹈事业的发展是一件幸事。

记得去年在“中国—东盟当代舞蹈研讨会”期间，很多来自东南亚的舞蹈家在观看《溜溜的康定　溜溜的情》时，提出了质疑，说类似的作品怎么看怎么像夜总会里表演的节目。一个时期以来，许多海外华人舞蹈家对中央歌舞团的傣族舞蹈《碧波孔雀》所呈现出来的审美倾向也提出了严厉批评，普遍认为中国大陆目前有许多舞蹈作品背离了健康而正确的审美意识，路子不正。他们最怕的莫过于中国人自己把自己经年建立起来的优秀传统丢失掉，在新形势下的市场经济的摸爬滚打中迷失了自己的方向，让老一代苦心经营起来的中国舞蹈事业的大厦毁于一旦。

客观地说，许多海外舞蹈人士的忧心忡忡和痛心疾首，未必在判断、认识和分析上都能够切中肯綮，有的甚至难免偏激，然而无论如何，他们都是在痴心一片地为了中华舞蹈文化的发展而直言的。作为一种警示，这样的提示对我们未必有坏处，毕竟良药苦口。

在市场经济下发展中国的舞蹈事业，是我们面临的崭新课题。如何学会在艺术商业化的海洋中游泳，又能够经受住风浪的考验，并最终抵达成功的彼岸，是我们需要通过潜心思考和勇于实践才能够获得成长的真谛。与海外华人舞蹈家的经历不同，中国大陆的舞蹈工作者长年以来已经习惯了靠政府拨款的管理模式，很长一段时间以来，他们对经济困境并不敏感，不像海外人士那样从一开始就在残酷的生存威胁中面临选择。可以说，在海外，凡是那些选择了艺术的舞蹈家，都已经完全超越了商业的功利，他们因此而得以执着地从艺术的起点出发。而大陆的情况则不然，在政府的拨款减少之后，经济的压力不断加大，为了迁就市场而做出媚俗倾向，就成为许多舞蹈界人士的无奈选择。

然而，无论做怎样的解读和解释，我们都不能忽视和回避中国舞坛出现的问题。或许我们的问题都是有原因的，但任何原因都不应以损害中国舞蹈事业发展的大局为代价。相对于海外华人舞蹈家们的坚守和奉献，我们应该在跌了跟头的时候爬起来，认真总结，及时调整。

海外人士的观点像是一面镜子，通过它，我们可以从一个新的角度来开阔我们的视野并丰富我们的思考。感谢“蔡博士们”的直言不讳，他们的逆耳忠言，是我们不断调整自己的醒脑剂。

尼克莱：时代高音

一 属于时代的阿尔文·尼克莱①

无论在艺术圈中还是在政治圈中，指出哪位是"革命者"并不是一件困难的事情。阿尔文·尼克莱（1910—1993），这位长期与癌魔搏斗、以83岁高龄于1993年5月8日谢世的美国现代舞蹈界老人，以他一生的艺术叛逆精神及其作为，为他奠定了"艺术革命者"这一称号。

阿尔文·尼克莱的气质高雅而富于贵族气，身材伟岸健硕，姿态挺拔昂扬，言语精确温和。而正是这位颇具贵族气质的"康涅狄格美国佬"，却有着惊人的幻想天才，并以此为美国现代舞平添一分亮色。对于成功的革命者而言，人们往往注意他们的结果而忽视他们的"想当初"。20世纪50年代初，尼克莱在纽约亨利街娱乐厅的舞台上，推出了形式新奇的舞蹈作品《面具，道具，活动装置》，从而迈出了他的第一个"革命"步伐。

强调在某人之前已有同类先例的探索，其实对这个"某人"而言是件危险的事情，而在尼克莱之前的确有一名叫洛伊·富勒的美国舞人于1892年运用灯光技巧在她身着的庞大针织品上变幻出各种色彩。然而，这种现代多媒体剧场

① 本文发表于《舞蹈信息报》1994年4月1日。

艺术从内容到目的始于《面具，道具，活动装置》却是个不争的事实。

在今天这样一个舞台上到处充斥着电脑制作、电子控制的年代，人们几乎淡忘了开此一代先河的正是现代舞大师阿尔文·尼克莱。

他使用灯光、绳索滑轮、电子音乐、奇怪的道具装置及布景环境，让舞蹈演员运动在其中，并与之融为一体。在这样一个万花筒般的景观中，舞蹈表演者不停地运动着，产生出各种意想不到的声、光、色效果。尼克莱每编一个这样的舞蹈作品，便神奇地建构起一个变幻着魔力的独特的生命宇宙。不仅如此，尼克莱力避与同时代的其他现代舞大家的创作方式相雷同，如以人的心性世界为描写对象、以线性戏剧结构为表现形式的“玛莎·格雷姆模式”等。他选取人的共性特征而非个性差异为表现对象，他的目的在于表现“世界背景下的人，而不是自身世界中的人”。

当初走上舞坛，尼克莱真可谓是绕了个大大的弯子，先是音乐，然后是电影，接着又是木偶戏。众多的形式基因决定了他的艺术最终着眼点是以艺术的技术层面作为自己的艺术演绎对象。

1910年的康涅狄格州，还处于美国早期移民“清教徒思想”的控制范围之下，而这种思想认为跳舞是种罪过行为。尼克莱最初入的是音乐之门，在他母亲的教习下弹练钢琴。后来，他又相继学习绘画、吹铜管乐器，并在当地的一个小剧场里工作，在那里，他开始接触舞台效果的设计和操作。16岁那年，他在康涅狄格州的乐团里吹管乐，为早期电影默片配奏音乐。接下来，他还曾为舞蹈训练课弹钢琴伴奏。23岁那年，他看到来自德国的表现主义舞蹈家玛丽·魏格曼的表演。尽管舞蹈表演令他难忘，但最让他感兴趣的是为表演伴奏的打击乐器。他马上便去找特鲁达·卡什曼——一位在哈特福德教授魏格曼风格舞蹈的教师，问是否能学习这种打击乐器，结果被告知只有学习舞蹈才能学习打击乐器。尼克莱对此并无异议，因为这是他一直想做的事情。

在跟随卡什曼学舞的同时，他兼任了哈特福德木偶剧院的指导，亲自为剧目设计服装、布景和灯光。他同时开始了舞蹈表演生涯，在一出反映康涅狄格工业题材的舞蹈中，扮演从五十位身着蓝衣、代表康涅狄格河的女演员中冒出来的三个身着银衣、代表康涅狄格工业的男演员之中的一个。

30年代末，他参加了在沃蒙特的本宁顿学院举行的暑假学习班，许多杰出的现代舞蹈家云集在这里教课，其中有魏格曼舞蹈技术在美国的传播者、大名鼎鼎的汉娅·霍尔姆，这让尼克莱获益匪浅。“二战”结束后，脱掉戎衣的他来到科罗拉多学院，在汉娅任教的暑假训练班里任助教。

翌年，他来到纽约并接管了亨利街娱乐厅舞蹈部的工作。在这儿，他为孩子们编了许多舞蹈剧。这类经历使他的舞团和他本人逐渐积蓄了丰富的经验，并催生了他始于1953年的那场“艺术革命”。

亨利街娱乐厅建于1915年。早先，依莎多拉·邓肯、伊丽亚诺拉·杜丝、玛莎·格雷姆等现代舞前辈均在这里表演过。但当尼克莱来到这里时，一切都已面目全非，陈旧破烂的舞台经过多年的修葺，才勉强能为尼克莱的舞蹈服务。尽管能为舞蹈服务，但它仍没有脱离一个戏院的规模。当然，在当时美国现代舞者的眼中，尼克莱已经算是富有的了，因为很少有人能像他一样拥有这样一个可供自我发挥的舞台。

应该说，没有这个有利条件，这场“艺术革命”便不会发生，至少不是今天这个样子。正是在这里，尼克莱在50—60年代发展了他的以环境与技术相交织的剧场舞蹈形式。

看尼克莱为演员排练是件趣事。那简直不是在排练舞蹈，而是在让演员最大限度地适应从未见过的服装和道具。尼克莱的舞台装置和道具真可以称之为奇怪园里最奇怪的一枝花，那奇形怪状的各式形象在处心积虑的光与影的魔幻之下，织成了一个风光奇异的世界。

至于他在音乐方面的成熟，则是有着一个过程的。最初，尼克莱只使用打击乐器为他的舞蹈伴奏。1953年他自己谱写了第一首舞蹈伴奏乐曲，自1958年始，他便全部采用自己作曲的伴奏音乐了。1963年他用古根汉姆奖学金购买了一台电子音乐合成器，从而一跃成为电声音乐作曲和演奏上的先锋派。

现在看他的演出，节目单上总是这样印着：“舞蹈编导、作曲、灯光、布景、服装——阿尔文·尼克莱。”尼克莱已经完全获得了对于这种剧场表现媒体的掌握，并进而用它来创造那个充满快乐与新奇的想象的宇宙。他的舞蹈时常以展现社会的溃散和蜕变为主旨，而且更为有趣的是，在这些作品中技术也可以成为一种分裂的力量。

阿尔文·尼克莱是一个和善、诙谐、聪明的人，然而他的艺术观并不乐观。他精心建构起来的艺术信条，经常是规律性地自生自灭，因为它们无法与其所生存的大环境相适应。他的观念像他的手法一样，往往超越于时代。

对于尼克莱在创作高峰时期（从1953年到70年代中期）的表现，最流行的一种批评认为尼克莱使舞蹈非人化，认为他重视道具的程度远高于动作。他的舞蹈演员从来不展现奇绝的技艺，动作在他的舞蹈中只是诸多元素中的一个，而且不起主要作用。很显然，在他的环境剧场舞蹈中，舞蹈演员只是一个装饰品。舞蹈的第一要义是人体在空间中的运动，尼克莱首先揭示出，空间决定动作，而动作影响空间。这种揭示是他舞蹈作品的中心隐喻。

随着形式主义越来越走红，公众对阿尔文·尼克莱的兴趣却越来越弱。部分原因是因为今天他已不再独特，舞台上灯光忽明忽灭，电脑技术使装置日新月异，而每三名少年中，准有一位在玩电子合成器。还有一部分原因是因为今天的审美宠儿是简练而非繁复的。人体及其动作已成为今天舞蹈审美的焦点，而尼克莱却始终不肯把人体与环境分开。

“革命”40年后的今天，人们几乎已很难意识到那场“革命”曾经发生。尼克莱，你在天之灵，可想知否？

二 年逾耄耋的尼克莱[①]

虽然拿着拐杖，但尼克莱从不使用，他的步态依旧矫捷生风。他那满鬓

① 本文发表于《舞蹈信息报》1991年12月1日，译自美国《舞蹈》杂志。

的华发和似鹰的面容，令人想起著名魔术师莫灵，而他舞蹈中使用声光及其动态所造成的幻象，证明他的确拥有着驾驭这些东西的魔法。阿尔文·尼克莱，于1990年11月25日度过了自己的八十寿辰。

尼克莱早在他童年时代居住在康涅狄格州哈特福德近郊时，就已显露出对于音乐和木偶艺术的巨大兴趣。美国经济大萧条期间，他出任一家剧院指导。在观看了德国舞蹈先辈玛丽·魏格曼的表演后，他心有所动，遂试着在舞蹈艺术事业上进行发展。1937年，他在本宁顿学院先后师从格雷姆、霍斯特、霍尔姆、韩芙莉和韦德曼，学有所成，使他信心倍增。1948年，服完兵役的尼克莱在跟纽约的霍尔姆进行了更为系统的学习之后，被任命主持位于东南区的亨利街俱乐部的舞蹈活动（那只是家社区艺术学校及剧场）。在这里，尼克莱于50年代早期建立了他自己的舞团，演员中包括后来十分著名的兰胡特、布劳桑姆、白林，当然，还有他的主要门徒和后来的同事木雷·刘易斯。

尼克莱像一位亲自操纵木偶的大师，将声、光与流动着的和凝滞着的人体相结合，创造了一个十分精彩的视觉世界，但他很谦虚，他认为他早期的创作活动深受弟子们的影响。

尼克莱的作品完全超越了语言和文化上的障碍，他称这些作品为“抽象表现主义”。他那些富有创新色彩的舞作有：《本体》（1953年），将人体完全包裹在纤维织袋中，做出各种雕塑般的姿态；《张力交织》（1956年），在舞台空间使用巨大的胶皮带以加强舞者的动作，并呈现振动的效果。

尼克莱的舞团走遍了世界各地，他那独特的舞蹈艺术受到世界人民的喜爱，他也因之获得各种荣誉，其中包括分别在法国和美国获得的极高的褒奖。尼克莱十分珍惜这一切，认为这是人民和国家对他的承认。

尽管如此，尼克莱也免不了受到近期经济形势的恶化带给艺术厄运的影响。由于房租的恶性上涨，他和刘易斯不得不放弃了位于东区九大街的练功室和乔依斯剧院，取消了纽约的演出，而将他们新近重组的舞团总部设在了房价低一些的苏合一带。

然而，以典型的乐观主义和勤勉而著称于舞坛的尼克莱，善于变劣势为优势，他充分利用了这段时光构思新的作品。虽然他已年届80岁高龄，但依旧思想活跃，精力充沛，将自己的成果贡献给这个变化着的世界。从他于近期发表的一些舞作来看，尼克莱仍然紧跟着时代的步伐，而人们也正在期待着他有更多充满魔力的作品问世。

三 向大师致敬！——悼阿尔文·尼克莱①

大师尼克莱最终还是走了！离开了他精心泼洒的五彩舞蹈世界，终止了他珍重倍至的人生历程。

享年81岁，我们不应感到太突兀，毕竟多少有名的和无名的人不曾如此长寿。何况，他那不凡的人生，为这81年增添了多少色彩，让那些有名的和无名的人难以望其项背！但也唯其如此，人们更觉得这是一个无法替代的损失。因为这片由81年筑成的人生色彩，不是任一有名的或无名的人可以随意获致的。

尼克莱获得“大师”之名，绝非偶然。若是你了解了这位以他非凡的业绩在国际现代舞蹈界占有不可或缺的一席之地的奇才的人生，或许也会由衷地做如是称。1912年11月25日，尼克莱在美国康涅狄格州一个叫作萨星顿的地方降临人世。虽然早年他的兴趣并不在舞蹈而在音乐和美术设计，但显然这些经历都为他日后所从事的事业提供了富有创造力的艺术基础。尼克莱对舞蹈产生兴趣始于1933年他21岁的时候，当时他观赏到了德国现代舞蹈家玛丽·魏格曼的演出，尼克莱尤其着迷于她对打击乐的使用，并在学习她的打击乐方法的同时走上了舞蹈之路。20世纪30年代末期，在美国沃尔蒙特的本宁顿学院有个很有影响的暑期舞校，教舞者中几乎荟萃了美国现代舞的所有

① 本文发表于《舞蹈》1994年第3期，由郭明达、江东、刘青弋合著。

领军人物。尼克莱于1938年开始在这里学舞，一位从德国来的教师从此深刻地影响了他，这位教师就是玛丽·魏格曼的美国传播者汉娅·霍尔姆。尼克莱对这段学习生活十分看重，认为她奠定了自己一生事业的基础，后来他曾这样写道："我十分庆幸我始终没有忘掉她所教给我的一切。"

通过观摩和学习上一代伟大的现代舞表演艺术家如多丽丝·韩芙莉、查尔斯·韦德曼特别是玛莎·格雷姆的表演，以及受到音乐家路易斯·霍斯特、舞蹈理论家约翰·马丁等人的重要影响，尼克莱在"二战"后的一段时期，开始逐渐建立起后来受用一生的舞蹈哲学及其表现方法。

第一次观看尼克莱的舞蹈作品会让人顿生违背常态之感，然而却无论如何也拒绝不了它的吸引力。他的舞蹈世界完全有别于其他任何人的创作形式，其依赖灯光和背景的程度绝不亚于动作和声响，比任何其他的人都更注重自然和科技的运用。他把自己从故事和情感中解放出来，他想要的是整个舞台图画的运动，而非仅仅是舞蹈演员的动作。他厌恶个人情绪化的表现，认为在整个运行着的宇宙之中，人类只是个行者而非施于一切的神。他要的是对人生状态的揭示，而非人物情感的感性显示。通过这种手法，尼克莱为观众带来了纯粹剧场效果的全新感受，而这种感受是如此震撼、如此神奇，以至于人们把尼克莱视为法术高明的魔术师。1953年，他以舞蹈《面具，道具，活动装置》向世界发布了自己舞蹈艺术观的宣言。

若艺术的生命力在于创新，那么尼克莱的实验价值则是不言而喻的。

看尼克莱的舞蹈演出真是件趣事。那简直不是在舞蹈，而是在让演员最大限度地适应观众从未见过的服装和道具。要说尼克莱的舞台装置和道具，可以称之为奇怪之最，那奇形怪状的各式形象在处心积虑的光与影的魔幻下，生成了一个气象万千、风光旖旎的世界。

尼克莱除了在舞蹈上的营构，还是一个有多方面艺术才华的奇才：在写作上，他写过很有读头的回忆录以及许多学术性论文；在作曲上，他为自己的一些舞蹈所谱写的曲谱，已越来越多地成为音乐会和电台的常选曲目。他除了是世界舞蹈界的头面人物，还被选为美国作曲家协会和出版商协会的会员。

尼克莱毕其一生的努力，开创了一条崭新的艺术之路，为世界留下了大量的有声有色的融声、光、色为一体的现代舞蹈作品，培育出无数卓有成绩的艺术人才。所有这些都是难得的文化遗产。无论在美国还是在国际上，尼克莱声誉卓著，影响非凡，是美国和世界人民认可和喜爱的艺术天才。鉴于他为世界现代舞蹈文化所做出的非凡业绩，美国于1987年授予他肯尼迪中心荣誉勋章。在从事舞蹈创作期间，他曾获得1967年的美国“舞蹈杂志奖”、1982年的舞蹈“卡坡齐奥奖”、1985年的美国舞蹈节奖，还曾于1969年在巴黎获国际舞蹈节大奖。所有这些，都是他为世界文明所做的不懈努力的见证。

大师乘鹤西去，但留给世界的，是一笔丰厚的舞蹈艺术遗产。

外国舞人小札

一 汉娅·霍尔姆：迈入不朽行列[①]

当历史跨入20世纪90年代，世界舞坛繁星争艳的星空相继陨落了颗颗耀眼的巨星：先是英国的被誉为本世纪以来最优秀的女芭蕾舞演员之一的玛戈·芳婷，后是美国的其舞艺令世人为之震惊的现代舞“老祖母”玛莎·格雷姆。1992年11月3日，美国曼哈顿圣文森特医院又送走了一位舞蹈界世纪老人——享年99岁的汉娅·霍尔姆，这位故于肺炎的德裔美籍舞蹈家，用终其一生的努力创就了辉煌的事业，完全有理由十分欣慰地告别她心爱着的舞蹈和这个世界，带着微笑走向另一个世界。没有人能逃避自然规律，但有人却能步入永恒的行列，这或许正是人与人之间的不同产生的差异。

汉娅·霍尔姆（Hanya Holm）于1893年3月3日生于德国沃尔姆斯，原名朱安娜·艾克赫特。她曾在位于海勒罗的德尔克罗兹学院学习过音乐，于1921年开始与德国著名表现主义舞蹈家玛丽·魏格曼合作，既在她的舞团中表演舞蹈，也在她的德累斯顿舞蹈学校中教授舞蹈。在她塑造的众多舞蹈角色中有魏格曼编导的《葬礼》（1930）中的舞蹈形象，她本人也参与了该舞

① 本文发表于《舞蹈信息报》1993年4月1日。

的编导工作。毫无疑问，这个作品极大地影响了霍尔姆在30年代创作的一些作品，其中包括她最著名的一个舞作《趋势》。1931年，霍尔姆随魏格曼舞团访美，并应邀在美国纽约开办了一所魏格曼舞蹈学校。面对这样一个邀请，霍尔姆真是求之不得，因为在当时的条件下，她极想离开德国。由于魏格曼当时与纳粹尚有联系，因而她在得到魏格曼的同意之后将舞校以自己的名字命名。1939年她成为美国公民，因而她的儿子克劳斯（她与美术家R. M昆茨所生，他们之间的姻缘以离婚而告终）便在第二次世界大战中参加了美国军队。

那所为魏格曼开设的霍尔姆舞校一直延续到1967年，但从1934年到1939年，霍尔姆便开始同时在美国佛蒙特州本宁顿学院暑期舞蹈学校中教授舞蹈，1943年，她在位于科罗拉多斯普林斯的科罗拉多学院中开办了一所暑期舞校，其教学活动一直持续到1983年。不过，一直到那个时候，她的年龄始终是个秘密，许多美国人都在频频地、毫无结果地猜想：霍尔姆到底比玛莎·格雷姆大还是小?

霍尔姆于30年代创作的一系列作品，是当时美国现代舞运动中关注社会意识的典型代表。她早期最重要的作品《趋势》有33位舞者参与表演，表现某个社会机体由于错误的价值观念的制约而走向毁灭的过程，是一部由八个部分组成的大型作品。该作问世后，在西方国家引起震动。美国著名舞蹈理论家约翰·马丁在《纽约时报》上撰文认为该作品“触及了一个大题材”，其舞蹈设计“以多维的角度出现”，“其动作发展完全从内容出发，从容而有条不紊”。他还认为该舞“不仅是该演出季中的最重要的作品，也是现代舞整个运动中最重要的作品，因为它在正确的道路上从符号的意义上将舞蹈艺术向前推进了一步”。马丁是当时美国最有权威的舞蹈评论家，他的评价当是公正而中肯的。

霍尔姆的舞蹈教育活动是她辉煌事业的另一个组成部分，在教学中，她始终强调思考的重要意义，她告诫学员们在舞蹈和训练时不仅要学会用身体，更要学会用脑。美国作家玛莉琳·哈恩特在1981年采访她时，对她有极高的评价，并在文章中引用了霍尔姆的话：“若想成为一名舞蹈演员，必须拥有心与智……训练身体所遵循的铁的纪律只是所房子，如果只盖房而房屋是空的，受训者就变成了机械的玩具。”然而霍尔姆从来都未声称已找到了所有的答案，她最有名的一句名言是“我们正在雾中钓鱼”，而这已经成为美国舞人在讨论舞蹈问题时最爱引用的一句话。

霍尔姆通过她早期的创作和多年的教学，也通过她与德国现代舞的联系，影响了一大批著名当代舞人，如阿尔文·尼克莱、木雷·刘易斯、瓦莱里·贝蒂丝、哥兰·台特利、卢森达·契尔兹等。她同时在百老汇歌舞剧的舞蹈创作中有过出色的表现，一些名剧如《凯特，吻吻我》《我心爱的女人》《加姆罗特》等都浸透了她的汗水。其中《凯特，吻吻我》一剧采用国际通用的拉班舞谱记录下来，其谱例拍成小电影后，成为第一个获得版权保护的舞蹈作品。霍尔姆曾在去世前与舞谱记录者安·哈钦森女士一道赴伦敦去看由朱瑞·雷恩根据舞谱复排的这个音乐剧。

汉娅·霍尔姆走过了一段不平凡的人生之路，创造了非凡的人生业绩。对她个人来说，一切都已成为过去，而对世界来说，她开创的一切正在发扬光大，史册将永远记载这位舞业伟人为人类文明所做的贡献。

的确，没人能逃脱生生死死的自然规律，但汉娅·霍尔姆已跻身于不朽的行列之中。

二 阿隆索：七十二岁的吉赛尔[①]

被西方舞界权威人士誉为20世纪“世界五大芭蕾琳娜”之一的古巴著名女芭蕾舞名家阿丽西娅·阿隆索，在离开舞台多年以后的今天，仍是世界新闻媒体的焦点人物。她日前以72岁高龄为一场纪念性演出而表演的舞剧《吉赛尔》片段，成为颇为引人注目的一段佳话。

---

① 本文发表于《天津日报》1994年4月16日。

1943年11月2日，正值青春妙龄、事业蒸蒸日上的古巴籍女演员阿隆索，作为美国芭蕾舞剧院的主要演员之一，在该团刚创立不久的早期演出季中，在美国纽约市的“大都会歌剧院”首次表演了舞剧《吉赛尔》，她的精彩舞艺使得演出轰动一时。当时为她伴舞的是大名鼎鼎的安东·道林。他们的配合可谓是珠联璧合，相映生辉；而阿隆索演绎的“吉赛尔”被舆论界认为很有特色，很有个性，深得好评。从此，阿隆索奠定了她坚实的事业基础，并在日后获得事业的辉煌成就。

相隔整整半个世纪，在1993年11月2日这一天，已逾古稀之年的阿隆索为纪念这个令人难忘的日子，在古巴哈瓦那大剧院里，令人难以置信地再次表演了舞剧《吉赛尔》第二幕的片段。对于她的这次亮相，专程前来祝贺的美国芭蕾舞剧院首届演出季的参加者、老舞蹈家登那德·萨德勒评价道：“无与伦比的美！”这一段长达20分钟的双人舞变奏，既需要技巧又需要速度，即使是对年轻人而言也不是件易事，而阿隆索的表现获得了观众长时间的热烈掌声。只是，今天的观众已无缘再次欣赏到她与已作古的安东·道林的配合，这次为她伴舞的是出生在古巴的青年芭蕾舞演员连兹·常。

在这个世界上，或许很难再有人会像阿隆索一样拥有今天的辉煌，即使她具备阿隆索所拥有的一切：天赋、不减的功力、追求完美的热诚以及政治背景等。然而作为一位著名舞蹈家，阿隆索除了在表演上的独到之外，其子孙后代还可以从她亲手创建的舞蹈组织——古巴国家芭蕾舞团的身上，感受到她无与伦比的才华；她还在1948年与前夫费尔南多·阿隆索一起创建了芭蕾舞学校，一代又一代芭蕾新锐成长起来，为拉丁美洲舞蹈圈，甚至更广泛的区域，带来了不尽的新意和灵感。

俱往矣，与阿隆索同一时代的舞蹈英才们大都相继作古；看今朝，阿隆索仍像一棵常青树一样光耀八方，独领风骚！有这样的人物实在可庆可贺，这是古巴舞业和国际舞坛的一大幸事。

三 瓦冈诺娃：专注于舞蹈教学[①]

在苏联列宁格勒舞蹈学校，有位身材娇小、精力充沛的女士，她向年纪尚轻的学生们传授古典芭蕾舞已经有好多年了。今天，这所闻名于世的舞校已采用她的名字来为学校命名了，她就是阿格丽彼娜·瓦冈诺娃。

这位世界著名的舞蹈家本人也是在这里度过她的孩提时代的。这所俄国最早的舞蹈学校迄今已有240多年的历史了。瓦冈诺娃在这里结束了她的学舞生涯。演员生活结束后，她又重返故地，在这里开始了她的舞蹈教学事业。从那以后，她发展出一套舞蹈训练的教学法，并借此培养出了诸多赢得世界声誉的舞蹈家，如玛丽娜·谢苗诺娃、加里娜·乌兰诺娃、娜塔莉亚·丢丁斯卡娅和伊丽娜·卡奥帕柯娃等。

瓦冈诺娃的父亲曾是玛丽恩斯基剧院的包厢领座员，这让她得以从小便受到芭蕾艺术的熏陶。平日里，她活泼好动，经常悄悄溜进剧场，屏息凝眸，震慑于芭蕾舞艺术那种神奇的魅力之下。回家之后，她常常试着模仿在剧院看到的动作，每每激动得不能自已。多少年以后，在这同一个舞台上，瓦冈诺娃终于用她娴熟完美的舞姿征服了观众、征服了世界，人们称她为“芭蕾皇后”。

22岁正是如花的年龄，瓦冈诺娃告别了演员生涯，全身心地投入舞蹈教学工作之中。其实，当她还是个演员的时候，她就已经开始时常揣摩如何传授舞蹈技巧，她仔细观察别人的动作，认真记录别人在舞蹈表演过程中的特色和长处。值得庆幸的是，当时芭蕾舞台上优秀演员比比皆是，为她树立了许多楷模，如安娜·巴甫罗娃、尔加·布莱奥布拉金斯卡、塔玛拉·卡塞维娜等。

瓦冈诺娃开始来舞校执教时，正赶上苏维埃芭蕾舞处在一个艰难的时期，许多颇具声名和地位的俄国芭蕾大师和演员纷纷移居国外，而且，舞蹈

---

① 本文发表于《舞蹈信息报》1991年10月15日，译自美国《舞蹈》杂志。

教学事业正值草创时期，一切都显得杂乱无章，毫无规矩可言。可面对这种情形，瓦冈诺娃一面从以往的经验教训中汲取有益的成分，一面往自己的教学实验中注入一些全新的内容，努力探索着表演各种不同类型舞蹈的最佳方法。不久，由于成绩显著，她的教学法逐渐得到推广。时至今日，那套方法仍是古典芭蕾的基础，以至于成为苏联所有19所舞校学生的必修课。

有人说，“教师在学生身上得到永生”，这话的确很有道理。瓦冈诺娃培养的第一位苏维埃芭蕾舞演员玛丽娜 · 谢苗诺娃，为舞台送来一缕清新的舞风。她能力出众，情感细腻，那力与动的完美展现，获得观众的一致好评。后来，谢苗诺娃执教于莫斯科大剧院，她在回忆自己的老师瓦冈诺娃时说：“她是一代新学派的奠基人，她时刻紧跟时代的步伐。记得我在20世纪20年代中期开始学舞时，某些评论家声称古典芭蕾已经过时，不会再获得新的观众了。对此，瓦冈诺娃完全不屑于一辩。她用自己的理论做出了最好的回答，她认为，古典芭蕾舞不仅仅是供人消遣的华丽场面，它还是塑造舞台艺术形象的基石。”

那么，关于瓦冈诺娃教学遗产中的精华，谢苗诺娃有何看法呢？“正是由于某种特质，才使得人体动作具有艺术性。在教学中，（她）要求学员不只是简单地模仿教师，而要让其清楚之所以然。瓦冈诺娃教学法的成功之处就在于她解决了无数个为什么（Why）和如何做（How），使得舞蹈处于久不停息的运动、发展和更新之中。瓦冈诺娃本人从不认为自己的体系会是历久不衰的，她自己就经常不断地吸取新鲜养料。当然，她对于新成分是极为谨慎的，甚至是十分挑剔的。”

瓦冈诺娃的著作《古典芭蕾基础》，是一本至今仍十分走俏的芭蕾入门教科书，该书在欧美受到广泛的重视，曾被多次重版发行。尼德特 · 瓦劳易斯在该书英文版前言中认为，瓦冈诺娃作为一位杰出的教师和一个伟大传统的维护者，贡献了一本言简意赅的、具有极大价值的著作，她的观点新颖、朴素、专业性强……读着她那经过深思熟虑、精心构织的文字，就像是看到了一堂精致精彩的训练课一样。终生致力于芭蕾舞研究，使她得以“拥有巨大的认识蕴藏量，以及因材施教的天才般的洞察力”。

四 努里耶夫：巨星陨落[①]

20世纪90年代，正是国际舞坛的多事之秋。刚几年的工夫，便走了一位又一位杰出的国际舞蹈名人，格雷姆、芳婷、霍尔姆、麦克米伦……1993年1月6日，又一位舞坛巨星的生命被艾滋病无情地夺走，他就是杰出的国际舞星鲁道夫·努里耶夫（Rudolf Hametovich Nureyev）。

努里耶夫于1938年3月17日生于苏联伊尔库茨克州首府的近郊，是世界上在尼金斯基之后出现的最著名的男芭蕾舞演员。起初，他并不是一位专业舞人，而是以业余演员的身份怀一颗热爱舞蹈的心随一个民间舞表演团演出的。1955年，17岁的他进入列宁格勒舞蹈学校学习芭蕾舞，从此开始了专业舞蹈生涯。三年学成后，他加入了世界知名的基洛夫芭蕾舞团，并以超群的舞艺、倜傥的气质立即成为该团的独舞演员。

努里耶夫成为国际舞星是从他那震惊全球的“叛逃事件”之后开始的。那是在1961年，23岁的努里耶夫随团出访巴黎，血气方刚的他由于与政府的关系一直不睦，所以他决定利用这个机会留在西方世界，结果闹得新闻界沸沸扬扬，引起一场轩然大波。终于他如愿以偿，并从此开始了与英、美、澳、法等国际舞蹈明星的合作。这里最需要提到的是努里耶夫与英国著名女芭蕾舞星玛戈·芳婷的天合之作，他们在1962年合作演出了第一部舞剧《吉尔》，结果大获成功。之后，他们又合作表演了一系列舞蹈作品，如英国著名编导阿什顿爵士专为他俩创作的《茶花女》、彼季帕的《舞姬》第四幕，以及努里耶夫本人为英国皇家舞蹈团复排的《幽灵王国》等等。努里耶夫与芳婷的合作可谓珠联璧合，旷世无双，世人称之为“双头之鹰”，是当时那个时代的一大景观。他们的合作也使他们的水平达到顶峰，彼此的默契和共同的目标诱发出他们的最佳状态，对芭蕾艺术的理解和投入使他们共同创造了奇

① 本文发表于《舞蹈信息报》1993年5月15日。

迹，他的雅儒、她的细腻，他的高超技艺、她的非凡能力，使世界舞坛从此诞生了一段说不尽的佳话美谈。

努里耶夫的兴趣和舞蹈才华并不只在古典芭蕾上，他表演的现代舞同样光彩照人、身手不凡。为他编舞的不仅有阿什顿爵士、巴兰钦、麦克米伦、罗宾斯和珀蒂等一些在古典芭蕾领域中颇有地位的编舞家，同时他也表演像格雷姆、李蒙、泰勒和刘易斯等在现代舞领域中极有成就的大家之作。对他而言，舞蹈犹如生命。努里耶夫对舞蹈的热爱，是他艺术生命不老的诀窍。

努里耶夫的才能和贡献不仅仅表现在表演上，他还是一位很有条理的组织者。他曾为许多国际舞团排练由他创作和改编的著名古典舞剧，如《雷蒙达》(1964)、《天鹅湖》(1964)、《堂·吉诃德》(1966)、《睡美人》(1966)、《胡桃夹子》(1967)、《罗密欧与朱丽叶》(1977)和《暴风雨》(1982)等。1983年至1989年，努里耶夫担任法国巴黎歌剧院芭蕾舞团团长一职，使这个曾有过光辉传统的舞团在表演和训练上都有了新的起色。最值得一提的是，努里耶夫曾对中国的芭蕾事业花费了心血，他曾于1985年应中国中央芭蕾舞团之邀来华指导排练《堂·吉诃德》，在中国影响很大。

说起努里耶夫对中国的感情，那也是一往情深。他说他是出生在中国的（其出生地西伯利亚靠近中国，历史上曾被认作中国领土），他认戴爱莲为他的中国“干妈”。可以说努氏对中国芭蕾的贡献是毋庸置疑的。

有一本叫作《努里耶夫自传》的书，是1962年出版的，书中记载了他的成长历程和他的舞蹈观、人生观，并对他前半生的人生历程做了详细的记录。努里耶夫还曾因他帅气的外表和潇洒的演技主演过几部电影，如《我是舞蹈演员》(1972)、《瓦伦蒂诺》(1977)和《暴露》(1683)等，同样深获好评。

努里耶夫用勤奋和成就走完了自己的一生。他对事业的专注和投入令人感叹不已，他无疑是一位优秀的舞蹈家，他的一生将永载世界舞蹈史册，人们将会永远记住他为舞蹈艺术所做的一切。

五 艾夫曼：一位创造舞剧奇迹的天才①

来自俄罗斯圣彼得堡的艾夫曼带着他的芭蕾舞剧力作《卡拉马佐夫兄弟》，让京城的舞剧迷们再次为他击节鼓掌。日前，在北京天桥剧场举办的第三届中国国际芭蕾舞演出季上，艾夫曼用他的舞剧创造智慧再一次征服了现场观众。

艾夫曼不啻是一位舞剧创作的天才，他编创的大量舞剧作品既拥有深刻的思想表达，又具有极高的审美价值。这次，他选用被鲁迅誉为“人类灵魂的伟大审问者”的俄国19世纪著名作家陀思妥耶夫斯基的晚年巨著《卡拉马佐夫兄弟》作为他的舞剧素材，这本身就能凸显出艾夫曼本人的思想深度。陀氏与托尔斯泰、屠格涅夫被并称为俄罗斯文学“三大巨头”，其写作特点是能够将人物置于矛盾的两极状态之中，进而通过紧张的气氛对人性予以深入的揭示和剖析，这样的艺术追求，同样是艾夫曼创作的这部同名舞剧的鲜明特征。艾夫曼在舞剧演绎中将原著中复杂的人物关系处理得清晰可辨，极易把握，并让舞剧的发展过程始终处在激烈而紧张的冲突之中，从而紧紧地抓着观者的心，进而完美地揭示出原著的深刻哲理。应该说，艾夫曼的舞剧《卡拉马佐夫兄弟》深得陀氏文学创作理念和方法之要义，他利用舞剧艺术难得地将他的舞剧创作才华再一次发展到极致。

近年来，随着艾夫曼带到中国来的舞剧作品日渐增多，他在国内舞剧界同仁眼中的光芒不断增强，他在中国舞台上相继亮相的舞剧作品，如《红色吉赛尔》《柴可夫斯基》《奥涅金》《俄罗斯的哈姆雷特》《安娜 · 卡列琳娜》《罗丹的情人》等，一次次触动了中国舞剧界的神经，成功地激活了中国舞剧的市场。国内舞剧同行开始膜拜他，视他的舞剧创作为教科书，他天才般的舞剧创作能力令中国舞蹈界佩服和敬重。分析一下他的舞剧呈现，可以说，艾夫曼创作的舞剧作品都不难看懂，那种以细致叙事为表现基础的创作

---

① 本文发表于2018年“中央芭蕾舞团”微信公众号。

主张及其风格，让中国同行看到了希望，因为这些作品帮助我们确认了叙事性舞剧样式的巨大生命力，更看到了艾夫曼所创作的戏剧性芭蕾舞剧或可达到的艺术高度。作为艾夫曼芭蕾舞团的保留剧目，上述这些作品都不外是新创剧目，虽非传统经典，却能在世界范围内获得极为广大的观众群和人缘，这至少证明戏剧性芭蕾舞剧的艺术样式并没有过时，艾夫曼用他不断走向纵深的深刻表达和超高质量的艺术呈现，让这种样式依然活跃于国际舞坛并持续放射出熠熠光华。这让人确信，戏剧性舞剧样式仍是可期的，其成败的关键并不在于这种样式本身，而取决于创作者自身的艺术功力。悟到这一点，显然能为我们的舞剧实践带来进一步的信心。

应该说，俄罗斯是一个令人尊敬的民族，它的优良文化艺术传统让它的民族性获得了极好的释放和升腾。文学、音乐、绘画、戏剧，在所有这些文化领域中俄罗斯民族不但代有才人出，就连芭蕾舞这种舶来艺术品种亦被俄罗斯人做得如此极致、如此风生水起、如此富有文化品质和高度。艾夫曼显然是当代俄罗斯芭蕾舞艺术的杰出代表，他在继承俄罗斯伟大芭蕾传统的基础上，让俄罗斯芭蕾舞的当代发展水准再登艺术巅峰。他的成就，再次显示出俄罗斯芭蕾舞艺术生态的饱满而熨帖，其在艺术品性上表现出来的巨大创造力和自信心让人感佩这个民族的文化态度和向往。

世界舞剧艺术自400年前出现在法国并一路发展至今，到了艾夫曼，期间曾发生过数次深刻的变革。从最早的歌剧花边插舞到法国人诺维尔高举情节芭蕾大旗让芭蕾艺术进入有意义的舞剧艺术表达之中，从彼季帕将俄罗斯古典芭蕾舞剧推升到历史顶峰到以福金为代表的现代芭蕾的反叛以及后来格里格洛维奇力倡的交响芭蕾舞剧的创作态势，每一次在观念上的变革都体现着芭蕾艺术家对于芭蕾舞剧这门艺术的认识在不断走向纵深。世界舞剧艺术的探索之路一直都未曾停顿，“舞”与“剧”的交错侧重，呈示了二者在实践中既相互对立又不断和解并向对方不断靠拢、互为依存的历史走向及其所形成的艺术趣味。到了艾夫曼，我们看到他的艺术主张十分明晰而坚定，他鲜明地举起叙事性舞剧创作理念之大旗，极好地构建并形成舞剧的戏剧张力。在戏剧性的依托下，艾夫曼又将人物的塑造作为主攻方向，将对于人性的开掘作为他深挖思想主题的重要目标，用他令人叫绝的艺术想象力和铺陈能力作为主体表述的语气和手段，能动地对所使用的每一部文学原著进行精到的取舍，并在舞剧情节的架构上重新予以符合舞剧艺术规律的重构，因此，他的舞剧陈述往往能引人入胜，让观众不但能极其过瘾地捕捉到鲜活的形象，更能轻易地咀嚼出他在各种深思熟虑的细节安排上对于剧情的准确表达，从而获得他通过舞剧的发展过程而投射给观者的巨大审美满足感。

艾夫曼不愧是一位舞剧创作的天才，舞剧《卡拉马佐夫兄弟》再一次雄辩地印证了我们对于艾夫曼的固有判断，他在该剧选材、结构、编舞以及音乐的选用、令人惊诧的舞美设计上所反映出来的综合艺术功力和才气，让他再一次不负这个称号。舞剧中，所有场景的处理和衔接都十分合理而有机，结构上的处理既考虑到故事节奏的推进，又能让观众的接受心理随着舞剧情节的延宕而一步步建立起酣畅淋漓的观演感受。剧中每一场景的安排，一如他以往的那些佳作，都十分自然，却又在不经意中充分调动出了观者的积极心理投射。在语汇的使用上，艾夫曼更是胜券在握，他编创的舞蹈语汇既纯正又异常新颖、大胆、贴切、悦目，完全是在对人物性格的品悟中所进行的独到演绎，而且一切看上去是如此天然而连贯。剧中有双人舞、三人舞、四人舞，这些核心舞段编排得都独具匠心而准确、精到，彼此间的起势控制既自然而然又丝丝入扣，直捣人的心灵。这种在肢体动作上的超强处理能力，显然是艾夫曼所有舞作的一大特色和优势，他从来都拒绝自我重复，这让他的每部舞剧都充满了神奇的肢体塑造想象空间，从而让剧中人物呈现出既活灵活现、栩栩如生，又具有巨大艺术感召力的艺术魅力。正是艾夫曼这种独有的“艾”式舞剧语汇生成逻辑及其方法，让我们清晰地感悟到这位舞剧创作奇才在舞蹈动作创意方面所具有的超强禀赋。

艾夫曼用他的舞剧创造活力为世界舞剧艺术带来了一座又一座让人翘首仰望、叹为观止的佳作高峰，他靠一己的智慧和才气打造出来的错落有致的舞剧风景，正在成为世界范围内的绝妙艺术景致。他的创作在为观众的艺术欣赏提供了一道极富艺术内涵的风景线的同时，更让中国同行获得了一个及时而难得的参照坐标。可以说，艾夫曼这位既有深度又有品位的俄罗斯芭蕾舞剧创作的当代智者，正在有效地进一步提升着俄罗斯在世界芭坛上的地位和影响，同时也会让世界芭蕾舞艺术获得一次难得的演进和成长。

六 柯林·唐恩：舞王抵京[①]

沐浴着北京夏季六月的酷热，一股超强热浪随着被称为一代踢踏舞舞王的爱尔兰舞蹈家柯林·唐恩先生的抵京而在北京掀起。

说起柯林·唐恩这个名字，可能许多人都不知道。但若提到《大河之舞》，恐怕在今天的中国就不会有人不知道了。柯林·唐恩先生是《大河之舞》的第二任男主角。眼下充斥于中国大街小巷的那些音像店中的《大河之舞》纽约现场版DVD，就是由他领衔主演的。他曾表演过700余场的《大河之舞》，影响遍及全球，每到一地，都能立即在当地掀起一浪高过一浪的踢踏舞热潮。除了表演，他还出任《大河之舞》的编导工作，今天在全世界巡演的三个《大河之舞》表演团的表演内容，几乎都没离开过由柯林·唐恩先生当时为之奠定的舞蹈基础。从那之后，《大河之舞》在踢踏舞上的风格和技术都没有发生太多的变动。

流行于爱尔兰民间的踢踏舞，已经有很久远的历史了。它的崛起，简直可以被视为一个国际艺坛上的神话。20世纪80年代末，随着爱尔兰经济的腾飞，爱尔兰的文化艺术得到了空前的传播。《大河之舞》恰在这时横空出世，空前地为这一传播起到了推波助澜的作用，使得富有独特魅力的爱尔兰音乐舞蹈被全世界所熟知、所喜爱。今天，《大河之舞》奇迹般地在全球商业演出市场上获得了巨大成功。由于赴世界各地演出的邀请应接不暇，出品商总共

① 本文发表于《舞蹈》2004年第8期。

组织了三个团体，按既定的统一风格，制作了三台相关的表演，在世界各地巡演。前不久来华表演并获得巨大反响的《大河之舞》和《舞之魂》，都是同类团体。

柯林·唐恩先生是出生在英国的爱尔兰人，他从4岁便开始被父母送去学习自己民族的舞蹈。由于天生具有舞蹈才华，他9岁便获得了该舞种比赛的世界冠军，从那之后一共获得过9次世界冠军。1995年，他成为《大河之舞》的第二任男主角。从那时起，他用自己的舞蹈才艺和功力，借助《大河之舞》搭建的舞台，驰骋于世界各地，酣畅淋漓地传播着自己民族的舞蹈和自己民族的文化。约在6年前，在他的舞伴——《大河之舞》第一任女主角让·巴特勒离开《大河之舞》之后，柯林·唐恩先生也离开了这个团体，并开始了自己的独立工作。

欣赏柯林·唐恩先生的爱尔兰踢踏舞脚点绝活，实在是一件让人兴奋不已的事情。他娴熟高超的踢踏舞技艺、卓绝高贵的表演气质不仅让全世界的观众为之折服、倾倒，同时也把爱尔兰踢踏舞提升到一个具有极高世界知名度的地位。

在2004年中国和爱尔兰政府联合举办的“中国—爱尔兰文化艺术节”的框架下，作为舞蹈家交流项目，应中国舞蹈家协会的邀请，柯林·唐恩先生首次亲莅亚洲，先后在中国的上海和北京进行了专业的考察和交流。

6月10日，柯林·唐恩先生从上海飞抵北京。在北京度过的8天中，他不仅访问了北京舞蹈学院、中央民族大学舞蹈学院、北京现代舞团等单位，游览了北京的名胜古迹，同时他还利用四个半天的时间，为中国的踢踏舞爱好者进行了直接的辅导和技艺传授。

来自中国各地的60余名中国踢踏舞爱好者，十分荣幸地成为中国第一批接受了爱尔兰踢踏舞舞王柯林·唐恩先生亲自指点的学员。虽然时间十分短暂，但在老师的精心传授下，在学员们伴着汗水的努力下，他们都获得了不同程度的提高。柯林·唐恩先生充满真情地表示，他完全没有料想到在遥远的中国会有这么多热爱来自他家乡舞蹈的舞者，而中国学员所表现出来的充满自信与虚心的良好素质，一定会让中国出现世界上最优秀的踢踏舞表演者。

舞王短暂的中国之行，给他留下了深刻的印象。他表示，中国的一切已经深深地印在他的脑海里，他会争取再次来中国，为中爱两国的文化交流事业做出自己的贡献。

七 花柳千代：东瀛舞来“大敦煌”[①]

花柳千代梦想成真，终于把她创演的舞剧《大敦煌》带到了北京的舞台上。

中国舞蹈界的好朋友花柳千代，是享誉东瀛的日本著名舞蹈家，是日本古典舞蹈“花柳流”（日本古典舞的一个流派）的重要人物。她数次来华考察和演出，为当代中日舞蹈文化交流做出了巨大的贡献。在纪念中日邦交正常化25周年的日子里，这位年逾古稀的舞蹈家将她迄今创作的最宏大的一部舞蹈作品——舞剧《大敦煌》，献给了盼望和平永驻人间的中国人民。

日本舞剧《大敦煌》与我们以往习惯的中国舞剧观念及其表现模式有一定的区别，它并不是就一个完整的故事情节和人物关系进行线性的描述，而是根据花柳女士数次访问敦煌所撷取的敦煌壁画上的种种场面，进一步提炼挖掘其内涵创作而成的。剧中场次之间虽有衔接，但主要的是展示而非叙述。这种展示又非简单的罗列，而是集中并富于层次性地将表现的内容一层层展开，给人以精致和细腻的感觉。最让我感到饶有趣味的，是花柳女士对于本剧舞蹈动作语言的处理。试想：一个纯中国式的内容情节与纯日本风格的动作系统，该如何处理？彼此如何交融？这既是这部舞剧的一大难题，当然也会成为一大艺术特色和亮点。我们都知道，日本古典舞蹈的程式化极高，在舞动风格上完全自成一体，适于表现与日本社会生活联系紧密的主题。从本剧的实践中我们注意到，花柳女士对日本舞蹈进行了一次大胆的尝

① 本文发表于《戏剧电影报》1997年8月28日。

试与发展，她将敦煌壁画上的部分舞姿以及中国传统舞蹈的某些因素融入她的日本舞中，可以说获得了令人意想不到的效果。当身着和服的飞天、伎乐天们背衬着千佛翩翩起舞，做出包括具有经典意义的“反弹琵琶”在内的组组动作时，我们的确悟出了文化碰撞与融合的意味。花柳女士的成功创造，还反映在她对中日两种舞蹈语言的处理上。在剧中，她运用了中国的戏曲演员，使中国戏曲舞蹈与日本舞蹈同台亮相，同放异彩。纵观全剧，日本舞蹈的含蓄与戏曲舞蹈的豪放相映生辉，一静一动之间，也让人欣赏到只有通过文化交融方能达到的某些艺术效果。可以说，这点也是花柳女士此次创作的一大成果。

花柳女士在剧中扮演敦煌太守夫人，敦煌太守一角儿则由拥有日本“人间国宝”美誉的日本重要无形文化财富、已年届80岁高龄的花柳寿乐先生出任。仅这种高龄就够让人感叹不已的了，而他们在一举手、一投足时的投入与沉着，让人分明感到了他们在经年的积累与执着付出之后所获得的艺术饱满感。

花柳千代的梦想终于实现了。愿她在中日文化交流的发展道路上，好梦再圆！

八 胡善佳：一位美国人的亚洲情结①

中国大陆舞蹈圈里的很多人都认识这位中文名叫胡善佳的美国人 Carl Wolz先生。他兢兢业业的敬业态度、温文尔雅的绅士风度随着他与大陆舞蹈圈越来越多的接触而为越来越多的人所认识。约在10年前，胡善佳先生在香港演艺学院创建了全港有史以来第一个高等舞蹈教育机构——舞蹈系，并成为该系第一任主任。在他的努力之下，香港的舞蹈教育事业从无到有、从弱到强，取得了空前的成绩，影响越来越大。可以说，胡善佳先生为其奠定的

① 本文发表于《舞蹈信息报》1994年7月1日。

坚实基础，保证了这一事业的顺利发展。10年后的今天，胡善佳先生终于告别了他开创的这项工作，由于早些时候接受了日本方面的邀请，他将东渡扶桑，在日本女子教育学院任教。胡善佳先生除了母语、英语和简单的汉语之外，还能说一口流利的日语，这是他可以到日本继续从事这项工作的保证和优势。这次，他作为首批签订日本高校全日制合同的外国人之一，将为日本首个舞蹈专业研究生计划效力。在这次任职期间，他将负责拉班舞谱、舞蹈研究与分析等课程的教授与指导工作。这个研究生计划将面向海外、面向国际，世界上任一国家的优秀舞蹈专业学生均可获得申请奖学金的机会。

在香港期间，胡善佳先生还是一位国际交流的活跃人物。他曾作为主要创办者之一，先后组建了“亚太舞蹈联盟”和“世界舞蹈联盟”等国际舞蹈交流的民间性团体和组织，这些组织在世界舞蹈交流方面贡献颇大。此外，胡善佳先生在东西方舞蹈界的交流和沟通上也贡献卓著。早在赴香港就职前，他曾在美国夏威夷的“东西方艺术中心”负责舞蹈活动的安排和指导工作。到香港以后，在他全力以赴的努力之下，他克服财政、组织等重重困难，为来自世界各地的舞蹈学生和演员们创办了每年夏天举行的国际舞蹈节。在这些活动中，来自美、英、法、比利时等西方国家的优秀舞蹈学生和演员，与中国香港、台湾和日本、汉城以及其他亚太地区舞蹈院校的师生们共同切磋，共同表演，使得东西方在对一些基本问题的认识上减少了隔阂，扩大了交流，共同促进了彼此的提高和事业的进步。目前，该舞蹈节已成为在亚太地区各主要城市轮流举办、定期进行的传统活动。而最近的一届将于1994年夏在中国的北京举行。

从香港到东京，地方换了，但胡善佳先生的事业却不曾终止。目前，日本女子运动教育学院已通过了胡善佳先生将“世界舞蹈联盟亚太中心”设在该校的建议，由胡善佳先生亲自指导中心的工作。可以想见，这是一个新的起点，更多更大的成就将在这里诞生。

这个已不太年轻的美国人有一个深深的亚洲情结，而且结得好紧、好紧。

九 布农维尔：丹麦芭坛上的一代奇才[①]

奥古斯特·布农维尔，于1805年8月21日出生在丹麦的哥本哈根市。他的父亲安东尼·布农维尔是一位来自法国的舞蹈演员，受他的影响，小布农维尔从小便受环境的熏陶，进入丹麦皇家芭蕾舞学校开始专业学舞生涯。由于学习顺利，他于15岁毕业后加入丹麦皇家芭蕾舞团。学识尚浅、涉世不深的布农维尔由于个人的努力，获得留法的奖学金，他只身一人赴巴黎，师从韦斯特里斯学习舞蹈。两年后，羽翼渐丰的布农维尔回到故乡哥本哈根，开始了他以跳舞为生的演员生涯。在他父亲退职后，他来到巴黎，加入法国歌剧院芭蕾舞团，成为轰动一时的玛丽·塔里奥妮的搭档。他由于扎实的基本功，深受塔里奥妮的好评。年轻好胜的布农维尔，带着渐隆的声誉和优美的舞姿，游迹于欧洲各大城市，眼界开阔、阅历增长使他决定返回丹麦发展自己的事业。

1830年，25岁的布农维尔返回哥本哈根，担任丹麦皇家芭蕾舞团的艺术指导和编导。自接任起，他便开始了辛勤的耕耘，丹麦芭蕾从此走上了一条稳定而正常的发展道路。随着岁月的流逝，布农维尔的努力得到了回报，辛勤的耕耘换来丰硕的果实，他为皇家芭蕾舞团先后创作了50余部作品，大部分剧目都受到欧洲观众的喜爱，甚至在今天，国际舞坛上仍有由丹麦皇家芭蕾舞团精心保留下来的数十部布氏舞作，从中不难看出这位丹麦舞蹈奇才的艺术天才和功力，《仙女》（1836）、《那波里》（1842）、《舞校》（1849）、《一个民间的故事》（1854）、《万塔那》（1854）、《真扎诺的花节》（1858）、《远离丹麦的地方》（1860）等今天依旧闪烁异彩的剧目，不愧为人类艺术史上的瑰宝。依靠他众多的剧作和得力的指导，丹麦芭蕾开始获得国际声誉。

1848年，布农维尔退出舞台，但他仍不辍舞事，先后赴维也纳和斯德哥

① 本文发表于《舞蹈信息报》1991年11期。

尔摩继续发挥余热。他于1877年正式退休，1879年11月30日在哥本哈根永远地离开了他心爱的舞蹈艺术。

1979年11月23日—30日，丹麦舞蹈界在哥本哈根举行了纪念他辞世100周年的国际活动，为期一周的日程中，有集中展现布氏保留剧作的艺术节，荟萃了布农维尔所有保留下来的精彩剧目。在当地的“斯塔顿斯艺术博物馆”，举办了以图片实物为主的题为“向布农维尔致敬”的展览，人们缅怀这位舞蹈奇才所创造的业绩，成为当时震动世界的舞坛盛事。

十 绍富斯：新掌门人①

丹麦舞蹈事业是世界舞坛不多的新闻焦点之一。最近丹麦皇家芭蕾舞团的一项新的人事变动引起了国际舞蹈界的重视。毕竟，丹麦舞业的盛衰将给世界舞蹈格局以影响。

这项计划的具体内容是，44岁的柏林芭蕾舞团团长、丹麦人彼特·绍富斯，被任命为位于哥本哈根的丹麦皇家芭蕾舞团的芭蕾大师一职，以代替他的前任、自1985年开始便司此职的富兰克·安得森。带着这张聘书，绍富斯于1993年10月结束了他与柏林芭蕾舞团的合作，虽然哥本哈根的合约要等到1994年8月才能签订，但他还是立刻开始了在他的祖国丹麦的这项工作，他将它看成是自己的使命。这项人事调动是由该团新董事会决定的，前任芭蕾大师安得森将在皇家剧院中另任新的职务。

对彼特·绍富斯而言，此举不啻让他圆了回“娘家”的夙愿。他出生于丹麦的一个芭蕾世家，母亲梦娜·罔萨曾是丹麦有名的芭蕾女舞蹈家，父亲弗兰科·绍富斯也曾是一位训练有素的芭蕾独舞演员。24年前，绍富斯曾在丹麦皇家芭蕾舞团接受了芭蕾舞的启蒙训练。20岁那年，他远赴北美，出任

① 本文发表于《舞蹈信息报》1994年2月15日。

加拿大国家芭蕾舞团的主要演员，由于其技艺出众，气质优雅，立刻成为名噪一时的芭蕾明星。后来他又与英国节日芭蕾舞团（现英国国家芭蕾舞团）和纽约市立芭蕾舞团合作表演，所到之处，深受欢迎和好评。从1985年至1990年，绍富斯任伦敦节日芭蕾舞团的艺术指导，后来由于艺术和经济等方面与该团董事会存在分歧而被解聘。随后他开始了与世界上最出色的芭蕾舞团合作的演艺生涯，进行客座表演，这些舞团中有莫斯科大剧院芭蕾舞团、基洛夫芭蕾舞团、美国芭蕾舞剧院等等。

今天，彼特·绍富斯带着卓著的国际声誉回家了，对此许多丹麦人士表示由衷的欢迎。但也有一些人（主要是舞蹈演员）对此持有异议，比如主要演员麦特–伊达·科克就在舞团工作会议宣布该项决定时，表现出强烈的不满情绪。反对意见的中心集中在对绍富斯不利的传闻上，传闻说他是一个“浪荡公子”。

然而选择一位非丹麦籍的人士担任已拥有200余年历史的丹麦皇家芭蕾舞团的头脑人物，几乎是不可能的。200年来，该团的保留剧目一直由19世纪著名的芭蕾大师及编导奥古斯特·布农维尔的作品组成。而绍富斯在这方面的功绩是有目共睹的，1979年他为伦敦节日芭蕾舞团成功地排演了布氏名作《仙女》，此舞为绍富斯赢得了劳伦斯·奥利沃奖和西区剧院奖。他还借此后的一系列活动，向世界舞坛证明他是复活布氏舞作的最理想的人才，如1980年他在多伦多排演了《那波里》，1982年在柏林排演了《一个民间的传说》。这些舞作都是公认的布农维尔的名作。在柏林工作期间，绍富斯还曾尝试运用柴可夫斯基的音乐创作了大量的当代舞蹈作品，口碑甚佳；他还编出了他的版本的《胡桃夹子》和《睡美人》，而《天鹅湖》的改编亦在他的计划之内。这说明他的编导才能亦在得到稳定而充分的发展。

在哥本哈根举行的首次新闻发布会上，当有女记者问绍富斯是否会在丹麦亲自表演时，他回答说：“不，除非有非常特殊的角色。”他同时表示，虽然他的合同长达7年之久，但他仍然可以自由地在其他舞团中担任客座编导，并同他们一起表演他喜爱的舞蹈作品。

绍富斯的归来宣告了一个新的时代的到来，全世界的舞坛人士都将翘首以待：丹麦舞蹈将有怎样的明天？

十一 贝雅：荣获殊荣[①]

若问世界上哪位在世的舞蹈家影响最大（不仅就舞蹈圈而言，而是着眼于一个更加宽泛的范围），在一些独立的国际评委的眼中，答案毫无疑问是法国人莫里斯·贝雅。大约在20多年前，贝雅和英国的尼耐特·德·瓦卢娃夫人就曾作为舞蹈界仅有的两位幸运儿，共同获得了“君主伊雷斯蒙奖”——这是一个由荷兰王子于1958年为艺术文化事业而设立的、与“诺贝尔奖”齐名的文化类奖项。每年一次的这个奖项，专门奖给那些为欧洲文化和社会做出杰出贡献的人士，由一个国际委员会推荐和挑选人选。最初几年，这个奖项颁给了文化领域的各个专业：人类学、建筑、艺术史、经济、电影制作、作曲、绘画、哲学、政治和雕塑。贝雅和德·瓦卢娃夫人是舞蹈界首次获此殊荣的舞蹈家。事实上，他们也是所有舞台艺术门类中的第一批获奖者（尼耐特夫人还是第一位女性获奖者）。那年，他们在阿姆斯特丹的一个盛大隆重的颁奖仪式上分别接受了一个用拉丁文书写的精致的奖励证书，以及数额达7.5万荷兰盾的奖金（后来，他们二人均将此捐献了出来，以帮助年轻舞蹈演员）。那个颁奖仪式在各种贺词和讲话之后，还进行了由德·瓦卢娃夫人指导的英国皇家芭蕾舞团和由贝雅领导的“二十世纪芭蕾舞团”表演的芭蕾和现代舞晚会，这已是旧话。

时隔二十几年后，莫里斯·贝雅在完成了数不清的舞蹈名篇的创作之后，在经历了人生和事业的各种挫折和变异之后，在获得了数不清的各种奖励之后，最近又成为获得另一国际殊荣的首位舞蹈界人士，这项赫赫有名的

① 本文发表于《舞蹈信息报》1994年1月15日。

大奖就是“君主帝国奖”。该大奖亦属于与诺贝尔奖相媲美的文化类奖项，在世界上享有极高的威望和声誉，由日本国家艺术协会颁发。每年，该大奖评委会分别从五个艺术专业项类中甄选出五位获奖者，他们可以获得该项奖的一个奖章和一份数额达1500万日元的奖金。这五个专业项类是绘画、雕塑、建筑、音乐、剧场／电影艺术。自1989年首次颁发该奖以来，“剧场／电影艺术奖”均被电影界人士获得，从而使其他剧场艺术与其无缘。舞蹈家贝雅的这次获奖又如同上次一样，以编舞家的身份在剧作家、导演和演员之先获得了这项大奖，由此可见舞蹈在20世纪文化艺术中的地位和重要性。而这种地位和重要性的取得，正是在一位位像贝雅这样的技艺精湛的舞蹈大师和高手的不懈努力之下而实现的。贝雅曾说：舞蹈是20世纪的艺术。他自己身体力行，以非凡的聪明才智和过人的艺术功力，创造出卓著的积淀着人类文明结晶的文化成果，从而增加了这句话的分量。这次与他一起获得这项奖的另外四位是：美国画家加斯坡·约斯、瑞士雕塑家马科司·比尔、日本建筑师肯佐檀哥和俄国作曲家姆斯提斯拉夫·罗斯特罗珀维奇。颁奖仪式于1993年10月在日本首都东京隆重举行，并由日本天皇为获奖者加冕。一时间，这件事情成为国际舆论界的热门话题。

十二 克兰科：用编舞技艺征服观众①

虽然不是第一次看芭蕾舞剧《驯悍记》，虽然对该剧的创作者约翰·克兰科有着还算深入的了解，但当德国巴伐利亚州慕尼黑芭蕾舞团2011年11月在国家大剧院的舞台上为中国观众献演由约翰·克兰科于20世纪60年代创作的著名戏剧芭蕾名作《驯悍记》时，这部具有十足平民意识和喜剧意味的芭蕾舞作品，仍然博得了全场观众雷鸣般的喝彩。我想这喝彩绝不仅仅是给演员

① 本文发表于《国家大剧院》2011年第12期。

的——尽管他们的表演的确可圈可点，这喝彩更是给创作者克兰科的。观众们不但从这部剧中感受到芭蕾舞的精彩，更通过这部剧加深了对该剧编导克兰科的喜爱。实际上，人们对于他的喜爱并不始于此部芭蕾作品，在由中国国家芭蕾舞团推出的舞剧《奥涅金》中，人们就已经大大讶异于创作者的编导功力。这些充满了编创灵气的芭蕾舞作品，十分有力地证明了克兰科是一位天才的编舞家。

舞蹈编导这项工作，真的是需要灵气的——当再次领略到克兰科的编舞艺术之后，人们不得不发出这样的慨叹！于是，我便在微博中发了这样一条：编导这种事，是需要灵性的，还是让克兰科这种天才去做吧！

是啊，看天才去编舞，那的确是件惬意而轻松的事情。看这样的作品，不会让你觉得吃力，不会让你感到累心，而完全是一种行云流水天马行空自然而然一气呵成的愉悦感受。顷刻间，你的心仿佛被重重一击，你的审美期待被瞬间激活，你的大脑立刻亢奋起来，心甘情愿地进入编导为你设的局中，乖乖地让编导牵着你的鼻子走。在他的指挥魔棒下，你只能无法自拔地叹服，只能无条件地缴械投降。

克兰科，就是这样一位令人折服的天才编舞家，曾在世界上刮起的那股“斯图加特芭蕾旋风”，裹挟着万钧雷霆般的气势，让整个芭蕾世界都臣服在他的脚下。而他让世界折服的利器，就是他的三大戏剧芭蕾名篇：《罗密欧与朱丽叶》《奥涅金》和《驯悍记》。

所谓“斯图加特芭蕾旋风”，是克兰科在1960年任德国斯图加特芭蕾舞团艺术总监一职后把这个从17世纪便已经开始运作的芭蕾舞团提升到世界十大芭蕾舞团级别而被人热称的。这可并不是一件易事。1960年，时年33岁的克兰科已经小有成就，在英国、美国、法国、意大利等世界芭蕾重镇都有了一些声誉。斯图加特的邀约，让这位生于南非的舞蹈家萌发了创业的激情，他发誓要把当时并不怎么景气的斯图加特芭蕾舞团打造成德国一流的舞团。他并没有食言，短短几年的时间，世人就看到了一个“斯图加特芭蕾奇迹”。

创造这样一个奇迹，克兰科凭的是他的舞剧创作。他通过自己的创作，盘活了一个舞团，带出了一批人才，拯救了一个市场。他凭着自己天才般的舞剧编创技艺，让人们对德国芭蕾寄予厚望。从他开始，德国芭蕾的确开始了从春到夏的萌动与勃发，兴旺的发展势头终于一扫德国芭蕾多年不振的颓势，使其走上了生机勃勃的发展轨道。

而在这个过程中，克兰科创作的《驯悍记》自然是功不可没的。这部成为斯图加特芭蕾舞团瑰宝的极品舞剧，一直都是该团的看家剧目。克兰科天才般的艺术功力，在该剧中发挥得淋漓尽致。他在把握舞剧各个环节上的成熟观念，在该剧中有着近乎完美的体现。在故事表达和表达故事这两个不同的环节上，他都做得极为到位。也正因如此，该剧才获得了如日中天的国际声望。

最令人过瘾的莫过于观赏克兰科编的双人舞，这不但反映在《驯悍记》中，如果你留心的话，在舞剧《奥涅金》中也完全能够感受到这一点。众所周知，双人舞在舞剧的编排中占有极为重要的地位，完全可谓之“点睛之笔”。双人舞段不但可以帮助主人公完成表达和塑造的任务，同时也能够为全剧的发展增色。克兰科编创的双人舞是让人禁不住为之叫绝的，它们不但都有着极好的在推进故事上的说明性意图，不空泛、不盲目、不虚饰、无斧痕，让人既能看得懂，又能欣赏到编导方法的妙处，同时还能在出新上不时闪现神来之笔。那些常常令人耳目一新的双人托举技术，十分罕见却能合情合理，既明确地传达出剧中人物的内心独白，又具有极强的艺术震撼力，让这些舞段平添不少的风姿。功能性与审美性在这些双人舞的编排中得到完美的诠释和表达，也让这位编舞天才的奇妙手法成为其他编导难以望其项背的绝唱。

只活了46岁的天才编舞家克兰科，让世界记住了他那惊人的编舞天赋。他为世界芭蕾舞坛留下的丰厚遗产，教人难以抗拒它们的不尽魅力。

由克兰科打造的戏剧芭蕾《驯悍记》，虽然由斯图加特芭蕾舞团首演，但后来克兰科也为慕尼黑芭蕾舞团亲自做了排演和部分修改工作，并在克兰科去世三年后由慕尼黑芭蕾舞团推上舞台，获得极大好评。因而，德国芭蕾《驯悍记》又分“斯图加特版本”和“慕尼黑版本”。此次第三次来华访问演出的慕尼黑芭蕾舞团带来的自然是“慕尼黑版本”。在这个版本中，观众可以看到克兰科更为细致的肢体语言处理和在双人舞上的动作提炼及场面渲染，这些成果都是他在学习其他艺术形式（如冰上芭蕾和喜剧电影）时所汲取的养料。一般来说，“慕尼黑版本”在世界各地上演时获得了更多的赞誉。随着“斯图加特版本”和“慕尼黑版本”的《驯悍记》相继都已在中国亮相，我们是有机会获得对于二者的直接观感的。

虽然我们在今天再次观赏《驯悍记》时，打造它的天才编舞家已去，但相信他留给我们的舞蹈财富将会永驻我们心头。

十三 马约：做舞剧《浮士德》

于2008年问世的现代芭蕾舞剧《浮士德》，是由法国人让–克里斯朵夫·马约在摩纳哥蒙特卡洛芭蕾舞团推出的。这部舞剧展示出马约作为一位舞蹈编导所具有的超强艺术天赋和舞剧驾驭能力。

此前，作为一名优秀的舞者，马约历经了自己辉煌的演员生涯，长期在诺伊梅尔手下跳舞，让他受到了诺伊梅尔舞蹈观的影响，这从他的舞剧叙事风格上可以窥其豹斑。在他独立从事创作之后，这些影响都最大限度地作用到了他的作品之中，终于让他成为世界级的编导大师。

在现代芭蕾舞剧《浮士德》的创作中，马约极大地发挥了自己在舞剧叙事上的独特认识和能力，特别是将戏剧任务十分完整而融洽地融入了他的舞剧语汇和结构之中，让他的人物和故事推进都在舞蹈化的诗意演绎中得到了极好的呈现。在他这里，叙事本身不是为了讲清楚一个故事，叙事的出发点就是为了抒情，因此，在他的舞剧中，叙事和抒情完全不是一对矛盾。三幕的结构将浮士德在魔鬼的怂恿下与玛格丽特的情爱纠葛呈现出一个很有张力的戏剧气场，很抓人，也很感人，充分显示出马约一气呵成的戏剧操控能力。他在舞剧里的一些独特处理，让马约版的舞剧《浮士德》具有了在其他艺术形式的演绎中所不曾见到的诸多亮点，从人物设置到冲突展开，极好地突出了舞剧艺术所具有的独特呈现优势和长处，有效地强化了舞剧独立审美业态的艺术魅力。他既传统又现代的舞蹈语言编排，流畅而富有审美性；他挥洒自如的编舞能力，体现着马约在舞蹈艺术上的认识、积累和追求；娴熟而合理的舞剧人物关系和动作流都十分自然而贴切。特别是在音乐的使用上，他让人看到了他奇才般的艺术才华。马约虽然此前导演过歌剧《浮士德》，这在他对舞剧故事情节和人物的安排上还是能看到所受到的影响的，但他选用的是李斯特的《浮士德交响曲》，而且能将舞剧的安排天衣无缝地与改编后的音乐同步对位，这实在是一个大师的天才性编创，让人完全感受不到这部舞剧是按现成音乐编创出来的。在这部舞剧中，舞蹈和音乐丝丝入扣，相互推进，充分地融为一体。总之，马约版的舞剧《浮士德》在整体的设计上浑然天成，各环节的呈现均体现出国际水准，在舞剧观念上时尚而富有逻辑，在舞剧呈现上动人、性感，时刻充满着戏剧的张力。

马约将这部舞剧献给了另一位法国编导大师贝雅，足见这两位舞蹈大师之间心有灵犀、惺惺相惜，堪称业界佳话。

马约的芭蕾舞剧《浮士德》是一部具有鲜明现代意识的精品，一定会给中国舞剧的思考和创作带来积极意义。

十四 金梅子：韩国舞坛创舞人[①]

舞台上的她，是那么压台，那么光彩照人。肃穆的神情，让她看上去像是一尊不可侵犯的女神雕像。仰望苍穹，只见她右手高高地伸向天空，似乎是在向宇宙召唤着什么、昭示着什么……

她，就是韩国著名舞蹈家金梅子。

现年已年届70岁高龄的金梅子女士，于2012年12月14—16日在首尔举办了“金梅子从艺六十周年纪念活动”，率领常年追随她的韩国创舞会成员，为

① 本文发表于《团结报》2010年1月16日。

韩国观众呈现了4场高质量的舞蹈专场演出，以串烧的方式集中展演了她在各个时期创作的重要舞蹈作品，再一次彰显了她在“创舞”理念和创作上的卓越贡献。

“创舞”，即创作性的舞蹈，在韩国首次由金梅子提出。其理念为：以韩国传统舞蹈文化为根基，以创作者本人的艺术意图为引领，创作出富有韩国精神、属于当代社会的韩国舞蹈精品。

为实践和完成这个理念，金梅子早在韩国梨花女子大学舞蹈系担任系主任时就开始大力推广自己的舞蹈主张，并努力培养出在该领域中富有理想和才气的后备力量，她在1976年集合众弟子创建了目前在韩国已经是赫赫有名的“创舞会”。一晃36年过去了，如今“创舞”理念在韩国深入人心，人们深深体悟到当年金梅子提出创舞理念的超前意识与良苦用心，更对她几十年如一日地坚守于此并将其发扬光大而深感钦佩。

用“创舞”理念打造出来的韩国舞蹈样式，对于我们中国舞人而言并不陌生，从金梅子自20世纪后半叶便已开启的频繁中国舞蹈交流之行中，我们早已对她的舞蹈理念十分熟悉并赞赏有加。在多年的舞蹈生涯中，金梅子及其弟子们积累了数量庞大的韩国创舞佳作，在一部部此类舞蹈作品中，其鲜明而独特的审美追求一目了然。

记得我最早被金梅子所打动的舞蹈作品，是她创作的群舞《舞与欢喜》。在这个作品中，金梅子让我们看到了她乐观、豁达的精神世界，让我们在欣赏到民族舞蹈之美的同时，感受到了她那一腔热爱民族传统的炽烈情怀。她通过个人对于生活的感悟和咀嚼，深深地开掘和展示出自己民族乐天向上、生生不息的缘由。我们看到了金梅子用一己的艺术创造，来抒发对于自我民族的自豪情怀，她把自我的人生体悟与民族的成长发展融于一体，将民族意识融入自己的艺术之中。从这个角度判断，金梅子的舞蹈艺术既是她个人的，同样也是民族的、时代的。

2009年，金梅子应邀专程来北京参加第七届北京国际戏剧舞蹈季的活动，在国家大剧院歌剧院那个硕大的舞台上再次为中国观众献演她精心创作的作品，让我们在感怀她曾经带给我们的震动的同时，也倍感欣慰：如今的金梅子仍在一如既往地坚守着她的艺术理想。

金梅子的艺术理想和主张，可以说给我们中国舞蹈界带来过极其难得的发展经验。在她的那些充满着既传统又当代之艺术张力的舞蹈作品中，她总是以充满阳光的时代艺术思维来审视和诠释民族的传统形式，来观照当下社会及其民众的心理状态。传统舞蹈中的那些丰厚的舞动意念和资源，都成为她恣肆于自我挥洒之舞蹈艺术家园的动能。她的那份对于传统舞动的理解和眷恋，以及当代艺术家的那份对于时代的感悟和自觉，都给我们中国同行以极大的启迪。

在本次纪念从艺六十周年的系列活动中，金梅子更是祭出了“创舞主义”（changgmuism）的大旗，旗帜鲜明地弘扬“创舞”精神，从而在韩国当代舞坛上更加独树一帜。“创舞主义”舞蹈以其鲜明的哲学理念和艺术方法，让金梅子的“创舞”之路更加坚实，让她在总结多年艺术经验的研磨中，更加认清和巩固了自己的体认和追求，也让“创舞”这株盛开于韩国舞坛的当代舞蹈之花，飘散出浓浓的馨香。

经过多次的韩国之行，我对韩国的舞蹈发展是充满敬意的。韩国是一个舞蹈形态非常丰富而发达的国家。这里既诞生了像洪信子这类在世界舞坛都占有一席之地的现代舞者，也有以已故末代舞童金千兴及其传人们所努力构建起来的传统舞态，更有以金梅子为代表的大量当代舞蹈家。在韩国，这三个维度的舞蹈业态都以良好的发展态势并驾齐驱，从而形成了良好而健全的舞业生态。在现代舞领域，大量的实验性表演充满了首尔的大小舞台，各种极富探索性的超前尝试让韩国的舞蹈触角几乎与国际潮流和趋势同步；在传统舞蹈领域，各种意味悠长、风格醒目的传统舞蹈样式共同装点着首尔的各类表演场所，那些让人过目难忘的传统舞目既完好地续存着传统之根，同时又通过这些平台向人们展示着韩国人对于舞蹈的传统态度和良好品位。记得有一次我在一个剧场门口竟看到了“八佾舞”的海报，一打听，方知是一个由64位传统舞蹈从业者每场8人，分8个晚上分别表演韩国传统舞蹈的系列演出。虽然这已不是中国历史上严格意义的“八佾舞”概念了，但韩国舞人如此执守于历史、骄傲于传统的精神令人敬佩。当然，韩国舞坛上最为壮观的景象当属韩国当代舞的领域了，在金梅子开创的“创舞”艺术主张的带动下，大批当代舞蹈作品蔚然成风，它们都以韩国特有的文化价值为意绪，以韩国舞蹈语汇为表现语言，以各自创作者对于当下生活的感悟为表现旨归，汇成了一个韩国当代舞蹈发展的巨大洪流，充分展现出当代韩国舞者丰满的艺术气象和精到的眼光与智慧。虽然韩国的人口数量无法与中国相比，然而每天在各大大小小的舞台上表演的韩国舞蹈，却让我们相形见绌。韩国舞评家协会前主席、著名韩国舞蹈评论家金泰源先生对我说，每年在首尔的舞蹈表演有千余场，作为一个天天都泡在剧场里看演出的舞蹈评论家来说，大量形式各异的舞蹈表演令他根本难以穷尽。

正是这样一个舞蹈业态，让韩国的舞蹈事业展翅腾飞。

不过有一点想来也蛮令人好奇的：这么丰饶的一个舞蹈艺术状态，在韩国却并不是靠政府的推动而完成的！这一点就更让一直以来都习惯于政府扶持的我们感到匪夷所思。在中国，各种由政府主办的大赛、工程不绝于目，各类由政府直接投资的舞蹈巨制层出不穷，但结果怎么样呢？毋庸讳言，今天我们舞蹈事业的发展仍然是那么捉襟见肘、缺乏生气；而韩国的舞蹈事业，几乎同世界许多发达国家一样，完全是私有化的产物，它们虽然没有政府的巨额投入，没有来自政府行政部门的鼎力扶持，却获得了一个积极而健康向上的舞蹈态势。这的确是值得我们深思的。在韩国（乃至世界上许多国度），舞者从事舞蹈这项事业不是为了政绩，不是为了发财，而单纯就是为了跳舞本身。换句话说，这里的舞者就是因为喜欢跳舞而执着于这份坚守的。比如金梅子，她从没想到过去找政府要支持（也没有这种惯例），她想要的就是一个舞蹈着的状态；而她的弟子们常年追随她，从不为在“创舞会”中领取薪水，而就是为了一个能够跟金梅子一起跳舞的机会。这样的状态实际上能给我们提供很有深度的信息：舞蹈到底是什么——是一个饭碗，还是一个升官发财的工具？当我们遇到了韩国舞者的舞动奇迹时，他们的一切会给我们带来启示，会让我们有将舞蹈重新回归到一个艺术功能上的冲动。其实，近年来，许多到过中国的外国舞人都不免赞叹中国舞者的良好生存状态，因为在他们所处的环境中，跳舞是领不到薪水的（或是薪水很微薄），甚至反而要为了跳舞倒贴钱物。能为了跳舞这个目的而做出如此多的牺牲，其原因全在于他们热爱舞蹈！

因为热爱舞蹈，金梅子一直坚持到了70岁高龄仍乐此不疲；因为热爱舞蹈，她的那些虽已成名但仍追随着她、年届中年的创舞会弟子们一边打工一边为她们心中的舞蹈理想默默付出。这最能彰显出舞蹈艺术所具有的魔力，它能让人忘掉一切，进入一个奇妙无比的磁场之中。而这样的状态，才是一个真实而有趣、正确而生动的舞蹈世界！

70岁的韩国舞蹈家金梅子，用她一生的追逐和修为，为韩国舞业创就了一个舞蹈奇迹，也为我们树立了一个光辉的榜样。看着眼前这位追求依旧故我、气质始终不俗、精神越发矍铄的舞坛奇女子，我有理由相信她在未来从艺七十周年、八十周年乃至更长时期的精彩会更加夺目！

代跋：回望四品

一 回到从前

2008年10月18日，山东艺术学院——我的母校，迎来了她建校50周年的华诞。在这样一个日子里，我被学院邀请返校参加这个盛事。这给了我一个回到从前的机会，并带给我一份感动。

记得我是1973年10月18日这一天从青岛老家来到济南这所当时被称为“山东五七艺术学校”的，还记得抵达济南的那天早上，我们被带到学校时，先是去了食堂，早饭是红薯和玉米糊。从那时起，13岁的我便开始了自己独立的人生之旅。

就这么一晃，35年弹指一挥间。在此期间，我们都奇迹般地长大成人，各自有了自己在社会角色上的选择，也有了社会对我们的认同。就这么一晃，大家再相聚时，居然都成了年近半百的中年人。短暂而美好的相聚，让大家得以卸去生活的压力，让温暖和感动来迎接我们，来拥抱自己。而让我最为温暖而感动的是，当我看到刘志军老师、戴笑老师、张银堂老师与我们欢聚时的那份喜悦，不禁想起不能前来相聚的佟友权老师、程伟达老师、吴双成老师。闻此欢聚之事，刘老师居然事前特意洗了澡、刮了胡子、换了衣服。欢声和笑语自然是这份温暖和感动的最直接的表达方式。谈笑间，往昔的那一幕又一幕，顿时都折返我们的脑畔；那些生动的细节和开怀的恍然大悟，成为让我们回到从前的青石板阶梯。沿着石阶层层回望，在青葱岁月中发生的那些幸与不幸，都成为我们今天捕捉幸福瞬间的音符。哦，世间最令人感到温暖和感动的情感，莫非就是如此？

学校的环境和设施，完全是“鸟枪换炮”了。长清校区有山水环绕，得自然之功，是个好去处。

跟我同年毕业的老朋友王建春，目前担任舞蹈学院副院长，而院长则是我学生时代颇为崇拜的济南市歌舞团的赵宇。在他们的盛情相邀下，我为舞蹈学院的师生做了一个题为“当代中国舞蹈文化建设”的讲座，算是我向母校的一个交代和汇报吧。

讲座之后的互动环节，从来就是我的最爱。在山东艺术学院讲座之后的问答环节中，学生们的思考也让我很欣喜。我的这些小师弟、小师妹们，比当时的我们可是进步多了，想来他们在未来的发展空间也未可限量。

祝福他们！祝福母校！

二 山东巨变

这次从山东回来，感慨良多。感慨缘自何方呢？

这次去是应邀参加“山东首届艺术院校音乐·舞蹈大赛”的评选工作，决赛地点在我此前还未曾到访过的威海。一到威海，我便立刻感受到了那份难得的海洋氛围，窗外是一望无边的大海，推开窗户，阵阵涛声立刻涌向耳际。放眼望去，如镜面一般的海面上，一片片鳞状的阳光斑点，倒映在点缀着片片小舟的大海上，那么辽阔，那么静谧。深吸一口气，人一下子变得好生沉静、好生安稳。

这里便是山东大学威海分校的校址，这次大赛就是由该校的艺术学院承办、山东省文化厅和教育厅联合主办的。

作为一个阔别山东舞蹈事业达30年的“老山东”而言，这次利用做评委的机会，对山东的舞蹈教育事业进行了一番近距离的考察，的确获益匪浅。

应该说，跟我在山东工作的那个阶段相比，今天的山东舞蹈教育事业完全是今非昔比了，用“巨变”这个词来形容，一点儿都不为过。

30年前，刚毕业于山东艺术学校舞蹈科的我，便在16岁时留校开始了舞蹈教学生涯，当时的那些学生们也就比我小个四五岁。那时的山东，专业舞蹈教育主要就是我们一家，后来又相继有了青岛艺校、烟台艺校、潍坊艺校，但规模和水平都很有限，且都属中专教育。我曾在那里度过了8年的舞蹈教师的时光。今天回首，一晃30年过去了，一切都恍若隔梦。

然而，30年后的今天，情况完全不同了。参加这次大赛决赛阶段的代表团数量和参赛选手数量，我都没做统计，但我们五个外来评委看了两天半的现场舞蹈作品表演：一天是中专组的，一天半是大学组的。虽然水平难免参差，但其中较高水准作品的质量还是代表了山东舞蹈教育所取得的成就。那些令人刮目相看的巨大变化，让我感叹不已：山东舞蹈教育的变化，实在是太大了！

给我留下深刻印象的有两支队伍，一个是中专组别的潍坊幼教特教师范学校（也就是以前的潍坊艺术学校），一个是大学组别的山东大学威海分校。这两个在同组别中出类拔萃的队伍，都具有力拔头筹的功力，其作品无论在专业技术上还是在艺术表现上，均可圈可点。潍坊幼教特教师范学校参赛的10个作品，获得了6个特别金奖和4个一等奖，而大学组的特别金奖也几乎让山东大学威海分校囊括！从这样的结果来看，两校的确是鹤立鸡群，让其他学校很难望其项背。

潍坊幼教特教师范学校呈现出来的专业水准让人暗自吃惊，无论是女选手还是男选手，无论是小班学员还是高班毕业生，均表现出十分优秀的专业素质。我暗自慨叹：这所学校一定有非常优秀的教员，否则很难有如此高的成才率。评委们一直认为，那个表演《爱莲说》的女选手，其精湛地诠释作品内涵的程度，一点都不在原创演员之下；而《走出沼泽》中的五个女兵，无论在身体条件还是在能力上，也都令人惊叹。由这所学校培养出来的学生们，有形象、有线条、有技术、有力度、有表现，真可谓要什么有什么。他们精彩的表现，勾起了我对这所学校在办学理念上的好奇：是什么魔力让这所学校培养出来的学生这么优异？

山东大学威海分校虽然建立时间不长，却以崭新的面貌迅速出现在山东舞蹈教育的舞台上，而且很快便吸引了各方的目光。他们表演的《那年剪短发》《士兵兄弟》《原上草》等，都极好地反映出该校办学的方针。演员们良好的精神面貌和奔放的表演热情，让人充分感受到该校师生的活力。由该校承办本次大赛，不能不说是有一个现场会的想法在里面的。仔细观察该校的办学情况，会发现他们的迅速走红是与该校舞蹈系张琳仙院长的直接领导分不开的。张琳仙院长是一位非常有眼光、既能干却又不张扬的山西女性，在她的领导下，该校的大学舞蹈教育办得有声有色。

除了这两所非常出众的教育机构外，其他院校也都有着不俗的表现，山东电影学校、济南军联学院、山东青年管理干部学院、山东理工大学等都有上乘的表现。只可惜我的母校山东艺术学院由于有其他任务没来参赛，使我无缘一睹母校的进步和风采。

山东归来，感慨良多。时世变幻，沧海桑田。时间的老人挥舞着手中的指挥棒，让一切都发生了变化。我们在收获这份沉甸甸的果实的时候，感念的是那些为舞蹈教育事业终日默默无闻、甘愿奉献的老师们，正是他们的辛勤耕耘，才让这份收获如此丰厚、如此殷实。

三 摇篮里成长①

中国艺术研究院研究生院是一个培养中国舞蹈学理论人才的摇篮。自30年前开始培养舞蹈学高端人才以来，一拨又一拨硕士、博士从这里腾飞，让舞蹈理论这块园地生发出姹紫嫣红的景致。对这个摇篮，我自然是感激有加

① 本文发表于《中国艺术报·中国舞蹈》2012年10月26日。

的，因为我的硕士和博士学位都是在这里获得的。

1988年，年已28岁的我，作为我们这届的四位学生（还有刘青弋、朴永光、王宁宁）中最年轻的一位，进入位于北京什刹海畔的恭王府，开始了硕士学位的攻读。那时的中国艺术研究院和中国音乐学院一起，尚以恭王府为家，虽然校舍很简陋，但古朴而肃穆的环境为我们的学术成长带来了一份守护。

虽然已经28岁，但我对舞蹈学术的陌生还是十分明显的。进入这所学校之前，我是一位从事民间舞教学的中专舞蹈教员。从13岁进入舞蹈专业领域学习的我，是在毕业留校工作之后开始苦读英语，并凭借着这一点点优势而考取中国艺术研究院的。对于学术，我实在是个微不足道的小学生。那时的我们，都不太在乎太多的不解和疑问，因为根本没有时间去自我质疑，大量的时间都花在了不懈的读书、读书、再读书的过程之中，好像夜里在2点前入睡的时候并不多。因为之前的理论积累几乎为零，我们几乎是从头开始来追赶同班其他专业同学的，所以，我们没敢有一丝懈怠。我的硕士导师是郭明达先生。这位和蔼的长者，从来都是以商量的口吻来教学的，从不拔苗助长，从不恃强凌弱，让我一直都心怀敬仰之情。当然，其他如孙景琛、彭松、王克芬、董锡玖、刘恩伯、隆荫培、徐尔充、资华筠、刘峻骧、冯双白、欧建平等师长，也都为我们的成长付出了大量心血。我在硕士期间的学习，始终沐浴在这样的雨露和阳光之中。1991年获得硕士学位之后，我被留在了中国艺术研究院舞蹈研究所这座真正的舞蹈学术殿堂，成为一名职业舞蹈理论研究者。

从硕士毕业到再次成为中国艺术研究院研究生院的学生，期间竟历经了14年，我已从一名较为年长的青年进入中年阶段。这倒不是因为别的，实际上，从2000年由王克芬老师首次带中国舞蹈学的博士生开始，我便是有机会的。不过当时两个原因阻挡了我于当年读博的脚步，一是由于当时读博费用较高，我有些承担不起；二是文化部已决定派遣我任中国驻尼日利亚大使馆文化处外交官。几经衡量，赴非洲工作的吸引力让我最终放弃了读博，这让我的读博生涯延迟了五载。

四年之后，从非洲归来的我，在中国艺术研究院研究生院担任硕士导师的工作，从2004年开始的这项工作，让我品尝了作为该院一位导师在工作上的各种况味。很快进入状态的我，至今已先后带出游嘉颖（现在加拿大读博）、赵颖（现在华南师范大学任教）、王辉（现在烟台群艺馆从事非遗保护工作）、毛雅琛（现在中国人民解放军艺术学院任教）和其他一些在职申请学位的硕士生。目前仍有9名在读硕士和不少同等学力的学生在接受我的指导。

2005年，已经年届45岁的我，再次以学生身份考入了中国艺术研究院研究生院，跟随王克芬先生研读博士学位。从心里说，这个举动有些不同寻常，毕竟年岁不饶人。不过，想想我们这代人大概都是在这个年龄段读的博，再加上王克芬老师的殷切期望，还有父母望子成龙的期盼，我还是咬牙做了这个让我自己都有些匪夷所思的决定。当然，期间的艰辛也只有我自己能够体味。如今入学的博士，年龄已经是越来越小了，这跟当年的我们相比大不一样，这让我不禁有些感慨，也可以视作社会前进的一个表现吧。2008年，我与段妃、邹之瑞、许薇一并获得了舞蹈学的博士学位，这是老师们和中国艺术研究院研究生院悉心培育的结果。

一转眼，肇始于中国艺术研究院研究生院的中国舞蹈学研究生培养事业已经走过了三十个年头。三十而立！一位位、一批批高端舞蹈理论人才从这里走向社会，成为中国舞蹈理论界的中坚力量，在舞蹈界发挥着举足轻重的作用。这既是中国舞蹈学界的进步，也是中国社会整体进步在舞蹈学领域的一个直接反映。因为，正是中国结束了长达十年的“文革”，才使一切步入正轨，而舞蹈学研究生的培养，正可谓生逢其时。这么多年来，从吴晓邦、董锡玖、资华筠等前辈专家到我们这一代人的接班，舞蹈学研究人才的培养事业一直在延续着教学育人的精神，质量和口碑都成为我们这个事业的基础，让这块领域始终成为中国舞蹈理论学子们梦寐以求的家园。从一名曾经的学子到今日之师长，我深深为自己能伴随着中国舞蹈学研究生培养事业的成长而倍感欣慰和感恩。

四 《舞蹈》：不可缺失的伴儿

《舞蹈》杂志居然走过了60年的历程了！

于中国舞蹈界而言，《舞蹈》杂志伴随着新中国舞蹈事业的强劲发展一路而来，记录并展示着中国舞蹈事业不断向前迈进的方方面面，成为业界一个不可或缺的平台和窗口，通过它，舞者们相互沟通和瞭望；于我本人而言，《舞蹈》杂志在我的职业旅途上更是一个不能或缺的伴儿，它会非常准时地出现在我眼前，像一位从不爽约的老朋友一样，及时地告诉我圈内正在发生的一切。有《舞蹈》杂志的感觉非常好，它会让我有一份踏踏实实的安全感，一册在手，通晓天下舞事。因此，长期的职业生涯，让我养成了及时翻阅《舞蹈》杂志的习惯，在翻阅后并将其予以悉心收藏。由于居室狭小，别的杂志几乎都阅后即割爱了，而《舞蹈》杂志等圈内书刊，却是我无论如何都不忍舍弃的。

毫无疑问，《舞蹈》杂志在我的人生道路上起到不可估量的积极推动作用。记得20世纪70年代末期，我当时还是一位刚留校于山东艺术学校的青年舞蹈教师，伴随着祖国大地遍地兴起的英语学习热潮，我也完全没有目的地跟着别人一道学起了英语。学英语的过程于我而言没有太多的痛苦与折磨，我反而很喜欢、很享受这个过程，而投入的时间精力和进步的程度也是成正比的。不久我便开始试着翻译了一些手边能找到的专业文章，想也没想我便径直将译文投给了《舞蹈》杂志。投稿过后，我其实是没有什么期待的，因为我既不认识《舞蹈》杂志的任何编辑，又不可能自己直接去杂志社查询，因此我对最终是否能发表并没有抱什么希望。然而，不久的一天，我意外地收到了《舞蹈》杂志寄来的样刊，对于从未在全国性报刊上发表过任何文字的我来说，幸福来得实在是太突然了，我有些措手不及、惊诧愕然，无论如何都不相信杂志上白纸黑字印的竟然是我的名字。当时那种受宠若惊之感、那份惊喜之情，直至今天仍恍惚如昨。回忆这一幕，我在重温那份懵懂的青涩时，依然怀有巨大的幸福感。

在《舞蹈》杂志上发表的首篇文字，极大地鼓励了我，让我突然看到了一条新的发展之路，对于学习英语的热情更是空前高涨，又先后发表了几篇译文。80年代初，由于单位的变故，我从一名舞蹈老师变为一名英语老师。离开了舞蹈行业，我也远离了《舞蹈》杂志。改行教大学英语的那几年，我实际上是不敢看《舞蹈》杂志的，甚至是生活中一接触到舞蹈界的任何资讯，都会让我莫名地紧张，直到最终我意识到自己是离不开这个行业的，于是重新做了计划，并凭借我良好的英语基础考上了中国艺术研究院的舞蹈学硕士生，师从郭明达先生攻读硕士学位。从此，《舞蹈》杂志再次成为我的挚友，不但每期必读，而且我还通读了所有之前的期刊。

读硕士之后，我与《舞蹈》杂志再续前缘，并渐渐地由读者变成了作者。能在这份杂志上向同行们汇报自己的所看所思，一度成为我写作生涯中十分重要的事情。而《舞蹈》杂志对于作者的友善和真诚，也成为我继续为其写作的动力。从那时起，《舞蹈》杂志成为我十分敬重的一位挚友。

《舞蹈》杂志不但在我的人生路上扮演着极其重要的作用，对于中国舞蹈事业来说，它也同样至关重要。偌大的一个中国，面对舞蹈界的专业刊物是如此之少；也正因为这个少，才显示出自建刊60年而不辍的《舞蹈》杂志的极为宝贵。这么多年，编辑换了一茬又一茬，装帧改了一版又一版，但这份杂志却从没有中断过。在这个领域的读者并不是太多的情况下，这份刊物能够坚持出版，出品单位中国舞蹈家协会是功不可没的。舞蹈界圈子不大，从业者喜欢阅读的习惯又没有建立起来，这让类似的专业杂志在维持上更加不易，如果不是本着对于中国舞蹈事业的一份热爱和坚守，放弃的机缘和借口太多太多了。因此，执着于这份杂志继续办刊的决策者们和坚守在第一线、终日为他人作嫁衣的编辑们，是我们首先需要给以敬仰之情的，正是他们长期的坚忍不拔，才让这份杂志存活在社会之中，才让中国舞者的影子不断闪现在这个社会之上，也让中国舞蹈的记录者得以延续着它蹒跚的步伐。这一情势在未来的日子里仍不见得会有什么好转，因此，如何克服困难，咬紧牙关将这一事业正常而健康地延续下去，仍是办刊者们面临的极大考验。

六十年来，《舞蹈》杂志本身的面貌也在不断发生变化，可以看到它是随着中国社会的发展而不断成长的，因此从它自身的嬗变中不难嗅到社会发展的整体进步态势。虽然面貌会随时调整，但不变的是编辑们永远恪尽职守的初心。我要感谢办刊者们始终如一的社会责任感，正是由于他们的过滤、修正、引导和举荐，才让我们获得如此殷实的精神食粮。从创刊到如今，一大批编辑呕心沥血，用他们的心智为读者和作者建立起一座桥梁。对于未来的道路，我们仍需要仰仗他们，要靠他们的辛劳来为我们在信息的海洋中捞取有意义的只言片语。电子时代或许会让传统纸媒面临巨大的生存压力，从而让《舞蹈》杂志的生存雪上加霜，但我依然会对这份杂志怀有一份由衷的期待，冀望它能够伴随着我们中国的舞蹈事业直至永远。

《舞蹈》杂志不啻是中国舞者们心中的一根定海神针，有了它，我们便有了主心骨，前行便不再顾虑、不再彷徨；它同时也是一道亮丽的风景线，不但承载着中国舞蹈发展事业的光荣与梦想，同时也装扮着我们社会主义文艺的春天。

对于我及我们而言，《舞蹈》杂志这个伴儿，是不可或缺的。

跋

我的人生，是在28岁这一年发生转折的。

在此之前，始自开始工作之初，我一直是从事教师工作的，先后教过两个科目：先是舞蹈，后是英语。舞蹈教的是中专，英语教的是大专。

16岁从山东艺术学校毕业时，刚好是“文革”结束的那一年，小小年纪的我便被留校做了舞蹈教员，教授比我小四五岁的孩子们的中国民间舞课程。现在想来颇为可乐：当时的我分明是一个大孩子带着一帮小孩子玩。后来在席卷全国的“学英语”热潮中，我也被裹挟了进去，只是大部分人并没有坚持下来，而我却最终获得了教授英文的资格；于是我虽然还是教员，却换了一个科目：大学英语。到了28岁这一年，我通过了看重英语成绩的硕士考试，成为中国艺术研究院研究生部（今研究生院）舞蹈学系的一名硕士生。这一让我至今从事的专业，从此改变了我的命运。

改变我命运的此举，毫无疑问是我人生的大转折，从此我跨入了一个崭新的环境——一个周遭到处都是大师的环境。中国艺术研究院以其众多知识渊博的专家学者、以其超强的磁力让我从此进入了一个与以往的环境截然不同的空间，为我的人生带来了新的机遇，也让我从此走入了一个满是大师级专家的世界。

我的硕士导师是著名的郭明达先生，他当时已经是功成名就的业界翘楚了。当时为我们授课的有舞蹈史学“四大家”：彭松、孙景琛、董锡玖和王克芬；有《舞蹈概论》的共同作者：隆荫培和徐尔充；还有创立“舞蹈生态学”的资华筠、发明“定位法舞谱”的武季梅、开创“东方人体文化”的刘骏骧……这一连串闪光的名字，当时在中国舞蹈界都已经是举足轻重，这些中国舞坛上的“人”开始让我感到很有兴趣。

毫无疑问，中国舞坛的进展，与舞坛名人们直接相关，正是这些知名的和不知名的舞者们的共同努力，才成就了新中国的舞蹈伟业。人，从此成为我关注中国舞蹈发展的重要维度。

可以说，自以舞蹈写作作为自己的人生事业以来，我的笔下出现过许多舞坛精英。从那时起，写人，逐渐成为我的写作生涯中一个不可或缺的重要组成部分。

本书的内容，正是我多年来写“人”文章的一个辑录，其中，有我多年来观察和认识一些舞人的个案研究及其分析，实际上，文章在记录他们艺术事迹的同时，也满含我自己的咀嚼和感悟。所以说，与其说本书的内容是在记录别人，不如说它给了我一份自我剖析和阐释的经年积累。这些文字横跨我写作生涯的几十年时间，见证了我对于中国舞人高山仰止的敬仰和关注程度。

如今，这本辑录了我各个时期人物写作文章的专著即将付梓，在展示我这一领域成果的同时，也让自己对既往的写作及其范围心存感念：时光流转，人生易老，而我笔下的那些“人”和他们的“舞”，却由于当年的这些文字而永远地定格在历史的时空之中。

江　东

2020年2月16日